本书由华中师范大学出版基金资助

师生情缘录

吴满珍 编

SHISHENG QINGYUANLU

華中師範大學出版社

新出图证(鄂)字 10 号

图书在版编目(CIP)数据

师生情缘录/吴满珍编.—武汉:华中师范大学出版社,2020.12(2025.1重印)

ISBN 978-7-5622-9302-6

Ⅰ.①师…　Ⅱ.①吴…　Ⅲ.①吴满珍—回忆录　Ⅳ.①K825.46

中国版本图书馆 CIP 数据核字(2021)第 014043 号

师生情缘录

©吴满珍　编

责任编辑:苏　睿　**责任校对**:童　雯　**封面设计**:胡　灿

编辑室:第七分社　**电话**:027-67867367

出版发行:华中师范大学出版社有限责任公司

社址:湖北省武汉市洪山区珞喻路 152 号　**邮编**:430079

销售电话:027-67863426(发行部)　**传真**:027-67863291

网址:http://press.ccnu.edu.cn　**电子信箱**:press@mail.ccnu.edu.cn

印刷:武汉邮科印务有限公司　**督印**:刘　敏

开本:710mm×1000mm　1/16　**印张**:37.5　**插页**:18

版次:2021 年 5 月第 1 版　**印次**:2025 年 1 月第 2 次印刷

字数:653 千字　**定价**:158.00 元

欢迎上网查询、购书

▲ 告别讲坛　师生联欢

▲ 生日退休　至亲同庆

▲ 亲朋好友　来自各界

▲ 马来西亚留学生　生日宴上话真情

▲ 学生制作　生日礼物

▲ 贵州学生　麻江首聚

▲ 凯里师生　相聚贵阳

▲ 重逢怕不识　标牌自己制

▲ 天柱第一站　情真意满满

▲ 师生重逢　再聚麻江

▲ 古州榕江　热烈欢迎

▲ 黔南都匀行　会见罗燕军

▲ 国林做东　情满丹寨

▲ 当年赤脚相送　今日著名律师

▲ 重返凯里师专　师生喜庆团圆

▲ 语文教育硕士 05 级

▲ 语文教育硕士 05 级（中师班）

▲ 语文教育硕士 06 级

▲ 在越南留学生家做客（语文教育硕士 06 级）

▲ 语文教育硕士 07 级

▲ 语文教育硕士 08 级

▲ 语文教育硕士 09 级

▲ 冬杰、彭倩带子携夫
深圳、北京回汉过端午

▲ 硕士生、本科生
相约一起看老师

▲ 现当代文学硕士 12 级、13 级

▲ 几届研究生相聚在深圳

▲ 语文教育硕士 13 级

▲ 特殊礼品盒　学生心一颗

▲ 做客城环学院名师大讲堂

▲ 讲座结束　师生合影

▲ 为数统学院 11 级同学饯行

▲ 6 名吴门弟子
来自 6 个院系

▲ 与物理学院 13 级同学话别

▲ 去广州市办签证
红琴夫妇机场迎

▲ 代表教师　寄语学子

▲ 师生缘不断
读博桂子山

▲ 当年教育实习组　如今相约荆州行

▲ 亚琪送画　学友齐贺

▲ 厦门聚会　其乐融融

▲ 奖杯晶莹　学子真情

▲ 奖品送到家　班委情义重

▲ “满珍班”同学初次见　老师和学生笑开颜

▲ “满珍班”风貌　融情毕业照

▲ 集体合照　风华正茂

▲ 疫情上网课　当了回主播

▲ 桂岳主讲　师生欢畅

▲ 文学欣赏写作课　师生结缘欢乐多

▲ 女儿读博在东京
爸妈随团去探亲

▲ 快乐心中荡漾　幸福写在脸上

▲ 含饴弄孙　其乐融融

▲ 夕阳无限好　浪漫迪拜行

▲ 有缘千里来相逢
师生巧遇在鹏城

▲ 学生喜结良缘
老师亲自祝福

▲ 亦师亦友情谊深　沙漠王国任驰骋

▲ 文院同事情谊深　如同幸福大家庭

▲ “三八”是个好节气
师生表演《红灯记》

▲ 追思先贤　诵读经典

▲ 阔别二十年 师生情绵绵

▲ 基础教育评估 师生情系龙岗

▲ 英国留学回汉 新疆出差来家

▲ 弹指一挥间 桂园又相见
音乐学院 05 级毕业十年返航联欢

▲ 老师讲座“孝心不能等待”
毕业学子闻讯下班赶来

▲ 师生相会　大语论坛

▲ 教师节送祝福　老师家大团聚

▲ 班导师红安培训　大语课师生叙情

▲ 学生毕业典礼　教师初心铭记

一言一行皆关情

——序吴满珍老师的《师生情缘录》

彭南生

桂子山不高，但“山不在高，有仙则名”，她不仅是一座大树参天、林木茂盛的山峰，更是一座人文荟萃、名师辈出的高峰！桂子山因华师而闻名遐迩，华师因其百年底蕴而深沉厚重，大师、大树在这里相映生辉！桂子山上印满了华师人的足迹！有匆匆而来、又匆匆而别的一届又一届学子们奋斗的青春足迹，他们从这里振翅远飞！有从满头青丝到华发白头的园丁为了“后浪”的成长而甘当铺路石的人生轨迹，他们将自己的青春、智慧挥洒在三尺讲台上，将自己的爱心和热情铺展在三尺讲台外的日常中。吴满珍老师就是其中一位，她从华师毕业，又在华师从教，直至退休。摆在我面前的这本《师生情缘录》就是学子们关于吴老师一辈子教书育人的留痕！这些印痕是师生用心刻成的，选自她从教40多年来自专科生、本科生、硕士生的信函，无论是文学专业的学子，还是公共课上的其他专业的学生，抑或是师父带徒弟式的研究生，学生回忆起从她教授“大学语文”“文学欣赏与写作”“文学概论”“文学名篇解读”这些课程或指导学位论文时所获得的知识的增进、智力的开发和心灵的升华时，那种肯定、那种欣喜、那份感恩是对于一个教师工作价值的最难得也是最可信的评判，也是一道道刻下了深深烙印的痕迹！

坦率地讲，我与吴老师交往不多，当初我投票同意《师生情缘录》作为华师出版基金资助出版的丛书之一，并不是因为它有什么重大的学术意义，而是它为桂子山留下了一道亮丽的风景线——一幅由师生情缘构筑起来的风采画！其他委员或许也抱持同样的想法。我浏览完这本60余万言的《师生情缘录》，满脑子充满了三个字：爱！善！真！吴老师和她的学生之间那绵延了数十年的师生情像一根不断线的风筝，大概也是缘于这三个字。

武汉高校众多，“爱”似乎成了华师的标签，坊间传言“爱在华师”！此言不虚。大学不仅是学术的金字塔，更应该是爱的圣殿，华师秉承了中华传统文化中的仁爱之道，吸取了西方近代文化中的博爱之基，形成了“博雅、博学、博爱”的华师风格。因此，华师的爱，是人间的大爱，作为一所师范大学，华师不仅注重知识的传授，更加看重爱的传递。教师对学生的爱就是一种大爱，无论是早年的“老”学生，还是近期的“小”学生，吴老师一如既往地倾注了自己全部的爱，她爱生如子，学生对吴老师也不吝赞美之词，有的将她视同“慈母”，有的满含深情地称她为“吴妈妈”“老师妈妈”，有的将遇见吴老师的日子视为“最美的时光”，有的将她比作“心中的一首歌”。我看到，学子们不吝赞美之词的背后，何尝不是吴老师累积起来的对学子们的爱！学生将吴老师的点滴之爱记在心间，写在纸上，不厌其详：“导师在生活上对学生亦十分关心，由此得到了‘老师妈妈’的称号，享誉华师。她经常召集学生一起吃饭，有时在食堂定包间，有时在家里下厨房。席间，她总是忙着给大家夹菜，生怕有人吃不饱，学生临走时，还不忘让他们带回去再吃。过端午时，她也会把香喷喷的粽子、咸鸭蛋带到学校，让学生们在分享食物的过程中品尝到浓浓的节日滋味。一次，得知某学生缺钱，她毫不犹豫借出一大笔钱，帮助该学生渡过了难关。”

爱并非人类所独有，但人类之外的爱，多是一种自然本能，只有人类的爱才是一种善意的表达和自觉。善是一种境界，是一种为人处事的至高至美原则，也是教师应该传递给学生的一种情怀！每当学生毕业时，我常常告之以八个字：与人为善，于事善为！吴老师则是以行为诠释着善、传递着爱。吴老师对生病的学生无微不至的关爱，将粽子、咸鸭蛋、感冒药送到病床前；偏远之地学生买不到的书，吴老师买了给她寄去；身处困境、心在困惑中的学生总会得到吴老师的安慰和鼓励；学生结婚生子，也会收到吴老师一声温馨的祝福！“人之初，性本善”，人与人之间本应以善相待，以诚相见，但总有人在刻意玷污它，甚至亵渎它。教育应该纠偏，教风应该引导世风，吴老师在践行着一个教师的崇高职责！

吴老师对学生的关爱不是对个别学生的特别关照，而是对一群学生的普遍关怀，不是一时的特殊照顾，而是一种长情相伴的日常行为。没有一种真诚，没有一种高尚的情操，没有一种既教书，又育人的使命感，是很难数十年如一日把关爱送给每一位学生的。陶行知先生曾说：“千教万教，教人求真！千学万学，学做真人！”一个真正的人，是一个敢于追求真理的人，更是一个热情正直的人！吴老师用自己一辈子的教书育人在实践陶先生的理论，她在自序中说：“我的做人理念和教学理念是一致的，那就是学知识得先学做人，教知识得先教学生怎么做人。”学生不仅仰慕她满腹知识，更喜欢吴老师这位“真人”：“吴满珍教授——我们的吴妈妈——真的是一名不可多得的人生导师和榜样！”

吴老师的课自然是很受学生欢迎的，有学生回忆说：“一般老师上课总要点名，而吴老师上课是不用点名的，因为教室里座无虚席。”她把上课看得比天大，哪怕受伤了还没好利索也要拄着拐杖给学生上课，对学生的指导也是极其严格的，有学生既感佩又惭愧地说：“吴老师竟挑出标点符号使用不规范、用词不准确和问题设置不合理等错误，当时的我既失落又敬佩。这符合吴老师的一贯作风——对学术求实细致，对学生严格耐心。”当然，这些在吴老师看来，只是一个教师的本分。

作者在自序中引用了泰戈尔的一句哲理名言：“天空中没有留下鸟的痕迹，但我已飞过。”鸟虽不留痕，但它是为了飞向美丽的远方！中国民间也有一句俗语：“雁过留声，人过留名！”个人终究只是这个星球上的匆匆过客，但是为了文明进步而付出的爱与善，将永远留在后人的心中。在这一点上，华夏子民与印度哲人异曲同工地表达了同样的理性。其实，行者皆有痕，有的人有痕似无痕，有的人无痕胜有痕，吴老师属于默默奉献的后者！

吴老师索序于我，我不敢当，只能拉拉杂杂地写下这些读后感，以此表达对吴老师和像吴老师一样在三尺讲台上勤勤恳恳、兢兢业业的华师老师们的一份崇高敬意！

序　　二

王先霈

农历丙申年冬，吴满珍同志给我发来一部书稿的电子文本，里面所收的是，自20世纪80年代初到她2015年退休之后复又受聘担任班主任，这几十年来教过的不同层次、不同年级、不同地区和不同国籍的众多学生的回忆文章。我以欣喜的心情阅读了这部书稿，一再被学生们的真情所打动。我觉得，这部书稿不仅展示了吴满珍同志本人的人生业绩，还在某种程度上侧面映射了拨乱反正以来，大学文科教学的探索和建设的历程，对于教学、教育如何应对信息技术飞速发展的挑战，也可能具有一定的参考作用。

我1978年从华中师范学院京山分院回到桂子山，和吴满珍同属中文系文艺理论教研室，那时，她是教研室最年轻的教师。在当时的高校，在华师中文系，他们那个年龄段的教师人数不少，这些人留校不久，遇上环境大变化，从频繁的政治运动转到大学应有的正常秩序，大家怀着亢奋的心情争先恐后地投身于学科建设，而这些同龄人后来则分别走上不同的岗位。其中相当数量的改做管理工作，成为校内外各种机构的负责人，继续做教师的又可分为以研究见长和以教学为主的，吴满珍属于后者，她走的是一条颇为艰难的奋斗之路。近三十年来，高等学校存在一个普遍的偏向，就是重研究而轻教学。在研究上取得成绩的教师能够较快获得回报，得到荣誉和实惠，专注于教学的教师其贡献不易得到明确的、看得见摸得着的肯定，这在公共课教师身上更明显地表现出来。吴满珍离开文艺理论教研室，去的正是公共课——大学语文教研室。本来，她正以热忱和毅力执行业务进修的计划，学外语，钻研中外文艺学经典，克服一些客观困难，努力站稳文学概论课程的讲台，结果她被派遣到贵州凯里师专支教，讲授的就是文学概论，在本书中可以读到当年凯里学生对她教学的饱含温情的称誉。支教回来，系里安排她转到新组建的大学语文教研室。这是一个不小的转折，她调整自己的业务方向，开始新的攀登，教大学语文三十多年，占了她教师生涯的绝大部分。她不仅在比别人困难的条件下在学科研究上取得了可观的成果，更在教学上有丰硕的创获。她获得过多次教学奖励，被评为教授，但在我看来，奖状和职称证书虽然亮眼，并不是最重要的，最重要、最可贵的是教学在学生心中播下的种子，能够发芽、开花，结出甜美的果实。在教学结束之后，几年、十几年、几十年之后，学生回忆起从这门课程里得到的知识的增进、智力的开发和心灵的升华，是对于教师工作价值的最难得也最可信的评判。所以，可以说，这本书里学生们朴素的叙述和由衷的赞誉，是对于吴满珍同志三十多年教学的客观的、令人信服的评价。浏览书稿的过程中，我想起雨果在《悲惨世界》里的一段话，“我们给人的欢乐，有那样一种动人的地方：它不会像一般的反光那样总是较弱于光源，它回到我们身上的时候，反而会更加辉煌灿烂”。人们常把教师比作蜡烛，乐于在教学中倾心奉献的教师所传射出的烛光，一定会接收到辉煌灿烂的反光。

大学语文是一门弹性很大的课程，它有时被当作中学语文教学的延伸，以巩固和扩展语言文学知识为目标，偏重于工具性，吴满珍不是走这样的路径，她着重于人文精神的教育。本书中有好几位学生提到吴满珍对唐代文学家韩愈的《祭十二郎文》的讲授，她以切身体会讲说父女之情、亲人之情，有一个学生写道：“在我的记忆里，从未有过一位老师在课堂上潸然泪下，没有一位老师在自己的学生面前展露出自己内心最真实的感情。您的形象很逼真、很自然、很亲切，不像是一位长辈的耳提面命，更像是一位久违的老朋友在倾诉自己的辛酸与心灵的历程。”文学艺术基本的功能是情感的传达，大学里的文学课程，通过审美的途径，生动而自然地进行文化熏陶和人格培育，这是教学的良好状态、最佳境界。当物质欲望膨胀，利己主义肆无忌惮地侵蚀年青一代的时候，我们的文学教育致力于唤起对于人与人之间真情的感受力、反应力，唤起敏锐的同情心和鲜明的正义感，培养细腻的享受被爱和施爱的幸福的能力。往这个方向努力，是大学语文课程的正途，是大学文科教育的正途，是我们各级各层次教育的正途。

退休以后，吴满珍又承担起本科1406班班主任的工作，这个以她的名字命名的班级，曾在各级各类比赛中都有突出表现，并受到文学院各级领导的一致好评。本书中“满珍班”的每位同学也都为老师写了一封信，他们在信中都不约而同地提到，端午节时吴老师亲自订制的一百多个粽子。在很多方面，班主任工作都有异于教师教学工作，它不仅包括组织班集体活动，增强班级凝聚力，还包括对学生进行思想政治教育、关注学生多方面发展等。大学生要求个性解放，复杂多样的个性化需求使得做好大学生班级管理工作绝非易事，而要创新班主任工作更是难上加难。任务多，责任也大，就是在这样的情况下，退休后的吴满珍仍能在新的工作领域做出尝试，并做出成绩，令人敬佩。

吴满珍与学生的关系不限于讲授者和聆听者的关系，她关心学生的生活，在学生遇到困窘时伸出关怀的援手，帮助学生规划人生，协助他们选择深造、就业之路，乃至协助他们选择人生伴侣。早年的学生叫她“老师姐姐”，近年的学生叫她“老师妈妈”，在我接触和了解的范围里，得到这样的称呼的教师相当少见。我们的教育、教学正在加速实现信息化、数字化、网络化、多媒体化，小学和中学尤其是大学，快速推进远程教学，学生可以便捷地随时从互联网听到千里、万里之外的教师授课。信息化是人类文明进步的潮流，这已经带来教育方式和学习方式的变革，我们应该欢迎它，并且积极地参与进去。但是，无论技术如何进步，教师和学生的直接接触，教师的言传身教，是任何先进的技术所无法代替的。相反，科学越是发达，技术越是进步，爱的教育、情感教育，越是会凸显其重要性，“老师姐姐”“老师妈妈”的角色越是凸显其崇高和珍贵的价值。从这样的大背景看，本书具有一种特别的意味，是值得一读的。

2018 年 4 月 16 日于桂子山北区寓所

序　三

何小红

初识吴满珍老师，是在三十年前，那时正值她的美丽芳华。她在华中师范大学中文系任教，而我是中文系的本科生。仰望老师，看她热情洋溢，侃侃而谈，与学生亲如家人，我心中非常敬佩。近来，爱生如子的吴老师，把多年来收到的近300万字的信件整理成册，在出版前特意委托我代序一篇。作为学生，我不敢为老师的书写序，但我愿意写写我眼里心中的吴老师。我觉得吴老师站立三尺讲台近四十个春秋，完美地诠释了我们华中师范大学“求实创新，立德树人”的校训。所谓立德树人，就是坚持德育为先，以生为本，通过正面教育来引导、感化和激励学生。

教书育人，指导学生。吴老师特别注重对学生健全人格和高尚品质的培养，在她看来，“教书育人”四个字中，“育人”才是第一位的，它是“教书”的终极目的。书中2013级的彭杰同学说：“从小到大，我上了那么多堂课，感觉吴老师的大学语文课堂，是学生参与度非常之高、反应非常之热烈、记忆非常之深刻的课堂。吴老师温婉地对待学生，也为我们树立了好的榜样。”的确，贯穿吴老师整个教学生涯的教学宗旨就是“学知识首先学做人，教学生首先教做人”，而且“先做人后做事，这是我要求学生做到的第一条”。

潜心教育，关爱学生。多年来，吴老师用爱与包容建立了良好的师生关系。一次大学语文课上，四位同学因睡过头没能按时上课，吴老师没有批评他们，而是让他们说出实话。其中一位同学深受感动，以至于在以后相当长的一段时间里，每天早上都按时给老师发送问候短信。对待学生严爱交融是吴老师一贯的风格，她说：“教育如同种树，既要细心呵护，又要不断修剪，而我就是一个植树的人。”

充实自己，提升能力。现于水果湖高中任教的杨启金老师回忆说，吴老师审阅论文或作业极其严格细致，从结构布局到字体规范，她都会一一圈点标记。1987年，她从文艺理论教研室被调换到大学语文教研室，她广泛涉猎并深入研究古今中外名著作品。她认为读书是一种“生活的需要”，读书就是读生活。正因为她自身享受到了这种阅读的乐趣，她才能用这种真切的喜悦感染学生。作为大学语文教师，她的课堂测评成绩年年均为优秀，多次荣获学校教学奖，主编的《大学语文》教材在中华书局曾16次印刷发行，她指导的教育实习小组年年被评为学校优秀实习小组。这些成绩的取得归功于她在日常教学中的努力付出与积极探索。她会沿用传统的“上课”“起立”的上课问好制，也会以汽车广告的个性解读让全班同学享受课堂发言的成就感。2013级胡怡萌同学这样总结：“吴老师带领我们于广告中评判社会价值取向，于漫画中触摸时代脉搏，于英汉互译中体味汉字之博大精深；用说书似的腔调讲述一个又一个发人深省的故事，一次又一次用电影与小说的对比教会我们赏析文学之妙。”语文来源于生活，而回归生活后的语文才是灵动的、有生机的，才是符合现代大学生口味的。

激情澎湃，饱含真情。很多同学都记得她那不用扩音器就能赶走瞌睡虫的大嗓门，也怀念她那句句真情、催人泪下的朗读版《祭十二郎文》。她在脚伤未痊愈的情况下硬是拄着拐杖到班上课，即使是30年未见的学生的姓名她也能脱口而出，为孩子们热情又精心地准备“满珍宴”，时刻牵挂毕业多年仍然单身学生的个人问题，如此亦师亦母，怎能不让学生敬之爱之？

塑好形象，温暖学生。吴老师一直注重塑造知性优雅的美女教师形象，曾获学校教职工服饰穿搭“最佳创意奖”。课堂上，她常常穿古典深色旗袍搭配精美的高跟鞋，精心装扮的她永远都是学生眼中最美的老师。老师的内在修养与外在形象，都会潜移默化地影响学生，温暖学生的记忆。

2015年，学校复聘吴老师担任文学院本科1406班的班主任。吴老师认认真真、兢兢业业的工作态度，给全校一批年轻班主任树立了榜样。依照她从教多年丰富的教学管理经验，她带的1406班，学生学习成绩突出，在社团活动与各类比赛中，收获累累硕果：刚进校就在班歌大赛中一举夺冠，在辩论赛和话剧比赛中成绩不俗，连续3年被评为校“优秀团支部”，2015年获全国高校践行社会主义核心价值观“示范团支部”荣誉称号。该班所在年级辅导员汪青也曾是吴老师的学生，她多次感叹，有吴满珍老师的悉心指导和爱心浇灌，学生们都特别团结、特别有凝聚力。班级歌舞剧《光阴的故事》，吴老师亲自参演其中，她精心准备的“孝心”讲座，以真挚浓烈的情感感染了所有在场的师生，端午节的美食问候更是“俘获”了全班同学的心。为了回报“吴妈妈”的温情，全班同学决定以吴教授的名字给班级命名，这就是曾被《武汉晨报》、中新网、荆楚网等多家媒体报道过的“满珍班”的由来。

著名教育家亚米契斯有言：“教育之没有情感，没有爱，就如同池塘没有水一样。没有水，就不称其为池塘，没有爱就没有教育。”吴老师正是以实际行动践行着“爱的教育”，她将爱心与正能量传递给学生，学生又以爱心回馈老师，回馈学校，同时，这些学生在走上工作岗位后又将爱心与正能量传递给周围的人，传递给全社会。

爱职敬岗、爱生如子的小满先生

李海明

托尔斯泰说过："如果一个教师仅仅热爱教育事业，那么他只能是一个好教师。如果一个教师仅仅像慈母一样爱学生，那么他将不比那种虽读过许多书，但却不爱事业，也不爱学生的教师好。如果一个教师把热爱事业和热爱学生结合起来，他就是一个完美的教师。"

我的太太吴满珍就是一位爱职敬岗、爱生如子的人，在我眼中她就是一个完美的教师！她很喜欢我对她的戏称——小满先生！因为古人称教书人为先生。如托翁对教师说法有些相似，我太太说："当老师就要做爱职敬岗、爱生如子的人！"

1973年，18岁的回乡知识青年小满先生幸运地走进了华中师范大学，成了一名大学生。不到3年她因成绩优秀留校任教，成了一名年轻的大学教师。

她深知，功底不扎实是自己的致命短板，要给学生一碗水，自己必须有一桶水，否则不能胜任工作。从此，她把"书山有路勤为径，学海无涯苦作舟"当作了自己的座右铭和行为准则，于是她便有了食堂、图书馆、宿舍三点一线的日复一日的生活。她制订了严格的学习、工作计划，读书、备课、写作变成了她业余生活的全部功课。就这样，她坚持着在书山学海中奋力前行，不敢放过任何学习实践的机会。进修班、英语班、研究生班、各种业务培训她都积极参加，中文系很多教授的课堂成了她蹭课的乐园。

功夫不负有心人，一名工农兵学员终于站稳了华中师范大学的讲坛！从18岁走进华师到60岁以教授的身份退休，她把努力、奋斗、精彩都献给了华师。她成功地完成了化蛹成蝶的蜕变！

小满先生热爱教育，在她主讲的"文学概论""实用写作""马列文论""大学语文""文学名篇解读"等若干课程中，她特别喜欢并且讲得最多的课是"大学语文"，她主编的《大学语文》教材和教辅资料先后被华中科技大学出版社、华中师范大学出版社、中华书局、清华大学出版社、中国人民大学出版社出版，这些教材成为数万大学生大学生活的精神食粮。有些学生若干年后见面会拿出有她签名的教材让她再签名。让她尤为高兴的是，其中中华书局出版的《大学语文》教材连续 16 次印刷达十多万册，成为全国大学语文教材中的精品教材。

小满先生非常爱她的学生，她没有当过辅导员，我却认为她是一个合格的辅导员。她只当过一届班导师，但在我看来她是最优秀的班导师！她把学生当成了自己的兄弟姐妹，当成了自己的孩子，是很多学生的知心姐姐、老师妈妈！

1988 年秋，她带学生教育实习，短短的 4 周时间她便与实习小组的学生结成深厚的友谊。其间，有两位学生的钱包丢失了，里面一个月的生活费和饭票全都没有了，小满先生知道后，心急如焚，赶紧把家中的计划粮票和钱连夜送给学生。中秋节到了，想到这些学生实习期间不能回家，小满先生托人从乡下买了一只土鸡提前连夜熬好鸡汤，带上月饼，赶在八月十五那天和学生们一起过了一个特别难忘的节日，谱写了一个生动感人的师生情深的故事！在此基础上又衍生了这个小组的同学 30 多年与小满先生一家共同成长、共同分享快乐的若干心灵鸡汤故事。某一天师生聚会时，有学生建议改满珍老师为满珍姐姐，一时湿润了在场很多学生的眼。

小满先生爱学生。网络上一篇《大学校园过端午，粽子里有妈妈的味道》的文章让她成了教授妈妈！《武汉晨报》上一篇《退休教师带出最暖师范班，学生不喊教授叫妈妈》，曾被许多网站转载。从教 40 多年来，她帮学生介绍工作无法计算，关心爱护学生的故事也不胜枚举，仅在她的关心下组成家庭的学生就有 10 多对，以至经常有晚辈来家喊她师奶奶。

小满先生爱学生，学生也爱她。每逢节假日在家里就是学生孩子们共同聚会的天堂，歌声、欢声、笑声经常在她家中流淌！

小满先生把对教育的热爱变成自己的抱负和情怀。她的教学理念和她的做人原则是一致的：学知识先学做人，以至华中师范大学文学院以她名字命名的“满珍班”受到团中央的表彰。

小满先生除了在课堂上贯穿“三观教育”外，还特别注意在细节上言传身教。她曾写过一篇文章《论教师形象的自我设计》，论文发表后，一夜之间便有了众多粉丝。她身体力行，注重自己上课时的仪容仪表，每次上课前她都要去理发店做发型和去美容院洗面，连理发师和美容师都知道“满先生要上课了”“吴老师对学生好负责任”！

小满先生从参加工作到退休只有一个职业——教师。从20岁走上大学讲坛到毕业退休，40年来她得到学校、学生好评无数，获奖证书几十个！而让她最快乐的是，每逢教师节来自世界各地充满炽热情感的那一条条短信和微信、一个个表情包和一束束鲜花，往往令她陶醉在爱的幸福海洋中。

桃李满天下，快乐每一天！

她是钟爱职业的教书人！

她是敬岗爱生的好老师！

她是热爱生活的小满先生！

桂子山　不了情

吴满珍

华师桂子山，是我学习、工作、生活了 47 年的地方。我在她的怀抱里度过了 40 多个春秋。我的青春、我的人生、我的理想，都已在此留下足迹。

每年 9 月初的那些日子，丹桂飘香，新生入校，在华师美丽的校园里，当我看到一批批莘莘学子那洋溢着激情，充满了喜悦、幸福与自豪的笑脸，我都会浮想联翩。夜深人静之时，我总会情不自禁地翻开日记，将思绪定格在 1973 年 9 月 18 日……

桂子山的情，桂子山的爱，桂子山的点点滴滴就像电影一样，一幕幕地展现在我的眼前。

一、幸运走进桂子山

1973 年 9 月 18 日是我一生中难以忘怀的日子。这天我幸运地走进了桂子山，虽然天下着小雨，但我觉得空气特别清新，树木格外葱郁。饭后漫步在校园的林荫小道，看到一棵棵高大的法国梧桐，一排排整齐的学生宿舍，一幢幢明窗几净的教学楼，一级级的阶梯教室，一阵阵的桂花飘香，这就是我将要生活几年的地方。想到这些，我的心情难以平静，不禁使我联想起上大学前家乡的老支书对我说的一番话。

9 月 14 日那天上午，长工出身的大队党支部书记欧辉娥从县里开完会回来，在路上碰到我说："满珍，我在县教育局看到你的名字已经上了光荣榜，你是我们大队里第一个大学生呢！这次你能上大学读书，是党和毛主席对你们青年一代的关怀，同时也体现了党和贫下中农的殷切希望和对你的培养。你在学校应该好好学习，刻苦钻研业务知识，努力提高自己的政治水平和业务能力，永远保持贫下中农艰苦朴素的本色啊！要做到上大学，管大学，用毛泽东思想改造大学，做一个真正贫下中农出身的新型大学生。"

是啊，我真的很幸运，真的很幸福！我，一个农民的女儿能上大学，我一定不要辜负老支书的希望，努力学好社会主义文化课，用优异成绩向老支书和父老乡亲汇报。

桂子山，我虽说初识，但已真切感受到你的温暖，你的博大。你树荫漫地！你香气逼人！你为后世造福，你为我的未来铺就了一条明亮的路！

二、如沐春风桂子山

上大学之前，我属于回乡知识青年。我先后担任了大队的团支部书记、民兵连长等职。渴求知识，喜爱读书是我最大的心愿和兴趣。来到桂子山，我制订学习计划，刻苦钻研知识，每次上课都会认真记笔记，就是听政治报告，也会记上满满几页纸，回到宿舍加以整理分析，写出心得体会。

在桂子山这片沃土上，在知识的海洋中遨游让我有如沐春风般感觉。当时中文系老师给我们讲课的情景至今还令我记忆犹新：石声淮先生讲解《离骚》从不用讲稿，原文能倒背如流，甚至连教材中的第几页第几行第几个注释有错误都能准确无误地指出来；高庆赐先生讲古代汉语常会在课堂上给我们吟诵一些古典诗词；汪文汉老师的写作课生动有趣；涂光雍老师的群众文化创作妙趣横生；张永健老师的诗歌朗诵激情澎湃；黄曼君老师和陈安湖老师对鲁迅作品的讲解深入独到；陶才碧老师和邱铸昌老师为我们写的作文逐字逐句批改点评；还有温洪隆、丁成泉、黄清泉、朱宗尧等几位老师的古典文学；梁异华、奠自佳、宋寅展等老师的外国文学；周宝珠老师的毛泽东诗词赏析；田蕙兰老师的现代文学作品选讲；曹琦老师的现代汉语等都给我们留下了深刻的印象……

在桂子山，在华师这所人民教师的摇篮，名师、大师渊博的学识像丝丝细雨滋润我成长，如涓涓溪流浇灌我成熟，让我回味无穷，令我享用终生！

春夏秋冬，寒来暑往，一晃两年多过去了。1975 年 12 月，20 岁的我大学毕业了。当时分配我到函授教研室工作。不到两个月时间，我就接受任务到湖北宜昌、恩施地区进行面授讲课。那时同去的有教外国文学的王忠祥老师、教写作的李旭初老师、教现代文学的徐纪明老师、教现代汉语的郑远志老师。真真是一个幸运儿，几个经验丰富的老教师带我一个青年教师。是这些恩师给了我帮助，给了我勇气，给了我信心！

我幸福地沐浴在老师们的呵护关爱之中，他们在我从学校转入社会的人生驿站给了我无尽的春天般的温暖。尤其是王忠祥老师，学习上的指导耐心细致。函授期间，每次上课前他都要检查我的讲稿，对古文的串讲部分总要认真核对每一个注释。有时为了增强文章讲解的生动性，他还为我一遍又一遍地作示范教学。他对我生活上的关爱也无微不至。最令我难以忘怀的是

1976 年初冬在巴东县函授期间发生的一件事。70 年代中期那里的旅社连厕所都没有，要到百米外的公共厕所（吊楼厕所）才能方便。恩施之行，只有我一个女同志。临睡前王老师像父亲样的叮嘱我：“小吴，晚上要是上厕所，你就敲我的房门喊我起来陪你去啊，一个女孩子怕不安全……”当时我感动得流下了幸福的泪水。

1978 年，我从函授教研室又被调到了文艺理论教研室，除了指定的孙子威老师悉心指导外，其他老师也很关心我。1982 年我在凯里支教时，陈竹老师专程去黔东南民族师专看我，并多次用毛笔写信指导我的工作和学习；曾祖荫老师推荐了大量的文学作品和文艺理论方面的书籍要我读，时刻提醒我要理论联系实际地学习。给我印象最深、特别令我感动的是王先霈老师，不仅给我修改讲稿，听我试教，而且在我上讲台的十几分钟前，特地从华师二附中的住地赶到教研室，及时调整我的讲稿内容，还从教态、语气、吐词、板书、肢体语言运用等方面提出宝贵意见，传授讲课真经，使我的教学技巧有了很大的提高。

在文艺理论教研室的那些日子，我被爱包围着，被情感动着：记得有一年夏天我得了重感冒，发高烧，整个人几乎虚脱。教研室每一个老师轮流值一天班，为我送饭送汤。吴惠芳老师来得最多，因为她是女老师，上楼方便些。彭立勋老师自己不能上楼，就和他的太太袁老师一起来到我楼下，然后由袁老师将香喷喷的排骨海带汤和绿豆稀饭送到我的手中……

在桂子山的生活中，还有一个亦师亦友的恩师不得不提，那就是教古典文学的蒋松源老师。1982 年，位于贵州省凯里的黔东南民族师专刚刚恢复招生，师资力量缺乏，教育部决定在中南几省抽调一些经验丰富的老师去那里支教，这项光荣的任务落到我肩上。当我欣然接受任务时，曾任过我班主任的蒋松源老师很关心我的安全，真心地劝我不要去。我想这一任务光荣，再说可以锻炼锻炼，还是决定服从安排。蒋老师见我决心已定，于是又建议：要去也行，最好把结婚证领了再去。我采纳了蒋老师的建议，在赴凯里支教的前一天领了结婚证。从此，我有了另一半，有了一个支持我关爱我的丈夫，有了一个美满幸福温馨的家，我的学习、我的教学有了动力，我的生活更充满激情，支教任务也完成得很出色。

1984 年我的宝贝女儿在华师出生，我与桂子山的情更深，意更浓！在东区 8 栋和新 36 家住时，条件很简陋。几家共一个厨房、一间厕所，经常谁家有好吃的就共同分享，哪家有电视就大家齐聚观赏。在那里我们邻里之间共同唱响一曲和谐的歌。我们的邻居谢守成、黄永林、吴毅华、李汛、吴爱芝、林琍、邓儒伯、胡水堂、程春秀、郑永静等老师后来都成了与我很好的朋友，即使有的当了学校书记、校长，几十年来仍然保持着友好的关系。尤其是我的老同学胡金枝大姐，在我怀孕和哺育期间对我的关爱和照顾更令我是没齿不忘！当时我俩住楼上楼下，她的家成了我的饭堂！

我们这辈人幸福地沐浴着桂子山的春风，我们的下一代又何尝不是如此呢！女儿长大了也爱桂子山，就是在桂子山从华师生命科学学院考上中国科学院的病毒学硕士研究生以及和日本东京国立病毒感染研究所联合培养的博士研究生。学成归国后她在深圳找到了一份满意的工作，拥有了一个幸福的家庭。

情意浓浓的桂子山啊，你赐给我的一切是难以用语言表达的。是你给了我一个诗情画意的平台；是你给了我一个充满幸福快乐的驿站；是你的精心培育使一位农民的女儿当上了大学的教授！在桂子山的每一天，我那颗满怀感恩的心一刻也不曾停止过跳动！

三、默默奉献桂子山

拥有思想永远快乐，拥有快乐永远幸福，拥有幸福永远年轻！我常常想要真实地享用生命的馈赠，想要努力地品尝生命的真实，记住幸福，留下快乐，回报桂子山！

在华师，凡是认识我的人见面总喜欢问一句话：“你怎么那么高兴啊？总是在笑。”我回答说：“知足常乐呗！”我是桂子山的宠儿，我要常怀感恩之心，常念感激之人。我不仅要笑，我还要用行动传递快乐，感染大家，让生命绽放激情，使人生更为精彩！

我在华师的讲台站了近四十个春秋。我常给学生讲得最多的是：“我不仅要教给你们知识，我还要教你们怎么做人。”因为我从前辈那里接受的就是这种教育，我的路就是这样走过来的。我的做人理念和教学理念是一致的，那就是学知识得先学做人，教知识得先教学生怎么做人。

我的课堂上不注重学生有多高的分数，而更注重的是学生有无健全的人格、高尚的品质。先做人后做事，这是我要求学生做到的第一条。我的课堂是民主开放的，师生必须是互动的，课程考核方式是自主的，考核标准是灵活多样的。自 1987 年大学语文教研室成立以来，我就在这块领地耕耘，课堂测评成绩均为优秀，多次获学校教学一等奖，主编出版的《大学语文》教材在中华书局曾 16 次印刷发行，指导的教育实习小组年年被评为学校优秀实习小组。

大学语文作为一门公共课，每学年有上千学生选修，据估算，我授课的学生应该数以万计。一般情况下，一学期不少于五个课头，每学期至少布置两到三次作业，批改作业几十万篇次。课堂运用多媒体后，我鼓励学生把自己的学习体会制作成课件，到期末交上来，制作得比较好的想在课堂上展示的可以先发给我看，提出修改意见后再上台展示。每到期末，我会收到大量的学习体会、读书报告和PPT。为了避开上网高峰期，我经常忙于修改、评价学生的课件作业到深夜两三点钟才睡觉。2010年教师节前我的腿摔骨折了，我只休息了一个月，石膏还没有拆就拄着拐杖去上课。

我爱桂子山，我爱华师的三尺讲台，我更爱我的学生。有人佩服我精力充沛，问我累不累，说句真心话：我上课有瘾，与学生在一起，我感到自己年轻，我觉得特别快乐！

四、欣喜享受桂子山

知恩图报是我做人的标准，也是我的行动指南。多少年来，每当教师节、中秋节来临之际，每当桂花香溢校园之时，我从没有忘记在节日前后登门拜访或者打电话问候我的恩师。现在我的学生也用同样的方式让我经常地享受着浓浓的师生情，时刻感受到有如儿女般的拳拳赤子心。

文学院副教授王洪涌博士，1988年我带她教育实习，我俩现在成了同事和知心朋友。和她同一个实习组的汪新华、刘立成、林晋、袁昕、黄锐亮、周家洪、刘时亿等同学，30多年的友谊不断。在汉的学生还有陈君良、帅锦平等每次聚会都要邀我和先生一起团聚，共叙友情。他们对我们的称呼也由原来的老师改为海哥、老师姐姐……

1982年我去贵州支教时的学生，如今还有20多位仍然经常和我联系，有的学生积极鼓励他们的孩子读华师或者是武汉的高校。每当他们送子女来上学或出差到武汉总要来看看我。有位学生为了见我一面，因为我出差在外而改签火车票。

学生黄辉，我曾带过她本科教育实习，在我腿摔骨折期间，她和同学刘灏一起每天接送我上下班，上完课把我从一个教室搀扶到另一个教室。下雪天她还从广埠屯叫来出租车到教学楼外等着我下课，一直到扶我上车后才离开。这种情景我想我一辈子都不会忘记的！

每年的节假日，我都会收到学生们的各种信件、邮件、贺卡达千份，信息达千条之多，经常和远在国外的学生视频。来自越南的留学生邓氏华是出家人。在结束研究生学业回国前，她精心准备了好几天，做了一桌斋饭素菜送到我家，请我和研究生小组的同学一起品尝，我至今回味无穷。为了给我留份有意义的纪念品，她还花了近两个月的时间，把我的照片和我喜欢听的歌曲加以选择、编辑，制作成两盘有特色的无价的光碟。

记得2010年上学期的最后一堂课快结束时，英语系的学生王逸凡、裴腾越来到讲台前，说要代表全课堂的同学感谢吴老师，并送给我一份特殊的礼物——礼品盒。她们俩递上一个礼品盒，这是一份本学期全课堂每位同学精心制作的一张纸条，上面用手指盖了印章，有的画了爱心，有的写了祝福，折叠好放在礼品盒中。这份新颖别致的礼品！这个小小礼品盒，盛满了121个学生的情，121颗感恩的心！学生们拥簇着我，轮流与我拥抱。有的学生说是吴老师的人格魅力感染影响了他，教育他懂得了怎么做人，他长这么大只和自己的妈妈拥抱过。

学生李文丹、江玲燕、黄辉、刘灏、宋红琴、陈冬杰、周艳、段瑜彬、何恬、吕淼、马亚颖、黄素颖等人在我的鼓励帮助下都找到了好工作、好丈夫。她们经常来电、来信让我分享她们的学习、工作、生活中的快乐和幸福。

教书育人，栉风沐雨，厚积薄发。学生送给我一个非常好听的称呼“老师妈妈”。学生记者采访我时，写下了如下的一段话：“吴老师就像一泓清泉，泉水甘爽宜人是她的特性，泉水咚咚作响是她在快乐地歌唱；吴老师满载一船爱与感动，在星辉斑斓里放歌。”“吴老师是水，而我们这帮孩子，则是她滋养过的片片青草……”

教学生涯40载，说不精彩也精彩，用泰戈尔的一句哲理名言来说：“天空中没有留下鸟的痕迹，但我已飞过。”

满珍寄语

——写在庆祝 60 岁生日和告别 40 年讲坛之时

40 余载春秋就这样飞快远逝了，犹记得 43 年前，我还是一个懵懂的女孩，初次踏上桂子山这片拥有厚重文化底蕴的土地时，我何曾想过，未来 10 年、20 年、30 年甚至一辈子的美好人生都奉献在这里。我见证着华师的成长，目睹着一栋栋崭新的教学楼拔地而起，昔日的许多人和事都经历着各种各样的变化，我也从一个初涉教育事业的新人逐渐成长为一名为教育事业奋斗终生的人类灵魂工程师。

40 年的教学生涯，说来也长。一万多个日日夜夜里，我用真心守护这三尺讲台，培育了数以万计的学生。“年年岁岁课相似，岁岁年年人不同”，我慷慨激昂地传承知识与文化，与学生们分享我的人生经历与生活感悟，年复一年我都保持着最初的激情，用昂扬向上的精神面貌与学生们交流。我始终秉承着“教书先教人，成才先成人”的理念，用严谨踏实、一丝不苟的教学态度言传身教。课堂上学生们的真知灼见也常常打动着我，我陶醉于站在讲台上的感觉，我觉得这就是当老师的最大乐趣与人生意义所在。

40 年的教学生涯，说来也短。时光啊时光，真希望你可以走得再慢一些。今年我就要告别三尺讲台了，内心充满了不舍与依恋。回忆这几十年来的生活，最让我感动的还是那一批批可爱的学子们。虽然我自己只生了一个女儿，但是在这几十年里，许许多多的学生都亲切地称呼我为“老师妈妈”，他们给我带来了无穷的快乐和温暖。太多太多的回忆让我觉得，我是世间最幸福、最幸运的人。我感恩这样的生活，每天都被各种的幸福与美好包围着，我觉得自己的人生丰盈而多彩。今天你们在百忙之中抽出时间从全国各地来为我 60 岁生日和告别 40 年讲台举行庆祝宴会，我心里真的好感动、好激动、好幸福！今天我 60 岁了，教出你们这么多优秀而重情重义的学生，真是我这辈子最骄傲、最有成就感的事情。感谢你们的到来，是你们让我永远年轻，让我始终满怀最初的激情和对人生的不懈追求。

真希望退休不要到来，让我永远守护我的三尺讲台；真希望时光可以停留，让我永远也不要老去；真希望我的学生们可以永远记着我，有事没事常回来看看。我会在这里，在你们的母校为你们筑一道爱的港湾，永远守候你们的归来。最后我还是想用经常说的三句话送给大家：

学知识首先学做人，这是立身之本！

机会给有准备的人，这是成功之本！

开心快乐过每一天，这是健康之本！

2015 年 1 月 18 日

目　录

贵州支教篇

华师硕士篇

中文本科篇

大学语文篇

14 级“满珍班”篇

汉口学院篇

贵州支教篇

1982年秋，吴满珍受教育部委派，到贵州凯里黔东南民族师专任教一年，比学生大不了几岁的年轻女教师讲授文学理论课程，师专淳朴的学生们为她的才华和青春气息所折服，也愿意与她交流和畅想未来，她也开始意识到自己的责任，于是一本本地啃读起文学作品。吴满珍与学生打成一片，传道授业解惑，关心爱护学生，师生感情颇深。在贵州留下的青春回忆，数不胜数：吴老师与先生在凯里旅行结婚，周末和先生一起去里禾水库游玩，学生献上亲手采摘的大束映山红；吴老师支教期满，即将离开，刘一凡同学听闻此讯，火速赶去车站告别，到了才发现情急之下竟忘记穿鞋！多么纯洁又深厚的师生情谊啊！30多年后师生重聚，趣事颇多，感触很深。

伴游散记

中文81级　张绪海

那是公元2016年的夏天，吴满珍老师来电话说要携其海明先生游览黔东南，我立即打电话转告在其他县的同学，大家都沉浸在儿时过年过节的期盼中。过两天吴老师又来电话说她84岁的婆婆也要一起来，并在微信上发来她婆婆身姿硬朗、神采飞扬的照片，其意是证明她婆婆的体能。我立即想到这是满珍老师在尽孝，电话里她还说带她婆婆游过美国、日本、东南亚国家和我国台湾地区及其他地方，她要和她婆婆住在一个房间，贴身照顾婆婆。我们当然十二分地欢迎，后来我给老师规划路线，与天柱同学杨建河商量各自开着自己的车伴游黔东南。不时令我想起伴游老师之事古已有之，孔子的学生公西华子路侍坐言志，一群学生侍游列国，历朝历代不乏侍游师长近身研习的先例。我俩能陪伴老师游览大美黔东南，那是何等快乐的事，跟着师父的增知悟道之旅，心中倍感荣幸。游览完毕，时间已过去一个月有余，日记该整理一下了。

7月21日　晴

中午1点，我带着赶去剑河接班的女儿美皓，杨建河、陈清文自驾车，莫天秀从施秉的家驾车赶来，快到三穗高铁站秀平来电说他从剑河过来接老师。四辆车汇集三穗高铁站，会面得知秀平两口子早答应今年参加高考的女儿要去外地旅游，慰劳辛苦的千金，怕见不到老师因此赶到三穗高铁站见老师一面。令我们几个同学想不到的是秀平特意叫人制作了一个标牌：热烈欢迎吴满珍、李海明老师。秀平心思真细，从大学毕业后一直坚持写东西，输出真挚的心灵，所以比我们想得仔细些。他说这会让老师高兴点。下午2点20分，我们打着标牌，接到了老师。毕业后，建河我俩见过老师，认得我俩不足为奇，34年后老师还能依稀记起清文、天秀、秀平同学，老师青春时记忆真牢固。我记得有位心理学家说，用心的记忆不会忘，越久越记得，可见老师34年前教我们是用心的。烈日下，打着标牌，大家在三穗高铁站照了相，火热的情感让人忘记了烈日的高温。吴老师一家坐我的车，我们往天柱走，吴老师一路走一路赞叹："你们这植被真好，到处是树，青山绿水，空气好，真舒服，真凉爽。"近5点，我们赶到清水江岸边一个古朴的打上古代移民和开发印迹的山村——三门塘。我们走着青石板路，游了石栏栈道、"歪门邪道"、300年前建造的杆栏式木房、王氏和刘氏家祠等景点。吴老师是华中师大中文系教授，海明老师曾是资深媒体人、报刊社老总兼高级记者，他们游兴很浓，以独到眼光谈了游后感：三门塘没有打造痕迹，原汁原味，保留了历史原貌，是真的历史；历史遗迹景点至今还有纯朴的村民居住生活着，构成一幅特有的饱含文化意义的人景合一的图画。这是他们游后的感受，这大大出乎我们的预料，我们认为天柱没有叫得响的景点，勉为其难请老师去游三门塘，老师却评价三门塘是没有打磨的璞玉式旅游景点，依然保留旧式原貌，少打造，打造多了反而让人觉得在做假。连老太太也说看到古代人生活的场景，真好。像三门塘这样的富有苗侗风情的古村落，天柱还有很多，以外地人的眼光看天柱旅游资源很丰富，但交通路道要改造，从天柱至三门塘一个来回，山路弯弯耗时近3个小时，路途耗时太多了。晚饭赶回天柱县城原味酒店就餐，吃原汁原味的血浆鸭和稻花鱼。老师是家庭出游，我们也带上妻子和还在家的儿女参加，共两大桌，家庭气氛浓烈，让老师感受苗乡侗寨家庭生活的情调。漫饮金质酒，畅叙师生情。吴老师喝得谨慎是婉约派，李老师开放豪爽是豪放派。老师住东方明珠酒店，开了两个标准间，第二天去酒店接老师吃早餐时我才知道，为照顾老太太他们只住了一间，老太太真幸福，得儿媳贴心尽孝。吃完早餐，老师特意游览了学生工作的学校：三中、民中。天柱县伴游的学生有杨建和、莫天秀、杨孝玉、杨万宁、龚文龙、陈清文、谭光海、罗永良、张绪海。

7月22日　晴

游锦屏隆里古镇。万宁调休，送老师到锦屏隆里古镇并全程陪游，文龙利用午休时间赶到隆里送别老师。几天前联络锦屏籍同学，王明相在浙大培训，龙跃贵陪夫人在长沙照顾刚生娃的女儿，欧阳大锡退休在贵阳带孙崽，各有其事忙着，身不由己，各表遗憾。

隆里是明初建立的军事屯堡，是当时的中央政权为强化对湖广边民的统治所建的一座亦兵亦民、能攻能守的军事城堡。到了清代，进士出身的张应诒做官，衣锦还乡复建龙标书院，将王昌龄到龙标兴学的历史传说具体化，让古军事屯堡多了一些书香的色彩。历史书籍记载，中央曾置龙标县管辖过这些地方甚至到更远的现在的黎平地界。有说王昌龄《芙蓉楼送辛渐》是在黔阳的芙蓉楼。我们知道，辛渐从未到黔阳，真正的芙蓉楼在江苏镇江，古称润州，其时王昌龄任江宁丞，好友辛渐造访，由江宁送别同游至润州，于芙蓉楼上设酒席饯别。这里同名而误，读诗当读史只能说是别样趣味了。

真实的是 2016 年 7 月 22 日上午，湖北武汉的李海明老师登上锦屏隆里龙标书院二楼，饱含深情地诵吟王昌龄的《芙蓉楼送辛渐》："寒雨连江夜入吴，平明送客楚山孤。洛阳亲友如相问，一片冰心在玉壶。"诵完诗又悠长地呼唤："吴满珍同学读书喽!"此情此景能让你理解何为青梅竹马、伉俪情深。

此时锦屏隆里龙标书院修葺一新，幽静淡雅，是读书的好地方，若能置些图书，办成图书馆面向社会开放，游客到此也可看看书，歇歇脚；或增加体验古代念私塾的读书生活，穿儒生衣、戴儒生帽，增添些书香味，也将大增游兴，会更有游览价值。万宁、文龙陪老师吃过午饭，告别老师即回天柱。

从高速往天生桥不到 10 公里，下黎平高屯高速站，黎平籍的杨怀亮、蒋光武、吴开林同学自驾车子带我们游自然奇观——天生桥，桥高约百米、宽 80 米，下有河流，桥呈拱形，形似长虹，是天然奇观，桥下可容万人。我们沿着掩映在树林中的崎岖的石板路，来到了桥下，一阵凉风吹来，顿觉凉爽许多。吴老师组织大家照了不少相，让这人间奇景永远留在师生的记忆中。两位老师评述说，在保留原生态的前提下，多改善一下行走的路道，能到桥上去观赏景色应是另一种境界。同时要增加消费设施，游客需要消费，旅游业还是要讲经济效益的。天生桥景区我 20 年前曾来过，旅游设施至今无什么大的改变，老师意见中肯。游了 1 个多小时，我们驱车赶到黎平城的翘街，参观黎平会议会址。在会址前，吴老师分别与学生、与李老师、与婆婆拍了合影。

无论是参观会址的历史建筑物，还是参观中国革命历史转折点的文物，老师都格外认真仔细地看。一件件实物，一张张图片，一段段文字都看得很专心。半个小时后，已到关门下班的时间了。其中还有段插曲：我们回到红军广场，李老太说为照合影她的手机放在了会址前的台子上。大家很着急，尤其是老太太，掉个手机不打紧，但手机里边存储的相片是无法寻回的。84 岁高龄的老太太很新潮，微信、QQ 玩得娴熟，边游边与武汉的老伙伴们分享游黔东南的喜悦，总是笑盈盈的，若丢了手机将严重影响老太太的情绪。二位老师带着大家急忙回去找，手机一直能打通但无人接，我赶到停在黎平三中的自家车中，看到手机放在后排座位上，虚惊一场。这插曲产生的原因，一是时间紧，二是手机随时拿在手上用的频率高，让人产生了误判，不过也加深了大家游会址的印象。愉快时间易过，安排好住宿，又到吃晚饭时间，黎平同学安排吃本地特色菜，喝了两瓶酒，回忆老师教我们时靓丽照人、气质优雅的形象，平常不怎么喝酒的怀亮很努力，灯光下光亮的秃顶冒着汗珠，不时讲几句幽默话活跃酒桌气氛。光武、开林很直爽卖力，建和也尽力帮助陪酒，建和偶感风寒，身子有如车子开了几十年总有零件不是很好的。酒酣，一宿无语。经查，建和车出了故障，车子只能在黎平维修。

7月23日　晴

吃完早餐，我们立即赶往中国第一侗寨黎平肇兴，出洛香高速站，从江县的刘国舟、姚苏怡同学立即迎上来见老师。黎平几位同学利用人脉资源，让老师享受贵宾的待遇，车子可直接开到景区内。看了侗家的花桥鼓楼，侗婚习俗表演，看了真实版侗家人生小孩打三朝（吃满月酒）送礼物的场面，没有表演装饰成分，老师很好奇，也很兴奋。看人家记礼簿，一担担禾稻堆积起来，听忙碌筹备酒席的人们不停地讲着温婉的侗话，看待客的酒席场面，不能不说这些是老师游肇兴的意外收获。

我是第二次到肇兴，与前一次比较起来路道设施好了许多，但觉得修饰的成分也更多了，商业气味更浓了，而侗家原味生活情态少了些。看了这修饰得较好的景点，俩老师没有评述，可能这些他们见得多了，似曾相识吧。2个小时后到午饭时间，石广茂同学几次来电话催，中午饭已订好，请吴老师快过去。我很了解广茂同学，总是以侗家人的浓情盛意接待老师和同学，从不含糊。

中餐，吴老师、李老师再次被学生的浓情浸润着，喝了三瓶酒，广茂和国舟仍不肯“休战”。后赶来的秦昌洲、姚苏怡和陪送老师一程的怀亮、开林、光武一致劝说，下午要带老师去人类最后一个枪手部落——岜沙，大家都觉有道理，才停下酒杯，住从江迎宾馆，安全幽静。

下午3点我们驱车7公里来到古树参天、敬树如神、经济稍滞后而生态理念极先进的神秘的岜沙苗寨，成年男性头顶留长发打髻，其余的头发用随身携带的镰刀剃掉，还保留着人类剃头的古代范例。我们要赶往芦笙场，昌洲同学曾到岜沙支教3个月，有人缘，我们顺利观看到岜沙婚俗表演：那是一种尊重人性、团结和谐、以酒为情感媒介的婚礼风俗画卷，是该地苗民对人世间美好爱情的诠释。两位老师和老太太邀请演员合了影，但提出要给点钱，这些是其他景点才有的现象，昌洲立即向他岜沙的朋友说，这是老师的老师叫师奶奶，不要收钱。我们参观了禾架，有几根禾杆，代表他家有几个人，去世了一个人就要拆下一根禾杆，用来抬逝者上山安葬。一个人生下来，父亲为他栽一棵树，树长大了，人去世了，当天砍倒这棵树，在山上做好棺材，将逝去的人用布包裹着捆在禾杆上，连夜打火把将逝者抬到棺材处入殓安葬，然后再在坟上栽上一棵树，让逝去的亲人从茁壮成长的树得到生命的延续，这就是一个人的一生。几年前一个有心的记者，用他的镜头拍下了整个过程，用所拍摄的照片配以文字说明办了一个展厅，来岜沙的游客都被展厅图文吸引着，简洁，轮回，超脱，克制生者的哀伤，岜沙人对生与死的认识理解极其冷静、清晰、深刻。二位老师作为文化人被这里的原生态文化和自然美景征服了。

更让人醉的是从江同学所设的晚宴，12 斤重的烤香猪，奇特、环保、药用价值高的羊瘪火锅，从江本土美味全上来了。酒过五巡，广茂这个多年的文广局长唱着侗族酒歌敬老师和老太太的酒，国舟和老昌也即景创作，一边歌唱一边敬酒，酒成了歌的船，歌是情的载体，老师也即景编歌词用湖南花鼓戏唱腔应和着，再现了老师 34 年前所传授的诗歌产生的原理。大家还共同回忆老师当年如何解释“杭育派”……其乐融融，全醉了，看不清电视直播的州庆晚会。愉快的从江晚宴在西斜的月光中结束了。

7 月 24 日　晴

睡到自然醒后，从江同学安排大家吃了可口早餐，国舟、苏怡驾车送老师到榕江县，榕江的吴杰、张良伟、杨秀喜，在良伟弟弟的乐言百吉酒店接待老师，点好了中餐的菜，人一到即上桌，良伟带来几年前女儿结婚时女婿孝敬的酒，酒质纯香，意义特殊。我们喝了两瓶，微醉，烈日当空，气温很高。榕江县境内刚经历水灾，往其他景点的路不通，在酒店午休至下午 4 点，才开始游车江侗族大寨的古榕群。高耸的鼓楼掩映在榕群中，硕大的榕树遮天蔽日，榕树下很凉快，我们游了 2 个小时，意犹未尽。6 点半来到江边农家乐就餐，建和同学也从黎平开回自己的车。近 7 点开始晚宴，佳肴美味依次上桌，榕江菜深受粤菜影响，很精致，都是柳江文明引进来的饮食精华。

有烧鱼、烤肉、清蒸鱼、风味牛肉、时蔬……饮酒甚欢，畅叙中，老师还能清晰记得 34 年前中文一班邀请新婚中的两位老师春游凯里舟溪里禾水库的情境，吴杰爬上山摘来一大簇鲜艳的映山红献给老师，祝福老师新婚愉快，我给两位老师照了一张很出彩的相。张良伟个子小，活泼、能说会道，秀喜不善言谈，读书很用功。老师将照片中的学生一一道来，记得非常清楚。吴老师记忆非凡，令学生佩服之至。要知道学生记得老师容易，老师记得众多学生是很难的。

34年前，黔东南民族师专刚成立3年，教我们的老师大多是满头花发的老人，教唐代文学的卢中一老师精瘦，喜喝点小酒，上课很投入，再现唐诗情境的能力很强。教先秦文学的龙连荣老师，评析文章的能力很强，上课从不拖堂，课讲完下课铃即响，卡时很准。班主任是教外国文学的陈国钧老师，上课极富感染力，诵读能力强，外国人的名字能读出乐感来；那时同学们经济困难，穿补丁衣服，男同学不会补衣，陈老师用缝纫机给大家补，给我补过好几次，督促男生勤洗衣被，学会生活。教现代汉语的是戴着一副深度近视眼镜的陈宗慧老师，与班主任年龄相当，40多岁，陈老师训练同学们普通话很认真，很辛苦，发音口型示范，一字一句纠正，一个个学生过关，教会大家当老师的基本功。教写作的是雷山的张国星老师，讲写作和生活的关系很深刻，动情时，眼角常挂着眼泪告诉你，写作是用心用情的事。教古汉语的是李逢甫老师，古代语音已消失，现在只能描述概念，但李老师能将课讲得生动，偶尔读出几个字的古音来，激动时把一只脚踏在用来让他休息的凳子上。

1987年，我和黔光、何林超、沈有珠考入贵州教育学院中文系，又师从郦亭山老师再学这门课，系主任郦老师是古汉语研究生，江浙人，也只能多读几个字的古音，因苏浙方言保留古音多些。教现代文学的是张锡纯老师，讲课时常瞪着大而有神的双眼并微笑着，分析现代一部部作品、一个个作家，普通话带有浓厚的北方口音，身材魁梧而声音不是很大。教现代文学的还有李树荣老师，云南大理人，个头不高，能娴熟地讲析课堂教材，和蔼可亲，声音甜美，面带笑容的形象让人至今记得。教我们的老师大多数四五十岁，教书和做学问的功夫都很好，记得最初教蔡仪编著的《文学概论》的是杨万海老师，年轻帅哥，光溜的长发总梳到脑后，戴着大眼镜，板书写得漂亮而灵动，半学期后去进修了，这门课只能停下。不久，教育部要求重点高校派专业教师支援边远高校，20多岁的吴满珍老师来教文学概论，吴老师气质高雅，容貌靓丽，用北方人的说法：长得那叫一个俊。吴老师很有亲和力，像一缕缕春风持续吹拂着80多位同学的心灵。艰涩难懂的文学理论概念，她能化难为易，让学生顺畅接受；能激发大家浓烈的学习兴趣，学以致用，用文学理论分析中学语文教材，把知识转化为能力。吴老师对学生很关心，回华中师大后，还邮寄好多书籍给黔东南学生，她赠给我一本北大金开诚教授的力作《文艺心理学论稿》，该书从心理学角度分析了文艺创作和文艺欣赏的规律，读后我收获很大，感觉语文课能分析得更深刻且更令学生能接受。我到剑河中学工作后，吴老师还给我寄来《湖北高考满分作文集》，那是高考评卷结束不久就寄来了，其示范作用很大。这两本书我至今珍藏着，那是师生难得的情谊。

那时，吴老师为了不影响支教任务，在来黔东南民族师专前只领取了结婚证，还没来得及举办婚礼。第二学期，她的先生李海明从武汉赶来在我们学校举行了个简朴而有意义的婚礼，大多数同学参加了。李海明老师（那时我们称他小伙子）长得英俊潇洒，常穿一件白衬衣，一双锃亮的黑皮鞋，一双大眼很精神，燕尔新婚，不禁让人从心底赞叹：绝配！还让人联想到词句“小乔初嫁了，雄姿英发”。34 年过去，吴老师已退休，李老师从领导岗位上退居二线等待退休，同学们均已年逾半百，两鬓苍苍，真是人生易老，弹指一挥间……我给老师介绍说，能完整继承老师衣钵者是秀喜同学，我们常在黔东南文学期刊《杉乡文学》上看到他的文学评论文章，老师当年教的文学理论他运用娴熟，他该多敬老师一杯酒。良伟口才好，工作能力强，干了很多年政教处主任，还在乡镇中学当了几年校长，现在教育局关工委工作。30 年来，我与吴杰联系最多，我在天柱民族师范学校上阅读和写作课并负责学校教务工作时，吴杰在榕江民族师范学校教书，也在教务处，因工作关系常走动，每次去榕江我们都打几场“酒仗”，今天他还能喝几杯，老师到来特高兴，有些不管不顾了。其实，他当场就有了过敏的反应，老师和同学都替他担心。我因身体原因已退出酒场江湖几年了，何况还有驾车任务。国舟赶去凯里完成陪妻子、家人外出旅游计划，他从事政法工作，难有假期。苏怡决定明天一早回从江带上外孙女陪老师游完行程。苏怡本是湖南新晃县人，年龄比同学们大些，勤劳能干，教书是骨干，早评高级了，在家里是顶梁柱。她爱人李老师患脑出血，她排除万难连夜送医院做手术，将丈夫从死亡线上救下来。每次同学活动她都参加，让人看不到她生活的烦恼。姚大姐是生活的强者，近几年还学会开车，她是吴老师的闺蜜，几次想升级以姐妹相称，同学们认为辈分不能乱。一日为师父，终生为父母，同学们一致反对。明天行程已安排好，我已通知下一站的同学。回到酒店房间，我与建和又闲谈很久，愉快的一天，尽兴而梦。

7 月 25 日 晴

早上 10 点，苏怡自驾车从从江带回了外孙女。吴杰驾车和良伟送老师去丹寨，每到一县，都有学生接送，给老师以应有的礼遇。昨天，我已通知肖国林同学，未到丹寨县城，先见丹寨地标建筑：几十米高大的鸟笼。11点半，老师在丹寨高铁站见到了国林及其贤妻杨怀英，高铁站前，老师十分高兴地和大家留影。国林带大家到卡拉村吃斗鸡，原生态的菜肴加上即炒即食的铁锅斗鸡，色香味美，呈现丹寨特有的苗家饮食文化；喝丹寨新产包装精美的蓝莓酒，国林说这是保健饮料，只有8度，口感极佳。每人喝了几杯后，酒意就上来了，标注的酒度可能不准确，大家的话越来越多，声音越来越大。国林当了近20年的丹寨民中校长，最近才当教育局局长，卧薪20年，丹寨县高中今年终于有学生考入清华大学，他把丹寨教育的变化向老师做了汇报。我很清楚，国林工作很用心，办法多，丹寨县高中教育成果是他苦心经营获得的，这评价一点都不为过。听完汇报，老师更加高兴，杯盏往来不停。国林取得的成绩是值得大家为之多喝几杯的。

吃过午饭，国林带老师和我们到丹寨石桥参观古法造纸遗址。造纸术是四大发明之一，它还衍生了中国另一发明——印刷术，足见发明造纸术的伟大。据遗址标牌文字介绍，石桥造纸并不晚于东汉宦官蔡伦造纸，石桥纸是具有造纸技术的石桥先民用大自然赠予的楮树（又叫构皮树）树皮为主要原料生产的产物。我们在石桥洞穴里观看了古法造纸的整个流程的遗址。蔡伦造纸只见于史书记载，石桥造纸遗址却是历史实物遗迹，至今看得见摸得着。该地洞穴有500多平方米，还有适宜造纸的含石灰质碱性的充足水源。洞穴冬暖夏凉，是天然的造纸工厂。老师看得仔细，这是原版的造纸技术展览，作为文化人的二位老师深知其价值，伟大的发明创造常藏于民间。

蔡伦在宫廷，史书把造纸的功劳记在他头上是情理之中的事，近水楼台先得月嘛。谁发明造纸术早已是一桩史学公案，人们拿出了许多蔡伦之前已有纸的考古证据，证明蔡伦不是造纸术的首创者。其实很多发明创造在民间。石桥造纸从不间断，20年前我教师范，就知道丹寨石桥宣纸很有名气，师生书画创作、毕业作品常用丹寨石桥宣纸。参观遗址后，我们即到新厂生产车间体验做纸，做宣纸花草画，做好后晾干，之后会把游客自己的作品按地址寄给游客，体验式旅游充满情趣。

火热的太阳让人喘不过气来，国林安排大家水上烧烤，胡世江带着夫人（也是备用驾驶员）也赶过来看望老师，并带来了本地产的新鲜蓝莓。我们将太阳棚架在清澈的溪水中，遮住毒辣的阳光，烧烤炉架在水上，四周有塑料凳可以坐，脚踩入水中，喝着解渴的啤酒和饮料，吃着烤制的喷香的小河鱼、土鸡腿、牛肉、野菜……遥望青翠的远山，俯瞰清幽的溪流，畅叙浓浓的师生情，天人物我合一的画面让人心旷神怡！84岁的老太太也被激发了兴趣，脱下鞋袜打着赤脚下河淌水坐着享受，连声赞叹太有意思了，这里的人真会玩。

享受完水上烧烤，又到吃晚饭的时间，我们陪老师在农家乐门口的走廊上摆上长桌宴，绝对正宗的石桥溪野生鱼煮成了今晚主菜酸汤鱼，几大盘腊肉加血豆腐，那是丹寨苗家人过年请客必吃的一道菜，因为老师到来，学生像过年一样高兴。酒是好酒，菜是佳肴，环境是青山绿水。世江唱起了高亢真情的苗家敬酒歌，敬两位老师和老太太的酒；国林安排一个姓潘的兄弟来陪酒唱歌，歌声在山谷中回荡；刚才还在端茶上菜的服务员也变成了歌手，拿着酒壶酒杯唱着即景所编感谢老师早年教育，今天也只能粗茶淡饭接待老师为内容的酒歌敬老师，让老师感受到：黔东南的苗侗同胞，能唱歌就像人会说话一样容易。

还有一件事必须补叙，吴老师的婆婆游兴很高，几天来，对所见所闻，老人赞不绝口。在车上我和老人说要采访她，谈谈感受，老人高兴地同意了。老人见过世面，在旧社会上过高中，李老师说她母亲曾是地主家的二小姐。饭前，老人坐在农家乐门前的美人靠上，情绪饱满，我打开手机录音和摄像功能开始采访，老太太满面笑容，打着手势用普通话自然地说："我到过美国、日本、东南亚国家和我国台湾地区，但最美的还是贵州黔东南、黔南……还有丹寨。"一次采访成功，效果很好。老太太给我们的游玩带来了许多乐趣。

晚9点，我们驾车从石桥返回丹寨迎宾馆休息。

7月26日　晴

早8点30分，在宾馆吃早餐，国林从二中新校区赶来送别老师，他夫人怀英也从家里赶来，我和建和装好老师的行李，检查车况，苏怡、良伟、吴杰同学继续陪游，9点30分启程，国林及夫人送我们至高速路口。几十年了，每次大家去丹寨，国林总是有接有送，礼数周全，老师下车与他们一一握手告别。

沿厦蓉高速行走到都匀南站，我们见到罗燕军安排前来接我们的小胡兄弟。燕军是大忙人，任都匀军分区司令员兼中共黔南州委常委，为庆祝黔南州政府成立60周年办军队成果展览。他请我们吃中餐，毕业34年了，我第一次见燕军，他还是34年前当班长的样子，对人总是那样热情、诚恳、和蔼，待同学如兄弟。我和张良伟、张子忠等与他同室居住了2年，毕业后他投笔从戎，大家常念叨他，今天见面，格外亲热。中午燕军不能喝酒，有纪律规定。其余人喝了两瓶酒，大家轮番敬老师，老师又喝得很高兴。吴杰打工回乡的姨妹也同席吃饭，吴杰叫她唱歌敬老师们的酒，长得俊俏妩媚、有着侗家美女气质的姨妹双手端着酒杯即兴编歌词，用榕江侗族大歌美妙的有如天籁的声音唱起来，悠扬动听，显示出专业侗族大歌歌手的水平。

姨妹投入歌手角色，已没有一丝的生涩。有好酒，有好歌，有恩师，有浓浓的民族风情，有舒畅的心情，饭吃了 2 个小时。燕军赠送老师和同学每人两本他编著的《中国人民解放军军衔军服观赏》《中国人民志愿军军服物证观赏》。其中一本中央军委原副主席迟浩田给题了词“为燕军同志《军衔军服》一书题：崇高的荣誉，光荣的历程。迟浩田 2009 年 12 月 18 日”。燕军介绍说，他的这两本书常作为中央军委与外国军事部门交流的礼物。老班长做事有恒心，已升大校武职，还有著作面世，颇有儒将风范，老师和同学们都为他取得的成就由衷地感到高兴。燕军安排我们去游荔波小七孔五星级景区，他忙，未能前往。赶到荔波，已是下午 3 点 40 分，从西门进，东门出。我上半年才游过小七孔，建和同学全程陪游，我开车到东门等老师。7 点 40 分，他们才出东门，10 多公里，可坐几段旅游车，其余要步行，他们精神很好，尤其是老太太。8 点吃晚饭。“荔波一绝”炖牛排是主菜，是我吃过最味美的牛肉，肉质很好。厨师炒的菜体现了高水平的厨艺，这是燕军安排的，很周到。晚 10 点，我们住荔波古镇的酒店内，幽静，休息得很好。

7 月 27 日　晴

早 6 点，我来到荔波老城寻找邓恩铭故居。找了三条街，问老乡，说是在前边 150 米大树旁，我走过去还是找不到。我犯了先入为主的错误，认为故居应是青砖大瓦房，没注意从门前走过的仅有一人多高的小房子。革命先辈邓恩铭家庭出身贫农，起于阡陌之间，他是中共一大代表，经历开天辟地的历史大事。他的故居很简陋，惟恩铭革命先辈英名被作为国家级文物受到保护，中央领导人题词以旌其功。凡到荔波都想到故居看看，瞻仰先烈事迹，接受革命传统教育。故居周边老房居多，偶有新房凸起，很不协调，有如旧衣服有一块新布做的补丁。回到古镇我才看清楚古镇建筑，装饰得古色古香，是新打造的，可以说是古镇不古。或许百年之后换了几代人也就古了，往来成古今嘛。

9 点吃早餐，吃完即赶路，荔波县城到凯里走高速有 260 公里，胡世江同学要请吴老师在下司古镇望江楼吃午饭。11 点 40 分赶到下司，高海鹰、吴展平、何光艳三位女同学在望江楼已等候多时，吴老师几次来凯里都是她们召集同学团聚。黄黔光从贵阳赶来陪老师午餐，餐后要赶回贵阳上班，因为他当时任贵阳电视台台长。他的志向很明确，一路走来不容易。1989 年我们读贵州教育学院中文系，他去参加电视台应聘，模拟节目主持人和即兴演讲，很出众，回乡教几年书又转入媒体单位，先后在州电视台、州教育局工作，最后被调到贵阳电视台，主持《扬光播报》栏目，圆了他的主播梦，能经常在电视上见到他，影响很大。黔光是媒体达人，一流口才，与世江一唱一和，轮番敬两位老师酒，饭桌气氛浓烈。莫昌波从贵阳、龙传宁从天柱先后赶来和老师相聚，饭吃成了流水席，原计划 1 个小时的午饭吃了 3 个小时才结束。高大姐、展平安排我和建和到民族风情园的旅店休息，由杨茂全同学接过欢迎标牌陪老师游千户苗寨西江。

晚上近 8 点，吴老师才从西江苗寨赶回来，一张能坐 20 多人的特大圆桌旁坐满了从剑河、麻江、贵阳、天柱赶来的同学。饭前吴老师像上课一样先点名：莫昌波、杨建和、胡世江、高海鹰、吴展萍、何光艳、杨茂全、邰菊秀、姚苏怡、郭龙春、王安福、潘承绎、张子忠、张绪海、龙传宁、夏小英、赵明科。以上为凯里陪老师用餐同学，老师都能叫出名字来，表明老师从未忘记在贵州的学生，同学们感到十分温暖。酒是龙传宁带来的红豆杉籽酿制的有保健功能的好酒，喝后头不疼、口不干，带的酒足够保证供给。老师来了有好酒，一路走来，同学们都不失苗侗人的本色，感恩老师的教育，尽力陪老师。传承尊师的文化，每位同学邀约敬老师一杯酒，一轮下来大家都有了酒意。再加上相互敬酒，酒意更浓，声音更大了。晚上还要去歌厅 K 歌，高大姐多次提醒大家，大家才慢慢离席。我在下午接到通知，明天早上 9 点集中在省扶贫办开会，要早赶路，就不能参加 K 歌和送别老师了。

7 天伴游、驾车，我感悟很多：一是二位老师诚心孝母，身体力行，无微不至，给我们学生树立了榜样，34 年后继续给学生们上了一堂如何尽孝的课。二是老太太豁达乐观的生活态度，告诉大家如此方能长寿。三是每到一县，同学们有接有送，热情款待，不忘老师的教育之恩，进一步说明我们学生的礼数就是对老师最好的回报，老师也会感到无比自豪。四是老师重来黔东南游玩，见到了几十年未谋面的学生，加强了彼此的联系。五是最令人钦佩的是吴老师的勇敢和对机缘的把握。34 年前外省人对贵州落后的看法很夸张，认为生活用品都没有。20 多岁的吴老师是带着肥皂等生活用品勇敢地从武汉来到凯里的，如果吴老师不把握 34 年前的支教机会，就没有这一段纯洁深厚的师生情缘。六是黔东南旅游资源从外省人的视角看无处不在：不仅有有形的绿水青山、奇特景观、苗侗山寨、乡村风貌，还有无形的苗侗风土人情、生活方式、生活态度。七是要感谢国家科技进步，县县通高速。如果没有这样便利的交通，我们师生根本无法完成7日游遍黔东南和黔南的任务。

“行文简浅显，做事诚平恒。”这是启功先生的座右铭。作文力求简洁，浅显少雕饰，以求传情自然纯真，多真情实感以留存更多信息。处事接物诚恳平和绵恒持久，多真实，少伪装，这是我对启功先生座右铭的理解。要想做到行文既简洁浅显又要有很高思想境界和很深文字功底，只有多下功夫；做事诚平恒，是可以身体力行的。我和建和伴游、驾车权当是一次这样的实践行动。整理记录老师游览黔东南、黔南日记，留存老师7天生活印迹，总称伴游散记，绝非华丽篇章。再过20年，读读这平实的日记，感觉会怎样呢？

绪海很专心地写了这篇游记，记录了我们34年后再聚的美好时光。他的邀请、策划和全程陪同足以体现其诚挚情感与感恩之心。绪海和我有着不一般的情缘，每次我去贵州，当校长的他无论多么忙都要抽出时间和我见面。有一年中秋节和教师节先后放假，他带着妻子儿女开车从天柱来武汉和我全家团聚。特别记得有次他从贵州来看我，正遇上我腿摔骨折了，在医院刚上夹板打完石膏。他似乎是专程赶来接我出院的，帮忙和我先生一起用担架抬我上楼，这件偶然发生的事成为后来我们见面必说的逸闻趣事。从他洋洋洒洒几千字的日记体文章中，足见其办事的细心周密和人品的淳朴高洁。

颂歌献给吴老师

中文 81 级　罗燕军

吴老师：

您好！黔东南师专毕业离校 30 余年，我们仍与当年的授课老师保持密切的联络，足见师生间的珍贵友谊和浓浓亲情，尤其是您几次返黔探亲，以线串珠，师生相聚，融融唱和，更体现您的亲和力、感召力。为师长，为朋友，您是性情中人，备受大家拥戴。

我们所经历的 80 年代初期的“教育支边”“教育扶贫”，其实已经做得很有成效了。从名牌学府请来优秀教师，到我们少数民族边远地区支教，犹春风吹皱池水，荡漾晶莹水花，立教传学，让我们受益开悟。虽相处时日匆匆而过，您却在莘莘学子心中刻下难忘印迹。岁月依稀，我们常怀感激之心。老师，您讲授的文学概论，授课讲读，入座称许，文思学养，谨献至诚，学才识断，颖语过人，音韵优雅，鸣凤朝阳。您把婚礼带到学校，芳华留黔，更体现您对黔东南这片热土的深情挚爱。

1984 年我们从学校毕业，时值南疆边境自卫反击作战。我们同级 10 名毕业学生，一腔热血响应号召，投笔从戎应征入伍，也成职业选择中各显春秋的另一种景象。择一事，终一生，搭载人民军队这列奔驰向前的列车，我径直走过了职业军人的一生，历时 34 载。军队的沃土和雨露阳光，滋润和培养了我的成长；国防建设这个光荣的平台，成就了我一生的追求和梦想。常感慨，当园丁们在琅琅读书声中享受教书育人快乐之时，我们则伴着军营的号角，带着士兵在野外“摸爬滚打”。所幸，我也未忘初心，不枉师范生之名，在军旅历程中当过部队的文化教员，在陆军学院担任过客座教官，不忘师训带兵育人。我的多篇学术论文获全军奖项，编著有《中国人民解放军军衔军服观赏》（解放军出版社出版）等 4 部军事读物。薄薄小成，不以为誉。

我们欣慰地看到，今天的青年学子，多品学兼优又具家国情怀，自强不息，砥砺前行，定能担当国家栋梁，印证“有士国兴”之宏论。

岁月易逝，世事茫茫，时光无声无息迎面而来，又匆匆忙忙擦肩而去，花开花落，云卷云舒，追昔往事曾经，我们都有许许多多的心曲感慨。既过知天命、耳顺之年，我想，最曼妙的风景，是内心的淡定和从容。祝福老师，再有高贵的启程，并让赋闲生活更加富足丰盈，优雅日子更加妙趣横生，放松心情放慢脚步，去感受云霞中的挥袖潇洒，去静听林中小鸟的窃窃私语，去感知多彩生活的痴情佳话，乐观其成，笑迎桃李。恭祝老师及家人快乐安康！

此致

军礼！

您的学生：罗燕军

2018年4月22日

燕军退休前曾任中国人民解放军贵州省都匀军分区司令员，大校军衔。大学期间的他担任一班之长，精明能干，政治素质、业务能力都很强，他天生具有领导者的风范。从戎后，他不仅带兵领导有方，而且作为职业军人创造了辉煌的业绩。我和他33年后的第一次见面，正值黔南州州庆，他的成果占用了一个展厅。临别时，他还赠送老师和同学们每人两本他的著作《中国人民解放军军衔军服观赏》《中国人民志愿军军服物证观赏》。

生命中最美的“缘”

中文81级　姚苏怡

在大千世界里，在芸芸众生中，我能在大学里遇到吴满珍老师，并成为她的学生，这是我人生中最璀璨的一页。时光在变迁，岁月在成长，许多往事如烟，正如一首小诗写到的：

走着走着就散了，回忆淡了；

夕阳靠着山倦了，天空暗了；

一朵花开得厌了，春天怨了；

路的尽头不见了，步子乱了。

也许只有历尽了世事，才会明白“贵人”的真正含义……

1982年，20多岁的吴满珍老师接受教育部的支教任务，受重点高校的派遣，来到黔东南民族师范专科学校支教，担任中文81级文学概论课的老师。年轻靓丽的吴老师吸引了全班学生的眼球，大家在美妙旋律中听着老师的课，吴老师的气质不凡，学识令人钦佩，而更让人折服的是她的亲和力，是她的师德。那时我在班上是棵不起眼的“穷苗苗”，然而吴老师却对我付出了双重爱——师爱和母爱。

“天有不测风云，人有旦夕祸福。”1983年的上半年，我因感冒咳嗽，导致患结核性胸膜炎，住进了黔东南州人民医院。远离家乡到异地求学的我生病住院，身边没有一个亲人照顾，吴老师知道我住院后，每天都挤出时间到医院陪我，如慈母般呵护我。记得吴老师在我病床前说的一句话：“苏怡，我这个人很重情，我对你有一种特殊的感觉。”这句看似普通的话语，如一股暖流温暖了我的整个世界，延续到我此后的生命里。

吴老师对我无微不至的关爱感染了班上的同学，他们每天分批到医院看望我，有的帮我补课，有的帮我做饭，有的帮我洗衣，有的陪我聊天。护士和病友都羡慕不已，夸我人缘好。那种场面至今仍历历在目，犹如昨日。从此以后，我跟吴老师结下了“情缘”，30多年来从没间断过联系，冥冥中好像上天安排好了似的。我和吴老师不仅是“师徒”关系，还是“妯娌”关系呢（我们俩的先生都姓李）！她更是我生命中的“贵人”，吴老师的人品和师德感染了我一生。

大学毕业后，我独自一人踏上了到边远小县城——从江县的任教之路。在自己的生命历程中，无论是做事还是为人处世，我都以吴老师为楷模，用一颗阳光之心对待生活。在我30多年的教学生涯中，用心教学，用爱育人，跟学生打成一片，与同事和睦相处，与邻里相互关照。“善良包容”“问心无愧”是我人生的信条，它陪我走过来几十个春秋。我的事业虽不辉煌，但人生却很“精彩”。能走到今天，全得益于我生命中的“贵人”——吴满珍老师。

我有所念人，隔在远远乡。

我有所感事，结在深深肠。

乡远去不得，无日不瞻望。

肠深解不得，无夕不思量。

——白居易《夜雨》

我有着深深思念的人，却相隔在远远的异乡；我有所感怀的事情，深深地刻在心上。在忙碌的生活中，我对吴老师的思念之情与日俱增，总想与老师见上一面。“日有所思，夜有所梦”，睡梦中常“见”大学时与吴老师一起的情节……

思悠悠，念悠悠。2016年的夏天，传来了吴满珍老师将携先生及婆婆游览黔东南的佳音，30多年的夙愿即将实现。7月23日，在洛香高速站出口，接到了我心心牵念了30多年的吴老师及她的家人。老师的音容笑貌依旧，风韵犹存，感恩岁月没有给吴老师刻下痕迹。

7月23—27日，我带着我家小外孙女，与几位同学一起陪同吴老师及家人游览了榕江、丹寨、都匀、荔波、下司、西江苗寨，最后汇聚凯里。这期间，我与吴老师同住一室，我向老师讲述了自己的多彩岁月，每晚都有说不完的话题。我是吴老师所教学生中最普通的一个，却是得到吴老师关爱和牵挂最多的幸福之人，老师的深情厚意令我永生难忘。

多少年之后再回首，吴老师在我的记忆中仍会清晰如昨日。这段记忆也仍将时时被清幽的花香唤起，被纷飞的细雨淋湿，被徐徐的清风牵动……感谢生命中的相遇相聚，吴老师，你是我生命中最美的“缘”!

苏怡是我经常牵挂的人。她特别淳朴、善良、真诚，有一颗金子般的心。生活上她承受住风雨磨炼，几十年来悉心照料患病的丈夫，以阳光的心态去感恩生活的馈赠，对生活没有丝毫抱怨，非常了不起。

风雨三十四载 师生情缘未了

中文81级 张良伟

大学毕业，离开黔东南凯里师专三十多年，仍依稀记得老师们的谆谆教诲，尤其是来自湖北武汉华中师范大学的吴满珍老师！

吴老师在我印象中最大的特点是：师德高尚，博学多才，待学生亲如家人，不仅教学生怎么做人，更愿意与学生分享苦乐。吴老师当年是教育部委派来支教的老师，她的教诲，使我们受益终身。我从教后，更觉得吴满珍老师身上的这一特质是多么的可贵。

2016年7月，吴老师到黔东南看望弟子，临别时再三嘱咐，让我写点文字交给她，我觉得自己笨拙，实在写不出啥有价值的东西。在这里，请允许我简单地将自己毕业离校之后的工作情况向老师做汇报，权当再交一次作业，续写师生情，报答老师的教育之恩吧！

1984年我从凯里师专毕业后，幸运地被分配到榕江县第一中学任教。当时榕江一中缺教师，年轻教师仅有几人，学校领导一下子让我上三个班的语文课，同时将教师团支部的工作交给我。领导的信任，是我刚工作时的最大动力。记得刚开始工作第一年我便在教学上做出了成绩，当年被评为县级优秀教师，并光荣加入中国共产党。第二年学校领导看我工作努力，有干劲，于是让我承担了一个毕业班的语文课，另外上初二两个班的语文课。结果我所教的毕业班语文学科成绩全县评比第二名，学校再次给了我极大的荣誉，当时全县州级先进教育工作者仅两个名额，其中一个给了我。接下来4年，我一直承担着毕业班的语文教学，其中2年承担着四个班的语文教学，且语文学科中考成绩连年获全县第一名。

1989年后，学校领导给我加担子，让我担任校团委书记。恰好那年各地区各部门大力提倡发展实体经济，作为年轻教师的我，一边教学一边负责学校部分行政工作，为学校搞经济创收。那时年轻，我不知啥叫累，啥叫苦，开了3年的面包坊，接着又办了2年砖厂。1997年后我连续担任了5年的学校政教处主任，直到20世纪初，我的命运发生改变。

2001年10月，由于某种原因，我选择离开自己已从教18年的榕江一中，到城关附近的乡镇忠诚中学担任校长。作为一个教育工作者，我只想为榕江的教育做点实事，2003年我从宁波校长培训班回来后，离开忠诚中学，又被调回榕江县教育局，现主要做些学校德育工作、关工委工作、精神文明建设等方面的工作。我虽不才，但三十四年总算为榕江教育做了点实事，此生足矣！

在几十年的教学生涯中，我深深体会到：教师要想扮演好传道授业解惑者的角色，完成文化的传承与创造重任，先要有良好的师德，同时要有爱岗敬业的精神！而这一理念的实践和体会，追根溯源要感谢教育过我的所有老师，尤其是我的恩师——吴满珍老师！

贵州省榕江县教育和科技局　张良伟

2016年8月8日

学生时代的良伟给我的印象是儒雅、精明。2016年贵州之行让我对他有了更深的认识：热情好客，真诚淳朴，让我在感动之余，也为原本美好的记忆更加添彩。

三十四年再相逢

中文 81 级　杨秀喜

2016 年的夏天值得铭记。因为这个夏天，我们与阔别三十多年的吴满珍老师有了一次惊喜的重逢。

前些日子手机里跳出一则信息，说吴满珍老师要重游贵州黔东南。发信息的是从江老同学姚苏怡。吴满珍？就是三十四年前为我们授过课的那个来自华中师大的女教师吗？经过一番求证，果然是。信息还提示了她的行程时间和路线。确知吴老师 7 月 24 日到榕江，我们榕江几个同学，张良伟、吴杰和我相约乐言百吉酒店恭候吴老师。为了表示对老师的敬意，我们还请酒店服务员制作了电子字幕以示欢迎。吴满珍老师如期而至，与之同来的有她的先生李老师，还有她的婆婆，一个 84 岁高龄却硬朗得令人肃然起敬的老太太，另有全程陪同的张绪海、杨建和等同学。

不知道是不是张绪海同学一路上提前向吴老师做了介绍和描述，反正一见面她就准确无误地认出了我们。想象中的那种“问姓惊初见，称名忆旧容”的情景没有出现。这让我这个在学校时就是个不起眼的学生涌起一阵小小的感动。三十多年不曾谋面，岁月并没有在吴老师的脸上刻下多少痕迹，她看起来较之实际年龄要年轻得多。当看到电子字幕将自己的名字“吴满珍”误写为“吴满真”时，她风趣地说：“这个‘真’改得好啊，我这次来看你们，那就是满满的真心真意啊。”我们的尴尬涣然冰释。

三十多年前，我们这拨 60 后就读于黔东南民族师范专科学校，虽然是一所地方专科学校，但那个时候能入其门者也实属不易。谁说专科就不是大学呢？不过，学校毕竟籍籍无名，且刚刚恢复，百废待兴。老师有的是从各县中学抽调而来，有的则是刚从其他本科院校毕业的大学生。他们中虽然也不乏博学多识者，但毕竟没有教授的头衔啊，一所大学没有可以称为教授的老师，多少有些说不过去。当别人称我们是大学生的时候，我们颇为惶惑。记得那时我们是羞于佩戴校徽上街的，底气不足呀。所幸的是，第二年学校迎来了几位来自全国名校的支教老师，其中就有华中师大的吴满珍老师。这下好了，我们终于能够一睹名校名师的风采，聆听他们高水平的教诲了。我们激动着，并对即将到来的远方老师充满着期待。

听其名，吴满珍老师无疑是一位女性。让我们想不到的是，她竟是一个比我们大不了多少的年轻女性，堪称妙龄佳人、窈窕淑女、硕人其颀。年轻漂亮的女教师本来就容易赢得学生的拥戴，何况吴老师的课还上得那么有声有色。这么说吧，一般老师上课总要点名，而吴老师上课是不用点名的，因为教室里座无虚席。她上我们的文学理论课，时隔多年，她到底讲授了哪些内容，我记得不太清楚了，只记得她上课时特别从容自信，表情生动，表达流利，虽然普通话不那么纯正。更重要的是，她不拘泥于教材而有所发挥。课堂氛围宽松，师生互动良好，上她的课不觉得累。我们那时用的教材是蔡仪先生的《文学概论》。该教材重理论阐述而轻分析，且政治色彩较浓，抽象程度较高，对我们这些知识储备先天不足的学生来说，就显得格外生涩难懂。但吴老师能跳出教材，化难为易，深入浅出。下课了，她也不急于离开教室，总是主动与学生亲切闲聊。在学生眼里她不像老师，更像学姐。在我的印象中，每到吃饭时，她常常端着一个饭钵，与学生一道出入食堂，与学生一起边吃边聊。有了这样的老师，大家对她的课就格外重视。我就是在那个时候对文学理论产生了兴趣，而且至今未减。遗憾的是我那时不善言谈，不敢主动向老师求教。

我曾经在不同场合说过，师专三年，我甚感欣慰的是读了大量的书。我自知考上师专实属不易，毕业之后要靠教书为生，若不在学校多读点书，唯恐将来不能胜任工作，因此一门心思读书不敢旁骛。同室诸生皆为农家子弟，既不善于交际，也没有交际的资本，读书就成了我们共同的选择。我们竞相读书，互相激励。以我来说，像《源氏物语》《静静的顿河》《战争与和平》《悲惨世界》《约翰·克利斯朵夫》这样的大部头，就是那个时候啃完的。有段时间，同室诸生集体被一本《西方爱情诗选》迷住了。我们常常关起门在寝室里放声朗读，自我陶醉。马克思的《致燕妮》、拜伦的《雅典的少女》、彭斯的《一朵红红的玫瑰》、裴多菲的《我愿意是树》、叶塞宁的《一去不再来》……让我们如痴如醉，也让我们对爱情充满向往。不知是谁问了一句，将来希望能找到一个怎样的爱人时，也不知是谁脱口而出：吴满珍。大家相视而笑，心有戚戚。

吴老师与我们相处只一年的时间。一年的时间太短太短，师生情谊正浓时却要分离。最后一堂课，她动情地对我们说，真舍不得黔东南这片土地，舍不得中文科81级的全体学生。我不知道她讲这些话的时候，是否还记得一年前自己的一番感慨。那是1982年的下学期，吴老师曾在课堂上讲过自己被派往黔东南时的心情。她说来之前就听说贵州那地方是如何的荒蛮落后，黔东南更是化外之邦，百姓布衣蔬食、刀耕火种，因而来黔途中心怀忧惧不安。到了此地她才知此前闻说大谬不然，这地方真美啊，山清水秀、气候宜人、民风淳朴、学生可爱。当时，我们被吴老师的话逗笑了，不知是笑吴老师"孤陋寡闻"，还是笑我们黔东南穷居野处、鲜为人知。而今回首，权当一则佳话。不过对那时的吴老师来说，这样的感慨绝非虚夸。须知，吴老师那时才20多岁，正值锦瑟华年，又正处于热恋之中，本应与恋人花前月下耳鬓厮磨，她却受命远赴异地，而且路途遥遥，相聚难期。当时的吴老师心里会不会生出一种"楚臣去境，汉妾辞宫"的悲凉凄怆之感呢？

久别重逢，每个人都有很多话要说。饭桌上，众声喧哗，谁抢到了话语权就口若悬河一发难收。话题主要是致我们逝去的青春，缅怀大学时代的光荣与梦想，包括恋爱史与荒唐事。如，曾经暗恋过某某而不敢表白，曾经被某某爱过却不解风情，曾经与某某有一段深深恋情而最后缘尽情未了。回忆中有伤感，有遗憾，也有得意。我回顾了一下自己当年在学校的形迹，觉得没留下什么可以回顾和炫耀的故事，此时只有洗耳恭听的份。我想问老师在校时对我可有印象，又怕老师难以回答，徒生尴尬。所幸我是个好饮之人，就频频举杯相劝。酒至半酣，我们做学生的就渐渐地少了一些顾忌，多了一点放肆，我们拿吴老师和她的先生开玩笑，逼问他们的恋爱经历。他们二人也如实道来。吴老师说起她先生来满脸幸福，自豪之情溢于言表。她说自己排行老满，故名满珍，未嫁时受家人百般呵护，婚后又得先生倍加宠爱，女儿曾留学国外，现已学成归国结婚生子，这辈子该满足了。她先生李老师也抑制不住心中的得意，他自我爆料说能够与我们吴老师走到一起应该感谢自己的父亲，是自己的父亲首先发现了吴老师。在我们看来，李老师无论形象还是人品，都不输于吴老师。

别后三十多年，身为大学教师的吴老师在她的教育事业上有哪些作为？我百度搜索了一下，得知，她多年来一直担任大学语文课程的教学工作，而且在这个领域里做得风生水起。大学语文这门课面对的多是非中文专业的学生，换言之，大学语文对于非中文专业的学生来说就是一门公共课，而公共课是不太好上的。但吴老师却得到学生广泛的好评，有学生点赞为证，此不一一列举。但有两点是学生们的共识：上课有激情，对学生有母爱。吴老师也因此多次获得"华中师大优秀教学奖"，多次被评为"优秀教学工作者"。

这，没有一定的人格魅力和学识修养是难以做到的。吴老师还承担硕士研究生的教学工作，主编或参编了多种大学语文教材，成果颇丰。吴老师是全国大学语文学会常务理事，教育部全国远程教育大学语文专家组成员，湖北省大学语文学会副会长。作为学者，有如此成就，值得自豪，但吴老师却非常低调，她从没对我们提及个人的荣誉。

我们本来想带吴老师走走几个民族村落，让她更多地领略黔地民俗风情，感受侗族文化。因不久前一场洪水把道路冲毁了，我们只能带着她游了一圈古榕群，在古楼和榕树下拍了几张照。

短暂的相聚，意犹未尽，次日吴老师就要赶往丹寨。可惜我不能相送，临别时她特地跟我合影，还叮嘱我一定要到武汉她家做客。此地一为别，何时再相聚？我只能目送着老师的车子渐行渐远，默默祝福他们一路顺风，旅途愉快。

现任教于贵州榕江一中的杨秀喜如果让我给他改名的话，那就叫“杨秀才”！因为他才华横溢！秀喜是个默默无闻、为人低调的学生，我常常惊叹于他不仅外表精干而且内心丰富而善良。有趣的是，学生时代的他们竟然在私下里谋定，以后要找一个像老师我这样的女朋友，可爱淳朴至极。

三十四年的牵挂

中文81级　龙传宁

吴满珍老师的名字在2015年的某一天，突然就出现在中文81级的微信群里。吴老师在群里说："同学们，明年暑假我要到黔东南来看望大家！"

消息马上在同学之间传开了。从那时候开始，我们就一直在期盼着吴老师的到来。我们都在设想三十四年之后，我们和吴老师的重逢，那将是一种怎样激动人心的场面呢？

思绪将我们拉回到20世纪，那是1982年的秋天，吴满珍老师从地处中原的华中师范大学来到凯里黔东南民族师专支教，那时候我正好在中文科81级2班读书。吴老师第一次走进我们教室的情景，我至今历历在目。伴随嗒嗒作响的高跟鞋声，美丽的吴老师穿着细花红色连衣裙轻盈走进教室，或许是先前的老师太老学究吧，面对靓丽耀眼的吴老师，我们班的同学心都开花了。接着，吴老师美妙的声音、充满诗意的话语、率真的性情和丰富的学识又把我们征服了。吴老师给我们上的是大家认为枯燥的文学理论课，结果让我们想不到的是她的课那么生动，那么充满激情！哈哈，其实这还不是最主要的，我告诉你，吴满珍老师的温和灿烂的笑容才是我们每天最想看到的，那是校园最特殊的一景，也是永驻我们心灵深处醉心的一景。

现在算来，那时吴老师27岁，正值青春、激情浪漫的年华，她能舍弃大城市的生活，只身独闯当时还处于荒蛮化外之地的黔东南支教，没有满怀豪情、侠肝义胆那也是很难下这个决心的，更何况还要割舍热恋中的李老师。果然，过了两个月，吴老师没有到教室上课，他们说她跟夫君旅游结婚去了。

现在说起来真是好笑。可那时候我们班真是难过了好一阵子，当然后来又宽慰自乐了。吴老师的夫君到底是何等高人呢？把我们的老师都吸引走了。后来又想这李老师一定和我们有一样的审美情趣，就让他和我们一起爱我们的吴老师吧！

我们渴盼了好久之后吴老师才回到教室给我们上课，全班同学都怀着激动的心情期待并看着我们久违了的吴老师，眼光里有几分嗔怪，当然更多的是欣喜。吴老师似乎看出了什么，后来在一次课外活动时感慨无限地告诉我们：“你们真的太淳朴，太淳朴啦！你们是我教过最最可爱的学生！”我问吴老师：“那大城市的学生呢?”“他们复杂很多的！”

我一直咀嚼这“淳朴”与“复杂”，到现在我才能够明白这应该是吴老师的肺腑之言。同时我也相信了淳朴的我们包含了更多的单纯，单纯的我们留给了老师三十四年的牵挂。

从那以后，我们再也见不着我们的老师，年复一年地过去了，我们也期盼着再见吴老师，结果是等了满满的三十四年。

2016年7月21日，吴老师携她的夫君李老师和婆婆三人一行在贵州三穗高铁站下车。杨建和、张绪海、莫天秀、陈清文、谭光海、杨秀平夫妇等一行九人到站迎接，吴老师远远看到一伙成熟稳重的学生举着“热烈欢迎吴满珍、李海明老师”的牌子，她激动得眼中闪着泪花，青春依旧的吴老师奔向学生并用手机按下快门。我在微信群里看到了他们相聚的照片，可惜我因琐事在身未能参与而无比遗憾。之后由建和、绪海两位同学全程陪同，吴老师一行游遍了天柱、锦屏、黎平、从江、榕江、丹寨、都匀、荔波、麻江、凯里，看望了当时她教过的两个班的大部分同学。

7月28日，当她们游到麻江下司的时候，我才腾出时间，从天柱赶往下司，拜访久别的吴老师，慰藉三十四年的期盼之情。未见时我似乎有千言万语，相聚时却是五味填胸，语少又言稀。看到吴老师青春不减当年，豪情更胜往年，心里自是欣慰不已！

吴老师游凯里，那天下午我们在盘古寨相聚。饭前吴老师说：“我先点名！然后再吃饭。”大家就马上围着大圆桌依次坐好了。

“杨建和！”吴老师大声喊道。

“到！”杨建和立即起立大声回答。

“莫昌波！”

“到！”

“张绪海！”

“到！”

“夏小英！”

“到！”

“姚苏怡！”

“到!”

“陈雪梅!”

“到!”

“龙传宁!”

“到!”

…………

给我们一一点名，吴老师竟能流畅地叫出全部同学的姓名。点到某一位同学，那位同学就会起立大声地回答“到”。快轮流到我的时候，我早就准备好了，可点到我的名时，我竟然微微紧张忘记回答了。我们似乎又回到了当年的课堂。

酒席上吴老师一一与我们碰杯对饮，互相祝福，杯杯见底，似乎不喝干就不足以表达内心的赤诚！三十四年的牵挂和期盼都在酒中燃烧！

豪饮之后，意犹未尽，我们又到歌厅高歌。吴老师歌喉悦耳高亢，歌是一曲接着一曲地唱，酒也是一杯接着一杯地喝。好像只有喝不醉的吴老师，没有喝不完的酒。

我不胜酒力，提前撤退了。后来据说他们唱歌之后又去宵夜了，又喝了好多的酒。这样的海量应当属于离别太久之后的难以割舍，这样的海量更应该是吴老师豪情万丈和青春永驻的见证。

遗憾的是，吴老师家中有事，第二天他们启程返家，尚有几个县未能成行，也还有部分同学未能相见。

吴满珍老师，您虽然已经回武汉了，可是您的欢歌笑语，您的青春豪情都让我们更加地想念您，爱恋您！

我们期盼着您明年暑假的到来，我们期盼着您每年暑假的到来！

多年后我对传宁的进一步了解来自他的微信公众号，来自对老师的尊敬和热情主动。我去贵州时他和夫人专程从外地赶来聚会，带着自己研发的茶和酒与大家分享成功的喜悦。他的信件来得之快，可见其文笔不凡以及对老师的感情之真诚。

我的满珍老师

中文81级　杨村

许多时候，我会忽然想起自己的老师，一个一个地从眼前闪过：慈祥的，和蔼的，严厉的，不苟言笑的，扶着眼镜的，手捧教案的……就像现在，满珍老师携着她的先生走进我的视野。

满珍老师始终是和蔼可亲的神情，无论何时何地，只要站在学生之间，包括离别三十多年之后，她的笑容都是美丽的、亲和的，仿佛只与我们隔了一个假期，或者一个星期。那天，也就是2016年7月21日，我很有创意地拉着横幅，很夸张的横幅，干干净净地写上“热烈欢迎吴满珍、李海明老师”的文字，绪海他们一番盛赞之后，我们一起来到贵州三穗车站出站口。在行色匆匆的人群中，我们仍旧认出了满珍老师，满珍老师也大多叫上来我们的名字，然后才很开心地看见横幅。那时我想，横幅就是用来给满珍老师开心的，也让那个时刻的我们和老师一起开心。

和老师一起拖着行李出站，大家簇拥着老师拍照。我把横幅举过我们的头顶，让阳光照着我们，照着横幅，照着身后的站牌。这些都是例行一种与老师重逢的礼仪。一一地拍照以后，满珍老师一家与我和我的太太祥菊另外拍了一张，之后我把照片晒在微信平台上期待点赞，也一直保存在我的手机和脑海中……

“秀平，你还是长高了!”满珍老师说。

满珍老师说的是我。我有一种让老师叫出名字的亲切与喜悦。说实话，这个名字我都有些淡忘了，因为我启用了新的名字，后来的朋友就都叫我的新名字，村哥村哥地喊，村长村长地叫，也让我满心欢喜。

满珍老师的话让三十三年前的光阴清晰如昨。那些慵懒的阳光仍旧照着洗马河的梧桐砖瓦，照着校园花草，照着我们。那时我们刚刚踏入黔东南民族师专的校园，个头在不断长高，座位换了一次又一次。我们81级中文科分了两个班，小课分开上，大课合在阶梯教室上。同学们都坐在课桌上，唯有我坐着一张带桌几的大木椅，靠在过道的后墙根，怎么看都像一个旁听生，但都没有妨碍知识、爱情、理想……像阳光一般对我们的诱惑，对我们的滋润，对我们的无私舍予。我们在渴求，在沐浴，在练习奔跑和飞翔……

有一门课叫“文学概论”，如今大学里的中文系或许保留着吧，或许叫“文学理论”。不知何故，我们已经换了两位老师。后来满珍老师走进我们课堂时，好像这门课已停了许多时日。来自华中师大的满珍老师过来教学交流，现在应该叫作支教，继续了我们的“文学概论”。那时，满珍老师充其量是一个大姐姐，她穿一身干净的素装，茂盛的黑发让她梳理得很整洁而有光彩，一排洁白的牙齿使她的笑容十分生动和蔼。我们都尊敬她，爱戴她。满珍老师给我们讲了多少文学理论，我的确有些忘却了。但她逢例必举鲁迅先生的《阿Q正传》，倒是令我记忆犹新，就像之前的“文学概论”课老师淳泗逵先生，逢例必说《红楼梦》。满珍老师的教学语言颇有特色，她的Q字拖着一个动听的尾音，我在最后一排的“旁听席”上，就感觉我们满珍老师把Q字读成了两个字：Q优。这样显得激情飞扬，这样与她的美丽十分协调，这样让我们对她烙下了深刻的印记……

我大抵是非常认真地听满珍老师的讲义，做好我的笔记，字也写得让自己喜欢，不像如今依赖电脑，依赖手机触屏功能。不到几节课，笔记本上满满的“文学概论”，洇着满珍老师的汗水，也洇着我们的汗水。

像我这种性情有几分孤僻的学生，偏爱麦卡勒斯那种木质的孤独，课后一般不关注老师的行迹。我不是那种易于靠近与依赖核心的人，譬如今日不太易于靠近权贵。可是，我常常看见我们的大姐姐——满珍老师拎着小篮子从图书馆下楼，走过长长的校园坡道，走进老师宿舍，一篮的书在阳光下跳跃，一路留香。我想，姐姐是个爱书之人。爱书是多么可贵的习惯，多么可贵的人生！此外，如若不爱书，她怎么年纪轻轻就走上了大学讲台？怎么面对教室里几十个写着笔记的大孩子？

那时我开始疑惑，是创作先行还是“文学概论”先行呢？就像后来我在成都，在一次十分“高大上”的文学论坛上，我问大师这个问题，没有一个大师正面进行阐释。那时我没有问我的满珍老师，因为我也明白这个问题的玄妙，就像语言和语法一样。或者像古人说的文无定法，鲁迅先生也回答学生的“骗人”的“作文秘诀”，像巴金的“最高的技巧即无技巧”一样，我的老师应该也开不出神异的民间偏方。但是，满珍老师的勤奋和认真，我们都是看得清的。就是这种精神，她感染着我们，然后去追求，去追问，去探索，所以我们也学会了积累，让时光堆积成自己的财富和资本。

满珍老师什么时候离开凯里，回了她的武汉，我也忘却了。或者，这压根就不是我这种孩子的特长。我不是一个热心于世俗的人。来去是注定，聚散是缘分。但我有自己的牵挂方式、祝福方式、送别方式。三十多年，我们不知道满珍老师承受多少重压，也不知道她分享多少欢乐，我们之间都如此。只是，我们的青春仿佛永远停留在三十多年前的凯里一隅，在洗马河畔。我们满珍老师带着满腔热情，从长江岸来到这里，为我们做人生向导，指引我们学海行舟，却是我永不忘怀的……

那么近距离地和满珍老师站在一起拍照，这令我兴奋；满珍老师说我长高了，这让我欢喜。那天我也说满珍老师依然年轻，她和她的先生都笑了，笑得灿烂，如同我们头上的阳光。说好的，满珍老师要在黔东南停留一个星期，但我却走了，我要去履行自己的小小承诺；说好的，我们要约起当年的学友在凯里与满珍老师小聚，但我赶回来时，满珍老师已驰骋在湘楚大地上。我坚信，人生不在于短暂的聚首，而在于永远的真诚牵挂与祝福。我也坚信，我们还会与满珍老师相聚，无论在凯里，在武汉，还是在我们无法预设的地点；无论是今朝，是明日，还是我们不可预定的期许。

杨村是笔名，我记忆中的名字叫杨秀平。2016 年他四处打听我的联系方式，给我寄来了他出版的好几本作品集，我很高兴 30 多年后学生还能记得与老师分享他的成果。身为中国作家协会会员的他文笔非常好，主要著作有《让我们顺水漂流》《爱情离我们有多远》《中国少数民族人口丛书·苗族》《两个人的乡村——作家通信》（与余达忠合著）。其作品获得全国优秀社会科学普及作品奖，还荣获过贵州省文学专项奖、乌江文学奖等。

我去贵州时他极其认真且富有创意地做了欢迎条幅作为见面礼，那次重逢也进一步加深了我们的师生情谊。

流水它带不走光阴的故事

中文 81 级　黄黔光

据说人年纪大了之后总喜欢回忆往事，但我好像不太一样。也许是惧怕老去，这些年来真的行色匆匆又匆匆，明明是行进在日渐老去的路上，到了该回忆往事的时候，可自己真的很少去回忆，去品味那青涩中带着岁月芬芳的早已逝去了的日子。今年初夏时节，一行人到贵阳一个偏僻的乡下去寻找美丽乡村的宣传示范点，未曾想在这个针鼻儿大的小小村落接到了从巨无霸般浩大的武汉打来的一个电话，电话里传来的亲切问候和暖人话语，像端午节清水江猛涨的端午水，瞬间，让记忆之路上所有的要塞轰然崩塌。电话是 34 年前我的文学概论课老师吴满珍打来的，这通电话虽然只有短短的一两分钟，可它开启的却是一段绵长的回忆。

吴老师最让我感动的，是作为华中师范大学的资深教授，在 20 世纪圆满完成支教任务离开贵州之后，依然没有忘记这片她曾经挥洒过青春和汗水的地方和这方土地上她教过的学生们。虽然这片土地依然贫瘠，作为她学生的我和我的大多数同学一样又依然是那么平凡而又普通，但是吴老师只要有机会，准确地说，应该是就算没有机会，她也会创造机会，利用开会、讲学、放假等宝贵的时间，从武汉千里迢迢来故地重游，来看望她昔日的学生们，而且每次来都要求同学们最大限度地邀约当年的同窗前来相聚。于是，满珍老师来贵州就成了我们 81 级中文不是同学会胜似同学会的师生大聚会、大联欢，而且这样的聚会有个很大的特点，只要时间来得及，基本可以说是流水线似的——今天到天柱，明天到剑河，后天到都匀，然后到丹寨到麻江……当然凯里站是肯定少不了的。这样一来，参加的同学自然也就像滚雪球似的越来越多，只要时间允许，同学们都会紧随老师，都希望多些时间依偎在她身旁，多一些机会共享相聚的欢悦，重温旧日的好时光。

吴老师最让我难忘的，是她初上讲台时的从容与淡定。遥想吾师当年，作为华中师范大学的一名年轻女教师，能够告别慈爱的父母及家人，离别热恋当中的情郎，挥别有“九省通衢”之称的武汉三镇，只身一人来到苗岭深处的凯里，实属不易。要知道，那时的交通可不像今天这么发达，那时的凯里也不像今天有这么方便的生活设施，更重要的是那时候的学生和现在的学生大不相同。别的且不说，单说同学之间的年龄差距吧，我当年 16 岁，我的同桌大哥 28 岁，我是真正意义上的懵懂少年，同桌大哥则是上过山、下过乡、进过厂的名副其实的老师傅了！当年的满珍老师才多大呀，比班上的好些同学都要小呢！再说，之前教我们文学概论的淳泗逵老师是一位学富五车、才高八斗、德高望重的老教授，由于积劳成疾，不幸因病去世了，受命于危难之际的满珍老师所面临的压力可想而知。不过一切担心都是多余的，当美丽大方、热情开朗、博学多才的吴老师充满着浓浓湖南味儿的普通话，在大教室里荡漾开来时，她的亲和、她的热情、她的渊博便深深打动了我们。在之后的日子，这个和我们年龄差不多大的老师，成了我们班里亦师亦友的好伙伴。清晨，她和我们一样唱着“校园的大路两旁，有一排年轻的白杨，早晨你披着彩霞……”奔向运动场；假日，她和我们一起哼着“幸福不是毛毛雨，不会自己从天上掉下来……”一起去金泉湖郊游。现在回想起来，那场景很像是一幅调入了过多清水和绿色的水粉画，清新而又有些模糊。

对于吴老师我最感到遗憾的，是自己没能够像歌中唱的那样“长大后我就成了你”，成为一名终生坚守在讲台上的老师。直到今天，我都始终特别喜欢校园的氛围，无论是当学生还是做老师。我喜欢教室里琅琅的读书声，喜欢图书馆里沁人的静谧，喜欢运动场上挥洒的热烈，喜欢毕业典礼时师生间的依依不舍。因此，单凭这一点我就要由衷地祝福吴老师，因为她生命中最美好的时光都和她热爱的教育事业和她的学生们相守在一起。遗憾的是我早早离开了校园，一路颠沛流离，前后换了十几个单位。不过，不管是做什么工作，我都有挥之不去的校园情怀，只要有学习培训的机会，我都会积极要求参加，浙江大学都去了好几次。每次有这种机会时，我又会想，为什么不是安排去华中师大呢？如果……那么……该有多好！还有好几次也下过决心打算专程去武汉看望吴老师，可工作地点和单位换多了，明明自己早已步入中年，却经常被当成新来的同志，于是只好拼命工作拼命表现，无事假，无病假，不请假，不休假，一路蹉跎就到了今天。那出差去武汉的机会该有吧？没错，虽不能说经常，但还是有机会的。遗憾的是，武汉的朋友们太过热情，每次去都是游归元寺，登黄鹤楼，然后是食武昌鱼，喝白云边，临了啦，念一段“今宵酒醒何处，杨柳岸晓风残月”，又匆匆踏上归程。

对于吴老师我最感到羞愧的是，每次难得的聚会我都是来去匆匆，有始无终。毕业之后，见过满珍老师许多次，每次印象都非常深刻，每一次都被她的热情真诚所感动，就是我这个学生实在是没做好。第一次在贵阳相见，是吴老师作为教育部远程教育专家组成员来贵州参加考试命题，工作任务很重，但吴老师还是从百忙当中抽出宝贵的时间，和我们在贵阳的几个同学吃了餐饭。那时候我们贵州省的第一档大型直播类民生节目《直播贵阳》刚刚开播不久，主播就我一个，因为是直播，时间是固定的，一餐饭我只陪了一半时间，就匆匆忙忙赶节目去了，好在有刘尚等同学一直陪着，才没让我出洋相。第二次见面是在贵阳黔灵山公园门口的黔灵山大酒店，我做完当天晚上的直播节目才匆匆赶过去，记得妆都没卸干净。好大的一个包房，同学们来了不少，一个个红光满面，声音高亢，桌上杯盘狼藉，虽然我是因为工作迟到的，但同窗们才不管那么多，斥责之声不绝于耳。关键时刻，老师就是老师，不仅赶紧过来帮我解围，还主动举起酒杯，与我同饮。要知道满珍老师可是个豪放派，喝酒是讲大江东去的，喝到这个时候，应该也是喝高了的，可是她依然兴致不减地和我碰了三杯。不仅如此，她还十分关心我工作的情况，主动介绍说她先生也是广电系统的，可以相互沟通交流，看有些什么能帮得上忙的。字字句句感人肺腑，让我惭愧不已，心中暗下决心，下次见面一定要做个好学生：不迟到，不早退！可后来事实证明想要做好学生，只下决心是远远不够的。

最近的一次相见是去年（2016 年）夏天，最让人开心的是，还同时见到了她的先生和婆婆。在麻江县司法局工作的胡世江同学，是毕业后和我联系较多的同学之一，他的性格一如既往的热情豪爽，吴老师到黔东南的信息他是这样传达的："黔光，吴老师来了，中午赶紧到下司来喝酒!"得到消息，我赶紧联络在贵阳的同学如刘凌、杨胜辉、莫昌波、王胜德、郑军等，由于工作的原因，最后只有我和莫昌波赶到了。为兑现不迟到的承诺，我等不了莫同学，自己叫了个车就急忙往下司去，一路上胡同学电话不断。等我到了下司，没想到高海鹰、吴展平、何光艳、姚苏怡等都已经从凯里先我而到；哈哈，龙传宁、莫昌波等还在路上……我紧赶慢赶勉强不算迟到。走进临江的包房大家早已坐定，吴老师喝酒依然豪爽，世江同学饮酒之豪放从未改变，张绪海、杨建和因为一直开车陪同吴老师一家，路途辛劳不忍劝他们，女同学们为了健康、为了美丽、为了许多吧，也很少喝酒。我因为饭后必须赶回贵阳参加一个重要会议，只好借酒表示敬意和歉意，一个劲儿地傻喝。好在吴老师一家很给力，无论是吴老师还是她先生甚至他们家老太太都与我频频举杯，让我少了些许尴尬。做东的世江同学热情豪爽、诙谐幽默，加之酒量又好，所以整个场面气氛很好，问候声、邀酒声、欢笑声早已漾过江的那一岸去了。

欢聚总是短暂的，好在历史悠久的下司古镇那天天气特好，美丽的河畔、古老的桥边、高大的牌坊下，到处留下了我们师生相聚的身影和无穷无尽的美好回忆。

仿佛一转眼，时光飞逝如电。34 年就这样悄无声息地过去了！人生能有几个 34 年呀？按照重要的事情说三遍的原则，我倡议，我倡议，我倡议！请同窗中组织能力强的高手，抓紧时间吹响集结号，一路向北，到湖北去！到武汉去！到华师去！到我们尊敬的吴满珍老师家里去！来一次别开生面、永生难忘的同学会，在长江边、在东湖畔把酒临风，共同续写属于我们黔东南凯里师专中文 81 级光阴的故事。

黔光在我印象中是当时全年级最小的，也是极其聪明活泼的阳光少年。正如他后来在贵阳电视台担任《直播贵阳》栏目的主播及编导的“阳光先生”的美名一样，特别可爱！无论何时见到他总是那么锐意进取，朝气蓬勃，充满活力。30 多年后的他，帅气不减当年，事业成果累累，爱情甜蜜，家庭幸福！

少数民族地区的学生写给支边教师的信

中文81级　胡世江

在我办公桌的抽屉里，始终保留着几封信，信纸已经发黄，但字迹依然清晰。这些信是30多年前从武汉华中师范学院来我们学校支教的吴满珍老师写给我的。

吴老师是教育部派来给我们凯里黔东南民族师专中文科的学生讲授文艺理论课程的。1982年秋季，吴老师还是青年教师，她只身一人从繁华的武汉来我们贵州支教。当她第一次走上讲台，班上的同学无疑为这位年轻、端庄、靓丽的老师所吸引。听她讲课，动听的语音，渊博的知识，让未曾走出苗山侗水的学生深深地敬仰与崇拜。平时上别的课我有点爱旷课，但吴老师的课我不仅没有旷课，而且从未迟到过，甚至渴望上她的课，如我这般想法的在班上大有人在。

短短的两个学期很快过去了，吴老师支教结束回到了繁华的都市，而我退了学，回到了农村。

她虽说只给我们上了一年的课，却给我们留下了深刻的印象，对我的人生道路起了非常重要的作用。记得那是1983年冬天，当时的我已经从凯里师专退学了。当我把这一情况向吴老师汇报后，她的第一封信非常及时地从遥远的华中师范学院寄到了我所在的山村。

得知我退学，吴老师表示吃惊与惋惜，在信中她对我进行鼓励与劝导。退学的原因，我没有对吴老师说。今天想起来真是天真到幼稚，我居然不想读师专了，想退学重考，当然没有考成，县招生办把我重新报名考试的事通报了师专，师专来函，不能考，只能回学校，1983年9月，我又回到了师专。得知我复学的消息，吴老师很快给我回了信，表达了由衷的欣喜之情。

1983年12月，我在凯里新华书店偶然买到了华中师范学院《中国当代文学》编写组编写的一本《中国当代文学》，书很好，可惜只有第二册。我把遗憾告诉了吴老师，不到一个月，吴老师便将一整套《中国当代文学》从武汉寄到了我手中。

1986 年 7 月，我毕业了，也成了一名中学老师，我写信告诉吴老师：我也是一名老师了。吴老师自然是替我高兴，她说听到这个消息，让她很开心。当然，我不忘吴老师的嘱咐："继续努力，更上一层楼。"于是，我再一次认真备考，终于在 1989 年 9 月考取了贵州教育学院。老师的信，又从武汉寄到了贵阳。

可以说，我的每一次挫折，都先对吴老师说；我的每一次出发，都有吴老师殷殷的鼓励。

2005 年秋天，有同学通知我，吴老师到贵阳来了，问我去不去与老师和同学们一聚，我说，吴老师来，岂能不去？在黔灵山下的一家酒店里，我见到了依然端庄、依然靓丽、依然热情的吴老师，能来的同学们都赶来了。酒桌上我真诚地敬了老师的酒，不知几杯，老师随意，我必干杯，最后，我醉了，忘情地为老师唱起了我喜欢的《黔东南实在美》。

吴老师每次到贵州，到黔东南，都是师专 81 级老同学们的大聚会。吴老师是聚会的主题，是情感的纽带。可以说，是吴老师的青春讲台，凝聚了 81 级同学的心与情，因此，老师来了，同学们聚了，醉了。2008 年 8 月，吴老师再次出差来到贵州，在下司，我有幸接待老师，得到消息的同学们也来了。地点在激流回旋水上运动中心，吴老师显然对下司的青山秀水很是心悦，米酒甜，米酒香，在同学们一曲曲劝酒歌中，那天，老师也醉了。

2012 年初春，吴老师女儿结婚，这样大的喜事，我和同学张绪海、肖国林相约，决意要去参加老师女儿的婚礼，无奈冰雪封路，未能成行，至今成为我们心中的愧歉。

2016 年的夏天，吴老师一家来到黔东南，自然又是同学们的大喜事。张绪海、杨建和、张良伟等若干老同学聚集在丹寨幽美的石桥河边，举起肖国林奉上的贵州土酒，向吴老师一家敬酒。平常寂静的溪谷，响起了歌声、掌声，好不热闹。

2017 年 9 月，我和爱人、大女儿一起送小女儿到华中农业大学上学，既到武汉，必然拜会吴老师。本想请吴老师一家吃餐饭，尽尽学生的心意，但吴老师不许，反而请我一家吃饭，而且邀约了七八个自己当年的同学作陪。酒桌上，我领教了吴老师先生李老师的好客与酒量，别看李老师文质彬彬，谈吐儒雅，但喝起酒来，比我这黔东南苗乡来的年轻人还豪爽。几杯酒过后，李老师举杯邀约，我迟了一点，他笑了，说："我帮你喝一点。"吴老师说："悠着点，尽情、尽量就行。"当然，我又醉了。吴老师对我说："世江，唱你的《黔东南实在美》给我的同窗好友听听。"我借着酒意，尽情展示了我的歌喉。

现在我们不写信了，多用手机表达心情和感情。我和老师也经常打电话，发微信，因女儿在武汉读书，吴老师少不了叮嘱，让女儿经常给她打电话，有什么事情可以跟她说说。说实话，我是个感情比较粗放之人，不太容易被感动，但对吴老师，我始终怀着感恩之心。因为在我追求路上失落时、奋斗路上彷徨时，始终能得到吴老师真诚热情的鼓励。

我经常翻读老师的信件，这些充满感情的信笺让我重温老师的关爱，也从中感悟颇多。关爱与奉献，真诚与无私，吴老师的大爱是让众多学子感动与崇敬的原因。

2017年9月于贵州麻江

世江给我的印象一直是很优秀的：大学期间上课时听讲很认真，学习成绩也不错。他曾经有过辍学回乡务农的念头，原因是父母身体不好。但他能听从老师意见，安心学习。师专毕业后，他不满足于现状又第二次考本科，并以优异的成绩毕业。目前他任贵州重元律师事务所主任，从事律师执业27个年头，不仅具备了办案的胆略和勇气，而且还积累了丰富的办案经验和技巧。他诚实守信，恪守职业道德，严格依法维护当事人的合法权益，被评为黔东南州"十佳律师"。他自己总结说，之所以能取得一点成绩，离不开老师的谆谆教导，所以他总是把所有教过他的老师尊称为恩师。

往事如昨

中文81级　刘一凡

吴满珍老师是我大学时的老师。说是大学，其实就是黔东南师范专科学校，我们一般都叫凯里师专。那时，对我们这些从小县城来的学生来说，凯里市就是大地方，师专也比我们中学像样多了。就当时的中国而言，凯里市和凯里师专，它在遥远的云贵高原的大山深处，深藏在大山的褶皱里。

我记得吴满珍老师是1982年来学校的，当时听说来自华中师大，是来支边支教的。那时我们都小，十几岁，吴老师也很年轻，端庄、亲切、和蔼，教我们81级中文科“文学概论”。吴老师授课时似乎有点湖南方言口音，教学风格不紧不慢，从容淡定娓娓道来，令人如沐春风。我后来对文学有比较系统的概念和较好的欣赏能力，与吴老师当年良好的授课打下的基础不无关系。我清楚记得我文学概论考试时出了状况，当天不知怎的，居然出现耳鸣，后来越来越严重，以至不能坚持。吴老师大概看到我的痛苦状，就过来小声询问，我实话告知。她就让我先出考场到阴凉处休息一下，因为天气太热，教室如火。我身体恢复后回到教室考试，考试已近结束，吴老师让我别急。她拿一把扇子帮我扇风，我于是拼命地写，但铃响了，我还是没写完。吴老师为我一人延长考试半个多小时，我当时感动到何种地步可想而知。在师专时我实在不是一个懂事的学生。当时许多比我年龄大或比较懂事的学生，都与自己欢喜的老师挺熟，但我不行，以至于吴老师临行要回武汉华中师大了，我一点都不知。记得当时听大家说要去火车站送吴老师，于是赶紧跟了去。据后来吴老师回忆，说我当时连鞋都没穿。这个我倒不记得了。

离开师专后我也成为一名老师，再后又漂泊到海南仍然当了一段时间的老师。吴满珍老师这样的老师，一直是我的榜样而尽力追逐。再后来，由于种种原因我成了律师。吴老师从同学处得到了我的电话，我们取得了联系，并寄给我她写的一套国学书。前几年吴老师来过海南一次，最近又来了一次。多年未见，彼此自然都非常高兴。知道她已退休，但仍然被人请去上课，退而未休。见她和老伴李老师身体精神都好，家庭也好，我非常为她高兴。席间，我跟她说："您现在是知名教授，著作等身，桃李满天下，功成名就。人生如此，夫复何求?"吴老师微笑作答："教书是我的工作，育人是我的职责，讲坛是我的岗位，爱生是我的天性。我与教育、与学生有着不解之缘。"

一个伟人曾说："生我者父母，教我者师长、朋友。"伟人如此，何况我辈?吴老师回武汉后，我思之再三，挥毫敬书"德教双馨"赠送给吴老师，并作此文以为记。

于海南云帆律师事务所

2018年5月28日

一凡同学给我印象最深也最令我感动的是，我在贵州支教一年结束时要离开黔东南师专，在回武汉的那天早晨，他听同寝室的同学说学校送我的汽车马上要开了，于是一骨碌从高低床上跳下来，连鞋子都没顾上穿就搭上校车前往凯里火车站送行。若干年后当我听到他的消息时，他已经是海南大名鼎鼎的律师了。2012年我去海南大学开会期间，抽空去三亚看望分别30年的当年那位打赤脚为我送行的学生，那次和一凡见面时那份真挚的情感和热烈的场景，至今想来都激动不已呢。再后来见面时，他以海南云帆律师事务所主任的身份接待我。更有趣的是，在席间他一定要他的掌上明珠尊称我为师奶奶。事后他还挥毫敬书"德教双馨"的字画赠送给我。遗憾的是受篇幅所限，字画不能刊发。

赞支教老师吴满珍

中文 81 级　王胜德

雄姿英发出荆楚，
正是好年华。
支教黔地阅辛苦，
育得桃李满天下。
师生情谊，
山高水长流。
虽回江城，
心系学子。
故地重游再聚首。

弟子情深，
老师谊重。
游苗乡，
走侗寨，
民族风情浓厚。
把酒言欢，
笑语话旧。
高歌曼舞，
乐悠悠。

在黔东南民族师专支教时，王胜德是我较早认识的同学之一，那时听说他刚刚卸任中文 81 级一班班长的职务。但他作为班级曾经的领头人，在学生中树立了很好的榜样。论年龄他还比我长一岁，但他从来都是以学生的身份恭敬地问候老师。无论是在当时的支教生活中，还是在后来的交往中，我们的师生关系始终亦师亦友，情谊日渐浓厚。

致恩师的一封信

——赠华中师范大学文学院吴满珍教授

中文81级　刘尚

敬爱的吴老师：

您好！2020年一场史无前例的新冠肺炎袭击了武汉，继而席卷全国。这场新冠肺炎使得中国经济受到重创，人民生产、生活受到诸多影响，还有一些人因为这次疫情永远离开了这个可爱的世界。

吴老师，您知道吗？我们这些您当年教过的学生都在为您捏一把汗，因为您与家人都住在这次病毒肆虐的中心城市——武汉。还好，您因为女儿在深圳工作，所以在武汉封城之前您已经离开武汉，到达深圳了。得知您和家人平安，学生才松了一口气。

敬爱的吴老师，您知道吗？疫情期间，因为防疫需要，工厂停工、商场停业、高速封路，学校也停课了。整个社会似乎都停摆了，我们也被困在家里无法出门。可是生活、学习还得继续呀，尤其是学生学业不能耽搁呀！于是，全国上下各级各类学校都开展上网课这种教学模式。我感到诧异的是已经六十四五岁的吴老师您竟然老当益壮，赶起了时髦，也跟年轻人一样在网络上搞起了直播，您作为华中师范大学文学院“桂岳教授计划”的主讲教授为学生们上课。

吴老师，您知道吗？您在网络上给学生上课讲授的内容，学生听课的认真样子，尤其是还有很多学生父母与他们上大学的子女一起在视频上听您上课的场景，深深地打动了我。我看到您发在微信朋友圈里那些学生做的笔记，我是由衷地佩服您的学生可以把您讲授的文学欣赏课笔记做得如此精美、详细，说明学生是多么热爱这门课，是多么喜欢您这位老师啊！亲其师，言其道。您的学识，您的为人，您当年给我们上课的一幕幕情景，犹如电影一般在我脑海里播放。

记得那时候您很年轻，二十五六岁的样子，皮肤白皙，扎着一条马尾，像一个邻家大姐姐。当时您也刚大学毕业，响应国家号召，到西部支边扶贫，于是您就远离繁华的大城市武汉，远离故乡的亲人，来到贵州黔东南这个少数民族聚居区支教。我当时 18 岁，刚考进黔东南师专中文科。那时刚恢复高考没多久，人才奇缺，教我们的老师大多都是离开讲台几十年的五六十岁的老人了。您的到来，犹如在波澜不动的池水中，荡起了一阵涟漪，给我们沉闷的学习、生活吹来一阵清风。

您知道吗，吴老师，我们都很愿意亲近您，更愿意听您上课。因为您上课轻松、诙谐、幽默，什么难懂的概念，经您一讲，大家便豁然开朗。

您为我们讲授文学概论这门课，因为这门课在讲授中会涉及很多文学作品，之前我不太喜欢读一些自认为情节不丰富、内容不精彩的作品，认为生涩难懂，没意思，所以便不怎么爱读书。自从您来了以后，每次上课讲到一些文学理论常识时，您便会引经据典，旁征博引，从古今中外文学家的作品中拎出一些片段进行讲解、比较。您深入浅出的讲析，您精彩独到的点评，让我深深地爱上了这门课。为了学好这门课，我不再偷懒了，赶紧到图书馆借了很多文学名著阅读。正是那段时间的苦读，为我毕业以后成为一位省级名师奠定了基础。我受您的影响扩大了阅读面，各种类型的书都读，关键是在阅读中学会了如何去欣赏一部作品。后来，我在参加全国语文教师优质课大赛中荣获一等奖。获奖原因除了多年积淀的教学经验、教学水平外，关键是大家同课异构，同一篇课文，我能从文本上进行深入的挖掘，我能从中发现别的教师不能读到的更深层次的东西。这些都得益于当年您在课堂上教给我们的知识。

记得前几年语文教学大纲重新修订之后，在教材中增加了文学阅读部分，旨在培养学生的文学素养，苏教版教材中增加了一个板块，叫“我读书，我快乐”。这个板块属于修订的语文教学大纲中“语文综合实践活动”，每一册教材中有一个这样的内容。每一次的语文综合实践活动课“我读书，我快乐”会涉及一部文学名著。例如苏教版小学语文涉及的有《伊索寓言》《三国演义》《水浒传》《鲁滨孙漂流记》等一些中外名著。当时这个板块内容出现在教材中是第一次，怎么上这样的课，老师们心里都没谱，如何在两个课时完成一节这样的课，对老师们来说简直是一个挑战，大家对这样的课都避而远之。

有一天，贵阳市区教育局局长找到我，与我协商，由我来挑个头，尝试上一上这种新课型。因为当时全国还没有一个教师比赛上这种课，更没有在任何一本教育期刊上发表有这种类型课的可借鉴的教学设计。之所以选中我，也是因为领导认为在全区语文教师中，我的文学功底好，阅读过的文学名著多，解剖文学作品精彩到位，培养的学生诗词歌赋样样在行。于是，我再一次拿出当年吴老师您教我文学概论这门课时我做的文学欣赏笔记，认真读，反复揣摩您当初是怎么教我们入手去欣赏一部文学作品的结构、方法，经过反复研读，反复设计，我在全区推出了第一堂语文综合实践活动课“‘我读书，我快乐’——读《伊索寓言》”。这堂课当时来了两百多位校长、教导主任、全区骨干教师，课堂收效奇好，大获成功。接下来一个月内，我连续又上了三节不同作品的语文综合实践活动课，全区教师都来学习。后来又组织了全省中小学校长、教导主任、骨干教师来观摩我上课。我也成了国家级教师继续教育提升工程的指导专家，经常出去开展学术讲座，经常进行观摩授课，成了一名战斗在一线的名师，出版了专业书籍，参与编撰教材，发表了几十篇文章，取得了丰硕的成果。这一切都得益于恩师当年的课堂。

饮水思源、追根溯本，我有今天的成绩，是吴老师的谆谆教导，是吴老师孜孜不倦的传道，学生今生难忘！临了，我想送给吴老师清代诗人龚自珍的两句诗：落红不是无情物，化作春泥更护花。

祝吴老师身体健康，桃李满天下！

您 34 年前的学生：刘尚

2020 年 4 月 17 日

刘尚同学当时在我印象中是长得很秀气、学习很认真、在班上年龄最小的一位女生。退休前她在贵阳市一所小学任语文老师，教学颇有成就。曾参加全国小学语文优质课大赛，并获一等奖。退休后的她，生活照样过得充实而精彩！

华师硕士篇

从2004年至2015年退休，吴满珍担任了11年的华师文学院硕士研究生导师，共指导语文学科教学论研究生50余人，这其中既有本科保研的学生，也有中师班来自中学的老师。这50多个吴门弟子与吴老师有着更深的学术交流和更多的生活接触，现已毕业散布于世界各地，大都结婚生子，但他们依然称呼老师为“吴妈妈”“老师妈妈”。

吴老师对学生的大爱体现在：和学生交心谈心，喜欢请学生吃饭，留学生在家里住。研究生与她的来往非常密切，简直就像是她自己的孩子。她不仅关心学生们在校时的学习，而且关心他们毕业后的爱情婚姻，甚至牵红线，当证婚人，先后参加了十几位同学的婚礼。在学生遇到困难时，她总是尽最大努力去帮助他们。吴老师和研究生之间的趣事无数，浓浓的情谊更是无可言表，老师因优秀的学生而倍加快乐，学生因得此恩师而更加幸福。

最是那一腔爽朗

语文学科教学论04级　杨启金

2004年9月，在本科毕业5年之后，我放空自己，怀揣初心与期盼，再次踏进象牙塔，负笈桂子山。我一直觉得，大学校园就像初恋情人，重返校园，就像重新见到了日思夜想的初恋情人，那是多么的激动与兴奋！现在回忆起来，依然充溢着幸福与甜蜜。

入学半年之后，我开始隐隐感觉到了一丝紧张与压力，研究生处要求我们在年底前务必选定研究方向，然后文学院再根据研究方向委派导师。当时很多同学一窝蜂选现当代文学的方向，因为这个专业是国家级重点专业。我这个人，比较喜欢搞逆向思维，选了语文教学方向和古代文字方向。不久，教学秘书就到班上宣布论文指导老师及办公地点，我和陈六三兄由大学语文教研室吴满珍老师指导。看到现当代文学方向一个老师指导五六个同学时，我和六三均庆幸自己当初的填报方向是对的。

第一次和吴老师见面是在她的办公室，那时吴老师刚上完课回来，看到我们站在旁边，她一边洗着沾满粉笔灰的手，一边热情地招呼我们坐下来。让我惶恐的是，她竟然以“杨老师”称呼我，那时我20多岁毛头小伙一个，好生窘迫。然后，她调侃六三兄以40多岁的“高龄”考进来，真是不简单！又笑道：“你们两个，是我的开山弟子！”那亲切的语气，那爽朗的笑声，好似春风拂面，气氛一下子变得轻松和谐。不知不觉，一个多小时过去了，师徒三人谈兴未尽。时近中午，吴老师说：“走，我请你们，到桂香园去吃午饭！”桂香园可是华师校内招待贵宾的高档餐厅啊，我和六三兄虽客套了两句，心里头却是乐滋滋的，便欣然前往了。

后来论文进入实质性开题阶段，我想着，我是开门弟子，一定要首批通过，不能给老师丢脸。那段时间，我对西方文艺学兴趣正酣，特别是着魔于巴赫金的对话理论，思忖着何不将巴赫金的对话论同语文教学结合起来，感觉好像能立即拯救中学语文教学于水深火热之中，这样想着都觉得是一件极有意义的事。可是六三兄听完我的“宏图大略”之后直摇头，担心我囫囵吞枣、消化不良、生硬嫁接，说搞不好不洋不土，出师未捷身先死啊！就这样，我怀着被“毙”的准备和一丝能通过的侥幸心理，带着开题报告，忐忑不安地找到吴老师，没想到吴老师思想相当包容开放，不但没有怀疑担心，相反，她说：“你这个选题很前沿，并且对中学语文教学也很有实际意义，后期不断完善，要言之有物，注意与具体教育教学实际案例相结合，会是一篇很不错的论文，大胆去写吧！”得到老师的首肯后，我感觉获得了无穷动力，空余时间都泡在图书馆，半个月后就把初稿交给吴老师审阅。吴老师的审阅极其严格细致，大到理论引用、结构布局，小至个别段落字体规范、标点符号，都一一圈点标记，要求我一字不漏认真修改。功夫不负有心人。在多次修改之后，我顺利进入并通过首批毕业论文答辩会，为后期找工作赢得了充裕的时间。

其实，重新回忆这段心路历程，也是弥补我心中长久以来的一个遗憾。那就是论文印制后，我发现忘记了写后记，对这个把我当孩子、当朋友的好导师，我居然连一句感谢都未曾写出！我知道以吴老师的豪爽性格，她不会计较，也不会在意。但，我这个所谓的“开门弟子”，一直不能原谅自己在这件事上的粗心大意。亲爱的吴老师，真心感谢您，能再次给予学生这个机会，让学生道一声迟来的感谢：谢谢您，吴老师！

毕业之际，我们这批语文教育方向的学生，成了深圳东莞一些重点中学眼中的香饽饽。我当时也签下了令人羡慕的东莞高中，后来因为个人原因，留在武汉一所私立学校。再后来，我参加省直单位招考，以笔试、面试第一名的成绩进入水果湖高中，算是稳定下来。

记得开学不久，办公室里突然响起一个熟悉的声音，我怀疑自己是不是幻觉，站起身一看，天啦！是我可亲可敬的吴老师。她带着一群师弟师妹到水中实习来了。我急忙迎上前和老师打招呼，还担心吴老师可能将我这个不孝之徒早已忘记。没想到吴老师马上叫出了我的名字，并且调侃我：“4 年不见了，你想躲我都躲不掉。”我虽然有些羞愧，但更多的是重见老师的开心与兴奋。我们的师生情谊以这样一种戏剧化的方式得以延续，这不能不说是上天的眷顾啊。

后来，每年实习期间，就是我们师生团聚之时，教育教学、生活趣事、旅途见闻，无所不谈，好不快乐！去年没见老师带学生过来实习，得知老师正式退休，尽管相距不远，我想着这种“假公济私”的聚会难以再有，好生失落。前些日子，老师打电话给我，要我将身份证拍照之后发给她，说出版社发稿酬要用。我又想起上次，老师担心影响我的教学，在腿脚受伤的情况下，将她主编、我参编极少章节的《大学语文》亲自送到我学校门口，水都不肯喝一杯就转身告辞。返回办公室的路上，我想到老师对我如此关心、提携，禁不住泪流而下。

现在，在微信里看到老师和先生充实的退休生活，令人羡慕嫉妒。看到你们畅游列国的照片，就想起您和蔼可亲的教诲、自信爽朗的笑容，似在耳畔，如在眼前。

老师，您对待他人与生活满心真意的态度，学生将用一生孜孜以求。

启金是2004级第一届中师班研究生，是我的开门弟子！他的硕士学位毕业论文是最让我省心也是那一届毕业生中做得最好的。启金毕业后和我的第一次见面是我带本科生教育实习时在水果湖高中部。他对教学兢兢业业，与学生关系非常融洽，可以说是尊师爱生的楷模。每次在水果湖中学见到我，他总会及时地为我递上一杯热茶，对我的学生关爱有加。我退休后每每介绍华师文学院的学生或研究生上他那儿实习，他从来都是毫不犹豫地接受并且给予认真的指导，不求任何回报。用他自己的话说，是吴老师那一腔爽朗影响着他！

幸福人生自您始

语文学科教学论05级　李静萍

记得2006年底我们几个语文学科教学论的研究生刚被分到吴老师名下作毕业论文的时候，内心是忐忑的。因为之前我们从未谋面，但看到吴老师后，这种忐忑被和蔼可亲、如沐春风的感觉取代了。印象中的大学教授应该是不苟言笑、严谨苛刻的，可吴老师一见面似乎就跟我们很亲近。她仔细地询问了我们每个人的生活、工作情况，自己教学的侧重点，大致明确了我们的研究方向，就这样很轻松地带着我们开始了各自的研究之旅。

吴老师跟我约了每周两次探讨论文的时间。因为读教育硕士之前我有两年的教学经历，而且还自认为“不错”。心想，不就写论文吗？我去年一篇论文随便一写就获得了省里的奖，我这再稍微用点心就差不多了。泡了一周的图书馆，终于把我的提纲拿出来了，以前写论文我还从没这么用心过，心想这次一定不会出大问题。到了约定的时候了，我早早地就去文学院吴老师办公室，没想到她早就到了。我信心满满地把我的提纲交给她，谁想到最终的结果是所有的东西都被推翻了。开始我还很有点不服气，我努力了一个星期，就这么不值吗？可是在老师的指导下我终于知道自己的问题出在哪里了：思路不清晰，要阐述的问题没有弄清楚；不知道怎么去提出问题、分析问题、解决问题；引用别人的资料太多，自己的观点不明确……刚才还信心满满的，现在怎么觉得自己竟是那么盲目？后来，吴老师还耐心地告诉我怎么去查找有效文献，怎么理清思路，怎么一步步地深入解决问题。慢慢地我总算找到了真正做学问的感觉，知道了怎么去研究问题。

在之后的每次见面，我都是既期待又害怕的，期待的是我在每次吴老师的耳提面命中都有所获，害怕的是每次对自己的研究信心满满时都被吴老师否定了。就在我的提纲被否定了十几次的时候，我终于“受不了”啦，心想不就一个提纲，至于这么费劲吗？论题近五年的相关内容我该研究的都研究了，一份提纲改到现在？我的不满和委屈，吴老师看在眼里，但并没有放松对我的要求，仍然耐心地一一跟我讲解说明，直到提纲通过和最后确定。后来，我的论文写得很快，之后的答辩也进行得非常顺利。仔细想想，如果不是吴老师如此耐心、严格要求，也不会有我日后论文答辩的顺利通过。有了这次的经历，我终于真正地明白了做学问要有严谨的态度，对学生要能耐心地倾听才能成为真正的好老师。我的满珍老师做到了，并影响着我和我们这一批学子！在后来的教学工作中，我也一直践行着这一理念。

毕业后我被顺利地调到了麻城市一中，之后与吴老师的联系也仅仅限于过年时的一句问候，我以为作为大学教授的她理应在家等着收获各地学生的新年祝福吧。我记得那是我第一次到婆家过年，我还是按照惯例给吴老师发了新年问候的短信，没想到她竟然给我打来了电话，当时我激动得都不知道说什么了，还是吴老师主动问了我在婆家过年的情况。虽然事隔几年，但每想到那个除夕，来自武汉的我亲爱的满珍老师的除夕问候电话，至今都是感动和幸福。每次同学们去看她，我们都以为她会像别人一样在餐馆招待一下，可她总是在家里亲自下厨招待同学们，不管多远的同学只要到了满珍老师家里都觉着是回家了。满珍老师便是这样，为人谦和，永远真诚！

前两年吴老师退休了，但我得知她仍然被学校返聘回去担任本科班的班主任。至今吴老师仍然会为学术上的问题一丝不苟，也会为自家阳台上收获的两根黄瓜欣喜若狂，还会经常与先生一起早起晨练、夕阳下漫步，更会支持和赞赏孩子们的点滴进步。这该是拥有多大的博爱情怀才能把生活过得多姿多彩，韵味无穷啊！这么多年正是有了吴老师的言传身教，我才明白了作为一个老师应如何去努力工作，应如何去经营自己的幸福人生！

满珍老师，您不仅教会了我们如何做学问，更是用自己的人格魅力影响着我们！何为幸福人生？您给了我们答案：是的，幸福人生自您始，我们永远爱您！

静萍给我留下的印象是：外表精明能干，内在聪慧温柔。她是我带的研究生中最聪明、自信，也是最执着、任性的一个。她在校学习成绩不错，毕业后工作业绩突出，目前任教于麻城市第一中学，是位非常优秀的语文老师。

我的导师，我的亲人

语文学科教学论 05 级　刘佳杰

我的导师吴满珍老师，是我从小到大所有老师里最令我难忘的老师，没有之一。

千禧年刚过，青春懵懂的我便被推荐到了华中师大，从此与这美丽的校园结下不解之缘。四年后，我幸运地被保送为语文教学论方向的研究生，便认识了自己的导师吴满珍老师，缘分至今十来年矣。

印象中，吴老师总是一脸的笑。那时，年逾不惑的她更像是一位慈祥的妈妈，好多学生都干脆叫她“吴妈”。因为《阿 Q 正传》中有类似叫法，所以我不大这么称呼，但是内心深处却和大家一样，确实是把她当作妈妈一样对待。

吴老师除了是语文教学论的导师之外，也是大学语文的资深老师。她专业知识扎实，授课非常有感染力。每次听她讲课，下面满满的都是学生。她个子不算太高，但总是身姿挺拔，声音洪亮，精神抖擞，学生自然而然深受感染。吴老师在学生中口碑很好，每次讲课讲到韩愈的《祭十二郎文》时，必然念及自身的经历，潸然泪下。每到此处，全场肃静，无人走神，表情肃然。

犹记得 2007 年 3 月因为签约单位的需要，我要去广东临时代课，毕业论文成了老大难的问题。然而，吴老师却给予了我最大的帮助，她经常给我打电话，督促我的写作进度。在我 5 月回到华师后，她更是多次帮我修改那“难以卒读”的毕业论文，直到最后顺利通过。

除了教学专业之外，吴老师更令人难忘的是她待人真诚，吴老师给予我们更多的是精神的财富。吴老师这么多年以来，真正算是桃李遍天下。别的大学语文的老师，基本上属于锦上添花类型，有之亦可，无之也行。但是吴老师的学生绝不会这么看，不知道多少专业的学生都把她当作亲人对待，而且时隔多年仍念念不忘，恋爱、结婚、生子都会第一时间告诉“吴妈”，这是多么令人动容的教育神话。

记得我有段时间因为个人感情受挫，意志消沉，吴老师当时就敏锐地发现了，并多次关心鼓励我走出阴霾。十多年后的今天，吴老师依然记得这件事！惭愧，感恩老师的真切惦念。这不再是师长的职责了，这是亲人间的关怀。

后记：这篇文字本该早就交给吴老师了，然而一拖再拖，一直于今，实在惭愧。其实，光阴似箭，九年前的一幕一幕，本已渐渐干枯泛黄，是以不愿回首。近日有幸又回华师受训，吴老师当即为我接风，并开示勉励，使我感激尤甚。于此，往事逐渐清晰起来，晶亮皎洁。再次感激吴老师的栽培之恩，愿您永远快乐幸福，阖家安康。

2016年6月21日于华师桂子山

佳杰是2005级第一届全日制语文学科教学论的硕士研究生，也是我带的这一届研究生中唯一的男生。毕业后佳杰骄傲地把女朋友带回武汉，跟我分享他收获爱情的喜悦——正是有你们分享青春的喜悦，我也觉得青春常在。我们师生情如母子，分别后各有所忙，一有可能定要见面。当年我在珠海参加儒学国际会议时，佳杰还邀了蔡黎从中山赶来与我相会。

记忆中的最美年华

语文学科教学论05级　章琴

算算从桂子山上毕业，走上工作岗位，已经11年了。回想之前，还是第一届语文课程与教学论的研究生时，我们如此幸运，懵懂中，师从的正是我们最亲爱的吴满珍老师！

时间有点久远，我也已经远离了教育行业，可能我很难回忆起什么具体的事件，留下的都是记忆里的一些画面、一些色彩，和那股浓浓的暖人香气。吴老师在专业上，是一位独具慧眼的老师，在毕业论文的写作上对我们有很多专业的指导。我还记得，当自己的那篇论文得到吴老师的赞同和表扬时，我真的特别开心和快乐。她不是那种传统的老师，她总是很现代，很潮流，特别容易接受新鲜事物，对学生有爱心、亲切，和我们研究生的距离尤其近。她总是充满热情，富有感染力，她喜欢穿红色的衣服，看上去总让人眼前一亮。

始终记得毕业前夕的那次聚餐，我们一起去吴老师家里吃饭。吃到最后还剩一大锅汤，吴老师突然站了起来，亲自给我们一人舀了一大碗，说："孩子们，马上就要离校了，要吃饱了。"具体说了什么，我只有一个很模糊的印象，但是那句"孩子们"，当时一下子勾起了我极强烈的情绪，眼眶都湿润了，感觉当时自己就像一个孩子，真的要离开庇佑自己的妈妈了，有点难受，有点舍不得。那句"孩子们"，我记了很多年，一直忘不了。因为自己的个人志向，我没有选择教师这一职业，也算是特别离经叛道地选择了美容行业。我还记得吴老师私下拉着我的手，和我说的话："你的工作不像其他人，她们可能会有更多的机会聚在一起，但是老师非常看好你，也祝福你。以后，每次在电视上看到有人又漂亮又成功的时候，我一定要留意下，是不是你，我的学生，章琴。"我选择了一份和大多数同学不一样的工作，那时前途未知，心中难免忐忑，但是老师的话给了我那么多的鼓励、勇气、信念。这么多年的工作中，我常常想起当时的情景，老师的笑脸，老师的信任和期许！我告诉自己，无论从事什么职业，我都要做一个快乐、正直、热爱工作的人。没有辜负老师的期望，我一直在自己的行业里，热情、快乐地生活着，工作着。吴老师榜样的力量像一盏明灯，一直在心中指引我。

祝福我最亲爱的吴老师，健康、快乐、幸福，比永远还永远！

章琴在我印象中是一个大胆创新、勇于开拓、热情奔放的学生。当初她没有选择教师行业，我还有几分担心，没想到几年工夫，她就成了美容行业的著名导师。更重要的是，阳光开朗的她始终坚持快乐生活的原则，将美和快乐传递给身边的每一个人。

月满中天花满枝

语文学科教学论 05 级　易小芬

几年前，我在琦君的《三更有梦枕当书》中看过这一句“月满中天花满枝”，便一直记在心里。当时我只觉得句子很美，写了一幅富有诗意的美景图，现在回想，却感觉到此句中充满了圆融与自在。如果人生如此，便是美满与幸福了。

现在想起吴老师，不禁让我联想到了这句话，因为不仅她的名字里有“满”这个字，而且她的生活是美满与幸福的。读书时，我们七个人时常去吴老师家吃饭，她与海叔相处温馨、甜蜜，俩人永远都是谦和地言语，有不同意见时也是询问与沟通。海叔笑着谦让吴老师，吴老师也笑着谦让海叔，不脸红、不争辩。俩人偶尔的打趣也颇有意思。应该所有的人都记得《刘海砍樵》与海叔的关联。这是俩人唱歌时的必点节目。吴老师的生活一如这首歌，充满了生活之趣。当时年纪小，我只感觉吴老师生活很幸福。后来，我才知道这是多么难得。

也许，第一时间想起的应该是吴老师在专业上教了我什么。其实，作为学生的我们往往不记得上课的内容，反而记得老师教过的道理与趣事。师者，言传身教。吴老师是我们生活的良师，她用自己的生活给我们立了榜样，教了我们人生的道理，去追求幸福生活。

我与“满”字挺有缘的，吴老师的名字里也有一个“满”字。有次吃饭，吴老师听到我男朋友的名字中有个“满”字时，笑着说：“挺有缘分的，小芬的名字中有‘芬’字，你们俩是满分之作。”当时的笑言虽是打趣之语，却也包含了吴老师对我们俩的祝福，现在笑言成真了。

吴老师一如名字中的“珍”字，待人真诚热情。同事戏称我为“小太阳”，待人热情，其实万万比不上吴老师。吴老师给人印象最深刻的是满面笑容时眼睛弯弯的，似新月，让人倍感亲切。她每次都笑容满面地问候我们的近况。一想起吴老师的笑容，我都会感到亲切与温馨。她对待每一届学生都是一如既往的热情。在看望吴老师时，我也会碰到师妹们，有好多师妹甚至不是中文专业的。有次探望吴老师，我还遇到一个体育系的师妹。这位师妹之前上了吴老师的大学语文，在毕业后也一直保持着联系。这在如今的大学是多么难得！应该正是吴老师的真诚、热情让学生如此亲近她！

吴老师在课业上给我印象最深刻的是，她提醒我们上课时要保持激情，要将情感投入其中。她曾在朗读韩愈的《祭十二郎文》时声泪俱下，将作者的悲痛感传递出来，感染了在座的每一位学生。师者不仅是传道授业解惑，也应以文传情，尤其是语文课堂应该以情动人。讲课不只是讲授，也是传递与沟通。记得当时，在模拟讲课中，我讲的是曹操的《短歌行》，吴老师给我的点评是语速适中，但缺乏抑扬顿挫，建议上课时注意语调与情感。这个问题在我从教后几年仍然存在。吴老师给每个人的意见都是中肯的，也是一针见血的，在课业上她是认真与严肃的。

2009 年，我调动工作从广州到重庆，在武汉重见吴老师。吴老师与海叔热情款待了我与先生。吴老师听到了这个消息非常高兴，她高兴我大学的恋爱修成正果，笑着说我们以后的小孩可以取名为“郭满分”。当然这是玩笑话，无论是男孩子还是女孩子都不适合这个名字。后来，女儿出生了，告知吴老师，吴老师很开心地祝贺了我们。去年春节，我和女儿拍摄了祝福吴老师的视频，也收到了吴老师亲切的问候与祝福。

一晃几年，我未与吴老师再见面，心中有些遗憾。看到吴老师拍摄的华师清晨，仍觉得熟悉与美好。下次再见吴老师时，相信仍会是熟悉与美好的样子。真诚、热情的吴老师仍然幸福美满地生活着，眼睛弯弯地笑着问候归家的我们。

此去虽是经年，但真正的情感难以磨灭。哪怕时间消磨、空间隔离，知道你在远方过得幸福，便是幸福。生活似水长流，愿我们的生活都能“月满中天花满枝”，能将美好的缘分珍藏并延续。

小芬当时是 05 级语文学科教学论学生组的小组长，年龄最小却享受学姐般备受尊敬的待遇。在我的印象中，小芬冰雪聪明，为人淳朴善良。读研期间我只是她的任课老师，可是工作后她经常利用寒暑假回来看望我。毕业后她随丈夫去了重庆，事业上夫妻比翼双飞，生活中爱情甜蜜，婚姻美满。一双姊妹花带给他们的欢乐与幸福，也让许多人羡慕嫉妒爱！

想您，真好！

语文学科教学论05级　陈霄

2014年12月5日，我带着孩子在嘈杂的医院里等候打预防针，人来人往，大家在忙着挂号，安抚自己哭泣的孩子。这时候，电话响了，是您，吴老师！一接通电话就听到您久别的热情洋溢的声音："霄霄，我在QQ空间里看到了你的双胞胎女儿，好可爱啊！像你啊！几个月了?"由于早产，刚开始孩子的情况不太好，我几乎没有跟亲朋好友宣布这一消息，更别说是分别多年曾经授业于我的老师。这一刻，我有种热泪盈眶的感觉，看着怀中熟睡的孩子，听着耳旁来自千里之外的良师的祝福，我真的很感动、很幸福。

大学本科的时候，由于大学语文这门课程是非中文系学生必修的，所以中文系的我无缘结识教授这门课程的您——吴老师。但是，对您，我早有耳闻。听说您的课都要抢位子来听的；听说您讲的《祭十二郎文》打动了一届又一届的学生；听说您资助过许多寒门学子，鼓励他们通过读书来改变命运；听说您还给毕业的学生介绍对象，结成良缘；听说很多已经毕业的学生依然与您联络得火热……怪不得您能够成为各个专业、各个年级学生口中的"妈妈老师"，您的所作所为早已超越了一个老师的职责范围。

2005年，我有幸被保研本校。我们一个专业七个人被分到三个导师名下，在选导师的时候，我又一次与吴老师您擦肩而过。不过，虽然我不是您名下的学生，但是您已然把我们七个人都当作了您的学生，您的孩子！课堂上，您一丝不苟、严谨教学，给我们创造机会"模拟课堂"，教会我们如何做学问，更教会我们如何做一个正直、善良的人；课后，您与我们天南海北地侃，还经常带我们去您家里吃饭，您对我们每一个人嘘寒问暖，把我们的"老底儿"摸得一清二楚。我们也还真的把您家当成了自己的家。两年的时光因为有了您的教育和陪伴，我觉得过得特别快。那段时间，是我人生中最充实、最有意义的青春时光。毕业的时候，您找来李爸爸（吴老师的先生）把我们最阳光、最爽朗的笑容印在了《湖北日报》上，而且是头版居中显眼的位置！您拉着我们的手说舍不得我们离开，我们又何尝舍得离开您呢？青青校园，盛开过，沸腾过，在这里学到的一切、经历的一切以及我们的您，我都将铭记于心。

毕业后，我来到了离家近一千公里的浙江工作。刚走上工作岗位的迷茫和无助，独在异乡的孤独和寂寞，异地恋的摩擦和隔阂，让我常常觉得心里堵得慌，我不知道以后的道路该怎么走。每每这时，我总想跟您唠叨唠叨，哪怕只是听听您的声音，我都觉得心里踏实多了。2008年的冬天特别冷，大年初一的早上，刚刚起床的我就接到了电话，我听声音像是二姨，于是就叫了一声："二姨，过年好！""哈哈，什么二姨啊？"一听这爽朗的笑声我才知道是您。吴老师，我还没来得及给您送去新年的祝福，您就先给我打电话了，后来才知道原来你是担心大雪封路，我回不了家。我很想说一句煽情的话："再坚硬的冰雪也能被您的温暖所融化。"

后来，我调动工作来到上海，工作和家庭都稳定了下来。2012年的暑假，我们几个小伙伴相约去武汉看您和李爸爸。您又一次拉着我们的手，就像拉着远行归来的儿女，那种慈爱无须言语，我们都能读懂。"文丹在美国生活得很滋润嘛；佳杰很能干的，不错不错；小芬和霄霄，你们要赶快生个孩子啊，不能熬成了大龄产妇哦。"吴妈，您就是这么接地气，为我们每一个人操着心。可是，我没有听您的话，一直不想要孩子，最后还真是熬成了大龄产妇。

后来的后来，工作的压力、生活的重担让我们之间的联系减少了许多，但那份师生情、母女情却不曾割断。生活难免艰辛，可是只要看看您的微信朋友圈里一如既往的灿烂笑脸，和那一张张热爱生活的美好照片，我就有勇气抬起头，朝着阳光负重前行。吴老师，我多想做一个像您一样的人，有情有爱，有滋有味。想起您，我就觉得真美好。

霄霄读研时虽然我不是她的导师，只是给他们上研究生的课程，但她留给我的印象特别深刻：乖巧懂事，我很喜欢她。谈到我们有如母女般的师生情，我的心中满是幸福，满是感动。在学校曾经见证她青春美好的样子，工作了我也依然在默默地关注她，远远地看着她长大、成才、成家、立业！我分享着她的喜悦，快乐着她的幸福！

师恩难忘

语文学科教学论05级　张艳

今年深圳的冬天格外冷，阵阵风刮着，绵绵雨下着，寒意无处不在。临近期末放假，班里的那些小朋友要么亢奋过度，要么头、手缩在衣服里一副“生无可恋”的模样。说好的早晨的太阳呢？说好的奋进拼搏呢？我深吸一口气，忍住“河东狮吼”，咧咧嘴，笑容满面地走进教室，我跟自己说，要讲方法，要理解、关心、爱护学生。每每这个时候，我都会想到吴老师，吴老师就是这么关爱我们的，爱的教育应该传承。我想，我该写写吴老师，把我此时的心情告诉我的吴妈！

华师，是个让人魂牵梦绕的地方，是个回忆时带着粉红色花瓣的地方，那里有我学生时代的笑声、泪水、懵懂、青涩和向往，在那里我度过了我青春里最美好的六年时光！2005年被保送本校读研，我与吴老师的结缘正是始于此时。走路带风，声如洪钟，笑声爽朗，这是吴老师给我们的第一印象！后来我渐渐听说了这位干练教授的“厉害”之处：她的课是要抢座位的，她的课是会把学生打动哭的，她的很多学生毕业后还对她念念不忘。当时我们保研的共有七人，导师有三位，分别是谭邦和老师、陈龙海老师和吴满珍老师，无论是谁的研究生，我们都极爱亲近吴老师。当时不明所以，现在想来，吴老师除了课堂上给我们知识的养分外，课堂外还对我们宽厚、和蔼、关爱，她完全从各个方面影响着我们，也让我们忍不住想去亲近她！

读书的时候，肚子里的油水总是不够的，我们那几个没有一个胖的，那时候吴老师给我们上完课后总是带着我们到处打牙祭，从桂香园的三楼餐厅到校门口新开的饭馆，从入学到毕业，我们吃遍了华师周边。吴老师还经常邀请我们去她家里，除了招待我们好吃好喝，临走的时候还会给我们打包一份，幽默地说着“吃不了兜着走”，以至于每次都会惹得同宿舍的其他同学羡慕不已。而吴老师的丈夫李海明先生，更是一个幽默风趣、极具涵养的人，吴老师亲切地称他为“海哥”，聚会上两位还会来一段《刘海砍樵》，引得我们一阵欢呼。吴老师女儿本科毕业时，我们陪李爸和吴妈一起接了他们的女儿（中科院博士，已毕业）从华师正门出来，然后到吴妈家中做客！而临近我们毕业时，李爸和吴妈还找来专业摄影师给我们拍毕业照，二位亲自到场，重视程度不亚于对自己女儿。这些照片后来还刊登在《湖北日报》头版头条，我初中老师看到还说，这不是张艳吗？这段回忆想起来是那么温暖，本来能靠近吴老师已经觉得很满足，还能享受吴老师对我们这样无微不至的关爱，当时觉得幸福得要命。

工作后，与吴老师也未曾疏远。第一次上讲台，第一次考试出成绩，有喜悦的时候会告知她，有泪水时也从不隐瞒。结婚时，大雪，天气极冷，没有邀请吴老师，婚后去吴老师家给吴妈、李爸报喜，吴妈一边责怪我不通知她去，一边端着一碗鸡汤让我趁热吃掉。我一边听着吴老师的责备，一边心里却有种回娘家般的温暖。拉着我的手，吴老师像娘家妈妈一样告诉我，结婚了，不能耍小孩子脾气，两口子有矛盾，说说好话，反正便宜的不是别人，是自己的老公，再大的矛盾也就过去了。这几年，我和我先生两人工作繁忙，很难做到工作与家庭的完全平衡，可是每每想到吴老师的幸福箴言，所有的问题都能迎刃而解。2017年秋冬我回华师招聘应届毕业生，第一时间给吴老师打了电话，想想这些年吴妈、李爸对我的关爱，我想请二位吃顿饭，结果吴妈一接电话就说，在外面吃什么饭，回家吃！等到家时，李爸已经做了满满一桌的菜，有鱼、有肉、有酒，色香味俱全。我心里其实想说，文化人做的饭菜卖相真好，如果不是下午有公务，真想跟吴妈、李爸一醉方休！那种亲密、温暖，从未走远！

“没有爱就没有教育”，吴老师经常说：“我爱我的学生，也很感恩学生对我的回馈。”正如吴老师的QQ名一样，“满心真意”，满心真意地对待每一位学生。作为一名教师，只有有足够的爱心，热爱自己的学生，才会把教育当作自己一生的事业并为之不懈奋斗。只有建立了一种民主、平等、尊重、温暖、理解的师生关系，教师的亲和力和教学艺术才会对学生产生积极的影响，才有可能使学生“亲其师，信其道”。吴老师是这样做的，也这样影响了我！工作已十年，面对我的学生，我期待成为像吴老师这样的老师。虽不能至，心向往之！

张艳与我的情谊是不能用见面的次数来计量的，但每一次的相见却都给我留下了深刻难忘的印象。我忘不了毕业后在深圳第一次见面的情景：怀孕八个月的她挺着大肚子从宝安租车到罗湖去看望我。一次教师节，她和丈夫开车从光明到南山专程为我送上节日祝福。毕业这么多年，每次回母校招聘老师，她都会第一时间把好消息告诉我，再忙也会挤出时间和我见见面。正如她说："有喜悦的时候会告知她，有泪水时也从不隐瞒。"能做孩子们的知己，真是我的荣幸。

硕士生活回忆：满是吴老师的“珍”情

语文学科教学论05级　李文丹

我叫李文丹，是吴老师语文课程教学论的一名学生，现定居夏威夷。2004年，为响应国家对小、初、高进行大规模“开放式教学”“互动教学”和“以学生为中心教学”等一系列新课程改革的号召，华中师范大学文学院决定从2005年起增开一个硕士学位点，并与教育学院一起联合培养，这个硕士学位点被命名为语文课程教学论。从本院符合本硕连读资格的申请者里面选拔学生，后来定了7个名额，我有幸成为其一。一起连读的兄弟姐妹们还有佳杰、小芬、琴琴、霄霄、艳艳、皓珍。吴满珍老师、谭邦和老师、陈龙海老师组成了我们的导师团。我因此与吴老师结缘。

如今回首，硕士毕业（2007年）都要近十一年了。诚如诸多心灵鸡汤所讲，被岁月洗刷后的记忆，能被人真正记住的，所惦想着的，感动了的和点亮心灵灯塔的只有情。我现在离当时的人、事、时间与空间上都有几分遥远，回想读硕的那两年，我问自己都学到了什么，记住了什么，毫不违心地讲，满满的都是有关吴老师的，都是关于我的吴妈妈的。

我完全不记得我上过哪些课程，交过什么作业，抑或是做过什么影响很大的事情以致改变了我的人生轨迹。恰恰相反，我现在正在形成的性格，我的婚姻，我现在过着的幸福小日子，和我希望自己拥有的形象与职业，都与吴妈妈那两年播下的种子有关。是她用自己的行为、品格，以身作则地诠释了如何做一个温暖的人。吴妈对我们学习与生活的关爱，质朴又实在地丰富了我对“为人师表”的想象。吴满珍教授——我们的吴妈妈——真的是一名难以多得的人生导师和榜样！

那两年的记忆：到处都是满满的“珍”情

读硕士的那两年，我已经记不得太多的事情，可是有几个细节是立刻迸出脑海的。一是吴老师经常请吃饭，还叫我们连吃带拿。二是吴老师提着煮熟的粽子、咸鸭蛋和感冒药去宿舍探望生病了的霄霄，霄霄不知情，连惊带喜，吴老师的师德与关爱学生之情，感动了我们整栋宿舍楼（我们宿舍楼有7层）。三是与众不同，吴老师让我们在毕业前有机会亲自教本科生，体验实际课堂教学。

虽然我们7个人不全是吴老师指导的学生，但是吴老师从来不会厚此薄彼，经常请我们所有人去吃饭，邀请我们所有人下馆子，邀请我们所有人到她家里去过节（端午节、中秋节等），她甚至会要我们去“小四川”（当时华师南门很火的一个饭馆）吃饭最后她去结账。至于她家，我记不清一共去了多少次，反正很多次，多到后来我们都很习惯也很自然地改口管她叫干妈，管吴老师的先生叫干爹。而且经常我们吃完了，又发现吴妈妈还给我们每个人都另外准备了一些带回宿舍的零食，每次还总会细心地给我们每个人都准备好装零食的袋子。我们几个经常是光着手去，肚子吃圆了“滚”回宿舍，手上还提着吴老师包的“干粮”。

我们这个研究方向的一共有3个导师，我和吴老师是最亲的。除学习以外，如果我有感情上的问题、工作上的问题，也都会跟吴老师谈。因为和吴老师谈这些事情会让我觉得非常自然，换句话说，吴老师对学生的关怀远远超出上课与下课这样简单的师生关系。后来，我有幸在美国的夏威夷大学马诺瓦校区教过两门本科生的课，这时我才真实地体会到一个老师长期这样教学的难得。吴老师作为一名大学教授，她拥有的可贵品质，在我们那一届每个人的身上都有很明显的体现。而且，通过一些师兄师姐和师妹师弟的分享，甚至在与他们的见面交谈中，我知道我的经历不是个案。吴老师，吴妈妈，从教几十年来，她对自己所有的学生从来如此！这个真的很难得，能认识吴老师是我人生的一件幸事。

吴老师探望霄霄生病那件事，一直广为流传。依稀记得是端午节前几天，学校将要放假，而霄霄因为生病缺了一堂课，刚好又是吴老师的课。吴老师想着霄霄是外地来的孩子，又病着，放假的时候肯定回不了老家，一个人孤零零地在宿舍待着恐怕伤感。吴妈就在家煮好了粽子、咸鸭蛋、菱角什么的，亲自提着给霄霄送到了宿舍，同时还不忘带上感冒药。那个时候我们住在元宝山附近，那儿有6栋宿舍楼，吴妈妈到了之后才发现，自己不知道霄霄到底住哪一栋哪一层哪一个房间，于是她只好拎着东西站在元宝山宿舍楼前给小芬打电话（小芬是我们学位方向的学生代表），问霄霄的房间号。这件事后来被我们整栋楼的人都知道了，所有的姐妹们都被感动得稀里哗啦，羡慕我们这群吴老师的学生。

现在我在美国读博士（耶，终于快要毕业了！哈哈），前期因为一直对研究生教育尤其是博士生教育很感兴趣，于是我就看了一些文献，也采访过一些博士生，最后了解到这样一件事实：并不是所有的导师都会或者愿意替自己带的学生考虑就业的前景，并善意地提一些建议的。吴老师的授课与指导很结合现实，研一就开始提醒我们，将来用人单位是很看重应聘人员的教学实践经验的，她不时地叮嘱我们毕业前最好有实际的、长期的授课经验，而且这个要不同于实习教学。并且，在当时授课机会有限的情况下，吴老师依然愿意利用自己的资源，给学生们提供本校的正式授课的机会。因为我当时一直在外校授课，所以才没去享受吴老师提供的这个福利。能够考虑到我们将来就业后可能面对的不适应，并尽早、尽可能地帮我们正视与应对这些问题，即便现在回想，我都认为，能这样站在学生的立场上想问题的大学教授是不多的。

对我做人的影响：榜样的力量

跟很多被吴老师的人格魅力感染与鼓励的师兄弟姐妹们一样，吴老师身上闪闪发亮的品行一直敦促我思考。一是我想成为一个怎样的人；二是我可以成为一个怎样的人；三是我该怎么做才可以成就我想成就的人生。

认识吴妈的时候我 22 岁，刚刚本科毕业，仅有的人生阅历都是在学校里积累出来的。我从来没有正式踏入过社会，缺少很多亲友尤其是我父母所说的，也是他们一直担心的“与人打交道的社会经验”。我的天然个性是简单，那时候熟悉我的人给我的形容词基本都是“单纯、率真、简单、直接”，当然这些都是积极一点的说法。消极一点的说法大概都有“头脑简单、幼稚，出去社会上容易被人骗，将来到社会上怕是要吃不少亏”。我知道我的性格、为人处世的风格大概是什么样的，可是我并不知道我可以做些什么，或者我应该对自己做些什么。简单一点讲，我读硕士的那两年，或多或少地会有一些关于怎么做人的困惑，有的时候我会想：“我好喜欢而且很享受这样的自己，可是好像我又不能一直这样的。终究有一天我需要适当地做些改变，可是怎么变呢？我内心是不想变的，可是怎么办呢？难道真的不能在踏入社会后，还做一个简单纯粹的人？”

现在回想起来，我读硕士的那两年是目标不太明确、思想有漂移、心理有抗拒的时间段。我内心有一百万个念头，在抵触自己去做一个社会化一点、思想复杂一点、处世圆滑一点的人，可是又觉得自己是在以个人绵绵之力对抗大的社会趋势。在我迷惑的时候，很感谢吴老师以一个榜样的身份，走进我的生活与世界，让我看到折中的可能——既能坚守自己率真的本性也能受到别人的认同和接纳。记得临近毕业的时候，我跟吴老师说过一句话，“我将来就想做像您一样的，率真、温暖、热情又积极的人”。

我现在觉得，一个大学教授仅仅从专业知识上，仅仅在四面墙、几扇窗的建筑物里面进行教学，其实这种虽然普遍却又单薄的教育对学生人格的影响是微弱而有限的；恐怕很多时候，能深层次地从内到外地影响一名学生或者一群学生的教育，不可避免地都需要传道授业解惑者与求学之人有生活和事业上的指导、交流与关心。前者是容易的，而后者是很难的。纵观教育史，这种传道授业的方式早在我们古代就已有之，后来一直都有承袭，这也是我们国家的传统教学方式之一。在欧洲和美国，他们也很推崇这种导师手把手教学的模式，不仅传授专业知识而且传授专业品德。在国外，这种师徒模式起源于古希腊，现在的英文叫法是 mentor-mentee relationship 或者说 mentorship，从英文字母的拼写上面，我们还能看出这个词保留了最原始的希腊文写法。很可惜，不管是在国内还是国外，很多研究生教育里的师生关系不再是传统的师徒关系，当然也包括博士教育。

对我婚姻的影响：红娘牵线

吴老师对我人生最直接的影响，就是她做了红娘，成就了我跟我先生的姻缘。当时我们是异国恋，所以经常会有人问我“你们两个是怎么认识的”，每当这时我都会说“我硕士毕业的时候，一个导师介绍的”。我还记得，在我谈恋爱的时候，吴老师还会打电话问情况，做我人生的指引。她一点都不像个高高在上的教授，她给予我母亲一样的温暖与关怀，又从来不会摆家长的架子，也不会对我的决定或者行为横加指责。我记得那个时候，甚至直到现在我在电脑面前敲下这些文字的时候，我仍然可以浓郁地感受到吴妈妈从电话那头传来的关注与指引。吴妈妈像一名知心的前辈，她的心胸是开阔的。对于我们这些学生，她的心里没有栅栏，没有障碍，她总是那么热情，随时欢迎我们走进她的思想、她的心灵、她的世界；她也总是热情、毫无保留地愿意走进学生的心里，并在里面点上灯，温暖我们的人生。

我们 7 个人有时候去吴老师家玩，总是很感叹干爹、干妈感情好。有一次就在吴老师住的省委大院的家里，小芬、霄霄还有琴琴我们几个人都起哄，大家叽叽喳喳地像狗仔一样地问干爹、干妈：“我们真的好羡慕呀！你俩那么多年的夫妻，我们每次都看你俩那么和气、开心、快乐，我们自己的爸爸、妈妈可不是这样的，我们现在还谈着恋爱呢，跟自己的男朋友都没有你俩这么恩爱，你俩是怎么做到的呀？有什么经验跟我们分享？”吴妈妈竟然一点不介意，也不见怪我们这群小年轻唐突，还笑笑地跟我们讲人生。吴妈笑着说，在那个年代她跟干爹是先结婚后谈恋爱。

我还记得有一次我们一起下楼，还是在吴妈住的省委大院那个房子，楼道里只有我跟吴妈妈两个人，我们聊了些琐事后又说到婚姻，吴妈说："结婚了嘛，再浪漫的恋爱都需要回归到平淡的柴米油盐酱醋茶。遇到困难的时候一切朝前看，生气吵架的时候多想想对方的好处，往积极的方向想，就想着他是个好人，或者他的本意是好的。如果大家都在气头上那就不要谈了，等双方气头过了、更理智一些了再来谈。做人嘛，不管是在婚姻里还是工作上，都需要做调整，都是要变的，不要害怕去改变，为了爱的人、为了家庭去做一些改变，这也是成长。"

吴妈妈的这些朴素得看似简单的人生智慧，我一直都记着。很感谢吴妈妈，待我如同亲生女儿一样，毫不吝啬地传授给我她的经验、她的智慧。我现在，还有将来，也会像当年她传授于我人生的感悟一样，将这些经验传授给我的孩子和学生们。

2018 年 1 月 30 日于美国夏威夷州火奴鲁鲁市

聪明、漂亮、活泼、可爱的文丹在华师读完本科被保送读研，之后去美国读博士，现定居夏威夷，日子过得非常滋润，有爱她的老公和两个可爱的儿子，有自己喜欢的职业。出国后的文丹仍像上大学时那样的青春、快乐。虽然她在美国，但我们的联系很密切，一有时间就会视频聊天。说来真有意思，研究生毕业之际，我还促成了她和小军的爱情、婚姻，当他们的红娘和证婚人呢！因此，每次他们回国时，都会全家来看望我们，让我们陶醉在幸福之中！

我的导师是“慈母”

语文学科教学论06级　江玲燕

2002年桂花飘香之际，我以优异成绩考入华中师大文学院基地班。四年后，又被幸运地保研，我与导师“吴妈妈”的情缘由此开始。回顾相识十年来的点点滴滴，我有太多太多的事情难以忘怀。每每想起她的好，脑海中总会不自觉地浮现出许许多多的画面。

我第一次听导师的课，并非在研究生专业课堂上，而是一堂大学语文课。因为在此之前，我就耳闻，吴老师的课上得极具特色：她声如洪钟，偌大的教室，从来不用麦克风；她感情充沛，能以自己的情绪无形之中感染其他学生，即便是那些开小差的学生也会很快融入课堂教学之中。于是，怀着无比好奇之心，我来到了导师的课堂。上课铃响，老师穿戴得体，伴随着短促而响亮的高跟鞋声，走进教室，走上讲台。只听一声颇有气势的开场白：“同学们好！”所有学生起立：“老师好！”这场面好久没有经历过了，我只觉得因没有午休而昏沉的头脑突然变得异常清醒。这堂课，导师通过列举各种小故事、小事件，附带些许幽默言语，把学生们的兴趣都调动起来了，课堂上时时爆发出欢笑声。她的课不是老师的一言堂，而是师生互动的交流场所；站在讲台上的不仅有老师，还有可能是临时客串老师的学生……她的课就像是常吃常新的菜肴，变着花样给学生们新鲜的体验，使得学生对这门课程充满了期待。通过听导师的课，我也暗下决心，以后要是当了老师，也要有样学样，把学生们的“心”争取过来，而非采用填鸭式的呆板教学。

接触多了，我发现导师每次上课除了精心备课外，还十分注重自己的仪表。每次出现在课堂上，她都是穿戴得庄重得体，打扮得十分精致，而且总是穿一双高跟鞋，特别养眼。后来一个偶然的机会，导师吐露了其中的原因。原来，每次上课前，她都要到美容店洗面、洗头、梳好发型，搭配上适宜的服装和鞋子，这样一方面显得精气神十足，另一方面也是出于对学生的尊重。我听了连连点头，是啊，尊重是相互的。你尊重学生，重视这堂课，才会注重仪表；同样，一个肯为一堂课付出许多精力的老师，其苦心也必定能被学生感受到，也必定会得到学生积极的反馈。如今，走上工作岗位的我，虽然不太会打扮自己，但却时时记着老师的教导，以干净整洁的面貌对待新的一天。

导师在生活上对学生亦十分关心，由此得到了“老师妈妈”的称号，享誉华师。她经常召集学生一起吃饭，有时在食堂定包间，有时在家里下厨房。席间，她总是忙着给大家夹菜，生怕有人吃不饱，学生临走时，还不忘让他们带回去再吃。过端午时，她也会把香喷喷的粽子、咸鸭蛋带到学校，让学生们在分享食物的过程中品尝到浓浓的节日滋味。一次，得知某学生缺钱，她毫不犹豫借出一大笔钱，帮助该学生渡过了难关。以真心才能换来真情。有一次，吴老师因为意外导致腿部骨折，还未完全恢复，她便迫不及待要去给学生上课。学生们得知后很感动，有位男生自告奋勇，背着“老师妈妈”上楼梯。有的学生晚上放学后，“埋伏”在“老师妈妈”回家的必经之路上，想为她保驾护航。

就我个人而言，吴老师对我的关爱实在是太多太多了。研一期间，我因剧烈咳嗽，长达一个月的时间不能上课，吴老师知道后，专程带着2个西瓜来到我的寝室看望我。当时，我真的是特别意外，从小到大，从来没有老师这样做过。老师走后，我把西瓜切开，分给室友们吃，她们边吃边说：“你老师人可真好！你真是太幸福了！”

此外，导师还帮助我解决了人生中最重要的一件大事。那是2007年十一期间，大概下午六点，我和室友正在学校附近的小商店闲逛，商店里嘈杂的音乐充斥着我的耳朵，把我与外界隔离开来，沉浸在自己的小世界里。突然下意识地，我拿出包里的摩托罗拉手机，小小的黑白屏幕上显示着“吴老师”三个字，我嘴里叨念着：“完了，完了！导师的电话没接到！这会儿打电话肯定有急事。”于是，我拉起室友，逃离小商店，来到一个还算安静的位置，回拨了过去——原来，导师问我校对书稿的事情，还邀我和同门一起吃晚饭。我朝室友嘻嘻一笑，说道：“现在，我要‘抛弃’你啦！”说罢，我就飞奔至寝室拿书稿。

拿着书稿，我在约定地点——文学院门口，见到了熟悉而亲切的导师、同门和一位中等身材的男士。导师见人到齐了，就带着我们一起来到桂香园餐厅点了几道美味菜肴，我和同门边吃边和导师轻松闲聊。其间，那位陌生男士起身给我们各自倒了一杯茶水……眼看一顿饭快要结束，导师突然很神秘地要我们互留电话号码，说以后在武汉多个朋友，也好有个照应。说实话，我并不喜欢和陌生男士交换电话号码，但转念一想，和导师熟识的肯定不是坏人，于是就互留了号码。

此后，这位陌生男士时不时通过短信和电话表示想请我吃饭，我总是以各种理由推脱，实在推不掉了，就拉上室友给我壮胆。接触多了，我觉得这位男士比较忠厚老实，说话直来直去，不会转弯抹角，没有什么坏心眼，对他的印象也越来越好。在正式确定男女朋友关系之前，我心里没有底，就很自然地想到导师，给她打个了电话。电话那头，她耐心地给我讲述了男方的家庭情况，帮我分析了各种利弊，就像一个母亲帮助自己的女儿解决情感上的困惑一样，让我特别感动，心里感到有股暖流涌过。挂了电话，我就下定决心，与这位“精品”男士确定关系。

谈恋爱期间，男女朋友之间难免有小摩擦，什么已经约定好的事情男方突然变来变去，什么女朋友逛街脚磨破了男方也不知心疼……都是些鸡毛蒜皮的小事，闹得人心里不愉快，现在想来真的十分可笑。这期间，我由于找工作而住在导师家里（下文还会提到），她都看在眼里，却没有批评我小心眼，而是以过来人的身份，以一个长辈的身份，适时地告诉男方如何正确地化解问题，当起了我们之间的“润滑剂”。

再后来，我们结婚的时候，由于双方家相隔较远，我妈妈身患重病，全靠爸爸悉心照料，因此他们无法参加我的婚礼。为了不让我一个人孤零零地出嫁，爸妈提议，能否请导师一家出面，以我父母的身份参加婚礼，弥补这份缺憾。我爸说：“吴老师为人热情，平日对你又好，又有身份地位，再合适不过了。他们要是能代替我们参加婚礼，我和你妈心里都好受多了。你看能不能跟他们提提？”我把这事跟导师一说，她立马就爽快地答应了。我爸妈知道后，眼泪直在眼眶里打转，心里的一块大石头总算是落了地。

我结婚那天，导师夫妻二人精心打扮了一番，高雅而庄重，显得特别有精气神儿，有了他们的陪伴，我在男方家里总算是有了依靠，有了底气，不至于形单影只。敬茶的时候，我跟老公发自内心地喊了声：“爸爸！妈妈！”只见他们笑得眼睛都眯成了一条线，高兴得就跟自己亲女儿出嫁一样，还塞给我一个大大的红包当作贺礼。

说起来，我与导师一家的感情之所以特别深厚，一个重要原因是我曾在他们家里小住了半年。当时刚从单位辞职的我，在武汉找工作时没有住的地方，所以就打电话问导师有没有合适的房源可以推荐给我。没想到，她说先不要着急租房子，因为她女儿出国留学，我可以直接住在她家。原本爸妈还特别担心我在武汉的安全问题，当得知我可以住在导师家中时，他们就完全放心了。

这期间，由于吃住都在导师家里，我总有些过意不去，有时买点小菜，花钱很少却总是受到二老的“批评”。有一次，我特意跑到大超市买了几条黄颡鱼，想给他们补补身体，他们虽然嘴上说着不愿意，但看得出来二老都吃得特别香甜，我心里也美滋滋的。时间过了好久，他们还几次提起吃黄颡鱼的事情。他们总是自动过滤掉学生带来的麻烦，而时刻想着学生对他们的好，把一些不起眼的小事牢牢记在心里。那段时间，我发现叔叔每天都爱喝点茶，所以我就早上烧好开水，并泡上茶，以便他起床后可以立刻喝到不烫的茶水。就是这样一个小小的举动，后来也屡屡被他开心地提起，好像我做了多大贡献似的。作为“回报”，叔叔亲自下厨，为我煮了一碗虾仁面，面的味道自然是一流，更重要的是，我在异乡尝到了“家”的味道。

对于我找工作一事，他们也是十分上心。在得知我已进入某出版集团的面试环节后，他们积极为我出谋划策，为我加油打气，最终不负他们的期望，我顺利通过了面试。不仅如此，我还在导师的热心牵线下，认识了我现在的先生。如今，因工作表现突出，我已被提升为中层管理人员；夫妻生活也历经几年磨合，日益和谐美满。所有这一切，都与我在武汉的“双亲”密不可分。所以，我在心里默默祈祷，希望二老永远健康，永远幸福！

我和玲燕有着特别的交往和深厚的情谊，我陪伴她走过了人生中求学、立业、成家这几个重要的阶段。研究生毕业后在武汉找工作的大半年时间里，正好我女儿出国留学，她便在家与我们一同生活。在我和先生的帮助、支持下，她终于在武汉寻得一份满意的工作。后来，我们又帮她介绍对象成了家，还代表她的父母参加了她的婚礼。玲燕现在成了单位的业务骨干，已经当上某出版社的编辑部主任，家庭美满幸福。玲燕怀有一颗感恩的心，每到节假日都会和先生一起带着孩子来看望我们。

在最美的时光遇见最美的导师

语文学科教学论06级　蔡黎

南国的紫荆花刚刚谢去，凤凰花便迫不及待地璀璨登场，六月的毕业季，已为人师的我又送走了一批意气风发、怀揣梦想的学子，正如同当年的我一样，他们即将走进人生最美的大学时光。整整十年，远离江城，定居南国，多少次魂牵梦绕桂子山，多少次骄傲地跟自己的学生讲述我曾经在最美的时光、最美的大学遇见最美的导师——吴满珍教授。我不是最优秀的学生，但我今生有幸遇见最美的导师，感恩之至。

在师从吴老师的宝贵的两年时间里，她为人师表，让我受到熏陶。记得研一时，在吴老师的指导下编辑资料，我以严谨认真的态度对资料中每一处文字的出处查阅资料考证后才敢落笔。这项工作颇费时日，艰难完工后，我信心满满地拿着编好的资料准备去接受表扬。没想到吴老师竟挑出标点符号使用不规范、用词不准确和问题设置不合理等错误，当时的我既失落又敬佩。这符合吴老师的一贯作风——对学术求实细致，对学生严格耐心。研究生授课实习时，吴老师经常悄悄地去听我上课，她要求上课内容层次鲜明，观点独到，教学用语干净利落，简洁明晰，忌拖泥带水，不着重点，甚至连我的口头禅都被吴老师登记在听课本上。写毕业论文时，从选题到开题、答辩，吴老师多次指导，字斟句酌，我“战战兢兢”地步步前行。这就是我又爱又怕的吴老师！

吴老师开设的本科公共课大学语文经常是爆场的，旁听生众多，其中有不少外校生。对不同的文章吴老师有不同的讲授方法，有时是她自己主讲，有时组织学生同课竞技。其中，感染力最强的当数吴老师讲授韩愈的《祭十二郎文》。我不止一次听过此课，每次讲到这篇文章，一读到情真意切处，吴老师就会潸然泪下、情不能已。因为吴老师是性情中人，她想到养育她的东村，想到宠爱她而又让她留有遗憾的父亲，文字情感和个人实际生活的共鸣，课堂先是鸦雀无声，继而一片抽泣声，结束时一句“孝心不能等待”镌刻在彼此心中。

大学里大师众多，而吴老师让我真正明白“师者，所以传道受业解惑也”的全部含义。正如扬雄所言：“师者，人之模范也。”模范的作用远远不止于对真理和知识孜孜不倦地追求，更是对他人与生活的热爱，做人第一，善良最美。

大学生对大师多是“高山仰止，景行行止，虽不能至，心向往之”。然而，大学教授不是深不可测的圣人，他们也有七情六欲，也会讲究梳妆打扮，更会注重形象气质。吴老师坦诚自然地流露自己的喜好，将生活打理经营得井井有条。她追求时尚，从写QQ空间到玩转微信，对于新鲜事物吴老师乐于接受，紧跟时代的步伐；她注重仪表，不求贵气凌人，但求自然朴实。精心梳理的发型，细致挑选的围巾，配上风格迥异的服饰，加上些许淡妆，让人感觉无论多忙，无论何时，吴老师总是风韵别致，典雅端庄。吴老师爱好美食，“读万卷书，行万里路”，她在许多地方留下自己的足迹。面对各种美食，吴老师经常自动“缴械投降”，甚至桂子山边学生经常光顾的小饭馆和小吃店，吴老师也不放过，并经常向我们推荐，满脸幸福地带我们去饕餮一番。

学生们都喜欢去吴老师家聚会。吴老师十分热情，不嫌麻烦，不怕被打扰。每次学生去时，吴老师都会亲自下厨，做出拿手菜来招待大家。聚餐时，吴老师灿烂的笑容让在外求学的年轻人再次感受到家的温暖，她和她先生“海哥”的“恩爱秀”让大家羡慕万分，“执子之手，与子偕老”的理想在这个现实的社会里也是存在的。而吴老师柔和温暖的眼神告诉我们，她是满心真意地关爱学生。吴老师从大学教授的讲坛上走下来，走进学生的世界。每次听到或看到有其他学生称她“吴妈”时，我都“醋意”大发。我自认为我和吴老师才是心有灵犀不点都通的。慢慢地，我明白除了自己的研究生，对那些选修她课程的非本院的学生她也是关爱有加，她能记住他们的名字，毕业后也关注他们的去向和状况。

即便是那些和吴老师萍水相逢的需要帮助的人有求于她，吴老师也不会拒绝。吴老师曾经帮助高考落榜生联系自修学校，让他们重新获得学习的机会；她曾经帮助一个丢了高考录取通知书的孩子让他正常入学；她曾经多方努力向有关教育部门为家乡申请教育经费用来改善他们的教学设施；她曾经帮助村里的老支书实现去宜昌看三峡大坝的愿望；她曾经多次给家乡的孩子买新书，打开他们认识世界的窗口……此外，她去宿舍看望生病学生，帮助毕业生找工作，甚至在学生毕业后到了适婚年龄时还帮助学生找对象。吴老师用行动教育着我博爱不是虚名，爱他人，爱生活，爱世界才是人应有的姿态。

能在大学遇到这样的导师不能不说是福分。记得有一年冬天，我在吴老师家协助吴老师赶稿，本来时间紧迫，可吴老师还是执着地要把稿件反复删改，直到晚上十点多还没有完成任务。吴老师很担心我深夜回校不安全，便让自己的女儿腾出房间给我。把稿件多次斟酌之后已是深夜，我们终于完工了，我看到桌上多了一碗热气腾腾的肉丝面条。毕业之际，我没能留在江城，记得离别时吴老师只是感叹了一句："你要是能留下来该多好啊!"在我离开桂子山后，每逢春节或教师节吴老师都会给我发祝福短信，每隔一段时间吴老师都会打电话询问我的生活状况。当我结婚时，吴老师送上了满满的祝福；当我有了孩子之后，吴老师说自己又当外婆了；当我略受表彰时，吴老师让我戒骄戒躁，再接再厉……用什么词来表述我们之间的关系呢？师生？母女？知己？似乎找不到一个准确的名词来概括。

吴老师是常青树，是不会老的老师。全校大学本科公共课每周的工作量相当的大，但我从未听到过吴老师有一句怨言，她好像有使不完的劲儿，每次去上课她总是兴致勃勃。现在她退休了，我以为她会安安静静地享受生活，没想到吴老师又当上了文学院以吴老师命名的50多个学生的"满珍班"班导师，还受聘担任教务处的教学巡视员，听课、评课、指导……

我曾经问她："吴老师，您现在怎么还忙来忙去呢？您图什么呀？"吴老师笑着说："我喜欢教书，喜欢和学生在一起，这样可延长我的青春期哟。"因为热爱，所以执着。既然如此，我祈祷我亲爱的导师幸福安康，生命长青!

说起蔡黎，我会习惯地称她为小黎子。她特别聪明能干，交给她办的事情她一定会完成得很出色。曾经我去教育部参加网考办的命题工作，将培训班的一门课交给她来讲授，她做得十分认真而且投入，深受学生欢迎。工作后的她还忙中偷闲，送我一幅她一针一线编织的十字绣"富贵牡丹"，现在的我一坐在书房似乎就会闻到牡丹的芳香呢!

您是我心中的一首歌

语文学科教学论06级　任新宇

时光倒回到十七年前的某个下午，那节令我难忘的大学语文课。

午后的空气有些沉闷，教室里坐满了选修大学语文的学生，我也是其中一员。我正感到有些困乏，一阵风吹过，吴老师精神抖擞地走进教室。随着一声洪亮的“上课”声响起，全体学生齐刷刷地站了起来，我人生中的第一节大学语文课就这样拉开了序幕。吴老师妙语连珠，语言极富感染力，我很快就被吴老师精彩的课堂吸引，困乏之感烟消云散，越听越有趣，越听越精神，我完全沉浸在吴老师的课堂里。从她充满感情的语言里，从她变化丰富的表情中，从她端庄大气的板书中，我深深感受到了语文课堂的魅力。从此，上大学语文课成了我每周的期待。我盼望着上吴老师的大学语文课，也盼望着自己能在吴老师的课堂上发言，被吴老师关注。在被吴老师肯定的一次次发言中，我找回了自信，吴老师的肯定与鼓励给予了我无穷的力量，让我在大一生活的迷茫中找到了方向。

大学语文课堂仅仅是我和吴老师师生缘分的开始。随后，我遵循自己内心的想法，从数学系转到中文系，之后又以优异的学业成绩被保送至本校语文课程与教学论专业读研。在读研期间，我和吴老师再续师生缘。对我们这届语文课程与教学论方向的6个研究生，吴老师不仅在学业上指导有方，而且在生活上关怀备至，让我们感受了家人的温暖。每逢过节，吴老师就盛情地邀请我们到她家去做客，让我们这些在外求学的学子感受到家人般的关心和照顾。读研期间的我们是幸福的、幸运的，因为我们被一位导师兼妈妈的吴老师在悉心教导着，在吴妈妈的教导下，我们幸福成长。相聚的美好时光总是短暂的，毕业时，我们6个研究生中，和吴妈妈留在同一城市的只有2人，而我只身奔赴深圳，开启了我的教书生涯。工作后我一直都忙，由于各种原因，也没有回去看过吴妈妈。尽管不曾相见，但我心里一直都牵挂着，也通过微信动态时刻关注着她。

2016年8月28日，同在深圳的师姐告诉我，吴妈妈来深圳看我们啦！激动、感激之情难以言表，我风风火火地准备着为吴妈妈接风洗尘。时隔八年，我再次见到了和蔼的吴妈妈，她依旧精神，依旧年轻，依旧神采飞扬！师生再次相聚，欢聚一堂。

从2008年毕业至今，我工作快十个年头了。如今的我是一名语文教师，在三尺讲台上奉献着我的青春和热情。如果说我在事业上有一点小小的成就，如果说我在教书育人上有一点小小的成绩，我想，这和吴妈妈的教导是绝对分不开的。吴妈妈用实际行动告诉我如何教书育人，如何关爱学生，如何做一名真正的人民教师。

感恩人生路上和您的相遇，您是我心中唱不完的一首歌。

我和新宇有着双重师生关系。先是在本科数统学院的大学语文课堂上认识了她，后来她转入文学院并被保研至语文学科教学论专业，于是我又成了她的研究生任课导师。她给我的印象是特别聪明，勤奋好学，工作能力很强。目前，新宇在深圳市龙华区民治中学教育集团任校办公室主任，担任了年级教学组长，业务行政双肩挑，工作业绩很突出，还获得“深圳市优秀团干”的称号。每年回华师招聘中学教师，新宇都不忘记拜访她的老师。

春风化雨，润物无痕

语文学科教学论06级　喻婕

远离恩师教诲已近十年，然而难以忘却师恩确属实言。韩愈言，“师者，所以传道受业解惑也”，而恩师于传道授业解惑外，不知又多出多少杏坛佳话，滋兰树蕙，种桃化李，于校于国功莫大焉！于是乎，恩师虽为女辈，而我愿称呼其为先生！

先生博，年近花甲，博学一生，在文学的国度里，先生是最好的导游，引领我们通古越今，辨理识文，赏中体外。人言，求学之路必定辛苦，幸福不在路上，便在路的尽头。殊不知先生已为我们种好一路繁花，默默相送，我们已然成为幸福者。先生滋兰树蕙，博爱一生，在求学的时代，有知识只是教育赋予我们的铜头铁臂，有真情方是那颗跳动的红心。先生时常对我辈嘘寒问暖，扶危济困，于求学之外，教会了我们友爱相勖，体怀万物，既赏得春花秋月，也能于夏日里觅秋意，冬雪中赏春风。那笑语盈盈、满面春风的脸，是先生的金字招牌。

先生雅，文人墨客从来都不少雅兴，少的是将雅兴过为生活。在那困苦的年代，斯文漫灭，百废待兴，先生在田间地头务实劳作，也不忘初心和所爱，虔诚地做了一个向学者，于是当机会来临时，先生能够飞向她的诗和远方。是谁说，机会是给有准备的人的？我要说机会是给诗意栖居的人的，唯有雅行，能使天亦有情。先生曾谦言：“我学问研求不深，建树不多，因为我的生活太幸福!”是啊，历来文章学问都是穷而后工，惊天动地之业多为向死而生，文章憎命达。可是，作为世人，建功立业或许伟大，但幸福一生却是古往今来人人所求，而未必求得。先生做学问已深，且人生幸福，羡煞多少迁客骚人。

梁实秋先生当年怀想梁启超先生时说：“有学问，有文采，有热心肠的学者，求之当世能有几人?”我得说先生当有任公遗风。热心肠者，感时伤事，揆情度理，心怀天下。于求学之时，聆听先生讲文，到《祭十二郎文》，人言：读《出师表》不下泪者，其人必不忠；读《陈情表》不下泪者，其人必不孝；读《祭十二郎文》不下泪者，其人必不友。能讲到下泪，而让听者下泪者，实属不易。自问从教十年，也多次讲授此文，但都不及先生的境界，可见先生的热心肠是她的风骨，他人是学不来的！

著名哲学家、教育家杜威说："拿世界各国的大学校长来比较，牛津、剑桥、巴黎、柏林、哈佛等校长中，在某些学科上有卓越贡献的不乏其人；但是，以一个校长身份，能领导一所大学对一个民族和一个时代起到转折作用的，除蔡元培以外，找不出第二个人。"先生当是元培精神的当代践行者。语文学科教学论硕士专业的设置应是教育者的美好愿望，从教者应有扎实的专业知识，也应有相应的教育教学理论。有人说这就是把我们培养成杂家，但从教十余年，看多了能教的，却少见教好的，有知识者不少，能高屋建瓴的是凤毛麟角！所以，杂而博学并笃行，应是我们这个专业的特色。说其跨专业是冰冷的名词，把教育做成艺术是温情的表达，而先生就是以身示范、泽及学生的人。如若上热搜看看，感怀先生的学生不在少数，而遍观教育界有建树为骨干的教育者无不继承先生的风骨，大多成为学生喜欢的老师。当记忆被风干，上的什么课说过什么话，或许都不记得了，我们只能说出一系列的形容词，我们会说这是一个好老师，是一个妈妈般的老师，是一个我们不愿忘记的老师！

毕业之后，一直忙于工作事业，又要尽妈妈的职责抚育孩子，和先生的联系少了些，但先生逢年过节都不忘和我联系，真觉愧对先生。今天为文一篇，絮絮叨叨，深恐不能写尽先生，但是重拾过往，记忆中分明出现了穿着一袭旗袍样式的红衣，围着玲珑的围巾，风风火火，大步流星，春意盎然走上讲台的先生。有画面，岂能无语相配，我愿写下几句聊表深情：

一书一尺一讲堂，半眠半卧半风霜。敢问天地江湖间，何有满心花如芳！

2018年2月2日

喻婕，正如她的名字一样，聪慧敏捷。她勤奋好学，读书、撰文、教学样样都行。读研期间，在我们相处的日子里，她的热情、朴实、细心给我留下深刻的印象。毕业后，她敬业爱岗，为人师表，深受学生喜爱。她对母校、对老师怀有一颗感恩之心。忘不了她惊喜地出现在我女儿的婚礼上，还记得有一次我参加完他们同学的婚礼后，她和男友（现在的丈夫）一起专程开车送我回家。目前，喻婕已经是武汉外国语学校的优秀高级语文教师了呢！

淡淡桂花香　莘莘学子意
浓浓师生情

语文学科教学论07级　徐媛

桂子花开，香沁四野，我三度踏着花香迈入了悠悠桂子学府。从本科到硕士再到博士，我与华师大情牵三度。走在校园里，我深深挂念和感激的人是我的老师吴满珍，这种情感如玉壶冰心，似皎月银光，让人心生透明，又倍感温馨。

在茫茫考博大军的队伍里，我经历了两次备战考博的煎熬。记得第一次备战考博那会儿，我鼓足勇气给吴老师打了一通电话，电话那头，吴老师十分高兴，耐心地告诉我考博的注意事项、复习方法。而后的复习时间里，我经常能接到吴老师如同妈妈一样关怀备至的温馨电话，偶尔打打气，偶尔加加油，偶尔嘘嘘寒，偶尔问问暖。转眼，考试的日子到了，那天中午，吴老师请我吃饭，为我点了一大桌饭菜，像妈妈一样，给我夹菜，劝我多吃点儿，告诉我："吃得好才能发挥好！"我感觉所有的紧张感、畏惧感，荡然无存，一口气吃得饱饱的，香香的。随后，吴老师又安排我在教师休息室休息，调整好状态迎战下午的科目考试。那次考试，虽然我进了复试，但最终还是败下阵来。我满心懊恼，气自己辜负了吴老师的关怀，辜负了吴老师的期望，茫然不知明年是否继续再考一次，害怕自己会再次辜负吴老师的期望。正当我十分气馁之时，吴老师打电话安慰我说："徐媛，不要紧，明年再来。"可是，我底气已不足。

接下来的四年里，我结婚生子，学术的梦想慢慢熄灭。但随着孩子渐渐长大，心中那颗种子又慢慢发芽，我鼓起勇气再次拨通了吴老师的电话。电话那头的吴老师非常高兴，对我说："好呀，好呀，这次你一定能考上！"这一次，我比上次备考更加艰难，我既要照顾小孩，又要抽时间复习。心累的时候，好几次都想放弃，可是我告诉自己，路是自己选的，不能让关心自己的人失望。

这一次，我真的没让您失望，我终于实现了心中的梦想，走进了神圣的学术殿堂。还记得您上次见着我说的话："那好，那好，你回到武汉，就回到我们身边了！"这话让我暖暖的，真真把我当作您的女儿。

我想说，谢谢您，我最可亲可敬的吴妈妈！是您的不断激励，成就了我的梦想。逆境中，您是一把火，燃烧了我的激情，教会我屡败屡战，永不放弃；顺境里，您是一块冰，劝诫我保持冷静，宠辱不惊！我要向您学习，做一个会生活的人！

你说我是一把火，点燃了你的激情，却不知道你的柔情似水有多迷人！在华师读研你谦虚勤奋，去国外交流你收获多多，毕业后你不断进取，为了实现自己的理想，你毅然辞去一份稳定的工作，现在的你在异国他乡一边读博一边相夫教子。任何时候你都是那么从容优雅。忘不了你专门从南昌赶来参加我的告别讲坛暨六十岁寿辰宴会。忘不了你去德国读博前你的两位爸爸从黄石开车专程送你来看望我！我深信：我们的师生情谊会超越时空，愈来愈浓！

师恩难忘怀

语文学科教学论 07 级　傅明

吴满珍老师是我们的"妈妈"。同学们都习惯亲切地叫吴老师"妈妈"，我虽然因为内向害羞，不好意思叫出口，但在我心里，吴老师早就是我的妈妈了。

本科的时候，就听说吴老师的大学语文课非常精彩，深受学生们欢迎。读研后，有幸得到吴老师的亲自指导和教授，我感到无比荣幸。至今我还记得吴老师在课堂上和我们分享多元智能理论的情形，从那时起，我就爱上了教育学研究。吴老师还赠给我们她主编的《大学语文》教材，并在扉页上题词鼓励，至今我还珍藏着这本书。吴老师治学严谨、激情澎湃、平易近人，让我们在学业上获益匪浅。在吴老师的课堂上，我得到了所有科目中的最高分——96 分。这对我而言是莫大的鼓励，这也激励着我在求学的道路上充满信心地奋进。

对我们而言，吴老师是教授，但更像是我们的妈妈。

毕业后，吴老师依然无微不至地关心着我的成长。我在新加坡任教的时候，吴老师经常通过电邮、微信询问我的近况，我也欣然把自己的情况向吴老师汇报。她叮嘱我在外工作要注意身体，也要考虑个人问题。一封封关怀的电邮，一句句母亲式的叮嘱，让在异国他乡拼搏的我，感到了来自家乡的温暖。

从新加坡回国后，我面临着重新找工作的问题，那是一段难熬的日子。在寻找出路的时候，我一度想去香港重新读研，在此很感谢吴老师耐心地帮我写推荐信。吴老师和师父（我们都这么亲切地称呼吴老师的爱人）都很关心我的前途，建议我在申请学校的同时，也积极参加公务员、事业单位的考试，不要把鸡蛋放在一个篮子里。

到深圳工作后，吴老师仍然牵挂着我，连我的婚姻问题也十分关心。在深圳聚会时，吴老师热情地把我介绍给各位优秀的师兄师姐，让我以后多向各位师兄师姐学习请教。吴老师，真的非常感谢您！

不论是在治学还是在做人方面，吴老师都是我永远的榜样。吴老师经常教导我们，做事先做人。做人是一门大学问，只有把人做好，事业才会取得真正的成功。吴老师用自己的言传身教给我们做了最完美的诠释，她总是满心真意地对待周围的每一个人，真心实意地关怀每一个人，让人感动不已。

吴老师桃李满天下，门生遍布五湖四海。我想，我要努力做一个像吴老师一样成功的老师，像吴老师一样事业成功，家庭成功，做人成功，拥有成功的人生，并像吴老师一样满心真意地对待每一个人，继续把这份爱传递给我的学生和周围的人们。

师恩难忘怀。吴老师，您是我永远的良师益友。我要大声喊出我积久的心声：吴妈妈，我爱您！

2017 年 4 月 23 日写于深圳

傅明是第三届全日制语文学科教学论的研究生，我只是他的课程导师，可无论是有学习还是生活方面的困惑，他都愿意和我交谈倾诉。不管是在新加坡留学，还是回深圳工作，他都一直和我保持联系，节假日里也会一如既往为我送上贺卡和祝福。现在的傅明，在深圳的一所中学任教，工作、生活得都还不错哦！

难忘师恩　历久弥新

语文学科教学论07级　夏婷

睽违多年，一通电话竟将我的记忆牵扯回那魂牵梦萦的母校华师。母校的一草一木，一砖一瓦，因了6年的时光浸泡，早已融入我的生命长河，而那些给予我知识和教我做人道理的恩师们，则更是牢记在我心中。今晚的这通电话是恩师吴满珍老师打给我的。接通电话后，我难掩激动，她说找了我很久，很是牵挂，让我更是惭愧内疚。与吴老师自毕业分别后，至今已有7个年头了，南下的我没有给她留下联系方式，也没有抽空回校看她，真是激动中杂着愧疚，兴奋中含着思念。电话里，我的思绪则回到了与导师吴妈一起学习、生活的那些年……

那是2007年我被保送语文学科教学论研究生后，院里把我和冬莅分到了吴老师的门下。刚开始我还是忐忑，不知道吴满珍老师会不会是高冷的女教授，或者不太看得上我们这些语文学科教学论专业的学生。但是当我们见到吴老师的那一刻，才发现之前的担心是多余的，她笑容和蔼、举止亲切，而且在我和冬莅看来，她的打扮和言谈都很有气质。就这样，我们开始了弥足珍贵的师徒情缘。

作为我们专业的领航人，吴老师仔细为我们打磨每一节课。犹记得我们语文学科教学论专业7人，每人每个学期都要上一次课，每个人的课她都要付出相同的心力和精力，加起来就是7倍；每堂课她都认真聆听，仔细做笔记，课后的分析更是鞭辟入里，让我们每堂课都能有所得，更是每人7得。因为她对每堂课的分析总能让我们有所收获，在语文课程与教学论的领域里汲取营养。多年后我依然能记得我们在7号楼的某间课室内，吴老师侃侃而谈，而我们则就某些知识争得面红耳赤，而这些专业研究的精神影响我至今。

远离家乡，出外求学的我们，每逢佳节倍思亲。这时候的吴老师就像妈妈一样，她一定会做满满的一桌菜，和师公陪我们过节。我们在她的家里，就如同回到自己家里，轻松温馨。在厨房里给吴老师打打下手，聊聊日常的生活，她总是让我们远离厨房，让我们等着吃，师公总是问我们生活得好不好，有什么困难没有，点点滴滴关照着我们。这些画面在我出外工作的这些年总能闪现脑海，温暖着人心。为了帮助我们7人，吴老师经常帮我们联系合适的实习的机会，既能够赚点生活费，更是磨砺上课经验。那2年的时光，是难忘的时光，更是成长的时光。多么感恩能遇到吴老师，无论是专业研究上，还是生活上，我们都得到了她悉心的指导，无微不至的关怀。直至今天，我们依然想对她说声：谢谢您啦！

难忘师恩，历久弥新。7个年头过去了，吴妈心里依然装着她的每一个“孩子”，她称自己的弟子为学生女儿、学生儿子。我们师兄师姐们自然也叫她吴妈。这成了吴门弟子一贯风格，也是我们感到骄傲和自豪的事。这一份情缘，祝它天长地久，历久弥新。也祝我们亲爱的吴妈风采依旧，身体健康！

您永远的学生：夏婷

2016年3月2日于广东中山实验中学

夏婷是我带的第三届全日制语文学科教学论的研究生。在校时，她勤奋好学，聪明能干，给我留下了美好的印象。毕业后虽然少有联系，但她的心中一直有我。记得2017年秋，夏婷的妈妈身患重病，需从黄梅转到武汉就诊，她哭着说：“吴妈，我第一时间想到了您，能否帮忙推荐比较熟悉的医生，给我们安排一个床位?”所幸在她最无助的时候我还能帮上忙，给予一些安慰。后来夏婷告诉我，自己的工作还不错，从我这里所学的待人处世之道，让她赢得了学校里老师和学生的赞誉，我由衷地为她感到高兴。

一日为师，终身为母

语文学科教学论07级　唐冬莅

2018年4月，我提交博士学位论文之际，回想起这一路走来遇到的良师益友，其中最令我牵挂且难以忘怀的一位，就是老师妈妈——吴满珍教授。是的，“老师妈妈”“吴妈妈”，这么多年以来我早已习惯了这样称呼这位慈爱且亦师亦母的长者。语短情长，这一称谓中所饱含的感情，实在太多太多。

时光倒回至十一年前，本科毕业的我被保送就读母校的语文学科教育硕士，有幸师从吴老师，专攻语文课程教学理论。当得知吴老师是自己的导师时，我内心是十分欣喜且激动的。因为彼时吴老师及其所执教的大学语文课程，早已在学生中拥有卓越口碑，在校园内成为各个院系的学生都竞相追捧的选修科目。时常听到师兄师姐们提及的，便是这位老师生动丰富的执教风格，以及亲切慈爱的人格魅力。能跟随这样的导师来完成硕士研究生课程，无疑令我无比期待且倍感幸运。

在接下来的两年时光中，我更是一次次对这份幸运无比感慨。很早开始，我和夏婷（同届吴教授指导的另一位语文教育硕士）便自然而然地以“老师妈妈”和“吴妈妈”来称呼她。实际上除了我和婷婷，同届语文教育硕士班近十位同学，无论是否由吴妈妈直接指导论文，大家都习惯了这样亲切地称呼她。教育学理论比较枯燥，但老师总能想方设法以最深入浅出、最生动的方式来激发大家的学习兴趣。每一次会面指导，老师的准备都极为充分。作为师范专业的学生，吴妈妈的大学语文课堂毫无疑问为我们提供了最优秀的教学借鉴模板。“上课”“起立”“老师好”“同学们好”，外人似乎很难相信，这样中规中矩、恭恭敬敬的问候形式竟然存在于大学课堂中。可是受教于吴妈妈的学生无不认为，这些看似微小的“问候仪式”，其实都是老师经过深思熟虑的设计，是她教学理念的体现。老师有一句常挂在嘴边的话——教学先教做人，与老师熟识的学生们无不对这句话极为熟悉。而这些仪式中，正包含着尊师重道、遵纪守礼等诸多做人、做学问的最基本原则。吴妈妈的课堂很少点名，亦无须点名，因为除选修的同学一定会准时出席听课之外，亦有为数不少的外系学生慕名而来，甚至站在教室后方旁听。在PPT及电脑教学已经开始盛行的年代，吴妈妈的大学语文课堂仍然坚持以口授、板书为主。学生与老师共同营造格外默契的课堂氛围，极其融洽。

我和婷婷作为吴妈妈指导的硕士研究生，更是有幸，在两年时间里无数次得到吴妈妈的一对一辅导。为了不使我们感到紧张，也为了更好地了解、融入学生生活，吴妈妈经常在家亲自下厨，请语文教育硕士班的学生去家中做客。现在回想起来，这真是两年研究生时光中，最快乐温馨的回忆。无论我们想吃到何种菜色，吴妈妈都耐心耐烦地为我们买菜、备料、烹调，每一道精心制作的佳肴背后，都是她对学生满满的关心和爱护。我们知道，她是真的担心我们这些住校的孩子因为不能经常吃到“妈妈的味道”，因为忙于学业疏于身体管理，因为平素食堂饭菜太过单调，而胃口不济甚至缺乏营养。我总是记得，大家落座就餐的时候，吴妈妈总是笑眯眯地看着狼吞虎咽的我们，一边不停帮我们夹菜，一遍切切嘱咐我们该怎样注意身体、均衡营养。那些话语里，全是对我们住校生活细节的体贴和担忧。我已经记不清有多少次，在吴妈妈家中温暖的灯光和家常话语里，泪水浸湿眼眶，满满的感动充盈着内心。我知道，这是只有回家才能体会到的温情。

吴妈妈和先生的感情令我们所有的学生都极为羡慕，时常在吴妈妈家中，看到李爸爸（我们的戏称）与她生活互动的细节，那么有爱、那么和谐。那时，硕士班的学生私下里会常常开玩笑，羡慕吴妈妈的婚姻和家庭，“执子之手，与子偕老”，这应该就是爱情最完美的模样。

研究生即将毕业前夕，我有了申请海外大学继续深造的想法。起初家人觉得十分冒险，但吴妈妈却在这时给予我最大的鼓励和支持。她鼓励我应该勇敢地追求自己的梦想，有机会就要走出去看看外面的世界。在与家人的保守观念略有冲突的时节，老师妈妈伸出一双温暖的手，牵着我一步一步慢慢地走向未来与未知，并且一如往昔在我耳边轻言“不要害怕”。这样的精神鼓励，对我来说意义重大。而当我真的完成研究生学业，拿到录取通知书即将远行之际，我分明能感受到吴妈妈满心的不舍。她不厌其烦、一次又一次地叮嘱我诸多注意事项。有一幕细节我记忆犹新，在研究生毕业谢师宴上，吴妈妈得知我的男朋友也拿到同一城市的大学录取通知书，会和我一同前往求学。吴妈妈第一反应除了替我们高兴，便是深深地为我担忧。她担心，几乎从未出过远门的我，在异国他乡会不会被欺负，殷殷叮嘱我要好好保护自己。要知道，除了妈妈，再无第二个人对我有这么细腻细微的关切。还未想好如何回应，我的眼里已经满是泪花。

在异乡求学的岁月里，我也经常与吴妈妈联络。看着她继续辛劳耕耘在母校的教坛上，我一边为莘莘学子感到庆幸，为吴妈妈感到高兴，另一方面亦是对她身体健康的担忧。

“一日为师，终身为父”这句古语之于吴妈妈，可以修改成“一日为师，终身为母”。这一声“老师妈妈”“吴妈妈”真的包含了太多故事，承载了太多情感。写下这篇文字最后一行，恰逢西方节庆传统中的“母亲节”，这一切都仿佛冥冥中上天的安排。感恩这一段令我受益终身的学习经历，感恩生命中与老师妈妈相遇，感恩我们与老师妈妈的师生情谊、“母女缘分”并未随着时间推移而被冲淡。我们都知道，长路漫漫，老师妈妈会与我们一起携手前行。

2018 年 5 月 11 日于新加坡

冬莅是我带的第三届全日制语文学科教学论的研究生，兰心蕙质，心地善良，学识超群，很有才华。研究生毕业时她送我一幅自己画的画，并说大鸡教小鸡觅食的温馨场景就是我们师生关系的真实写照，这幅画我一直收藏着。毕业后的冬莅和丈夫一起去新加坡继续深造读博士，即使成家、生孩子，忙于学业、工作和生活，她也没忘记经常给我打电话问候和祝福。

吾师“吴妈妈”

语文学科教学论08级　朱媛

毕业已八年，在桂子山求学的美好时光以及几位恩师的谆谆教诲在我记忆中从未有丝毫褪色。尤其与吴满珍老师，着实有太多难忘的回忆。所以，要我用文字纪念下这段宝贵的师生情谊，我的第一反应是无从下笔，因为生怕自己肤浅的文笔亵渎了那份美好。好在吴老师的劝慰，让我放下包袱，暂且撷取其中一二，日后再慢慢梳理。

“面试官”吴老师

在华师本科头三年，我总能听到吴老师的“鼎鼎大名”，却一直无缘得见吴老师。直到大四上学期，听到室友谈及跟随吴老师实习期间如何被老师细致指导，如何被悉心关照，我心中生出无限的羡慕。直到实习结束后，在推免研究生的面试考场上，我才第一次见到吴老师：吴老师是考官，我是考生。那种情形下，考生的紧张可想而知，以至于我并未看清老师的容颜。只依稀记得有一个端庄优雅的身影，在我紧张得将一个问题回答得无比糟糕之时，给我一个和蔼的微笑，那种温暖直逼心底。所以，当我得知自己幸运地通过了面试之后，我就决定报名做吴老师的研究生。

无奈，由于老师工作重心调整不再带研究生了，我改投陈龙海老师门下，在接下来的两年里，我有幸得到两位老师的指导。吴老师始终把我们同专业的十一名同学都当作她自己带的研究生，对我们关怀备至，后来时常提及当时面试时她对我们每一个人的印象。吴老师对学生是如此用心之至！

可亲的“吴妈妈”

我们私下都称吴老师为“吴妈妈”，是受到上一届学姐们的影响。最开始我们还以为只是学姐们的戏称，直到与吴老师接触多了，才体会到这个昵称里头包含的正是吴老师对学生的无私关怀和学生对她的无尽尊爱。

高校教师工作量多、科研压力大是众所周知的，但吴老师总是能够给人以精力充沛的印象。课堂上她总是以精致的装扮和饱满的热情给我们授业解惑，课下她又从生活的方方面面给我们照顾。

印象最深的，就是吴老师经常自掏腰包给我们改善伙食。一道热菜一上桌，吴老师就让我们乖乖坐好，然后起身给我们每个人分食。那一刻，总是让我恍惚，感觉像回到儿时，回到被母亲百般呵护疼爱的日子。有时，吴老师还会叫上海叔一起来，夫妻二人全然放下学者的严肃，在《刘海砍樵》的一唱一和之间，让我们看到了婚姻最美好的模样。等茶足饭饱之后，吴老师还会挨个儿询问我们的现状，也从不吝惜给我们分享她的故事，站在长者的角度给我们以人生的启示。快毕业时，当我们无论是遭遇写论文的瓶颈还是求职的困惑，只要我们向吴老师“求救”，吴老师绝对第一时间给予我们最中肯的建议和无私的帮助。

正是深深感受到吴老师那如母爱般沉沉的师恩，所以在毕业之时，我们也将“吴妈妈”这一昵称又传给了下一届的师弟师妹们。

认真的好导师

秉承华师百年博雅精神，吴老师的治学是十分认真严谨的，每一次授课必定是做了十二分的准备，然后带给我们一堂堂精彩的大学语文课。

至今我仍清晰记得，一个秋日午后，在文学院二楼一间小教室里，吴老师给我们讲杜甫的一首小诗。秋阳透过古朴的窗棂映照讲台，吴老师深情地朗读到“香雾云鬟湿，清辉玉臂寒”，我正专注地聆听，突然听到吴老师发问：“这是全诗中最为传情的一句，朱媛，你来说说这其中的妙处。”由于对这首诗只理解诗句的大意和字里行间流露出的思念之情，至于精妙之处我却说不出一二，当即尴尬万分。吴老师并未生气，引导我们从句读之间渐渐感悟诗人心中深沉真挚的情感——因思念而情不自禁联想，故而能将抽象化为具体描摹，仿若身临其境，这对妻子的沉沉相思便漫溢诗行。讲罢，吴老师感慨今人读诗少了诸多韵味，遥忆起她上大学时一位叫高庆赐的老师以古人之调吟哦诗歌的情形，随即饱含深情给我们示范吟诵了一段《山行》。

那天的这节课，同从窗外沁入的幽幽桂香和高爽秋意交融在一起，深深烙进了我的记忆。

难忘的师恩

在十几年的求学路上，能遇到吴老师，是我此生莫大的荣幸。但说来又万分惭愧，渐入而立之年，工作、生活各种琐碎，昔日同窗好友们各自为生活忙碌，一同看望吴老师的次数屈指可数。读书时，吴老师顾念我们还未独立，每次聚餐都是吴老师破费，而我们也心安理得地享受着吴老师的照顾。

毕业以后，我们终于有了独立的收入，每每再聚首就想报答吴老师的恩情，无论是给吴老师买点小礼物或者是有人抢着付账，从不生气的吴老师就会真的生起气来，责怪我们乱花钱。

我们也知道吴老师更需要的是我们能够常常看望她，陪她聊聊近况和以后的发展。尽管近两年由于各种原因，都未能成行，但我们心中却时时挂念着吴老师的恩情，从不曾忘却。

老师对我的影响是潜移默化而且深远的。每当我面对我的学生时，都会情不自禁地去模仿吴老师当年对我们的良苦用心，因为在我的内心深处我希望我也能带给学生那种直抵心灵的关怀和影响深远的启迪与教诲。

春满江山绿满园，桃李争春露笑颜。

东西南北春常在，唯有师恩留心间。

2018 年春记于南湖

也许是我前辈子修来的福，我拥有了数以万计的优秀学生和千百名结下了不解之缘的学生朋友，尤其有两位在我 40 多年的大学教学生涯中永远也忘不了的令我感激万分的知音学生，那就是朱媛和葛雨菲。记得 2008 年秋，时任副教授的我因有关政策的限制不能带研究生了，就在教师节和中秋节相继到来的前夕，我接到入学不久的语文学科教学论的研究生雨菲和朱媛的电话，表达对我不能当研究生导师的遗憾，同时安慰我：在她们心中我永远是她们的导师，并说要和我一起过教师节！放下电话不一会儿，她们俩一个捧着大束鲜花，一个拎着大袋水果，从华师专程来水果湖看望我，和我一起度过了一个具有特殊意义的、非同一般的、令人难以忘怀的教师节！

吴老师是个很会生活的人

语文学科教学论08级　汪祖贵

前些日子和妻子闲聊，说起吴满珍老师，她说“吴老师是个很会生活的人”。

吴老师在文学院带语文学科教学论的研究生，同时给其他学院的本科生教授大学语文课程。得知吴老师将会给我上课，就迫不及待地想先认识认识，于是就去“偷听”了一节她的大学语文课。与吴老师熟识以后提起这件事，吴老师说：“原来你去检查工作了。”

吴老师遇上高兴的事，有人劝她喝酒，她也会就意思喝点酒，酒量也好，酒风更是豪爽。书法家陈龙海老师倒酒的习惯是，男的一定要喝，女的不给喝。这时，吴老师会主动要求给她倒点，一边笑说：“满斟，满斟。”“斟”者，“珍”也。

吴老师爱说笑，说话也很幽默风趣，她总爱把谭邦和老师的别墅戏称“别野”。

与吴老师交往较深的学生很多：有研究生，留学生，也有不少本科生。毕业后她总要用本子记下他们各自的去向及联系方式，每当与新学生说起他们的师兄师姐的时候，总会翻出本子说说谁谁谁去了哪里哪里。

吴老师经常邀请我们去她家吃饭，人总是很多，除了我们十个研究生外，有时还有几个念本科的师妹，偶尔还有上一届的师兄师姐。菜一定很多，肉也不少。同学多为女生，并不敢敞开吃肉，于是我和郑大转的碗里总会堆满肉，剩下的肉菜吴老师也一定要让我们带回宿舍。

吴老师的丈夫，我们称为海叔，酒后有时喊为海哥。海哥好饮能饮，对于饮酒还颇有心得，认为喝啤酒能治胃病。他口才好，善应酬，有他在，饭桌间气氛极其活跃。酒过数巡，饭饱十分，大家总会请吴老师与海哥合唱《刘海砍樵》。海哥一面笑说“又唱《刘海砍樵》啊”，一面早已唱了起来。吴老师更是不含糊，地道的湖南腔总会给我们很强的感染力，获得我们阵阵掌声。如果有学音乐的师妹在场，一定要用美声高唱一曲。由于声音会很高，小师妹就走到几米开外，然后优雅转身，调整呼吸，接着就唱出动听的旋律。演唱完毕，小师妹深鞠一躬。大家意犹未尽，接下来就轮到我和大转了。我就唱张学友的《吻别》或《祝福》，大转就用闽南语唱《世界第一等》，一边还拿着酒杯即兴表演。

欢笑过后，吴老师又聊起已毕业的师兄师姐，一边从包里拿出记录本，一边细数他们的现状。我们就静静地听着。

毕业已五年有余，九个同学分别在北京、西安、广州、温州、武汉，四处奔忙，各自劳碌。两年前与吴老师见面，交代写篇回忆与她相识的文章，我欣然答应，因为确可以写，也确有可写，遗憾俗务缠身，无暇下笔。今天终于能在妻儿熟睡的时候，沉下心来，梳理往事，重温欢乐时光，也终于能够完成了老师交付的任务。

2015 年 11 月 22 日夜于广东中山

祖贵给我的第一印象是朴实坦率。记得在保研面试时我问他为何报考本专业，他的回答很实在：“这个专业不需要交学费。”同时，在我的印象中他的学习成绩很不错。每次布置给他的课程论文，他都完成得非常出色。毕业后，祖贵在广东中山中学任教。第一个寒假回老家过年时，他还专程买了进口红酒回母校看望我，和海哥举杯对饮。

拾　　忆

语文学科教学论08级　周薇

离开桂子山，已是第八个年头，两千八百多个日子，像阳光下的蝉翼，耀眼得只能模糊看到金色的边缘，中心全是白晃晃的光晕，唯有放在手心，这才依稀透过七彩的光谱看到清晰的脉络。

重回桂子山，发现东区小树林不再有成片的花花绿绿的热水瓶，当年破旧的高职水泥操场也已被铺上了人工草坪。华师的一切，对于我，已然渐行渐远，就像最熟悉的陌生人，但一走进北区的槐树林，还是能感到一种久违的宁静。或许，这就是母校的魅力。

在那透光的一丝丝回忆里，吴妈是很独特的一缕。她不像是一位老师，更像是一个妈妈。专业仅有的几次聚会，十有八九都是吴妈邀约和组织的。对于求学异地的同学，这是一次难得的打牙祭的机会。海叔掌勺，吴妈择菜，哼一曲《刘海砍樵》，酌一杯家庭酒酿，这日子便过成了文学里的“执子之手，与子偕老”。每次吴妈都做上一满桌的菜，我们专业女孩多，战斗力不足，最后“吃不完兜着走”的便是大转和祖贵两个男孩。还记得毕业后有次大转回汉，吴妈还约上了谭师、李师，又是大快朵颐，又是引吭高歌，于是第一次听到了谭师的拿手曲目——《滚滚长江东逝水》。我们暗自笑言，若是没有吴妈，估计谭师难得开这金口。

回想起来，吴妈就像黏合剂，把我们这些天生放浪不羁爱自由的“散兵游勇”聚合起来，这才让现在的回忆有了注脚。这种回忆时发现一切都严丝密缝地对上了的感觉，很是奇妙。恐是老了，眼前的事总是丢三落四，久远的事却历历在目。

今春探望谭师，偶然瞥见了他一抹霜鬓。谭师和吴妈同龄，毕业后多年未见，唯愿吴妈和海叔身体健康，好人好报！

周薇读研时，我只是他们的任课教师。在我的印象中，她出类拔萃，写作和口头表达能力超强。记得研究生毕业时，她以优异的成绩获得了两所大学和几所中学的聘用通知，为了照顾母亲，最终她选择留在了武汉。周薇不仅外貌漂亮，而且内在心灵很美。记得我六十岁生日时，也是我告别讲台退休之日，同学们从全国各地赶来为我庆祝，当时薇薇因父亲病危不能前来参加，情商极高的她还专门为我定制了一个大大的生日蛋糕让快递员送来她的美好祝福，当时的情景真的让我好感动！目前她在武汉一中任教，工作非常努力，也是桃李满园，成为深受学生爱戴的老师。

九日黄花如有意，依旧满珍丛

语文学科教学论08级　李瑶曦

时光就像是桂子山上的桂花，开开落落间随风飞走。离开桂子山已有十年，回忆过往的人与事，脑子里的记忆已经被岁月的刀剑割成了碎片，很是混沌了。对于学业的记忆已进入潜意识，而对于关心过我的老师们还是铭记在心的，特别是我可亲可爱的吴满珍老师。

吴老师的名字，首先就具有一股书香味，“目穷淮海满如银，万道虹光育蚌珍”，出自米芾的《中秋登楼望月》，里面就有“满珍”二字。当然，我最欣赏的还是晏几道《武陵春》里的一句“九日黄花如有意，依旧满珍丛”。是啊，九月的菊花如果有盛放夺艳之意，依然可以开满整个花丛，但是菊花清雅，从不争艳，我们的吴老师就如菊花一样淡雅温娴。

读研期间的我对吴老师有着深刻印象，无论是在学业上的谆谆教导，还是在生活中的细心关怀，都让我收获满满。记得当初第一次给我们上课，吴老师从“十年树木，百年树人”的观点展开，从德行、学识、能力等方面谈教师内在素质的培养，她强调既要爱学生又要严格要求学生，育人和种树一样，并表示自己一直努力用行动演绎并实践着这一格言。谈到学识问题，吴老师引用《逍遥游》中的一句话“水之积也不厚，则其负大舟也无力”，强调教师理应具备完整系统的专业知识。吴老师独特的人格魅力和丰富的学识，至今让我难忘。

吴老师像妈妈一样关爱着我们每一位学生，还会经常邀请我们到她家里吃饭，每次总会遇见不同专业的学长学姐们，当时就特别羡慕吴老师桃李满园，学生们毕业了还会常常回来拜访，心中就种下了一颗当老师的梦想种子，希望能成为像吴老师那样的人。我记得谈到教师的外在形象气质，吴老师认为相比内在学识修养，外在形象气质是更容易被感知的，外在形象是内心素质的体现，为人师表应该有符合自己职业的衣着打扮和言谈举止，她的这一观点深深影响了我，对我的择业和工作有着极大的启迪。

如今仔细一想，应了一句古话“桃李不言，下自成蹊”。吴老师就是芳菲灿烂的桃树、李树，用关心与慈爱对待每一个学生，使自己开出朵朵人格魅力的花。大家寻觅芬芳，蓦然回首，吴老师就是我们寻找的那个人，芬芳又雅淡，恬静又安好。

我毕业就职于高校从事辅导员工作，虽然不是教书育人，但也是在做思想政治工作。在学生一线工作是琐碎的、复杂的，每当遇到困难时，我都会想起吴老师的谆谆教诲，要用心去爱每一个学生，付出总有收获……工作期间，吴老师也会经常邀请我们同届的同学聚餐，关心我们的个人问题，当得知我有男朋友时，还真切地帮我打听把关，既像自己的母亲一样，又像自己的闺密一般。

记得有一次，我们拿着蛋糕和礼物（梳子）到吴老师家里给她庆祝生日。酒足饭饱后，吴老师和海叔（吴老师爱人）唱起了情歌，海叔拿着梳子，细心地给吴老师梳头，夫妻恩爱，羡煞旁人，这不正是《迢迢牵牛星》里的“盈盈一水间，脉脉不得语”吗？生活中吴老师也是一个幸福的小女人，她会跟我们说说她年轻时候的爱情故事，也常常提起她聪明可爱的小外孙，嫣然一笑之中，慢慢优雅地随岁月过去。

生活中充满着烦恼，也会有惊喜。三十而立的我，处在上有老下有小的阶段，工作也一刻不敢懈怠，失去读书时的自由和意气，每天都在重复着相同的事情，放下了自己的梦想，也很少跟同学和老师联系。直到今年 9 月份，湖北大学开展“我和我的祖国”快闪活动，我作为工作人员有幸参加了。一天晚上，吴老师突然给我发来微信，说是看到湖北大学活动就想起了我。我真的特别激动，也非常感动，跟吴老师畅聊了半个小时，谈生活、谈工作、谈过往、谈打算……感觉她一直在我身边支持着我，鼓励着我，觉得身边一直都有这位导师关心、关注、关爱着我，心里仿佛走进了一个小太阳，感觉暖暖的。当然，这太阳的光芒来源于可亲可敬的吴老师。

吴老师不仅书教得好，身也立得正，是我们学习的榜样。每当想起她，都是一副笑盈盈的样子，让人觉得很亲切、很温暖。愿吴老师始终做一朵灿烂清雅的菊花，满室清香，惹人珍藏。

瑶曦的为人处世正如她的名字一样，是那么的美好，那么的淳朴！瑶的本意指美玉。曦，晨曦，晨光里的美玉。瑶曦一路走来几乎都是按照父母给她取名时的寓意来规划她的人生的！她读研时勤奋好学，待人真诚；毕业后在武汉一所高校工作，把最好的精神面貌呈现给学生。工作再忙她也不会忘记：凡是武汉地区有好的文艺演出或参观门票她都会想到给老师送去几张。她就是一块天然无瑕的璞玉，像珍贵的美玉一样代表着吉祥安康，将幸福播撒在人们左右！

记我与吴老师二三事

语文学科教学论08级　郑大转

（一）引路：转入中文系

2004年深秋，桂子山上弥漫着桂花的阵阵清香。时隔十余年后的我，远在千里之外，依然能闻到如此浓烈的香气。

这一年，我考上了华中师范大学，就读历史文化学院文化管理专业。当时第一志愿报考这个专业，基于两点理由：一是可以学文化学，二是可以学管理学，想必将来一定可以成为复合型人才。现在想想报考时的雄心壮志，真是天真幼稚。但我又想，这是不是一种与生俱来的一点理想主义情结，我不得不承认，自己现在依然"天真幼稚"。也常调侃自己：胸有雄心壮志，手无缚鸡之力。其实，手力，还是有的，但缺乏抓手；"缚"的方法与技巧，这一点，工作中尤为重要。

半个学期不到，就发现所学大抵是概论类课程，如世界文化史概论、中国文化史概论、管理学概论等，大抵是要把我们培养成"文化学家""管理学家"吧。现在所学课程内容都已忘却，唯记得两位老师，只可惜我与这两位老师都只是"概论"之缘，至今，也不记得他们的名字了。

后来，上着上着就很为自己将来的就业担心起来。问了对面寝室在实习的大四学长，两条出路：一半在准备考研，一半奔波于一些公司。然后，家里人给了我意见：出来当老师，挺好的。同班一同学跟我说："你挺适合当老师的。"于是，我就动起了当老师的念头。当什么老师好呢？想来想去，还是当语文老师好，于是就想着学期末参加转专业考试，想要转入中文系。

可我对于语文的信心没有那么高，因为自己的语文水平应该属于中下，而中文系的录取分数又很高。这时候，我想到了这个学期上大学语文课的吴满珍老师，想咨询她一下中文系到底学些什么、考些什么的问题。当时正好是期末，课已结束了。也不知从哪里就问到了她的电话号码，我记得当时就是在宿舍前面的公共电话亭里打的。吴老师跟我聊了很久，具体内容我已记不全了，只记得她当时给了我很大的鼓励和帮助。

没想到后来很快结果就出来了，我顺利通过了转专业笔试，然后就被中文系录取了。现在想想自己结缘语文，第一要感激的就是这位文学院教大学语文的吴满珍老师。

满珍老师，个子不高，体形微胖，喜欢穿较红艳的衣服，其性格亦如其穿着之色彩，极为热情与开朗，脸上总是洋溢着笑容。这些都是我后来读研时与满珍老师进一步接触后感受到的。

（二）入门：读研二年情

2008 年我本科毕业后被保研，读的是本院的语文课程与教学论专业。这个专业的导师有三人：谭邦和老师、陈龙海老师、吴满珍老师。但我们这个专业人少，总共也就十来人，又都是本科同学，导师也就不怎么分彼此。于是，三位导师都成了我们的共同导师了，只是毕业论文导师署名时不同而已。

满珍老师给我们上的课偏于教学法。我至今印象较深的是，她读韩愈的《祭十二郎文》时，数度哽咽，潸然泪下。读到至情之文时，满珍老师往往流露真情，难以控制，也不需要掩饰。我现在越来越感受到年岁增长，于人生有了更多的感悟，也往往更能从不同角度换位思考亲情在彼此心中的分量。这真是一门人生课。

我们研究生毕业时，满珍老师和她的爱人海叔与女儿为我们践行。我犹记得满珍老师与海叔为我们唱了《刘海砍樵》，我们都拍掌叫好。满珍老师与海叔很恩爱，如今已成家的我，又觉得婚姻也是一门大学问。

我常想，满珍老师教会我们的往往是身教大于言教，做人多于做学问，也越来越明白“人情练达即文章”的至理名言。满珍老师的热情开朗之性格，待生如子之博爱胸怀，师生平等之教育观念，让已为人师的我愈加懂得“教育”二字，不仅在“教”，更重在“育”。所谓“育”，就是要把学生当成自己的孩子一样，也正因为如此，很多女生都亲切称呼她为“吴妈”。我不喜欢“吴妈”这个称呼，但称呼“吴老师”或“满珍老师”时，其情感是一样真切的。

（三）回眸：一别又三年

2015 年国庆，我携爱人去武汉，拜访了满珍老师与海叔。海叔亲自为我们掌勺，当时瑶曦百忙之中也过来了。我们一起在阳台上择菜，菜很绿，入秋的风也是凉凉的。那时候，我心生一种美好，是一种被娘家人疼爱的家常之亲切与美好。

临别时，满珍老师送了我们一条蚕丝被，作为我们新婚的礼物，其情如母，我写此文时，愈觉深切。

我至今感念满珍老师何以要我写文，大抵还是曾经或一直寄予我厚望，此情我内心了然，却也似乎常辜负她的期望。

一别又三年，人生须珍重。我不能辜负满珍老师的满满珍重，也更加明白了事业与人生，要不断修行，不断远航。

我想，或许明年，携妻带子，再见满珍老师！

我和大转同学的相识真是有缘！大一时他作为历史文化学院的新生选修我的大学语文课程，大二时转专业来到文学院，大四毕业时又以优异的成绩被保研，作为语文学科教学的研究生来到我的语文课程与教学论课堂。大转作为学科小组学生组长，不仅智商高，而且情商也高，办事能力超强。毕业后他在家乡从教，秉承华师“求实创新　立德树人”的校训，工作取得优异的成绩。成家后他还专程带着妻子从浙江来武汉看望我和海叔，说是享受娘家人的温暖。

这样的老师怎能不幸福

语文学科教学论09级　彭倩

和桂子山的情缘十余载，我时常说桂子山是我精神的理想国。每当在现实生活中踟蹰不前，彷徨挣扎的时候，我总会想起那段美好时光里的人和事。

我从师范学校毕业当老师已经七年了，始终被一个魔咒困扰：跟学生不亲近。学校领导不停地和我说，“亲其师，信其道”，要想办法亲近学生才能做出成绩呀。我也不知道怎么回事，内心就是有一层障碍突破不了。我总觉得老师就是传道授业解惑者，在专业上不断锤炼自己，做一个好的帮扶者不就好了吗?！我课讲得很棒，为什么总要我走近学生呢？我也不知道怎么跟学生亲近！这个问题一直让我惶惑不安。每当我在师生关系的怪圈中思考不出结果时，我第一个想到的人就是吴满珍老师。

吴老师是我研究生时期的老师，因为我们语文教学专业都是本校保研上来的，只有六个学生，所以老师和学生之间的关系非常亲近。亲近起来时，我们就直呼吴老师为“吴妈”！想起她的时候，我的脑子里浮现的总是精致的发型、得体的衣装、脸上少女般甜甜的笑容，吴老师好像永远没有烦恼和忧愁。

她哪有烦恼呢?！吴老师是我见过的幸福指数最高的老师。她教的大学语文是最受学生欢迎的选修课，课堂上她旁征博引、谈天说地，学生们都很爱她。在自己的本职工作上受人尊敬，这样的老师怎能不幸福?！

老师最暖心的时刻是课下与我们的交往。大学老师和学生之间关系往往略显疏远，但吴老师却始终关心着我们几个女孩子，我们甚至把她当成好闺蜜，跟她分享生活里的忧愁和甜蜜。师范大学的女孩子居多，读完研究生也算是到了待嫁的年龄，吴老师十分关心我们六个女孩子的个人问题，甚至张罗成人之美的事。小杰子是我们宿舍最后一个谈朋友的，巧得很，她的男朋友是文学院戴老师的高徒。而她和男朋友的相识正缘于吴老师组织的一个文学交流活动。我们乐疯了，把这个消息告诉吴老师。吴老师喜上眉梢，先说要去跟戴老师打听打听这个徒弟的人品，然后还要组织正式见面，那架势俨然一个久盼儿女成家的家长。吴老师不是居高临下的教育人，而是把每一个学生当作平等交流的个体，甚至当作自己的孩子，然后用本真的爱去善待、去热待。所以，她的每一个孩子也亲她、爱她，愿意跟她分享秘密，这样的老师怎能不幸福?!

吴老师和李叔是我们几个口里时常谈论的幸福生活的榜样。李叔把吴老师的学生当作自己的学生，对我们每个人也了如指掌，想必是吴老师在家多次念叨过吧。每一次聚会看到她和李叔的伉俪情深，都让我们记起吴老师在一次吃饭时对我们六个女孩子说的话。在谈到婚姻生活幸福的秘诀时，吴老师说："婚前睁开眼睛找缺点，婚后睁大眼睛找优点。"我们都记住了。我们六个女孩子现在都各自有了自己的家庭，对吴老师的这句话也感触颇深！能悟透生活的真谛，然后善待生活，享受生活，这样的老师怎能不幸福呢?!

年近退休，吴老师还能保持对工作的热爱、对学生的热爱、对家庭的热爱、对生活的热爱。她脸上的笑容不是不谙世事的轻松，而是岁月浮沉荡涤之后的大气从容、快乐幸福！我常常对小杰子说，我们也要做吴老师这样幸福的老师!

知识的传承总有结束，但感情的绵延没有终点。2017 年的五月端午，我和小杰子带着爱人、孩子去探望吴老师，聊起从前的生活，聊起桂子山上的往事。一岁多的小朋友们坐在儿童椅上看着我们微笑。一晃神，岁月就这样在眼前呼啸而过，我们和我们的孩子何尝不是在延续和桂子山的情缘，和吴老师的情缘呢?

在这些暖心的往事中徜徉着，徜徉着……我好像找到了一些惶惑已久的问题的答案。我总是不愿意花时间去与学生平等地交流，去关心呵护他们，去走进他们的内心，我忘了吴老师教给我们的：情感的传递比知识更加重要。很多年之后，孩子可能会忘了你那些专业的授课，那些精益求精的 PPT，但那些走心的关怀和爱，那些平等的交流会成为一辈子温情的回忆。

谢谢桂子山，谢谢吴老师带给我一辈子都会感念的美好记忆！

2018 年 2 月 22 日于北京金域华府

彭倩读研时，和以上几位同学一样，我只是她的任课老师。一学期的接触，我们结下了深厚的情谊，主要原因，一是她们这一届六位女生个个优秀，给我的印象特好；二来她是湖南人，和我是半个老乡（我出生地的语言环境是湖南话）。在我记忆中的倩倩：总是那么清纯可人，善解人意。她特别聪慧，思维敏捷，学习虚心，成绩优秀。毕业后，她去北京某中学任教，始终记得自己曾是华师人，和华师保持着密切的联系，即使带学生去国外游学，也不忘向老师送来问候和祝福！最令人感动的是，2017 年端午节在北京工作的倩倩和在深圳工作的冬杰相约，两人携夫带子专程回母校拜访老师，给我留下了一辈子都会感念的美好记忆！

难忘母校恩师情

语文学科教学论09级　李艳飞

在母校华师读书六载，留下了许多美好的回忆，那里不仅承载了我宝贵的青春年华，还有难忘的恩师情、同窗谊。

华师文学院历史悠久，名师荟萃。在本科和研究生读书期间，我不仅在那里学到了珍贵的专业知识，还感受到了浓浓的师生情谊。许多老师给我留下了深刻的记忆，其中一位便是被大家亲切地称为“吴妈”的吴满珍老师。

吴老师是我硕士研究生在读期间的老师，给我们讲授语文课程与教学论的相关课程。在此之前，未见其人，先闻其名，因为她的公选课大学语文全校闻名。早在本科读书期间，我就经常听到其他学院的同学说，网上选课时，为了选上她的课，还得半夜起来上网抢。当时，我们觉得太夸张了，不明白为什么一门公选课会受欢迎到这种程度。直到我读研，有幸上了吴老师的语文教学论相关课程后，才似有所悟。后来，吴老师热情地邀请我们去她的大学语文课堂观摩，这时我们才发现，原来看似难上好的公选课也可以上得这么精彩！讲台上的吴老师激情飞扬，旁征博引，情感自然流露，和来自不同学院的文学基础较弱的同学们也能频频互动，整个课堂生机勃勃，令人兴奋不已。毕业后，我们也陆续走上了三尺讲台，吴老师无疑是给了我们教学工作启发最多的老师。

吴老师不仅是我们在课堂教学上模仿的偶像，在生活中也是我们羡慕的对象。她与家人相亲相爱，与亲人、朋友相处融洽，且深受学生爱戴，生活幸福而美满。毕业后，由于工作和家庭的原因，大约有三四年未见吴老师了。每每忆起，浮现在我眼前的，总是她精致的妆容、得体的打扮、热情的笑脸、安详的神态和阳光的心态；萦绕在耳畔的，是她激情满满的讲课的声音，是她亲切而温暖的关心和教诲。她是课堂上的良师，更是我们生活上的“妈妈”。逢年过节，她总是惦记着我们，她与她的丈夫——我们敬爱的海叔，经常邀请我们一起去她家吃饭、聊天。她耐心倾听我们每个人的心声，解答我们的疑惑。她时常关心念叨我们，甚至连海叔都能一一叫出我们的名字。凡此种种，让我们这些异乡求学的学子倍感温暖。毕业离校后，吴老师仍不忘关心我们的生活和工作，她和海叔经常出席学生的婚礼，分享学生的喜悦，并送上真挚的祝福，让人感动不已。

如今的我们，虽也为人师，但与吴老师比起来，对学生的关心，真的远远不如！吴老师就像一本书，她对工作、对生活、对人、对事的态度，永远值得我们学习。在大学能遇上这样的老师，真的是我们莫大的幸运，祝福吴妈和海叔身体健康，万事如意。

艳飞是09级语文学科教学论研究生中毕业后和我相距最近、联系得最多的一位学生。她天资聪慧，才智过人，读研时我给她们上课，她提的问题最多。毕业后她以优异的成绩受聘于江汉大学党办。她德才兼备，工作特别出色，深受单位赏识。用学院领导在她婚礼上证婚词的话来讲：江汉大学录用了李艳飞，不仅是华中师范大学的骄傲，更是江汉大学的运气和福分！

缘起缘再续，情深情更长

语文学科教学论09级　陈冬杰

大学阶段真是我人生的一个伊甸园，无论在何时回首，心中都满含深情。在我的大学回忆中，一位老师曾给我带来深刻的影响，随着我走入社会也成为一名老师后，我更清楚地意识到，这种影响是那么深远。我的老师是那么难得与可贵，她就是吴满珍老师。

“你可知妈港不是我的真名姓？我离开你的襁褓太久了，母亲！”朗诵指导课上，吴老师一开口，那种深沉而饱含情感的声音，就深深吸引了我们，第一节还没诵读完，我的眼中已涌动着热泪。从那时起，我便知道为什么吴老师的课广受喜爱，不仅因为她扎实的专业和广博的知识，更因为她个人魅力带来的强烈的感染力。也是从那时起，我才认识到要想成为一名优秀的、受学生喜爱的老师，我还有许多东西要学习，还有很长的路要走，而吴老师就是我学习的榜样和前行路上的导师。

研究生阶段，吴老师给了我们太多的指导，而今想来，更能体会到吴老师身上的责任感和对学生的爱。记得毕业前夕，吴老师为了我们能够更好地学习、更容易地找到工作，她特地组织我们去水果湖中学听课。为了能让我们听到高质量的课，她跟学校做了很多沟通工作，最终我们听到了一位获得当年全国中学中青年教师教学比赛特等奖的语文老师的课，至今那位老师给我的印象还是那么深刻，每每回忆起来都非常感激吴老师，若不是吴老师记挂学生、热爱学生，我们怎么能有这样的学习机会呢?！除了带我们出去学习，吴老师还经常听我们的展示课。虽然那时的我们课上得很不成熟，但吴老师还是认真地听，细致地做笔记，给我们指出具体的问题，并鼓励我们改进。现在想来，在大学教研压力如此大的情况下，吴老师能给我们这样精细的指导，给每个人那么多精神上的鼓励，若不是热爱教育、关怀学生，怎能如此?！

吴老师既是恩师也是慈母，尤其于我，还有一段特别的情缘。2011年，作为助手的我参加了吴老师组织的一个会议，会上邂逅了现在的爱人。我们初识还没几天，吴老师听到消息，她开心的样子好像是自己的女儿有了喜事一样。然后，她就给我爱人当时的导师戴老师打电话，询问包括人品的高下等各种情况，之后又打电话告诉我，叫我放心。每当我回想起这段经历，心中都充满了无限的甜蜜，不仅因为吴老师牵起了我一世的姻缘，更因为年少在他乡求学时有一个像母亲一样的人真心地关怀过自己，这是莫大的幸福。

2011 年毕业后，深圳成为我的第三个家。还记得 2012 年冬天，有一天接到了吴老师的电话，吴老师说她在深圳，要过来看看我。毕业后还未回校看望吴老师的我无比激动，赶紧询问吴老师的地址要去接她，但吴老师怕影响我的工作坚决拒绝了。还记得在学校附近的公交站台看到吴老师，还是那么热情亲和，那么有魅力，吴老师给我一个大大的拥抱，我们在站台兴奋地聊了好几分钟。陪着吴老师看了我工作的校园和当时暂租的小屋，看到我们工作和生活都已稳定，吴老师笑盈盈地连说“好，好，真好”，看得出她是发自内心为我们感到欣慰。和吴老师见面时，她手中提着一个袋子，到家里时，吴老师把袋子打开，原来是红枣和圣女果干，她说工作辛苦，要注意补身体。聊天时，我才知道，吴老师这次来深圳是看望女儿的，白天趁着女儿不在家，赶紧出来看看学生。这就是为什么许多吴老师的学生会亲切地叫她吴妈妈，因为吴老师对学生就像对自己的孩子一样。

现在已毕业几年，我也已经成为母亲，每当回首过去，一切都还历历在目，一切都还温暖如初。今年端午节我和同学一同回母校看望吴老师，师生情，同窗情，相聚的时刻心中充满无限幸福。想着吴老师对我们的真情，想着吴老师在做学问、待人接物和生活态度等方面对我们的影响，更是满怀感激。在美好的大学阶段有一份浓浓的师生情缘，实属人生幸事！这情也长，这缘也深，来日方长，愿情缘再续！

2018 年 2 月 25 日写于深圳

冬杰和我有不解之缘：读研时，我成为她的任课老师；快毕业时，我介绍她认识了后来成为她先生的华师优秀博士生赵目珍；毕业后，他们夫妇去深圳工作，我去深圳看望女儿一家时也经常和她见见面；结婚时，他们夫妻两人在山东和东北的老家办完婚礼还专程赶来湖北宴请我和他们的导师！尤其是 2017 年端午节，她和在北京工作的彭倩两人相约携夫带子专程来武汉看望我，和我们一起度过了一个有意义的端午节。目前，冬杰在深圳中学任教，是学校的业务骨干。夫妻二人比翼双飞，拥有了一个幸福美满的家庭。

记忆总是慢慢地累积

语文学科教学论 12 级　何恬

曾经，我们是毫无交集的陌生人：您是德高望重的华师教授，我是默默无闻的普通学生。后来，因为我们在桂子山相遇，我与您的记忆开始慢慢累积。

未曾谋面却景仰

2008 年 9 月读大学的时候，我对自己说一定要考研，目标是华中师范大学。大学四年，不上课的时间我大部分是在图书馆和教室度过的。大三时我开始在网上搜索各类考研信息，而在考研论坛上了解到读研后还需要选择导师。于是，我打开华师文学院的网页，找到师资队伍一栏，点击一位位教授的名字，当点到吴满珍教授的名字时，我的眼前一亮：身着红衣，背靠石栏，满脸灿烂，这肯定好！这是我对吴老师的第一印象，我很心动。接着看到对她的介绍，我更加佩服！可惜网站上没有任何联系方式。接受一位长辈的建议，我尝试给吴老师写纸质书信，信上留下我的联系方式。第一封信没有回应，第二封信才寄出去没几天，我接到一个来自武汉的电话，那爽朗的笑声让我倍感亲切，也让我坚信这一定是我要跟从的导师。电话里她没有一点教授的架子，有的只是温暖的问候和坚定的鼓励。从此我与吴老师开始了书信单方联系，我每两个星期给她发一封书信闲聊。后来，一个端午节，我回家给我爸爸过生日，没来得及写信，就给吴老师发信息道歉。结果她告诉了我她的私人网络邮箱，自此，我们开始了网上交流。

我是个怕麻烦别人、怕打扰别人的人，从不会主动给吴老师打电话，而她竟然会主动跟我联系。记得 2011 年圣诞节我们进行教师资格证面试，考完后接到她打给我的电话，她首先就祝我圣诞快乐，电话里聊了很多，可惜，我现在一时想不起具体内容，但是接到电话时的那份惊喜与感动还历历在目，永存心中。我没想到这位忙碌的华师教授竟然会想起我这个还不是她学生的女孩，会给我送来她最真诚的祝福。我们从未谋面，我却对她有种莫名的熟悉感、亲近感，我喜欢她，我敬重她。

苦尽甘来归吴门

2012 年的 1 月，研究生入学考试结束后，我以为自己没考上，非常难过，一晚上躺着没睡着，一早起来后给吴老师发了一封邮件。那时，她在忙她女儿的婚礼，但她还是抽时间回复了我，安慰了我。2 月份我外出实习了，与她的联系依旧不断。即使我没能考上华师的研究生，我也要永远尊敬这位可亲可敬的老师。之所以不称呼她为教授，是我觉得那个称呼太生分了，唯有老师这样的称呼才能表达我对她亲切的感情，所以一直以来，我都是称呼老师。

2012 年 9 月正式入学，我见到了吴老师，后来跟她和她其他的学生一起过了教师节、中秋节。我真的是苦尽甘来，终于如愿以偿进入了华中师范大学，终于能跟着我喜欢与敬重的导师学习了！我十分珍惜这来之不易的机会，珍惜每一次与她见面的聊天，可是我心里还是对她有一种仰视感。她是名校教授啊，学识渊博，而我只是她万千学生中一个最平凡的学生，太不起眼了。没想到，有一天我们竟然会成为无话不谈的朋友。

无拘无束成朋友

自古以来，师生关系很难有真正的平等，可是我觉得在我与吴老师之间就存在着平等，我们真的就是朋友间的关系，而且还比较铁的那种。她有什么话就跟我说，我有什么话也跟她说，我家里人不知道的事情她知道，她家里的很多事情我也知道。这种无话不谈的亲密关系是我最向往也是最享受的关系。平时碰到老师，我总是很拘谨，不会说太多话，也不会随便说话。她是我第一个敢当面随意说笑的老师！她是第一个给予了我足够信心的老师！她是第一个经常挂记着我的老师！她更是第一个让我感动至今的老师！

记得有次我肚子痛得厉害，几天都吃不下饭，吴老师非常关心和着急，三番五次打电话来催我去看医生，还联系了武汉大学中南医院的医生朋友。她亲自带我去看病，亲自帮我排队，那时她的膝关节痛得厉害，可她还是笑着坚持。那一刻我的眼泪止不住，现在每每回想那时情景，我依旧泪流满面，只有亲人才能如此贴心与尽心啊！

受老师潜移默化的影响，在我自己成为老师后，我也是把学生当成自己的弟弟妹妹来看待，跟学生打成一片。孩子们愿意跟我分享快乐，跟我一起玩游戏打闹，家长们也都说我就是他们孩子的大姐姐。这样融洽的关系能够建立起来得益于吴老师，是她的言传身教教会了我这些，是她这盏亦师亦友亦亲的明灯指引着我不断前进。

至亲至爱为亲人

我是个很感性的人，看似大大咧咧实则很在意细节，所以我常常会被吴老师的细微言行所感动。还记得2013年国庆节我没有回家，而是应老师之邀住在了她家里。她和叔叔给我做美味的饭菜，她给我盛饭总是盛得满满的，晚饭后会与她一起在沙湖公园散步，走着走着她就开始感慨："明年的这个时候你已经在深圳了，想见你一面没那么容易了！"还好，那时夜幕已降临，她看不到我眼中的泪花，我能说些什么呢？那时的我一片茫然，也不知道自己究竟是不是能够留在深圳，可是老师竟对我充满了信心，同时又有几分不舍。记得她大概就在我面前说过一次希望我留在武汉，留在她的身边，此后再无提起，倒是李叔会时不时说一句："我希望你能留在我们身边，你吴老师也很希望你留下来！"想起那一次在她家吃饭，我跟李叔闲聊，李叔说着你吴妈妈怎么怎么的话，结果吴老师低着头突然来了一句："何恬呀，她从来不叫我吴妈妈的，总是'老师，您好'这样的开头。"吴老师，请您原谅我个性的自私，我是一个感情内敛的人，不是那么善于将感情用语言表达出来，特别是口头语言。但我会将所有的情存放在心里自己品味，也会跟别人分享您给予我所有感动的细节。我心里早已经将您和李叔看作我在武汉的亲人，但我就是不好意思像其他学生一样当着您的面亲热地叫您一声"吴妈妈"。

2014年6月初我要到应聘单位顶岗实习，本来想着实习单位不会那么轻易放我回来，我两地来回跑太折腾了。就在我犹豫是否回武汉参加毕业聚餐和毕业照拍摄活动时，结果吴老师一句："人生中就只有这么一次读研经历，毕业照是一个人人生中最重要的回忆之一，你竟然不参加？"这一下惊醒了我。是啊，这么重要的活动我怎么能不参加呢?！后来两次活动我都回来了。临回深圳前，我住在老师家里。晚上已经很晚了，她还不停地进我休息的那个房间，一会儿给我找出薄毯子让我带到深圳，一会儿给我拿出一包面巾纸塞到我包里，还不停地叮嘱。这哪是一位老师对学生的关心呀，分明就是慈母对远行游子"临行密密缝，意恐迟迟归"的万千不舍啊！

即使我现在已经在深圳工作，武汉依旧是我最怀念的地方，那里有吴老师您，那里有李叔叔，那里有我们最真切的回忆。我们的记忆之链不会随时空的变化而断裂，我们的记忆之链只会越来越长，我们记忆之链的光芒会永远闪耀在你我的心中！

说起何恬，我眼前立马就会浮现出一封封来自长江大学的信件，那时她还没考研，我们也还未谋面。她给我的印象是真诚、朴实、善良、勤奋。在网络发达的时代，她坚持用手写信，每周一封。她给我的印象实在是太完美了！2012年来华师读研后，她的实际行动印证了我曾经对她的美好印象：凡是交给她办的事，她总会毫无怨言、认认真真地去完成。在我腿部骨折的日子里，我拄拐杖坚持上课，她也坚持一学期跟堂照护我。忘不了她研究生毕业离校前，我们在大学语文课堂上告别的情景。离上车不到半小时，她匆匆赶来为我擦最后一次黑板，她转身离去时的那个拥抱湿润了我的眼眶，也感动了在场的所有学生。从教后的她在深圳实验外国语学校进步非常大，工作三年便评上了中级职称，还参加了陶红松名师工作室，在全国范围内进行说课比赛，取得了十分优异的成绩。

爱的教育

语文学科教学论12级　罗黄秋子

说来真是缘分，我小学六年级的语文老师叫蒋满珍，是她引领着我开启了人生的征程。而在大学里，我又结识了另一位语文老师，她叫吴满珍。虽与她只有短暂的学习和交流，但如同她名字一般，她的满心真意深深地打动了许许多多的学生，当然也包括我。这点点滴滴的感动汇聚成一股源泉，长年滋润着我的心田，带给我力量。真的很感谢她，我的硕士学位论文指导老师，我的人生导师，我的吴妈妈。

感动于她醉心教学的执着。记得在吴老师的大学语文课堂上，我还没进教室，就先听到那极具穿透力的嗓音，好像广播话筒里发出来似的，浑厚有力。走进教室，哇，偌大的空间，前排坐满了人，我只好坐到了稍微靠后一点的位置，心想下次一定早点来，选个好位置，离老师近点，更好与老师互动、学习。不知不觉地，铃声响了，一个多小时的课这么快就结束了！我还意犹未尽，期待着下次上课。

整堂课，她都持续使用高音调的嗓子，带着我们朗读古文、品析文字。她时而走下讲台，走向我们，挥舞手臂，时而情绪高涨，时而陷入悲伤……一切都跟随着文本的情感变化着。这种饱含深情和激情的教学，一张一弛，像是一只无形的手，时刻牵动着我们，吸引着我们，让我们情不自禁地投入文字语言的品读中去。教室里，时而安静，时而活跃。同学们时而埋头思考做笔记，时而自由地站起，与老师、同学们对话交流，分享彼此的心得。令我印象最深刻的一课是，她讲《祭十二郎文》时，一边声泪俱下地朗读，一边感人至深地讲解，让我们无不为之动容。无论坐在教室哪个角落，我们都无时无刻不被这种开放、自由的学习氛围感染，这不就是我理想中的语文课堂吗？真想再次走进课堂，重温吴老师带给我们的深深感动。

感动于她豁达的生活态度。她爱学生、爱家人、爱朋友，也爱她自己，她热爱一切美好的人和事，属于乐天派。她起得很早，天没亮就起来，跟着先生一起去公园走走，有时舞舞龙，打打陀螺，赏花赏景，不亦乐乎！最美不过吴老师的微笑了，由内而外地散发着乐观向上的正能量。她始终通过各种方式关注、关心着每个学生，为他们考试通过、找到好工作，或是结婚生子感到由衷的高兴，也为他们的烦恼难事担心不已，并及时伸出援助之手。

正是她的博爱之心，收获了生活对她的回馈。她拥有着遍布全国并始终将她记在心上的学生粉丝团，一声声问候，一次次看望，师生情谊，连绵不断。她拥有着许许多多关心爱护她的家人、朋友们，一起分享喜悦，一同享受幸福。她的家庭氛围和谐温馨，让人羡慕不已。为她庆生时，大家精心准备着礼物和节目；她生病时，身旁总有她先生的关心和照顾；旅途中，总有朋友相伴，洒下一路欢声笑语……

感动于她对我的悉心指导和关心。硕士学位论文的写作时期，正值我生育孩子的阶段，生活中各种困难向我扑面而来，其间有彷徨，有放弃，但最终还是坚持下来。是她——我亲爱的导师，从论文的选题、结构、写作等各方面给了我及时的指导和修改意见，帮助我顺利完成了硕士学位论文的答辩。当我在遭遇家庭重大变故悲痛欲绝的时候，也是她——我亲爱的老师妈妈，在一旁努力开导、宽慰我，点燃了我重新生活的希望；当我因生活中的烦心事而迷茫不知所措时，她总是会为我答疑解惑，指引人生的方向……在我看来，她就是我的知心姐姐、超级有爱的吴妈妈。

我记得有一次到吴老师家里，吃过饭后，我们一起坐在餐桌前拉家常，她亲切地问起了我的近况。我低着头，半天都没作声。只见她端来一杯水，放在我面前，然后在我身旁的椅子上坐下。接着，我哽咽起来，她又从一旁的茶几上拿来一卷抽纸，放在我身前。终于，等了好一会儿，我鼓足了勇气才开口，一边抽泣一边诉说着。她就一直坐在我身边静静地听着，没有对事件批评指责，没有丝毫的个人评判，没有太多矫情的安慰。她不仅作为一位老师，一位长辈，更是作为一位知己，一位真正的朋友，感同身受地倾听着那些发生在我身上的一切喜怒哀乐！这对当时的我来说，已经是莫大的关怀和拯救了。至今，我都还能时常感受到那种深沉的关爱。谢谢您，亲爱的吴妈妈！

还有太多的感谢，太多的感动，默默地记在我心中，不断给予我爱的力量，让我把爱传递给更多人。

承载着爱的翅膀，作为学生的我乘风破浪，一路前行。大学本科读的体育教育专业，毕业后我接受分配，来到了天门市的一所小学。刚一去就在学校担任语文老师，于是我就当起了语文老师兼班主任。这一干就是四年，其间我报考了吴老师的语文学科的教育硕士研究生，一边待产育儿，一边挤出时间完成课程学习和论文写作。

孩子刚1岁时，我毅然决然地辞去工作。为了孩子，也为了追随心中的梦想，我与孩子一起来到深圳。那段时间，我一边养育孩子，一边做自己喜欢的事情。我喜欢小朋友，热爱运动，所以我想给小朋友们带去有趣有料的体育游戏课。但我先后找到的几份工作，都因无暇照顾小孩而不得不放弃。想要兼顾自己的事业和孩子的发展真的很难，不过我却始终没有放弃过努力。利用那段全职陪娃的时间，在家人的帮助下，我抽空参加了华德福体育教育师资培训，这更让我坚定了成为一名优秀体育教师的想法。不仅如此，我还在家里写关于育儿、游戏的文章，开创了“秋游童年”的微信公众号，其中既是对自己所学所感的梳理和总结，同时，我也想借此带给大家一些分享和思考。

不过，航行到离家越来越远的地方，难免会触礁或遭遇风暴。每每这时，我就好想回到温暖的港湾里停一停、靠一靠，跟吴妈妈说说话，看看吴妈妈的微信朋友圈，想想那些感动的回忆。然后，再次出发！

罗黄秋子和我的情缘在她读大一时便开始了。那时她是体育学院的学生，选修我的大学语文课，在课堂上，她学习十分用功，给我留下了深刻的印象。毕业后她改行成了一名语文老师，回华师文学院读研时，我又成了她的硕士研究生阶段的指导老师。她天资聪慧，性格开朗，虽然生活坎坷，但她从不畏惧，能够走过风雨迎接彩虹。现在的她独自承担家庭的重任，行进在一条艰苦创业的路上，但笑容却依然灿烂。

吴老师的三样宝贝

语文学科教学论 12 级　唐冲

2012 年夏天，我作为第一届免费师范毕业生的一员重返母校华中师范大学攻读教育硕士专业学位。在这里，我有幸被分到了吴满珍教授的名下，得到了她学习上的指导和生活上的关爱，于 3 年前顺利通过硕士学位论文答辩。今天，我也成了一名中学教师，导师对我的影响一直伴随着我的生活。此时此刻我最想让大家和我一起分享的是我们老师妈妈生活中的三样宝贝。

一条花围巾

初见吴老师，最吸引人眼球的莫过于她脖颈上的一条色泽鲜艳的丝巾了。简单而素净的衣服在丝巾的陪衬下显得活泼亮眼，且平添了几分时尚感；温和而慈祥的面孔在丝巾的掩映中也格外光彩夺目，仿佛一下子年轻了好几岁。吴老师特别钟情这样的花围巾，平时穿搭少不了，出门旅行也必备。在阳光明媚的海滩，在鲜花盛放的田野，将花围巾或披在肩头，或牵在指尖，在风中轻拂，在云端摇曳，薄似轻纱，轻如蝉翼。吴老师的花围巾锦上添花，对热爱生活的人来讲，它是一件宝贝。

空中菜园子

去过吴老师家的师哥师姐总是提到吴老师和李叔叔的菜园子。起初我还纳闷，高楼耸立，鳞次栉比，哪有绿色扎根之地啊？来到楼顶才发现别有洞天。十尺见方的阳台，用砖在周围堆砌盛土，绿色的生命就在这土壤之中开始了它们的故事。青翠欲滴的黄瓜与紫里透红的茄子赛个儿，万条垂绦的豇豆与浑圆锃亮的西红柿比美。硕果盈目，瓜藤牵衣。傍晚来临，夕阳西下，一盏清茶，两把木椅，三言两语，四菜一汤，五颜六色，七荤八素，沁入肺腑，十分惬意。孟子云：“大人者，不失其赤子之心者也。”老师妈妈的宝贝菜园子就装着那颗“赤子之心”。

微信朋友圈

毕业两年不见导师，甚是想念，还好有老师的微信。平时我们有一句没一句地搭搭话也不觉无聊或尴尬，而更有趣的则是刷老师妈妈的微信朋友圈。雪天里“天公作美天有情，赐我玉盘分享群”，元旦时“新年新月新周新日心情好，此情此景此时此刻幸福中”，清晨“这里的黎明静悄悄，华师桂子山问你好”，夜晚“鸟鸣校园静，人勤冬至早”。在这里，诗情俯拾即是，画意信手拈来。在这里，有灿若千阳的笑脸，有瑰丽新奇的河山，有老街旧巷的家常，有“师唱生随”的时光。吴老师的朋友圈是一块宝地，这块宝地，满载了生活的甜和美，承托着浓浓的师生情。

德国哲学家雅斯贝尔斯说：“教育意味着一棵树摇动另一棵树，一朵云推动另一朵云，一个灵魂唤醒另一个灵魂。”老师妈妈就是那棵树，树的背后是广袤的森林；老师妈妈就是那朵云，云的背后是浩瀚的天空；老师妈妈就是那一个有趣的灵魂，她的背后是我们这些来自五湖四海的子女们。

唐冲，2012 年作为语文学科教学论的第一届免费师范生被分配到我的名下，给我第一印象是：精明能干。与她简单交谈后感觉她聪明好学，业务能力强，教学经验丰富，生活充满阳光。

有位教授是妈妈

语文学科教学论 12 级　余杨

2015 年 6 月 15 日，在有鲜花、有落花的日子里，有憧憬、有迷茫的岁月中，我清晰地记得，那一日阳光明媚得忧伤，因为那天我就要硕士毕业了，即将远离华师，挥手告别稚嫩的自己，步入新的人生殿堂。那天上午我们照了毕业照，也正是那次因缘际会，我在董财英同学的推荐下认识了传说中可亲可敬的教授妈妈吴满珍老师，她是那么的慈祥、和蔼，爱说爱笑。虽然那次是我们的初识，却是那么的亲切，她让我同她的学生一起和她拍照，中午我们一起参加了毕业聚餐，她慈祥地问我找到工作没，毕业之后有什么打算。虽然我们只是第一次见面，却一点儿也不陌生。

有人说，这世间所有的相遇，其实都是久别重逢。我想，我与吴老师的相遇也是如此吧！可是，时光匆匆，还没来得及留下点什么，就要转身离开，我内心暗自后悔，如此好的老师，就像戴建业老师一般，知识渊博又海纳百川，学富五车又为人谦和，他们是良师又是益友，像华师一样温婉静谧、古朴悠长，内心真的非常庆幸此生能遇到如此优秀的两位老师。

我看到了吴老师执在手、能在身、思在脑、从容过生活的榜样品质。她不愧是华师的一流教授，浑身都散发着儒雅的芬芳。在毕业聚餐的饭桌上，吴老师的眼神里流露出对我们的不舍。她在我们面前，不再是老师，而好像是结识多年的挚友，一切的相处都是那么的温馨和舒适。我家在武汉，并没有外省同学那么感伤别离，毕竟空间距离是近的，心中思量着日后多拜访吴老师便可。

第二次看到吴老师，是在端午节的前两天，我和几位在武汉的同学一起去拜访了吴老师。当看到吴老师家里堆满了粽子、酸奶和咸鸭蛋，我很是吃惊，以为是学生送给吴老师的端午节礼物，便随口问了一下，吴老师满脸笑容地说："这是我今天早晨 6 点起来去菜市场私人订制的粽子和咸鸭蛋，酸奶是超市买了依次分装的。后天就是端午节了，我今天把端午节的礼物准备好，明天中午带给我'满珍班'的学生吃，平时忙，没怎么管她们，明天和她们一起过节。”当时听闻此话，我震惊了，虽然早有听闻吴老师对自己的学生就像对自己孩子一样，但没想到今日一见，吴老师比我预想中还要体贴和温馨百倍。她就像妈妈一样，事无巨细，关心学生的生活、学习、工作、家庭，她热爱着她的工作，更热爱着她所有的学生。

吴老师和李叔叔请我们吃饭，饭桌间跟我们夹菜，悉心地问我们工作情况。当时，我没有找到合适的工作，吴老师和李叔叔很关心，让我不要灰心，鼓励我慢慢来，一定能找到一份属于自己合适的工作。觥筹交错间是我们和吴老师、李叔叔绵绵不绝的师生情，她和叔叔鼓励我们好好加油。在谈到婚姻家庭上，吴老师严肃地告诉我们：“女生一定要注意保护自己，与异性交往中，结婚之前要睁大眼睛找缺点，但是步入婚姻殿堂后，要睁大眼睛找优点，只有这样才能够婚姻美满，家庭幸福。”

说真的，直到今天，我都非常感谢吴老师和李叔叔的恩情，在我工作还没有头绪，最无助、最孤独、最困窘的时候，吴老师和李叔叔推荐我写新闻，让我在文字中找回了自信和快乐。后来，我找到了工作，总觉得不太满意，怕他们失望，也不好意思告知恩师吴老师和戴老师，未曾想到吴老师亲自打电话来询问工作怎样，内心忽然间澎湃万千。

第三次看到吴老师，是和彭丽君几个在武汉工作的同学一起相约去拜访老师。吴老师和李叔叔仍旧是那么热情，脸上绽放出大大的笑容，他们热情地款待我们，问我们的工作近况，问我们的生活，可是聚会是短暂的，吴老师吃完饭后学校有事就急匆匆地走了。每次与吴老师相聚总是那么的短暂，又那么的令人不舍，心中思量着能不能多挽留下吴老师，又告诉自己不能这么自私，吴老师的学生千千万，还有更多的学生等着她去关心。说实话，吴老师是一个让人真心佩服的人，她总是默默地微笑，那么的和蔼，德艺双馨。前不久看到了《武汉晨报》和华大在线报道的有关吴妈妈的新闻——《退休老师带出最暖师范班，学生不喊教授喊妈妈》，内心甚是欢喜。我觉得，在这世间大概只有吴老师才值得拥有这世间最美的教授妈妈称号吧！期待下一次与吴妈妈的见面！

和余杨的第一次相见是在文学院举办的2015年毕业生的晚宴上。记得当时在宴席上，据同学们介绍：她学习成绩优秀，已在武汉成家，有孩子，有房子，毕业去向也不错。大家很是羡慕她。毕业后的余杨虽然生活发生了很多的变故，但她仍然执着坚强。她在一家公司从事管理方面的工作，同时发挥自己的写作特长，有微信公众号，生活得很自信！

平平淡淡的真

语文学科教学论13级　董财英

身边的同学、朋友，像我一样本科毕业后选择继续学习的有不少，大家偶尔也会电话联系或者聚会，谈谈自己现阶段的生活，也会关注一下他人的生活，导师自然也是免不了的话题。文科生的我其实对理科导师一直有些好奇，正好我朋友圈里的人又多数都是理科生，所以从他们那里我也了解了不少事。我自己也快有一年的研究生生活体验了，经对比我发现，文理科的导师不仅在思维上不一样，他们对学生的指导方式也是大相径庭。

大多数研究生都有跟导师一起做课题的经验，理科研究生还有参与实际项目的经验，这些经验是弥足珍贵的，并且对求职有非常大的帮助。之所以许多大公司招聘技术研发岗位人员的时候会青睐研究生，很大程度上是因为作为社会先进技术的引领者，导师们会在带领学生做项目的同时将其中一部分的新技术和新思维传授给学生。正因为这样，理科研究生朋友们都有员工化的趋势，他们很少将自己的导师称为“师”，一般称“老板”。这样一来，理科生导师自然就“老板”化了。这是理科生导师。

比起理科生导师的“老板”范，文科生导师显得文质彬彬，大有君子风范。理科生导师给学生强调的是技术，而文科生导师则更强调思维。记得去年下半年刚开学的时候，一位理科研究生问我：“我们理科生读研，可研究的东西很多，这些东西客观存在，方法是可实践、可操作、可测量的。你们文科生研究的是什么呢?”对于这个问题，我没有立即回答，因为他问的也是我曾经一度疑惑的。我曾长时间地思考过这个问题。这个问题不仅关系到我自己现阶段学习及生活的意义，也关系到我未来的人生方向。是的，在这几年如金般的时光中，我们文科研究生应该做什么，怎么做，做到何种程度，才不会浪费光阴、蹉跎岁月，才会让自己的人生有价值、有意义，对我来说，这不是一个简单的问题。

刚刚接触研究生生活的每个学生都会对导师满怀期待，不可否认，我也有。我的导师会是谁？他的学术成就达到怎样程度？有什么样的特色？为人又是什么样的风格呢？关于导师的种种，我有过无数次想象。与导师的相遇需要某种缘分吧，我等待着这种缘分的到来。

带着种种期待，2013 年 11 月，当华师文学院的灰墙绿瓦掩映在灿烂如二月红花的或招展、或飘零的法梧秋叶中时，我与淼淼、玮钰在华师 8 栋教学楼和吴满珍导师意外地相遇了。之所以说是“意外”，一是第一次见导师的场合和方式让人意外，原以为我们需要在与导师预约成功后才能登门拜访，却没想到导师在辛苦上完一上午的课后还主动来联系我们几位学子。二是因为吴老师的形象特质出乎我的意料。我原以为做学术研究的人是严肃的，严肃得只能让人敬仰，但吴满珍老师却亲切、和蔼、热情，如邻家伯母般时时刻刻微笑着。她满面春风、亲切和蔼的同时却又不失优雅贤淑，言行举止间透着一股仁慈情怀。在短短的见面时间里，在与洋溢着阳光般温暖笑容的吴老师的交谈中，我第一次感受到了什么是如沐春风。对我们，对本科生，对他人，她都是一样的真诚热情。

在对我们的研究指导上，吴老师一样热情尽心。去年年关将至，吴老师热情邀请我们去她家，饭后又跟我们进行了长达 3 小时的交流。在这次交流中，吴老师没有说教式地给我们灌输她的思想，而是随着我们的话题款款谈起，在关键处给以意义非凡的指导意见。在与我们分享她的教学生涯的幸福的同时，她也将自己乐观、豁达、乐于助人的精神传递给了我们。我们师徒还一道分析讨论了当下专业研究的情况、趋势和意义，吴老师又将自己做研究时用到的缘事析理、整合思路等方法教授给我们。

与吴满珍导师相遇后，那个曾经困扰我已久的问题，慢慢有了答案，并且在吴老师的指导和帮助下，我心中的答案越来越清晰。吴老师，以润物细无声的方法，导我以路，沐我以德，平平淡淡，却又真真切切。这就是吴老师，这就是我心目中的好导师。

财英是我全日制研究生的关门弟子之一，她有着与一般学生不一样的经历：从学校到社会，又从社会到学校。她勤奋好学，善良朴实，待人真诚，做事用心。她不善言辞，却会用行动给出最好的答案。毕业后她回到江西任教，结婚生子后不满足于现状的她，又和丈夫一起全家去了广东汕尾一所大学的附属中学工作。作为学校引进的人才，她在那里大展宏图！

满心真意桂花香

语文学科教学论13级　卢玮钰

如何让你遇见我，
在我最美丽的时刻，
为这，我已为你默默守护四十余载，
守护，让我们谱一曲爱的情歌……

——致桂树

古语云："经师易遇，人师难求。"

我有幸在华师短短两年的研究生学习、生活中，遇到了这样一位"经师"与"人师"兼具的导师——吴满珍老师。经过半年多的接触，我深深地感受到吴老师身上所散发的亲切、敬业、优雅的人格魅力，正如桂子山上的桂树一样，低调绽放，芳香四溢。

见面初体会

作为两年制专硕，相比于学硕来说，我在对自我的要求上有所放松。开学两个月后，当导师名单公布的时候，我也没有积极主动地去联系吴老师，心想：吴老师肯定很忙，就先不去"麻烦"吴老师啦。于是，与吴老师见面这件事一拖再拖，直到名单公布的两个星期后，无意中查到吴老师的课表，利用课间间隙，才匆匆见了一面。

"导师名单公布两个星期啦，你们没有去文学院打听一下我的联系方式，怎么不尽早联系我？"吴老师一句略带埋怨式的问话，打消了我们见面寒暄后的尴尬，我只好心虚地应承道："老师，我们想当面找您聊聊。"吴老师笑了笑，随后又问了问我们几个的情况，问我们住得习不习惯，吃得习不习惯……吴老师爽朗的笑声，闲聊似的唠家常，让我本来紧张的那颗心放了下来，找到了家的感觉，有了依靠。

"上一届，我带了一个学生，今年有你们三个。我都快退休了，还以为何恬会是我的关门弟子，今年又有你们，太好啦。"吴老师的几句玩笑话，却让我深有感触。不知我们能不能有幸成为吴老师的关门弟子，但有吴老师给我们作后盾，我的心里就有底气，有冲劲。

督导办活动

2014 年 3 月 1 日，“湖北省大学语文研究会成立大会第一次大会”要在华师文学院举行。作为东道主，吴满珍老师主动承担了这次活动，我也有幸参与其中。

在活动筹备的前一周，吴老师刚做完腿部手术。活动筹备过程中，她正在恢复期，医生告诫她要静养，不宜多走动。为了让吴老师能充分休息，活动当天能顺利完成，我们的想法是：吴老师只做统筹安排，其他的工作由我们来做就好。可吴老师不肯，坚持到现场督导，事无巨细，细心检查每一个环节，避免可能出现的差错。

从参会人员的资料准备到与会人员的住宿、伙食，从演示文稿的内容措辞到一个动画效果的设置，甚至到发言稿的每一处停顿……吴老师都仔仔细细地检查，生怕有一点不妥的地方。大会圆满举行，吴老师对我们说：“谢谢你们，因为有你们，会议才办得这么成功。”我想说：“老师，正是有您这样的敬业楷模给我们作表率，我们才能齐心协力把这次活动办好。”

精致课前准备

古语云：“腹有诗书气自华。”气质虽来自知识的熏陶，在我看来气质更来自对细节的注重。

有一次，和吴老师共进午餐后，我们陪着老师在 8 号楼的休息室里休息。在大家一番欢声笑语后，预备铃打响了。当我们要收拾东西，准备起身时，吴老师从包里拿出小梳子、小镜子，快速地将自己的头发梳理整齐，同时顺手用湿巾仔细地将自己的鞋子擦了一遍，原本干净的鞋面瞬间亮了起来。梳理完之后，吴老师检查一下包里的东西：下午上课的点名册、教案等。检查无误后，吴老师才起身，走向教室。

讲台上的吴老师谈笑风生，大方得体，优雅自然，深受学生的喜欢。可有谁知道，这大方得体的背后，缘于吴老师对细节的注重，对自我的严格要求，对优雅的细微诠释。

亲切如她，让我在聆听教诲之后，又能感到如家的温暖；敬业如她，让我在疲惫不堪之后，又能奋力百尺竿头；优雅如她，让我在见证风采之后，又能懂得细致修炼。

亲切，敬业，优雅，正如桂子山的桂花一般，低调绽放，芳香四溢，让我痴迷，让我神往，这就是我的“导师妈妈”——吴满珍老师。

玮钰也是我全日制研究生的关门弟子之一，来自山东的她给我的第一印象就是朴实沉稳，不善言辞。随着时光的流逝，我们的师生情谊越来越醇厚。在她毕业一年后，我去济南看她，从安排住宿到景点游玩，甚至是特色小吃的选定，她都为我做了精心安排。她的热情细心和考虑问题的周密，让我看到了她的成长变化，我感到十分的欣慰。

不知您是否……

语文学科教学论13级　吕森

我不知您是否
讨厌我的样子
像骄纵的孩子
一发不可收拾的固执
我不知您是否
介意我的样子
天马行空的脑子
笨拙的嘴
和慢拍的腿
我不知您是否
知道我爱您的方式
即使没有“妈妈”的称呼
也会觉得温暖如家
我不知道您是否
曾对我失望
想对我责备
却在我落泪后
变成安慰
我不知您是否
会在
一群优秀的学生面前
提起我
我不知道您是否……
只因我做得还不够

不够努力
不够上进
不够优秀
您告诉过我
您的学生都纯朴
即使没有大作为
也会踏踏实实
我想我也可以
只是我不知您是否
可以懂我这个关门弟子的心
这样表达对您的
爱、尊重和崇敬
只希望您
每天都年轻
快乐健康

（写给我最爱的吴满珍老师，还有两天就是老师的生日，祝她生日快乐！）

淳朴可爱的吕森是我全日制研究生的三名关门弟子之一。她长着两颗虎牙，一笑有两个小酒窝，她的活泼开朗让身边人都乐意与之为友。森森为人真诚，思维敏捷，文笔不凡，颇有才华，在山东上大学时是当地一位小有名气的作家。来华师读研期间，她勤奋好学，其硕士学位论文获得导师们的好评。毕业后她回到枣庄高中母校工作，做事踏实，敬业爱岗，深受学校领导、师生的好评。繁忙的工作未曾淡化我们浓浓的师生情，每年教师节和我的生日，她都不会忘记为我送上一束束美丽的鲜花，写下一串串美好的祝福语。2016 年元旦，毕业半年的她特意和未婚夫一起来到武汉为我过生日。同年 11 月，我接受森森的邀请，专程赶赴枣庄参加她的婚礼，担任她的证婚人。在主持证婚的现场，她激动得流下了幸福的泪水。

良师益友

——记我最喜爱的吴满珍老师

语文学科教学论 13 级　王魏魏

玉壶存冰心，朱笔写师魂。谆谆如母语，殷殷似友亲。能结识满珍老师，是我此生非常荣幸的一件事情。很早之前就听说，她作为华师文学院的教授，异乎寻常地平易近人，和蔼可亲。她爱她的学生，与很多学生建立了深厚的感情。所以，当时我就很羡慕满珍老师的学生，有这样的导师真的好幸福啊！后来机缘巧合，认识了满珍老师，我就深深地被老师的人格魅力所折服。

第一次去老师家做客

从小到大遇到过那么多老师，还没有被哪个老师邀请过去她家做客。所以，当听说我和几个研究生同学被满珍老师邀请去她家做客时，内心是无比的激动和自豪。要跟老师近距离接触，去她家做客，还要吃她亲手给我们做的饭菜，人生最美妙的事情也莫过于此。真的，我太期待了！

那天一到老师家，她已经在门口迎接我们了。接着她笑意盈盈地端出水果，热情地招呼我们落座。我打量着客厅的陈设和布置：古朴中透露着典雅，一如它的主人满珍老师一样，展现着独特的风采。老师告诉我们，她一大早就忙活起来了，很早就去菜市场买了菜，准备了一上午等着我们的到来。而且之前她还特意打电话问我们大约什么时间到，好随时准备下厨炒菜，方便我们一进门就能吃上热乎乎的饭菜。席间，我们谈笑风生，分享着各自的学习和生活。满珍老师为我们解答困惑，指点人生，这些都让我们非常感动，我感受到老师满满的真意，赤诚的真心。

第一次跟老师过端午

有幸跟满珍老师过端午，并且这次的端午节意义非凡、与众不同。满珍老师邀请我和余杨等几位同学和“满珍班”里的 50 多位同学一起过节。当时她给每个学生发了三个粽子，两个咸鸭蛋和一盒酸奶，同学们都是捧在手里，暖在心头，每个人都感受到："粽子里有妈妈的味道"。从来没有遇到过这样善良体贴、细致入微的老师，也从来没有过过这样情意绵绵、意味深长的端午。

"令公桃李满天下，何用堂前更种花。"满珍老师早已英杰满门，芳名远扬。想起与满珍老师相聚的每个时刻，千言万语也道不尽、说不完。在她的鼓励下，毕业时迷茫困顿的我找到了工作；在她的帮助下，工作以后孤单无依的我组建了家庭。她身上的这种博爱和大气，永远闪烁着明亮而又耀眼的光芒。人生路上，庆幸我遇到了满珍老师，感谢！感恩！

魏魏留给我的印象就是品学兼优。2015 年她硕士研究生毕业后在武汉一所高中任教。从教 6 年来，在语文教学上，她砥砺奋进，积极提升专业能力和教学水平，多次在教师教学能力比赛中获得一等奖；作为班主任，她的工作也很投入，师生关系良好，得到学校领导和家长的好评。

难忘桂子山，难忘师恩

语文学科教学论 13 级　彭丽君

2013 年，我如愿考上了华中师范大学的研究生。在进校之前，我好奇地上网查了一下语文学科教学论专业的导师，学校有好几位这个方向的导师，但吴满珍教授的简介却深深地吸引了我，因为她是一位被学生尊称为“吴妈妈”的教授老师，她不仅关心学生的学习，还关心学生的生活，我心里想要是吴教授能当我的导师那该多好啊！开学之后，导师安排下来了，我没有如愿成为吴老师的学生，但我自己的导师是一位治学严谨的老师，我也很满意。

第十一期教授午餐会报名开始了，我发现这一期的教授是吴老师，很是激动，于是网上报名，成功参加了这次午餐会。我发现我班里有几位同学都成了她的学生，我很羡慕。在餐桌上，吴老师也关切地询问了我的情况，我也表达了对吴老师的喜爱之情。午餐过后，我们几个聚餐的同学与吴老师留下了合影。这是我第一次与吴老师见面，我感受到吴老师的亲切与热情。

过了许久，我们专业的学生开始选择去哪里实习了，有的选择去高中实习，有的选择去初中实习，我当时选择了去初中实习。有一天，班里几位吴老师的学生告诉我说吴老师让我和他们一起到水果湖高中实习，问我愿不愿意。我当时心里又惊又喜，没想到过去那么久了，吴老师还记得我这位崇拜她的学生。一个原因是我自己不敢教高中，另外一个原因是我已经告诉学校我去初中实习，所以我就没有和吴老师的学生去同一个学校实习。

实习的中途，我有一天回学校办事，在校园里遇见了吴老师。吴老师很亲切地与我打招呼，似乎我就是她天天见面的学生，关切地问我现在在干什么，我说我正在实习。这次见面是我们俩第二次近距离的见面。

2015 年 1 月份，和我一个班的吴老师的学生告诉我说，今年是吴老师教书第四十三个年头，也是她即将退休的一年，过几天吴老师就要办一个退休聚会。吴老师邀请了我参加，我感到很荣幸，没想到我也可以参加吴老师的退休聚会，我不是她的学生，能够有幸被邀请，我感到十分荣幸。聚会那天，来的大部分都是吴老师的学生，真是辛苦耕耘四十三载，收获桃李满天下。这一天的我是幸福的，也是快乐的，也是在这一天，我第一次去了吴老师的家，进到吴老师的家，吴老师还送给了我两本她撰写的书，我再一次感受到吴老师的人格魅力。

临近毕业了，因为诸多原因，我没有找到合适的工作。有一天，我刚和男朋友拌了几句嘴，正在苦恼的时候，突然接到吴老师的电话，关切地询问我找工作怎么样了。我说还没有找到工作，吴老师鼓励我好好找工作，接完电话的我，当时泪流满面，我很感激吴老师那么地关心我。

在后来的工作与生活中，吴老师都给予了我很大的帮助，她就像是一座灯塔，指引着我朝着人生努力的方向前行，她也会在我最需要的时候，给予我最好的中肯建议，让我的人生不再那么迷茫，我很感谢吴老师。其实我是一个不善于表达的人，但是在我心里，吴老师永远都是我心目中最美最好的老师，我永远爱她！

在我心里，一直藏着一个遗憾，就是没有听过吴老师讲课，这对于我而言，甚是遗憾，也是很深的自责。现在作为老师的我，唯有像吴老师一样对教书富有热情，对学生富有爱心，才能配当吴老师永远的学生。

最后，请允许我叫一声吴妈妈！

和丽君的第一次相见，是在2014年的教授午餐会上。当时的我，作为学生喜欢的老师之一有幸参加学校举办的教授午餐会，和同学们在一起共进午餐，倾听同学们的心声，指导他们的人生规划。丽君当时虽然不是我的研究生，但她和我却是一见如故！美好的相逢，奠定了我们几年来如母女般的情感基础！丽君聪明能干，学习成绩好，为人朴实，不善言辞。毕业后丽君不断努力，终于在武汉找到一份满意的教育工作，作为人类灵魂工程师，为祖国培养优秀人才！

慈爱如母，温暖如阳

语文学科教学论13级　陈王玫

又是一个六月天，又到一年收获季。在这个栀子花开的时节，又一届毕业生即将离开朝夕相处几年的母校，夏季的风也因之而掺杂了些许离别的味道。

2013年秋，我从江西上饶走进了桂子山。在两年的研究生学习期间，有件让我终生难忘的事，那就是我荣幸万分地接到了邀请吴满珍老师莅临教授午餐会的任务。教授午餐会是由华中师大主办的为学生提供近距离接触自己偶像教授的平台活动。教授午餐会深受华师学子的好评，其中很大的原因是所有被邀请的教授都是全体华师学子在华大在线平台上自由提名、投票所产生的。被邀请的教授不仅要学识渊博，而且还要深受学生钦佩、喜爱。吴满珍老师的大学语文课好评如潮，因此被学生提名当选。当我满怀敬畏地拨通吴老师的电话后，电话里的声音是那样热情和充满慈爱，让我忐忑的心仿若被阳光烘托着，瞬间就安心啦。教授午餐会上，被学生称为“老师妈妈”的吴老师和学子们从学习聊到生活，从当下聊到未来，让同学们感到这不仅是一位教授，更是我们人生的导师。她的一颦一笑、一举一动都像是天生的舞者，吸引着我们的目光跟随着她。

2014年春，我们语文学科教学论的几名研究生慕名走进了满珍老师的课堂。开学伊始，听室友说吴老师的膝盖疼痛加剧，但仍然坚持上课。说实话，我当时一方面希望吴老师静养接受治疗，另一方面又希望在课堂上见到她。当我们看到她时，她的右脚还裹着绷带，是拄着拐杖上楼来到教室上课的。当时我们几位同学都被吴老师的敬业精神所感动。当我们在课间休息时问听课同学的感受时，大家一致认为吴老师的课就是有激情，深受本科生的欢迎，堂堂爆满。

有人说教师好比蜡烛，燃烧了自己，照亮了别人。也有人说师者如夕阳，他不因转瞬即逝而沮丧，更不要求人们的回报。而我们可亲可爱的吴老师既是蜡烛也是夕阳，有时还是徜徉在霜笼月罩的林间，驻足眺望，目光深沉而悠远的智者。

2014年中秋，我们同届的几个研究生齐聚在吴老师家共度佳节。原来我们心中有点疑惑，为什么老师妈妈的幸福总是写在脸上？直到我们到了吴老师家才恍然大悟，终于找到了这种充盈着幸福感的源头，那就是同样受学生尊敬、喜爱的李叔叔。李叔叔对老师妈妈的爱是厨房里忙碌的身影，是相顾间的心领神会，是互相欣赏的微笑与满足。任何人来到了这个充满幸福与智慧的家庭，都会被其荡漾于空气中的甜蜜和愉悦而感染，并由此更懂得爱与被爱的真谛。老师妈妈和李叔叔的家，是我们温暖的港湾。他们无私地站在学生儿女们的身后，犹如蒲公英，让知识的花絮大大方方地飘散四方，让阳光下的世界变得缤纷和灿烂；他们正直地站着，站成一棵雪松树，让挺拔的身躯不偏不倚地与蓝天接吻，风雪中的生命才因此而变得青翠而蓬勃；他们高贵地站着，站成一棵风景树，让灵魂的枝叶哗啦啦地拍响节奏，成长中的幼苗才会因此而找准韵律和参照。

2015年春，我们是被风带走的蒲公英花种。意料之中的离别带来的是无边的思念。我们承诺又承诺，我们相约又相约，但我们心里都明白，学生时代的结束意味着要面对更多的人生无奈。站在时光的岔路口，我们迷茫又无畏，老师妈妈就是我们在武汉的家，是我们青春的驿站。

在过去的五年里，吴老师指导着我的求学、求职，见证了我从一个小姑娘到为人妻即将为人母的转变。五年里的日日夜夜，老师妈妈都热情如暖阳地温暖着我，光芒如灯塔地指引着我，沁心如甘泉地滋润着我。亲爱的老师，当我写下这些文字的时候，宝宝一直在肚子里与我互动，想来他也万分期盼着与您见面呢！

和陈王玫的第一次相见，也是在2014年的教授午餐会上。那时的玫玫是学生工作的代表，当玫玫给我发来教授午餐会的邀请时，我感到很幸福。玫玫告诉我：这份邀请来自华师学生线上提名投票，大家将我选为最期待共进午餐、最想近距离接触的老师之一，我感到无上荣光！从此，我便和王玫成了无话不谈的忘年交，还专程参加了她的婚礼！几年来我们一直保持着密切的联系。

我爱上了生活中的吴老师

语文学科教学论13级　杨志婷

有的人出现在你的生命里，注定和你产生不解之缘，或早或晚。深情和时间长短无关，我和吴老师就是这样。我一直不敢提笔写吴老师，因为她总让人感动，太美好了，不知如何动笔。同时也是因为情深字浅，怕无法表达出我内心的激荡，怕写不出真实的、灵动的吴老师。看到其他学生写的和吴老师之间发生的故事，听她讲“文学名篇解读”和“大学语文”，一个个鲜活的文学形象在吴老师的口中栩栩如生地展现出来。灿烂的笑容、激情洋溢的课堂，我羡慕得都快嫉妒了。

初识　吴老师的爱感染了我

我并不是吴老师的嫡系学生，读研时忙碌、紧张的生活也没机会结识吴老师，直到参加好友陈王玫的婚礼，才第一次见到吴老师。短暂的相处，却难以忘怀。怎么会有这样好的老师？为了给学生证婚，她千里迢迢从武汉赶到江西一个县城来。没有架子，也不高傲，从见到她的第一瞬间看到的就是她发自内心的灿烂笑脸，像一道闪亮的光照耀着我的心房。吴老师给王玫证婚的时候，我感受到的是老师为自己的学生找到了终身幸福后的由衷喜悦之情，那话语铿锵有力，爱意满满。那时候我就想，我将来举行婚礼要有这样的老师祝福该多么幸福。在王玫的婚礼现场和吴老师还有海叔一起拍合照的时候，吴老师竟然挽着我的胳膊，顿时，我感受到的是妈妈对孩子那样的亲切和爱护。吴老师这一个小小的动作让我受宠若惊，让我终生难忘！我终于明白为何那么多学生叫吴老师为“吴妈妈”了。

“等会你来我休息的酒店，我们聊一聊。”吴老师对一起参加婚礼的另一个华师毕业的同学说。在酒店，吴老师跟那位学生谈了一个多小时，我们在旁边听着吴老师教她怎样成熟、理智地去对待感情问题。初识吴老师时感受到的是亲切、自然，那一刻吴老师对同学感情问题的关心和指点让我震撼，让我佩服，让我感动得想流泪。这简直就是一位妈妈对自己孩子的引导啊！

深处　和吴老师建立了深厚感情

就这样，我和吴老师加上了微信，保持着联系。第一次去吴老师家还是我从苏州放假回武汉的时候，那时我小心翼翼，毕竟和吴老师没有太多的交往，也从未到过大学老师家做客。没想到到了吴老师家，她的那种热情、豪爽、亲切、自然顿时让我消除了紧张和担忧。吃饭时她不停地往我碗里夹菜，说："志婷，你这么瘦，多吃点肉。"后来，我从苏州调回武汉，每一次我去吴老师家都尽情享受她和海叔的厨艺。有一次她看我特别喜欢吃腌萝卜干，走的时候非要给我装一瓶不可。哇，我心里乐得美滋滋，那味道真是"爽歪歪"，让人回味无穷。

坚守　我们的友谊情长绵绵

认识吴老师之后我一直在想：到底是什么让吴老师对自己的学生像对自己的孩子那样给予如此真诚博大的爱呢？看完吴老师的《我爱这土地》之后我知道了答案，更加真实地了解到吴老师的人生经历，也更加深刻地明白吴老师为何坚守自己的教育之梦。我正是因为吴老师的影响而喜欢教育事业，带着感恩之心传承薪火。未来的路还很长，我想我和吴老师的情谊也会因为初心相同而绵绵长久的！

志婷是一个清纯可爱的女孩，我是在参加王玫的婚礼上认识她的。2015年她从语文学科教学论专业研究生毕业后，先在苏州高新区公办小学任教。心怀远大志向，两年工作经历让她更加坚守自己的教育梦想，为了未来长远发展，也为了离家乡更近，她终于在2018年考回到武汉，目前她在武汉一所高校从事对外汉语教学和留学生管理工作。

多么幸运，让我遇上您

语文学科教学论 14 级　赵靓

中学毕业时本科我就填报了华师，但未能如己所愿。于是，桂子山对我来说成了一个神圣又伤感的地方。报考研究生时，我还是选择了华师，因为心向往之。也正是这样，才能遇上您，我亲爱的吴老师。

与您的相识是一种缘分，是一种幸运。在研究生院的“教师风采”页面，我看到您和学生的合照，您带着那让人忘不了的温暖笑容。那一刻，我就不停地想，如果我能做您的学生该有多好。之后我就在网页上不断搜索您的信息，想要多多地了解您。功夫不负有心人，在华大在线的一篇新闻报道里，了解到您和自己的学生们有一个 QQ 群——华师港湾，于是，我怀着紧张又激动的心情搜索了那个群，很顺利地就加入了您组建的大家庭。和您的师生情就从这里开始，而越走近您才愈加发现，您不只是一名好老师，还是一位好妈妈。

当我还不知道考研成绩的时候，您对我大加鼓励，告诉我要相信自己；当我因为复试而忐忑不安的时候，您对我悉心指导，给了我很多的帮助和信心。终于，我如愿来到了桂子山，走进了这个梦寐以求的校园。在这里，开始了我的新生活，也见到了亲爱的吴妈妈。对我来说，这已经再幸福不过了。

正如月有阴晴圆缺，凡事好像都不会过于圆满。原本以为可以做吴老师的学生，却得知您今年就要退休了，不会再带研究生，这是来到桂子山以后，最让我难过和遗憾的事情。可我知道，吴老师您真的辛苦了，为了学生呕心沥血几十年，是该好好休息一下了。我也相信，就算没能成为您的弟子，您对我的关心一点也不会少。于是，每过一段时间您都会叫上我们一起去吃饭，每次都点上一大桌我们爱吃的菜。吃饭间隙，您会询问我们的学习、生活情况，有什么好书也都会送给我们。到现在我还记得那次晚饭过后，您在送我的书上签名，我抱着那本书兴奋了好久。在我心里，那不仅仅是您的亲笔签名，更是您对我们的一种教诲和传承。看到那本书，就会想起我的生命中曾经有这么一位老师，一个好妈妈。

再后来参加了您的六十岁寿辰暨退休宴会，感慨万千。从全国各地赶来的学生纷纷为您献礼，他们都好优秀，都是您的好学生。仪式上，您几次落泪，我们都明白，您是舍不得奋斗一生的讲台，更舍不得大家。但是请您不要伤心，您的学生会在您的引领下走上讲台，而您永远会是我们的榜样。

时光飞逝，来到桂子山已经快一年了。细细回想这一年很多美好的记忆都与您有关。那感觉就像是，我看到湖北中新网那篇关于您的报道，题为《校园里过端午：粽子里有妈妈的味道》，我知道，那就是您最真实的样子。

亲爱的吴老师，我永远爱您。

靓靓是通过网络与我取得联系并报考华师文学院语文学科教学论研究生的。在我的印象中，她聪明好学又坚持不懈，经过努力终于圆了自己的华师读研梦。她是一个懂得感恩的孩子，特别懂事，虽然我不是她的导师，但她还专门来参加我的六十寿辰暨告别讲坛联欢会，并与同学一起送来温馨的祝福，真的令我好感动，好幸福！

浓香的桂子山上，那里有妈妈的感觉！

语文学科教学论14级　胡静

一山一世界，一爱一座城。那座美丽的江城，城中优雅的桂子山，曾经无数次地在我梦里出现。正因为有了您，在听到那座城的名字的时候，我会感觉异样的亲切和温暖。

——题记

去年三月，春光明媚，暖意融融。我不断地刷新着电脑荧屏，心绪也轻轻地开始飞扬，飞到远方的江城。在那边，阳春三月会是怎样一幅美丽的画面呢？纷飞的思绪突然被屏幕上的一行文字打破："拟录取。"啊！我高兴得跳了起来，我终于考上了梦寐以求的华中师范大学研究生。除了和家人说了这件开心的事情，我还和一位老师发了一封邮件分享了这个好消息，她就是我的未曾谋面的老师妈妈——吴妈妈。

和吴妈妈的相识是在2013年。同样的，那也是一个春意浓浓的下午，但当时的心情却特别低落，我在考研过程中以几分之差与华师擦肩而过。徘徊在找工作和继续考研的两难选择之中的我，却意外惊喜地从本校学姐那得知吴妈妈的邮箱地址，学姐是华师文学院的研究生，她告诉我："吴老师是一个非常负责并且对学生很好的老师，如果你还想继续考研可以给她发封邮件咨询一下。"拿着邮箱地址，我思考了很久。是的，华师确实是我的梦想，难道就这样放弃吗？于是，我鼓足勇气给吴妈妈发了一封邮件，咨询一下有没有可能调剂到华师的其他专业。第二天下午，手机突然响起来了，显示的是一个武汉号码。我迟疑地接了，电话里传来响亮而又焦急的声音："你好，你是胡静同学吗？文学院今年考研分数都很高，你赶快想办法调剂到其他学校！"这个老师焦急的声音让我一时间愣住了，但一种难以言说的感觉却涌上心头。对于吴妈妈来说，我只是一个普通的陌生学生啊，而她，华师的老师，却给我打电话了！这对于一个考研的学生来说，是一种莫大的鼓励。更令我忘不掉的是她焦急的声音，这种声音只有在平时遇到困难时妈妈才会有的！从此，我便决定了继续考华师。不仅是因为追寻教师梦，不仅是因为美丽的江城，不仅是因为浓香的桂子，还因为那里有妈妈的感觉！

去年九月，我如愿以偿地考上了华师！长江上的游轮、街道上的周黑鸭、武大的樱花、桂中路两旁的参天大树、文学院的浓墨飘香、佑铭体育馆的活力四射……一切不再只是梦！

是的，一切不是梦，我终于可以见到吴妈妈了。和班上的洋洋、靓靓一起去吴老师的家里，第一次见到您，非常激动，发现您真的和华大在线里的图片一模一样，只是现在稍稍变胖了一点，可能是和您的膝盖疼痛有关。后来，您就经常喊我们去您那里吃饭，把我们当成自己的女儿，叮嘱我们有时间就过去玩，教我们怎么安排研究生学习计划，给我们示范如何上好一堂课。记得您告诉我们："当一个好老师，一定要有激情，激情才是最重要的东西！"是的，只有激情才能使一名老师热爱自己的事业，只有激情才能使一名教师爱护自己的每一个学生，只有激情才能不断地使自己去奋进。时间飞逝，转眼来到华师快一年了，即将走上教师实习岗位上的我，将传承吴妈妈的"激情"！

2015 年 8 月 3 日

静静是我退休后的非直系研究生，她是从网上和我交流认识的。对于她的每一封邮件我都认真地回复，或主动打电话或发消息询问她的情况，在她困惑的时候尽我所能地给予帮助。在她看来这是老师的恩情，但在我看来遇到优秀的学生是我的幸运。我和静静就这样保持着沟通、交流，入学后甚至毕业后我都一直关注着她的成长。

“华师港湾”永在心中

中文10级　刘灏

亲爱的吴妈妈：

见信好！好久没见您了，心中甚为想念。常在梦中梦到您，醒来在微信朋友圈看到您和海叔叔恬静而美好的生活，心中便得到了极大的慰藉，偶尔的视频聊天更是仿佛让我回到了您身边，真切感受到了您的爱。

毕业一晃快四年了，然而上学时的情景却总历历在目，毕业的时候不知愁为何物，一心奔赴自己适应社会的战场。回首当年求学路，因为有了吴妈妈，回忆里总泛着温暖和甜意。

2010年3月20日，是我和吴妈妈认识的日子。当时，在电话里听到吴妈妈的声音，就觉得您定是一位热情、包容，对学生拥有大爱的教授，而见到吴妈妈本人后就更深切地体会了吴妈妈对学生的大爱和无私。那时候作为中文系研究生的我们，常常和小伙伴结伴一起去您的大学语文课堂蹭课。您对学生的自主学习意识和创新思维的培养、发掘让我们深受触动，大学语文在您的讲授中已经完全超越了它作为一门课程存在的意义，它正在实现着大学育人的终极目标！您总是鼓励大家结合切身体会走进文本、解读文本，一篇《陈情表》在您声情并茂的解读中，大家在不知不觉中潸然泪下。您总说大学最重要的目的是教会学生做人，我们从您的身体力行中看到了自己身上的闪光点，开始发现生活中点滴的美好，感恩生活中一切的经历。

我是西南边陲的孩子，远赴千里来武汉求学。在认识了吴妈妈以后，每一个节日都有了一个意义非凡的过法——吴妈妈家庭团圆聚餐。一个个粽子、咸鸭蛋、月饼，里面都有妈妈的味道，有家的味道，这对异乡求学的孩子来说是莫大的慰藉。经常的聚餐也让我认识了很多优秀的同学，毕业后虽大家各奔东西，但“华师港湾”永远在我们心中。

十分羡慕您带的“满珍班”的孩子，他们能在您的精心呵护和陪伴下成长，但同时也希望自己能够努力工作变得更加强大，以后可以保护吴妈妈。

您也有自己的孩子，可是我们总觉得您对学生的爱胜过对自己孩子的爱，这就是老师的大爱吧。走上教师岗位的我，面对来自世界各地的留学生，我时常会想起您对我们的爱心、耐心和责任心。刚开始工作定然会面临诸多困难，但我都一一克服并得到了学生的爱戴，这时的我才深深体会了真正意义上的“桃李满天下”：这是一种师德师风的传承与播撒，是一种大家风范的熏陶与传播。

如今怀孕七个多月的我，对您越来越感激，能够在华师遇到您、认识您并且成为您爱的孩子，这一切都太美好。依然记得您在我婚礼上的致辞，人生的重要时刻因为有您的见证和祝福而更加厚重和值得回味。我马上就要成为一位妈妈了，我希望自己可以成为像您一样的、一位心怀大爱的“老师妈妈”。

祝吴妈妈和海叔叔身体康健、天天开颜！

2017年5月31日于云南昆明

我和灏灏真是有缘。她读研期间找的男朋友竟然是我侄孙的大学室友。说来也巧，认识不久我的腿部受伤了，但只要我有课，她就和学友黄辉一起早上7点多从南湖赶来，在华师8号教学楼前搀扶我下车，有次下大雪她还专门从校外打的士进华师校园送我回家。灏灏聪明、漂亮，性格活泼、大方，智商、情商极高。为了表达对我的爱，结婚时她专程从昆明赶来，请我当她的证婚人，见证她的幸福，分享她的快乐！

贵人福缘

文字学11级　吴晓佳

人生总是有很多十字路口，每每回想起来，就会对自己一路走来关心过、帮助过自己的贵人感念不已。吴满珍老师就是我生命中的贵人，让我感动的点滴太多，我又在多数情况下对情感的表达十分内敛羞涩，故借此文选择并不全面的一些点滴，慢慢将心中许多感动展开。

能和吴老师结缘是从我决定读研开始。那时的我，站在人生十字路口，到底考不考研，考哪所学校，选什么方向，都是我思索的问题。母亲的好姐妹张芳芸姨妈得知我的情况后，马上将吴满珍老师介绍给我。不想，这样的结识，注定了我和吴老师之间深深的缘分。大师级的老师，却对学生们有着亲人般的关怀。我和她同姓吴，她对我的这份关心，让我更愿意叫她“姑姑”，就像吴老师带过的许多学生对她妈妈般的温暖忍不住称她为“吴妈妈”一样。姑姑对我复习考研的事情十分关心，让我涌起努力奋斗向大师靠齐的决心。复习的日子里，我基本上都是五点起床，有时候三点就会起来，不论多辛苦，心里都充满了斗志。在等待成绩的日子里，我最记得姑姑对我说的话：“我是一个有福气的人，和我相处的人也一定会很有福气的！”感谢姑姑的这些鼓励，让我在知道成绩的那一刻，想马上冲到她面前说：“姑姑，谢谢您！您的福气我接到了！”

入学的第一天晚上，我正在打开水，突然接到姑姑的电话，她关心我到学校后的各项情况。我清晰地记得当时自己站在走道上接到电话，夜风习习，心里却一阵阵感动：没想到姑姑对自己如此惦念，入学了还想着问我环境适不适应，生活好不好。

这样的感动，在读研的三年期间持续温暖着我。每年毕业季，姑姑请学生们吃饭，都会叫上我，甚至还会邀请我们去家里做饭、交流，她对学生毫无保留的爱和深情感染了我们每一个人，这样有着大爱的老师，这样对学生关心至极的亲人一样的长辈，怎能不得到我们的喜爱和尊敬?！姑姑还有一个打动人心的特质，就是特别的乐观，你永远都可以看到吴老师对生活的笑脸。我也由此深受鼓舞，无论生活经历什么，都要像姑姑一样热情而充满活力地生活。

毕业后，我也做了一名教师，并且组建了自己的家庭。尤记婚礼当天，姑姑在有事情无法走开的情况下，专程打的来到婚礼现场给我祝福，再回去办事。

这样的点滴太多太多……我能在人生路上遇见姑姑这样的贵人，何其幸哉！这样的福分，这样的感念，行文至此也无法传其一二。唯愿姑姑身体健康，笑口常开，享受人生每一天！这是来自学生、来自侄女的最深切的祝福！

晓佳和我的缘分也许是同一个“吴”姓的原因吧！来华师文学院读研之前，她曾是陕西某大学的学生，因为她偏爱语言文字的研究，我的大学同学希望她来华师读研。当我和晓佳交谈之后，认定她是一棵研究语言文字的好苗子！于是，我帮她请得力的专业老师指导。功夫不负有心人，她最终以高分如愿读研，从此学子队伍中又多了一位称我为“姑姑”的优秀学生。目前，她在武汉一所高职专科学校任教。

最可爱的人

现当代文学12级　马亚颖

魏巍说，最可爱的人是解放军战士；而我说，在我心底，最可爱的人是我最亲爱的老师——吴满珍老师。三年的研究生生活转瞬即逝，一转眼我就毕业了，坐在窗前，回忆着我和吴老师之间发生的点点滴滴，感动而可贵。一次我们不期然的相遇，吴老师悄悄地走进了我的世界，像一束耀眼的光芒时刻照亮着我的心房，让我感受到内心的温暖和巨大的力量，不断给予我前进的信心和不竭的动力。亲爱的吴老师，我最爱的老师妈妈！真好，我能遇见您！

缘来是福

我是华中师范大学12级现当代文学专业的一名普通学生，和吴老师相识是在研究生二年级的上学期，那时候我在文学院兼任本科生助教。一次在博雅园吃饭，恰巧碰见了吴老师和她的研究生何恬（也是我的好友）一起吃饭。还记得当时的情景：我从大概隔着两张餐桌的距离看过去，一眼看到的就是一张盈满了笑容、亲切和蔼的脸庞，随后吴老师特别热情地邀请我和她俩坐在一起吃饭。说实话，此前我就听何恬和其他同学说过文学院有这样一位大名鼎鼎、深受广大学生喜爱和尊敬的名师，在我的内心深处也早已种下了崇敬的种子。今天见到了吴老师本人，而且，她还这么热情地邀我一起吃饭，我心里真的是乐开了花儿。

就这样边吃边聊，在吃饭短短的二十多分钟里，吴老师一直询问着我的个人情况，关心着我的学业。那一刻我的心里异常温暖，在武汉求学，除了偶尔打一两个慰问电话的父母之外，能这么细致贴心地关心我的人，吴老师是头一个。同时，吴老师还当场给我布置一项任务，就是让我在下周帮她上一节课，放一部电影。我当时很惊讶，因为我想毕竟吴老师才第一次认识我，她居然如此信任我。也许放电影并不是一件难事，但是吴老师这样的一个举动着实让我很感动、很开心，作为一名学生能得到一名还不了解我的老师的信任是多么荣幸！我欣然答应了吴老师。

在那一刹那我就知道，我遇到了贵人了，我遇到了一位多么难得的好老师！我也没想到，就是这一转眼和一顿饭的相识，让我有幸慢慢地走进了这样一位内外兼修、德高望重的老师心中。就这样，第一次和吴老师的意外相遇，从此以后，开始了我们师生二人的温暖情缘。

爱驻心田

和吴老师认识以后，她经常主动打电话让我去她家里吃饭，让我有困难找她，在学校有课就提前打电话让我过去陪她吃饭，实则总是她买单。她给予了我太多无法用语言表达的温暖和感动，而我却很少主动和她联系，但这些我都看在眼里，记在心里。研三毕业这一年写论文和找工作迫在眉睫，每每总是吴老师打电话关心我写论文、找工作的情况，不断给我提供各种就业信息，不断给我鼓励打气。有很多个早晨，一起床我就接到吴老师的电话。如果这一天我能接到这样一个电话，那么这一天我无疑就是最幸福的。

写毕业论文的时候，由于我的大纲始终未达到导师要求而没通过，经过了多次修改后我很沮丧，我立刻想起了吴老师。看到她发的照片，知道吴老师在外旅游，可是我仍然发了一条微信给老师，因为我知道她一定会看到，一定会尽全力帮助我。果然，到了第二天，吴老师一回到家就立刻给我打电话，指导我的论文大纲，指出我的问题症结所在，让我很快明白自己的疏忽之处。不仅如此，吴老师还亲自上网给我查找资料，推荐给我学习和参考。

每当我感到沮丧、无力的时候我就会想起吴老师，因为我知道，只要在吴老师那里，我就一定会重获能量。在我心底，吴老师永远拥有着其他任何人都不能取代的位置。

情真意浓

说实话，我是一个看似活泼开朗实则羞涩内敛的人，最初接触到吴老师，我总会觉得我只是个“外人”，我并不是老师“名正言顺的学生”，我只是“吴老师学生的同学”而已。我会给自己贴上这样的标签，并且不断提醒自己。虽然吴老师很热心，也许吴老师只是出于礼节客气一下，我应该自觉一点，不要总是打扰吴老师。后来，我发觉完全不是这样的，我的心渐渐地被吴老师的爱融化，因为在吴老师眼里，我们所有的学生没有任何区别，她的爱是那么的广博，是那么的无私。

每次到吴老师家，她和叔叔总是那么的热情，那么的贴心，不断为我夹菜，让我多吃一点，离开的时候还要打包带到学校，说实话我真的挺不好意思这样又吃又带的，可是她和叔叔总是说："现在吃不下，回学校还可以吃，就不用去食堂了啊。"每每听到这些，我在温暖感动的同时，还有一种酸酸的想哭的冲动。我的老师妈妈啊，您总是这样的贴心，总是这样为我们考虑，您为了我们付出了太多，总是往我们心底最深的地方不断输送着温暖和能量。有时候看到您的白发，我心里真的特别难过。希望您和叔叔一定保重身体，每一天都要平平安安、快快乐乐的，这是亚颖心底对您和叔叔的最朴实的祝福。同时，还要请老师原谅我的身不由己，由于学业、工作等各种原因，我没能经常如愿去看望您和叔叔，但是请您相信亚颖，只要有时间，我一定常回去看望您！您那张永远灿烂的笑脸是多么温暖人心啊！

从吴老师身上，我不仅收获了爱，同时还学习到了太多太多。我时常想，吴老师为什么能受到这么多学生的爱戴，是因为她付出了太多的汗水和心血，对学生倾注了太多无私的爱。在我的心里，我认为用"可爱"这一词来形容吴老师最恰当不过。什么是可爱？热爱工作，疼爱学生，无私奉献，吴老师当之无愧！

亚颖是华师文学院现当代文学专业的研究生，和我的研究生何恬是好朋友，我和亚颖是通过何恬介绍才认识的。亚颖特别聪明，乖巧懂事，招人喜欢。虽说我不是她的导师，但她也会主动热情地为我做事，在我举办讲座时，她连夜加班帮我制作PPT，让我感动不已。读研期间她成绩优秀，爱情学业双丰收！当时，每年春节后学生来我家聚会，她都会带上男友一起参加。婚后，她和延松都在武汉工作，每到节假日就会享受到来自他们的问候和祝福！

我与吴老师的“四部曲”

现当代文学13级　黄素颖

相逢是首歌

“你曾对我说，相逢是首歌，眼睛是春天的海，青春是绿色的河……”正如歌中所唱，相逢本就是美好和不可预知的，一直相信有些相逢是命中注定，就像茫茫人海中，有些人转瞬便消失在各自的生命里，有些人却能深深烙进心底。

走进研究生宿舍的第一天便遇到了一个爽朗朴实的女孩，或许人和人之间都有可以吸引对方或者排斥对方的固有元素，所以一些相遇只是擦肩而过，而有些相逢却是走进了心底。没有任何的伪装和刻意的接近，我和恬恬成了闺蜜，就像我们自己所说的那样：和对方在一起就像和自己相处一样随意舒心。时间的流逝、世事的经历让我们自然地为对方着想、为对方担心和分担，走得越远反而靠得越近。

作为吴老师的弟子，她时不时地总对我说起那如同妈妈一样的导师，还给我看照片，炫耀导师对她的关爱和导师看不出年纪的笑容，还有导师那帅气儒雅的先生。私底下我们还打趣：“等我们像吴老师这么大了也要像她一样年轻！”每次恬恬从吴老师家回宿舍，总能带回吴老师先生李叔叔的养生秘笈：晨练、泡红枣……我们也屡试不爽。慢慢地吴老师也通过她知道了我的存在，记得有一次吴老师还让恬恬给我带来红鸡蛋，分享她做了外婆的喜悦，那是我第一次吃到吴老师特地为我带的东西，我吃得很认真、很开心，一种说不出的感觉记在了心底，那个鸡蛋的味道至今还记忆犹新。后来，吴老师每逢节日总会让恬恬带给我专属节日的食物，作为一个普通的甚至与她还素未谋面的学生，我心底有说不出的感动。

再后来，恬恬因毕业找工作而四处奔波，吴老师也因为常年的讲台生涯膝盖半月板出了问题行走不便，只要吴老师有课，恬恬总是会去陪伴吴老师。不巧的是，她要去南京考试的那天吴老师有整天的课，恬恬走前不停地念叨：谁给老师搬板凳？谁给老师倒茶？中午吃饭去食堂谁搀扶她？虽然吴老师还有其他的学生，但是恬恬除了自己谁都不放心！此时的我，什么都没想立刻就告诉她："交给我吧，我一定帮你照顾好吴老师!"她看看我，似乎觉得除了我也没有更合适的人选供她差遣，就这样我接受了这个光荣的任务。更让我惊叹的是，过一会她递给我一张纸上面写满了我应该注意的事项，大大小小七八条：几点起床，几点到8号教学楼，几点去教师休息室，在哪里搬板凳，怎么打开多媒体……"受人之托，忠人之事"，更因为我小小的私心也想见见这位关爱我这么久的老师，头天晚上我早早地收拾好书包睡下了，就像明天要去考试一样有种莫名的激动。终于，因为恬恬，我见到了吴老师：和照片中一样的和蔼可亲，和我想象中一样的气质高贵，虽然不曾见面但是丝毫没有距离感，反而很亲切，这就是吴老师的魅力。我按照恬恬的安排做好了上课的准备，也有幸听到了吴老师的大学语文课。那么大的教室，吴老师不用麦克风但气场十足，讲授谈吐之间气质儒雅。那时，我默默告诉自己：以后毕业做了老师，要像吴老师这样！可以说，此前我是被吴老师博大的情怀感动，而这时又多了一份敬佩，短短的相处吴老师却记得了我，还给我道谢，作为一个学生我受之有愧。此后，和吴老师见面的机会渐渐地多了起来，也越来越喜欢这位如同妈妈一般的老师！感谢恬恬！感谢缘分让我和吴老师有着如歌般的相逢！

小手拉大手

"因为你的微笑幻化成风，你大大的勇敢保护着我，我小小的关怀喋喋不休，感谢我们一起走了那么久……"相逢之后便是美丽的相处、相知，和吴老师一起走过的日子总是那么美丽。

每次聚会吴老师总记得我，也因为这样我结识了很多朋友；每次有锻炼的机会吴老师也会记得我，因为这样我看到了很多以前看不到的东西；每次有好吃的吴老师更会记得我，我永远记得那天晚上吴老师在厨房给我做蛋炒饭的背影。吴老师就像家里的长辈一样见面后总说"素颖又瘦了"，其实事实并非如此，就像工作后的恬恬特别明显地胖了一大圈，吴老师还是固执地说："你们都瘦了。"我想这就是常说的情感的存在干扰了对事物的认知吧！所以，在吴老师家吃饭我们一定是被吴老师劝到撑到极点，吃完后还会给我们带很多食物，生怕饿到了我们。私下里，我们都明白在吴老师家吃了中午饭回学校后不用再吃下午饭，更深深地体会到了有一种饿，是吴老师觉得你饿！这种只有家人才会给予的关爱，吴老师一直无私地给予了我，远离家乡在外求学有这样的一份关爱是多么的弥足珍贵。

除了生活上无微不至的关心、做人处事上的点滴指引、学习上的点拨，在学生最为重要的求职期间，吴老师更是一路陪伴。竞争压力巨大的今天能获得一份心仪的工作实在不易。从投简历到表达，从选择到考试，从初试到复试……我走的每一步都有吴老师的指点，是她的大手总是拉着我的小手！当我几乎绝望的时刻，吴老师更是想尽所有的办法帮助我；当我守得云开见月明的那一刻，第一时间想到的就是吴老师，她那种溢于言表的开心让学生永生铭记。

或许，身份的差异决定了学生和老师的关系天然地存在一定的距离，老师本就让学生敬畏，而研究生导师有着更多的工作和课题，一般而言师生关系能像我们这样近的的确少之又少，我除了感谢别无他语。

我怀念的

“我怀念的是无言感动，我怀念的是绝对炽热……”在桂子山的三年有太多值得我怀念的情愫，吴老师是我所怀念中不可缺少的一个部分。我知道所有的相逢都有离别，吴老师送走我们就如同家长送走远行的孩子。老话说得好，离别是为了更好的相逢，我不想把离别归到苦涩和哀愁中。

岁月在不经意间流逝，谁也无法留住时光，谁也不能让时间停歇。只有在最美的年华里，让光阴开出灿烂美丽的花朵，珍藏着生活中的小感动，懂得世间的清欢冷暖，在细碎的光阴中，才能打磨成浑圆美丽的人生。总会有一些故事，在旧时光里回忆，并不是每个朋友都会一直并肩同行，当免不了分离时，时间就会慢慢开始冲刷记忆，少了些嘘寒问暖的问候，少了些侃侃而谈的聚会，少了及时而至的关怀。但是，总会有一些人，会成为生命里的永恒；总会有一些感动，让我时常拿出来回忆。岁月在滴答滴答的钟摆摇动中渐行渐远，我知道唯有珍惜才是最好的感恩：珍惜和吴老师的相逢，珍惜吴老师陪我走过的岁月，珍惜吴老师对我不求回报的关爱，珍惜吴老师为我做的点点滴滴。

漂洋过海来看你

我和吴老师的相逢、相识本就如歌一般美丽悠远，当我回忆起从最初到现在的点滴，这些歌名自然地浮现在我脑海。最后，还想告诉吴老师一首歌：《漂洋过海来看你》。因为当我和恬恬离开的时候，都会不由自主地商量下次什么时候再来看吴老师，或许生活、工作、琐事会给我们太多的牵绊，但是我们一定会来看您，不管我们身在何处都会像吴老师一样积极地面对一切，好好地生活，愉快地工作……

感谢生命中的那些相逢，感谢一直陪伴我的老师。我很珍惜有你们的日子，是你们陪着我健康成长，是你们陪着我一路前行。且行且珍惜！

和素颖的相识也是通过何恬介绍的，她是何恬在华师读研期间的室友、闺蜜。记得那是在我膝关节磨损、半月板破裂疼痛厉害期间，平时跟堂照顾我的何恬要去外地参加任职应聘考试，虽说有其他同学陪同，她还是不放心，专门派素颖来照顾我。从此，又多了一位对我体贴入微、关心有加的学生女儿！素颖非常优秀，智商、情商极高。她不仅与何恬一起当我上课的小帮手，为我精心制作的讲座要用的PPT，而且我到武汉几所高校作“孝心不能等待”的讲座她都全程陪同，遇到PPT制作的技术问题还多次打电话向远在重庆的男友请教。现在的素颖在重庆的一所学校工作，成了一名特别受学生喜欢的好老师，生活得很是幸福！

中文本科篇

从 1985 年开始，吴满珍一直与华师文学院本科学生有着密切的往来，这部分学生往往是通过以下两种渠道结识到吴老师的。首先，吴老师曾是本科生实习的带队老师，在指导学生实习的过程中，吴老师从学习、工作到生活的无微不至的关怀感动着大家。对待学习和工作，吴老师是“严师”；对待日常生活，吴老师是“慈母”。一碗冒着热气儿的莲藕排骨汤深深烙印在学生心里，对吴老师的感激之情在接下来的文字中展现得淋漓尽致。其次，文学院的写作概论课上也曾出现过吴老师的身影。语文来源于生活，写作也来源于生活，吴老师的写作课就从日常生活入手，激发学生的生活感受力，从而写出真情实感。后来，这一批写作课的部分粉丝就转移到了吴老师的主阵地——大学语文课堂。

中文本科的学生人数虽少，但他们与吴老师的情感如钻石般永恒闪耀。因为专业出身相同，吴老师会在不经意间给予他们更多专业上的指导。“又见那一帧画面/笑吟吟的你着一身红呢/青春的欢声正在你四周飞扬、飞扬！”回首过往，青春的欢声依旧萦绕耳畔！

火红的记忆

——致我的老师

中文85级　汪新华

一

是清泉
——不止是清泉
润一片桃李的芬芳
是煦风
——不止是煦风
拂一树夏日的荫凉
是蜡烛？是春蚕？
不，这些都不是
因为在你的身上
总有燃不尽的火热
和散不去的古道侠肠
你是远天洋流中的一座丽岛
用你的阳光、沙滩和贝壳
悦纳每一只漂浮而来的帆船
连着那随楫而起的波浪
你是青崖绿峰间的一方红岩
如纛，如帜，如火，
如亮丽的标杆，坚韧地
总是赫然立在我们的前方

二

二十八年前的夏日
一个火红的季节

红的砖楼
红的衬衣
映着你红彤彤的笑脸
我们与你初次相识
初次相识的
还有你
慈眉善目的母亲
儒雅的丈夫
绕膝而欢的女儿
还有你
老旧的单车
低矮的小凳
吐着红焰的炭炉子
你殷勤地让座、沏茶、询问
我们也殷勤地
不安地起坐答礼
但在你温婉的语调中
我们忐忑的心事
倏忽消弭遁迹
你不时迸发的爽朗的笑声呵
更透着豪情侠义
如朝暾，如晨曦
顿时炫亮了我们久已迷离的心池
从此，我们开始象牙塔外的征程
彼此默契，一路畅意

三

是明酽的霞色
染红了暮归的鸟鸣
是金色的沙滩
醉迷了漂泊的帆影
温馨的驿站
给每一个旅者温馨

但不是每一个旅者
都有这样的幸运
而我们
就是被你关爱的幸运的旅者
自始至终，从往及今
幸运地聆听你如溪如流的开悟
幸运地贪占你似酒似蜜的真醇
简易的红砖房里
你总有取之不尽的
书籍、衣物、钱票和鸡汤
充实我们饥渴的大脑
抚慰我们失窃的惊魂
滋补我们缺钙的身体
唤起我们明天的憧憬
你儒雅的丈夫总是骑着单车
晚接早送，车夫一样
已然没了斯文
你稚气的女儿
那是上天派来的精灵
带给我们不尽的欢笑
但少了母亲的关注
有多少苦涩独自担承
我们贪婪地无知地享受着你的付与
享受中，还有你激情岁月里
如火的追求，甜蜜的爱情
我们注定是前世有缘
才有今生这般萍水深恩
我想，你心中的圣灵
一定是杏坛上的那份尊严
和你面前那一道道饥渴的眼神
而这就是你一生最美的追求
最美的追求中寄托你圣洁的忠魂
而今，你已功成身退

却依然洋溢着火热的青春
你依然会穿一件红色的旗袍
衬映你体态笔直丰盈
簇拥在你身边的
依然是青涩的学子，虔诚的身影
呢喃交语，喜你玉润金声
促膝聆训，喜你柔色可亲
以你的名字命名的班级
称呼你“老师妈妈”的学子
再一次传诵你的清誉美名
动人的故事演绎了新的育人高度
而你依然风雨兼程

四

七月流火，九月授衣
一泓清可，冷暖自知
两个月的受教，很短
但我认定了
你就是我最敬的老师
不知从何时起
我便向你倾吐心语
选择的怨怼，职业的困惑
对人生未知的忧悒
做一个师者并非我的初心
但弓开弦张，棋已布局
所有的烦恼只能隐忍在心底
而老师如你
却可以打开任一扇紧闭的心扉
静听学子的衷曲
——或忧伤，或欢愉
我不记得，但我知道
毕业季，我曾向你
倾倒苦水，诉说坎坷，宣泄愁绪

初为人师时，我曾向你
讲述新奇的体验，成功的感受
爱与感恩的故事
成家、育子、仕进
每一步我都会向你告白
每一次我都是一番叨叨絮语
而你静听在侧，笑意盈盈
偶尔的插话，也是充满鞭策和勉励
你从不作凌人的道德标榜
也从不吝啬溢美的文辞
谦恭礼待，你如友
仁心慈颜，你如师
善解人意，你如姐
爱怜呵护，你如姨
你柔肠和悦，可化金钢绕指
你慷慨豪爽，堪比女中丈夫
二十八年，有风有雨有阳光
更有你一直的关注、施舍和扶持
还有你那随季节流转的
永远亮丽的红色的衣着
托显你神韵风姿
烙刻在我的心海里
此生不移

五

印象中的红砖房
你坐在小凳上
着一身红色绒衣
静守在炭炉旁
炉中哧哧冒着红焰
炉上飘着鸡汤的醇香
满屋子香雾氤氲
依稀中见你的笑影

和你丰泽红润的脸庞
不曾太多地熏沐于你的学识
但你的高标是我一生的修养
我若能借黄莺清畴
我必为你四季引吭
我若能掬泉以为带
我必绕你三匝，纵情歌唱
唱你火热的情怀
火红的过往
唱你泱泱大爱
山高水长

又见那一帧画面
笑吟吟的你着一身红呢
青春的欢声正在你四周飞扬、飞扬！

2016 年 1 月 7 日凌晨于武昌

汪新华，这个名字在我的朋友圈中不说如雷贯耳也应是耳熟能详！上大学时，他是华师中文 8504 班的班长；1988 年秋季教育实习时，他是我指导的华师二附中语文实习小组的组长。大学毕业后，他留在华师一附中任教，初为人师便成为一名深受学生爱戴的班主任。从教 30 年，他历任华师一附中工会组长、年级主任、副校长兼华师一附中朝阳分校校长，现任华师一附中光谷汤逊湖学校校长。凡是认识他的人，都无不夸赞他的为人、学养和办事的实诚，深信他在今后的事业中能创造出更大的辉煌，收获人生最美好的幸福。岁月如歌，诗歌如画，我们的师生情谊与日月同辉！

师恩深如海

——致我的姐姐老师

中文85级　林晋

和吴老师的相识，是在大四上学期进入教育教学实习阶段。我们那一组的同学有幸被分到华师大附中实习，实习小组的带队老师就是吴老师。

初见面时的具体情形我已经忘却了，只记得那时的吴老师一脸的笑意，给人的感觉就是年轻、温和，一种“腹有诗书气自华”的雅致。我感觉她和想象中的和蔼的刘和珍君有几分气质上的相似，有那样的老师，向来有些胆怯的我少了几分紧张。

新鲜而又紧张的实习生活绷紧了我们每一个人的神经。吴老师一方面亲自听课指导、耐心提意见；一方面加强与学校辅导老师的联系，让他们多教教我们；一方面还关照我们的起居生活。我们的组长，也就是我们的汪新华班长（大家昵称他汪班头），他是第一个正式走上讲台的。吴老师课前其实和我们一样的紧张，还要调整自己，不断鼓励汪班头。好在汪班头做教师的天赋极高，一堂课下来，满堂喝彩。他成为我们小组的一面红旗，课既上出了水平，又鼓舞了士气，更是给亲爱的吴老师吃下了定心丸。让我们难忘的是，周末晚餐时吴老师居然出乎我们意料地提来了香气四溢的排骨莲藕汤，让我们清贫的实习生活增色、增味不少，且不说那美味和营养，单是那份贴心，都会让我们一小组的人回味一生的。还有那一年的中秋节，是我们小组吃的第一餐团圆饭吧，这一吃就吃下了我们逢年过节必团聚的光荣传统。那时的吴老师，就这样一步步地走进我们小组每一个人的心里。

吴老师于我，不只限于这种阳光普照式的关心，还有更深一层是对于我个人问题的担心和忧虑。那时大学规定不能谈恋爱，吴老师得知我有同班同学的男朋友时，一方面是保护和尊重我的个人隐私；另一方面她细致地了解我男朋友的情况，生怕我会受到欺骗和伤害。她总担心我的天真和单纯会经不起世态的炎凉，我一直都能感受到她的殷殷关切。甚至吴老师还把她的先生叫出来一起考察我那总让人放心不下的男朋友。吴老师家的“师父”（对应“师母”的称呼）最后下结论说，这小伙子靠得住，吴老师的一颗心可能就悬挂得低一点了。我想吴老师的心大概一直悬到男朋友变成老公也没彻底放下，又直悬到我和老公解决了两地分居、成家生女的问题才算彻底安心。不，就是到了那时候，她经常还当着我的面谆谆告诫我的老公要一辈子珍惜我、对我好。

吴老师那时对我，是既有师生情谊，又有母亲般的牵挂，还有姐姐般的知心。吴老师的牵挂是无穷尽的，我让她安心了，她又还牵挂着涌儿，牵挂着刘师兄，牵挂着黄月亮、袁昕……牵挂着我们这一组任何一个让她牵挂的人和要牵挂的事。那份牵肠挂肚，有的人知道，有的人恐怕至今不知道。我想，现在，我们这一茬儿都成家立业了，她可能又牵挂着另一茬儿了。

遗憾的是，我这一辈子似乎也无法让我亲爱的吴老师安下心来。吴老师安心的日子没过上两年，我又有了新的让她不安的牵挂：家庭突遭不幸，老公罹患重病。五年前，当老师听说我老公住院，和“师父”李老师一起赶到医院看望我们。我迎到医院大门口，老师还没开口说话呢，倒先满眼含泪了，我的眼泪也哗啦流下来，一是为自己的不幸流泪，二是为老师的那份真情感动而流泪。那时候大家对我的宽慰和鼓励的话都是一样的，老师说话的内容也差不多，但那种感触完全不一样。接过老师递过来的一沓钱，我都没有推辞，我知道那时的推辞会伤情的，会更让老师不安心的。

五年来，老师的电话和探望就再也没有间断过。作为一个学生，让老师如此操心，我心一直都不安；得到老师如此细心的关爱，我一直珍视这份幸运。这次，万般无奈之下，我又一次求助于老师，又是老师联系好医生和床位，终于劝得我老公能入院治疗。

“五一”时，我想打一个电话问候一下老师，老师却出差北京了。五月五日，早上，接到老师的问候电话。上午 10 点，大雨中，老师就来到了病房，提着重重的营养品。我那时看着老师，不知道该说些什么，就傻傻地听着老师不停道歉的话：“对不起，太忙了，出差回来，应酬也多，今天本来李老师也说要来，无奈脱不开身，我们只好兵分两路了。对不起，来晚了啊。”我无语，我不知道我可以说什么，唯一能说的还是那个远远不能表达自己心意的词：谢谢！

我知道什么叫作“师恩深如海”了。我在心里默默地祝福我的姐姐老师一切安好！

越剧《红楼梦》中有句唱词“天上掉下个林妹妹”，我这里所说的“林妹妹”就是此文的作者林晋。她是1988年秋我指导的85级赴华师二附中教育实习的小组成员之一。她不仅学习成绩好，人长得漂亮，内心也很美，大家都特别喜欢她。随着时光的流逝，30多年的师生情谊也越来越醇厚，人称也有了很大的改变，昔日的满珍老师成了学生的姐姐老师，于是我也跟同学们一样习惯地称她为林妹妹。林妹妹毕业后一直在中南民族大学工作，每年节假日都要来看看她亲爱的姐姐老师呢。

桂子清芬　润物无声

中文 85 级　王洪涌

时至今日，我的书桌玻璃板下，还留有一张吴满珍老师站在文学院桂花树前的照片。深秋时节，米粒般的桂花掩映在碧绿的叶子中，映衬出吴老师温暖的笑脸，如阳光般灿烂。这就是我每次想到吴老师的印象：爱生活、爱家人、爱学生的吴老师，就像桂子山上无处不在的桂花一样，用她的爱心，温暖、感染、熏陶着身边的每一个人。

吴老师是 1988 年我念本科时候的实习指导老师。三十多年了，我本科毕业，后来又考研读博，再回到文学院工作，一直到今天，我都和吴老师保持着密切的联系。我不能说我是最了解吴老师的学生，但我跟吴老师师生情谊中又兼具了朋友之情、同事之情，所以，我只能说说我心中的吴老师。

从我认识吴老师到现在，每次见到吴老师她都收拾得漂漂亮亮的：精心设计的发型配上吴老师漂亮的五官，给人一种清爽而又亲切的感觉。一年四季，吴老师基本上都是裙装：各种中式、西式的裙子，或配短上装，或配中长大衣，再加上各种款式的鞋子、靴子，都显示出吴老师独有的风度。就算是外出旅游拍照，吴老师也会戴上各色围巾，不同的围巾不同的披戴方式，让照片中的吴老师呈现出不同风格。

爱美衣的吴老师也爱美食。记得 1988 年秋天我们在华师二附中实习的时候，吴老师一家三口赶到学校将爱心鸡汤送到我们手中，直到今天每次聚会我们实习小组的同学都还对吴老师煨的鸡汤口留余香，念念不忘。我们有幸在吴老师家吃过她亲手做的饭菜，真的是色香味俱全。借助吃饭，我们对吴老师的了解从课堂走进了生活，更加亲近了。

认识吴老师之后，我们也就认识了吴老师的先生李海明老师。李老师性格豪爽、随和，跟吴老师一样关心我们这些学生。吴老师亲切地称李老师为“海哥哥”，有时候他们也在我们面前秀秀恩爱，不过这种“秀”，是他们夫妻感情的自然流露，伉俪情深让人羡慕。吴老师会发一些清晨健身照片，她和李老师舞长绸、打陀螺、打羽毛球、跑步、在各种健身器材上锻炼……两人琴瑟和鸣，如影随形。他们相互敬重、相互信任而又相互依赖，这或许是他们几十年来爱情常保新鲜的秘诀。吴老师有时候也会跟我们聊聊家庭关系中的相处之道，说说她的心得体会。吴老师的言传身教，成为课堂外对同学们的最大影响。

其实我感受最深的是吴老师对学生的爱，我觉得吴老师有一项特别的本领：她能叫得上很多学生的名字。吴老师教的是大学语文，全校各院系的学生选她的课，通常都是大课堂，人数很多。但几次课过后，吴老师就对学生有了大致了解：什么专业，家是哪里，有什么特长……即使在课下，吴老师也跟学生保持着亲密的互动，我想，这就是学生亲切地称她为“教授妈妈”的原因。我曾经试过，如果我的课堂比较小，人数比较少，我大概能够记住学生的名字，但如果是大课堂，人数一多，我可能只能认识一部分学生，我们中文专业和语言专业的学生我能认识，其他专业的学生，我只是觉得面熟，花名册上大多数名字我也知道，但姓名和其人联系不起来，有时候我不得不反复问学生：“你叫什么名字?”每到这时候，我就更加佩服吴老师的这项特殊本领。

能叫得出学生的名字，这还是第一步，更重要的是吴老师了解学生，针对学生的特点给予学生必要的指导或帮助。我看过好几位学生在QQ空间里写吴老师，有的学生家庭困难，吴老师伸出援手帮助了他们；有的学生是免费师范生，但希望能够在更适合自己的领域发展，吴老师帮助他们完成自己的心愿；有的女研究生因为感情问题心里背了包袱，吴老师耐心开导，帮她找到了归宿……这样的例子举不胜举。她对学生的关爱是全方位的，无微不至的。

不过，对于我来说，有两个细节我一直不能忘记。当年在实习前的试讲中，我提了一个问题，有学生回答了，我就让他坐下，继续后面的环节。后来，吴老师提醒我说：“课堂上你提了问题，学生回答了，你一定要及时点评，这样他们才知道自己的回答是对是错。”这个小细节我一直记得。在二十多年的教书生涯中，每次上课提问，我都记得及时给学生以肯定和鼓励，这应该是老师在课堂上跟学生的最及时有效的互动。

吴老师退休后，做了教学巡视员。2015年下学期的有天晚上，我在上“语言与社会文化”这门课，课后我被学生们包围在讲台前解答疑问，这时吴老师突然出现在我面前并对我的课程给予了高度评价，还特别表扬我和学生关系融洽。我笑着对她说：“其实这些都是您对我们的影响呢，三十多年来一直都在。”因吴老师住在校外，天色已晚，我陪她走到地铁站，边走边聊这几年来学校的教学改革和数字化课程资源建设等有关问题。看到地铁站口有卖烤红薯的，吴老师问：“你吃晚饭没?”我说：“这个时间段上课，一般都来不及吃。”吴老师赶紧买了两个香喷喷的烤红薯递给我，我拿在手上心里热乎乎的！三十多年了，吴老师对我们这些学生的爱还依然这么浓！

在桂子山待久了，我越来越喜欢桂花。它不像樱花那样负有盛名，也不像牡丹那样娇艳华美，只是秋天一到，它就散发出幽幽的清香，让整个桂子山都弥漫着浓郁的香味。我常常跟学生讲，在桂子山学习的这几年，希望他们能领悟到“桂子品格”，和风细雨，润物无声，把“爱在华师”的“爱”如桂花清香一般播撒到学生的心田。华师人的这种“桂子品格”，我就是从吴老师身上体会到的，吴老师用她的一言一行，影响着我们。我想，我对吴老师最好的回报，就是把这种爱一届一届不断地传递给我的学生。

谨以此谢谢吴老师对我多年的关心和教诲。

2016 年 1 月 28 日

王洪涌在校读本科时就以勤奋好学、学习成绩优秀出名。她和我的师生情缘也是源远流长，从 1988 年秋季我带她教育实习，到后来她博士毕业留校和我成为同事，再到她 2018 年担任文学院副院长。她爱岗敬业，教学认真负责，工作兢兢业业。她分管的本科教学、实习、辅修、毕业、转专业及各类课程和特色班级建设等工作，均取得优秀成绩！

青松不老师生情

——写于吴满珍老师退休纪念宴

中文 85 级　刘立成

三十年前初识君，
卓豹路上雨纷纷。
亲手煲汤学生品，
尽心授艺职业明。
教育实习两月余，
细语谆谆动江城。
人生有缘喜相逢，
青松不老师生情。

1988 年我带中文 85 级的同学赴华师二附中教育实习，刘立成是实习小组的副组长，配合指导老师和组长汪新华的工作。由于两位组长能力超强，加上同学们的努力，我们组被评为学校优秀实习小组。自此我和这个小组的成员结下了不解之缘，刘立成便是其中之一。无论是在湖北省气象局工作还是到河南高校任教，总是不忘记给老师汇报他的工作，分享他的喜怒哀乐。

和“老师妈妈”的不解之缘

中文 97 级　徐江涛

回首往事，常常不由得惆怅万千，感慨岁月的无情流逝。值得庆幸的是和吴老师的不解之缘，在多年的积淀之后，犹如陈年老酒，历久弥香。

我是华师中文系 1997 级学生，吴老师一直给非中文专业的学生上大学语文课程，如果不是有幸由吴老师指导我们实习小组赴水果湖中学进行师范生的教育实习，那就不会和吴老师结下不解之缘了。

实习时间只有两个月，但在那两个月里，我们要完成从学生到教师的角色转变，要学会独立掌控一个课堂，还要每天奔波于华师和水果湖中学之间。除了指导我们实习，吴老师在校内还要承担大学语文的教学，但她一有时间，就过来看望、指导我们，与我们亲切交流。每次吴老师到来，都能给我们以极大的鼓舞。特别是在我们组每位成员第一次上讲台的时候，吴老师总是能赶来现场聆听，一边听一边详细记录，课后再进行及时的沟通与指正。正是一次次的历练与吴老师细致的辅导，我们在实习期间的表现也获得了校方的好评。

吴老师除了从精神上鼓舞我们之外，还盛情邀请我们到她家中聚餐。这也是我求学这么多年以来，在大学毕业季，第一次去老师家中吃饭。吴老师忙忙碌碌，在吃饭时不停地给每个同学碗里夹菜，像母亲一般关心着我们每一个同学。时隔多年，她还能一一道出我们每个同学的名字。

实习结束之后，我和组里的同学，也是室友的李丹一起考上了本校的研究生。听说我们两个能留下继续深造，吴老师非常高兴。因为有了同伴和师长的陪伴，伤感的毕业季也不那么难过了。

读研期间，总能在校园里见到精神饱满的吴老师，短暂的寒暄，吴老师总是关心着我们的学业、生活。细心的室友还从学院打听到吴老师的课表，课程不冲突的时候，我们总是相约去吴老师的课堂听课。吴老师不用麦克风，即使坐在最后一排也能听到她洪亮而饱含激情的声音。给我印象最为深刻的一课是吴老师结合自己的亲身经历讲解《祭十二郎文》，对父亲的怀念和痛惜一往情深，感人肺腑，吴老师几度哽咽落泪，学生们纷纷拭泪，我们也极受感染。激情昂扬，至情至性，这也是吴老师课堂的魅力所在。一学期结束，吴老师课堂上的学生们总是依依不舍，在学习心得中，学生们总是回顾课堂上的点点滴滴，除了知识和能力的获取与提升，学生们最大的收获，则是情感的洗礼和高尚的人生追求。吴老师也多次获评最受学生喜爱的老师。

读研期间，恰逢吴老师主持大学语文精品课程建设，这在网络和电脑都不太普及的十几年前是一个新生事物。吴老师从北京学习回来，找到了我们几个研究生，我们利用整整一个暑期，确定内容，查阅资料，设计栏目，再配上音乐和图片，反复修改，在一个网络公司的帮助下，大学语文精品课程被制作成了精美的光盘，竟然真的完成了预期的建设目标，这在全省乃至全国大学语文界都是走在前列的。和吴老师一起参加各种学术会议的演示，听到其他高校老师的赞美，我们非常有成就感。在一次全国大学语文学术年会上，很多老师以为我是吴老师的女儿呢。其实，有幸结识吴老师，受到她长辈般的关心爱护，才是非常难得的恩惠，正是感念于此，发自心底对吴老师叫一声“老师妈妈”!

吴老师在主编中华书局版《大学语文》教材时，我刚好写完硕士学位论文，等待毕业。趁着这个空当，我参与了部分资料收集、文稿写作和清样稿校对的工作。吴老师对每篇文章，不论是课文原文还是赏析解读，甚至编者前言，都要反复亲自审读。她有时对着电脑屏幕，一坐几个小时。吴老师一遍又一遍，字斟句酌地予以订正，我则在电脑上予以修改。如此反反复复好多次，读完再改，改了再读。我当时觉得，校对了好几遍的书稿，再做修改仅仅是换了一个说法而已，改不改关系都不大的。吴老师却认为，一本教材，白纸黑字，面对无数师生，既要确保书面语言正确无错漏，同时又要利于教师教学和口语表达，精益求精，自己认为顺畅满意，才能问心无愧。至今，这本教材问世十多年，一版再版，使用的师生不计其数，在众多的《大学语文》教材版本中，仍有其一席之地，当是对吴老师认真治学的一种回报。

参加工作后，我一直以吴老师的为师治学精神激励自己，把吴老师当作人生榜样。吴老师也一如既往地对我们表达着她的关心和厚爱，每当有同学从外地回来，总是不忘提议：“我们一起去看望吴老师吧!”再后来，我们带着另一半、带着孩子去看望她。在吴老师家里，我也结识了更多的师弟师妹，包括吴老师的研究生、大学语文课堂上的本科生、留学生……看到他们，就像看到昨日的自己，而吴老师，依然是那么热情，忙前忙后，脸上洋溢着幸福和满足，记得她说过，和学生们在一起，永远年轻！

谨以此文，献给亲爱的“老师妈妈”，祝您幸福安康！

大学语文圈的老师都以为江涛是我的女儿，因为我曾带她参加过几次全国高等学校学术研讨会，其实我是她教育实习时的指导老师，一个半月的教育实习让我们结下了深厚情谊。无论是本科学习还是在华师读研，江涛的成绩都非常优秀，她的写作能力极强。记得她的硕士学位论文获答辩委员会全票通过，并被评为最佳硕士学位论文。毕业后，她在一所大学工作，进步很快，业务、行政双肩挑，既注重自身业务能力的提升，经常参加全国性的学术会议，又注重高校间的教务管理方面的经验交流，现在她已经成为学校的骨干力量。

桃李不言　下自成蹊

中文 97 级　李丹

这个学期，我带队到荷塘镇的篁湾小学实习。四个月的实习转眼就结束了，其间我大约每两周去看一次学生，如果校长们有空，我也会找他们了解一下学生的情况。最后一次去的时候，自认为对学生关心不够的我向他们表示了歉意，善良、宽容的孩子们说："老师，您来看我们的次数已经很多了！"这种歉意并非客套话，因为我想起了自己实习时的带队老师吴满珍，实习期间她几乎每天都去看我们。吴老师从没给我上过课，只是因为在实习中结缘，16 年来我们一直保持着亦师生、亦朋友、亦亲人的情谊。

我曾是华中师范大学文学院 1997 级的本科生。2000 年的秋天，我被派往武昌区水果湖中学实习。那时候，我们实习的压力很大：一来交通不便，从华师西区宿舍走出北门，横穿珞喻路到斜对面的洪山商场公共汽车站，大约需要 25 分钟，到水果湖下车后大约还要走 10 分钟，几个月来我们天天早出晚归，这也是一种对我们体力的考验。二来水果湖中学是湖北省的重点中学，很多学生是省政府工作人员的子女，这更是一种对我们心理的考验。怀着忐忑的心情，我们 10 余人的实习小组在吴老师的带领下，来到水果湖中学。不想却被告知初中部和高中部不在一处，本来人数不多的小组又要被分成两部分，这对心里没底的我们来说，无异于雪上加霜。经过商议，我和李园园分别担任高中部和初中部的小组长。后来，我们高中部几个实习生被分配到语文老师的办公室里坐班。

我的指导老师姓李，她是一位经验丰富的语文老师。可是很快我就发现，她基本不理我。我的心理素质一向很差，也缺乏与人相处的经验，于是我把这一情况告诉了吴老师。吴老师马上找到了李老师，经过了解，我才知道李老师不理我是因为她忙于其他事务而非我办事不力，于是我这才放下心来。此后，我更加虚心地向她请教，主动帮她承担批改作业工作，每天组织大家打扫办公室卫生。这件事情给我的印象很深刻，以至于后来我带实习小组的时候，会特别注意跟实习学校加强沟通，搞好关系，因为我深知弱小的学生在陌生环境中被冷落的滋味，太让人难受了。

省重点学校自然是不会轻易让实习生讲课的，所以我们的主要工作就是听课、批改作业、晚自习看班。看班虽然不像讲课那么紧张，但当时的我也是被学生“欺负”得够惨。有一天晚自习，我坐在讲台上，不断有学生拿着数理化的题目上来让我讲解，可是自从高考过后我就基本告别了理科，数理化的题目一道也解不上来，我窘迫得满头大汗。后来我的心理负担变得越来越重，甚至变得很怕去实习学校。吴老师知道后，就找我谈话，她教给我一些处理类似情况的技巧。后来，可能是我诚恳的态度打动了学生，他们再没有为难过我。我第一次上讲台，是组织班会，吴老师来听了课。班会的气氛虽然热烈，但局面我有些控制不住，吴老师在课后帮我详细分析了问题所在，并教会我如何掌控课堂，如何做一名合格的班主任。

我们组有个特别调皮又有趣的男生，他叫林沙鸥，又瘦又高，肤白眼大，但只适合做一个安静的美男子，因为他一行动就是东倒西歪的样子，是标准的站没站相、坐没坐相，说话做事也往往出人意料，十分不靠谱。这让我十分头疼，生怕他整出什么幺蛾子来，好在强有力的搭档江涛能帮我出些点子，压压场子。江涛是我的舍友，后来我们一同留在华师文学院读研，我们的友谊坚如精钢。实习时，每天早晨六点半，我们在西区 3 号教学楼前集合，然后一同出去搭车。有一次我刚洗了头，披着头发就与江涛一起到了集合地点，先到的林沙鸥同学一看到我就调侃：“李同学今天怎么没有梳个窦娥冤的发型啊?”他指的是三七分的扎马尾，我一时气急词穷，聪明的江涛却悠悠然吟出两句诗来：“飘飘何所似，天地一沙鸥!”气得林沙鸥同学当场“吐血”。林沙鸥就是这么个人，时时让大家神经紧绷。

实习期间，学生要到空军雷达学院军训一周，我们也要跟过去。部队食堂的伙食非常好，八个人一桌，早餐都是四大盘菜外加馒头、花卷，还有一盘煮鸡蛋或咸鸭蛋。林沙鸥同学总是一坐下来就拿四五个蛋揣着，以至于我们没得吃。后来怕别人笑话，我私下里也跟他商量过，但是怎么说他都不听。因为军训是全封闭管理，我们只有晚饭后才可以在校园里散散步。林沙鸥同学大约是太无聊了，有一次走着走着瞅瞅四周没人，顺手就把一个一米高的垃圾桶“咣当”扔到沟里，然后若无其事地走了。凡此种种，实在令人头痛。我把情况告诉了吴老师，她让我们密切关注林沙鸥，多关心他，也不要嘲笑、孤立他，也别怕出事，一切有她呢。

林沙鸥第一次上讲台，讲的是《记念刘和珍君》，粗心大意的他在板书时把“记念”写成了“纪念”。第一节课后，吴老师把他叫到一边，先肯定他准备充足，课堂发挥不错，接着说道：“但是板书有一点点问题，是不是修改一下更完美呢?”林沙鸥也是聪明人，回头一看就发现了问题所在。于是第二节课上，他说：“同学们有没有发现我的板书有点小问题呢？我是故意写错的，就是想看看有没有细心的同学能够发现!”因为这件事，林沙鸥很是感激吴老师，他多次对我们说，吴老师是真心关心我们，为我们好。后来，他渐渐不再捣乱了。这就好比是顽劣的孙猴子见了观音，不由自主就双手合十了。

毕业后，林沙鸥应聘到浙江奉化的一所中学，单位要求他另外提供一份实习鉴定。那时候距离我们实习结束已经半年了，可是吴老师二话没说，立即帮他手写了一份实习鉴定，并且充分肯定了他在实习期间的表现和成绩。后来，林沙鸥同学也曾给我和江涛打过电话，说他考上了浙江大学的研究生，准备被保送博士，他还说自己能有今天的这些成绩，多亏了吴老师的帮助与鼓励。

不仅是我和林沙鸥，其他同学遇到问题，只要找吴老师，她肯定能迅速解决。久而久之，我们在心里就非常信任她，依赖她。那时候，吴老师家还没有买车，她住在水果湖，每天搭车去华师上课，但她只要有空，就坐车到实习学校看我们，而且还经常请我们吃饭。我们组有十来个人，她总是很大方地带我们步行到附近的餐馆，吃饭期间了解我们的动态，也给长期吃食堂的我们增加点油水。这样的老师，真正做到了跟学生打成一片，谁会不喜欢，不敬佩呢？后来，我们组被评为优秀实习小组，如果没有吴老师的凝聚力，我们恐怕连顺利完成实习任务都有困难吧。

一转眼就到了2001年3月，考研成绩出来后，我和江涛双双以优异的成绩考上了本校的公费研究生，江涛是现代文学专业，我是古代文学专业。我们把这个好消息告诉了吴老师，她非常高兴地邀请我们去她家玩。读研期间，我和江涛数次到吴老师家，天气特别热的时候，我们甚至去她家住，平时一起到水果湖市场买菜回去做。吴老师的爱人姓李，我们不知道怎么称呼才合适，吴老师说：“你们就叫他李老师吧，这样亲切!”很多人说李老师长得像陈宝国一样帅，但在我眼里李老师是越老越有味道的那种帅哥。哈哈，吴老师看到这里一定会笑吧？李老师也特别随和，爱热闹，爱交朋友，喜欢呼朋引伴到家里喝酒。我们去的时候，李老师会拿出珍藏的好酒，告诉我们这是十年的，那是十五年的。我们哪里懂，但是也会陪二位喝一点，大家像家人一样，非常放松。他们家常年储备着新奇的土特产，有不少是逢年过节他们从老家咸宁带回来的。家里有客人的时候，两位老师总是像变戏法一样，在很短的时间内变出花样繁多的菜式来。每次去他们家吃饭，我和江涛都会吃撑，然后回到学校饿两顿来减肥。

吴老师原来的专业是文艺理论，我们在华师读书时，她转到了大学语文教研室。读研期间，我和江涛犹如她的左臂右膀，常常帮她做些杂事。这些工作大都在大学语文办公室进行，吴老师会给我们带些零食来，中途休息时我们还会聊聊文学院的趣事。当时大学语文教研室有位陈龙海老师，常常在书法课上用宣纸贴满四块黑板，然后现场给我们展示酣畅淋漓的狂草。吴老师跟他非常熟，就给我们讲讲他的小故事。中午，吴老师请我们吃饭，有时候在西区邮局附近的小餐馆，有时候在北区食堂。那时候，华师有八个食堂，学生们常去的是西一、西二、东一、学子，很多学生不知道北区也有食堂，我们却在吴老师的带领下去过几次，那里有包间，可点菜，味道很是不错。我工作以后，只要是请学生帮忙，吴老师都会管饭，这也是吴老师的一种言传身教。

2001 年，吴老师申报了大学语文省级精品课程的项目。因为每篇课文都要做课件，她又对电脑操作不太熟悉，于是就邀请江涛和我加入课题组。那时候网络还不普及，吴老师家里没有通网，所以我跟江涛只能每天前往李老师远在汉口的办公室去做课件。后来，这个项目评上了湖北省教育厅的二等奖。再后来，吴老师还邀请我们参加《大学语文》教材的编写工作，2004 年，吴老师主编的《大学语文》教材由中华书局出版，吴老师寄了几十本给我。

2002 年，吴老师的女儿李玥考入华师生物系。录取之后，吴老师很高兴地给我们打电话，我俩当即表示："李玥办入学手续的事交给我们就好了!"9 月，李玥入学那天，我和江涛驾轻就熟地帮她办好了一切手续。此后，我们和李玥也成了朋友。后来，李玥在中科院读了研究生，又去日本东京读了博士，2011 年毕业后到深圳工作。李玥结婚的时候，留在武汉的江涛参加了她的盛大的婚礼，回来后她打电话跟我感叹："我算是见识了什么是书香世家婚宴!"后来我回武汉看望老师们，吴老师专门播放了婚礼的视频给我看，视频里的一对新人自然是光彩照人，而吴老师夫妇简直就像电影明星一样神采奕奕!

2008 年，单位派我到武汉去招生。我早早地联系了吴老师，她邀请我去她家里住，我说单位可以报销住宿费，而且招生展位在中南民族大学，住在华师附近比较方便，她这才作罢。招生结束后，我去拜访了吴老师和我的导师戴建业老师。吴老师留我在家里吃饭，之后，戴老师又与何师母请我在外面吃饭，我们还像以前一样有说不完的话。毕业四年后再回到武汉，我感慨万千。老师们还是那样亲切熟悉，华师校园也越来越美，可是这个城市已逐渐陌生：盛夏的午后，我在群光广场门口站了半个小时愣是没抢到的士；从华师北门过斑马线到对面的测绘科技大学，那么短的距离，我走了 5 分钟。那时候我才明白，只有不变的师生情谊和曾经的青春时光让我留恋这个城市，其他的一切都“江城已远波声小”了。

2009 年，吴老师去珠江开国际儒学研讨会，我得知以后打电话邀请她来江门。她爽快地答应了，而且不辞劳苦地坐了 3 个多小时大巴过来。因为对车站的地形不熟悉，我们互相找了半个小时才找到对方。那时候我还没买车，只好带吴老师坐公共汽车回家。当时我家后门的发展大道和前门的白石大道正在修路，吴老师就跟着我高一脚低一脚地走到了家里。因为要赶飞机，只是略微坐了几分钟，又到逸豪酒店简单地喝了茶，我就送她上了机场大巴。

2012 年，我遭遇了婚姻的巨变。其间我瘦了 20 多斤，支撑着我没有倒下的，除了亲情，还有几位老师发自内心的关怀。吴老师知道情况后，几乎每天都会给我打电话或发短信，帮我分析情况，提供建议，并且跟戴老师约定，准备一起来江门一趟。但是我拒绝了他们的好意，我不想让真正关心我的亲人和朋友卷入这件事情中来。10 月，吴老师打来电话，邀请我一起去海口参加全国大学语文研究会第十四届年会，我欣然同意，立马买了机票。

在海口，我再次见到亲切的吴老师，她穿着一件深绿间红的香云纱旗袍，一双深红色尖头单鞋，背着李玥送的包，特别精神，非常抢眼。其间，我认识了湖北大学的余兰兰老师。余老师清瘦高挑，善良单纯，我们成了很好的朋友，我亲切地叫她兰兰姐。会后，吴老师在海口的亲戚来看我们，带来了清脆可口的莲雾，并安排车带我们出去玩。在东港寨红树林、石山火山群国家地质公园、假日海滩、五公祠、琼台书院等景点，我们拍了很多照片，吃了海南的各种水果，品尝了血螺、富贵虾等奇特的海鲜，当然也少不了清香的椰子饭。我们还一起逛了海口的老街，三个人买了一样款式的平底鞋，那双金色的鞋子我穿了很久。11 月 6 日，吴老师又带着我和兰兰姐坐高铁到了三亚，在那里，吴老师的学生刘一凡接待了我们。30 年前，吴老师曾在贵州凯里支教，刘一凡毕业后南下做了律师，如今在三亚他有了属于自己的律师事务所。刘律师十分细心地帮我们订好了房间，并派人去高铁站迎接我们。由于业务非常繁忙，他派了一个东北小伙子做我们的司机，全程陪同。我们三人畅游了呀诺达热带雨林、亚龙湾热带天堂、南山寺、大小洞天、天涯海角、槟榔谷，还吃了鸡油饭、东山羊等许多海南的特色美食。这次旅行，我负责给大家拍照，每天晚上，我就把照片传到吴老师的QQ空间。她的研究生何恬看到照片后，就开始跟我聊天。

2014年2月，吴老师又邀请我回武汉参加湖北省的大学语文年会，我也很想回去看看老师和同学，于是专程去澳门买了些点心作为礼物。2月底，我坐高铁回到武汉，直接打的去了吴老师在沙湖边上的新家，并在那儿住了下来。年初的武汉潮湿阴冷，一进门，吴老师和李老师分别给了我一个大大的拥抱，让我感受到回家的温暖。下午，江涛和丢丢过来了——丢丢是我们另外一位大学室友，兰兰姐、何恬也先后到了，大家又欢聚一堂。我跟兰兰姐虽然只是第二次相见，却已非常熟悉；与何恬神交一年多，一见如故，从此成为好朋友。何恬毕业后去了深圳，我们依然常常联系，从QQ空间的动态看来，她非常热爱教师这个职业，大约也是受了吴老师的影响吧！当晚，我们都住在了吴老师家。

年会在华师文学院召开，吴老师是主持人和主要组织者，所以她要早点去学校准备。那几天一直下雨，打的很不方便，吴老师就问我敢不敢开她家的车，我说试试看吧。她家的雪铁龙C5比我的车大，小区的路非常窄，错车都很困难。我上车摸清楚基本情况后，就说："我可以开。"于是吴老师很信任地坐在了副驾上。这一次我才发现，吴老师虽然不会开车，却是武汉市的活地图，一台十分优秀的"移动导航"。那三天里，她一直准确无误地提前告诉我在哪里转弯，哪里调头，哪里堵车，哪里修路。我是高度近视，对武汉的道路又很陌生，其中有两个下雨的晚上，我们都在外面跑。我很担心违章，但后来李老师告诉我，一次罚单都没有收到，我们的配合可谓天衣无缝。

第二天中午，吴老师请我们去了美容院，出来后直接到华师。我把她们送到文学院后，又开车去了南门戴老师家。师母和导师还像往常那样热情，并留我吃饭。师母煮了红枣粥，炒了大块的牛肉，戴老师特地多挑了几个大红枣给我，而且还开了瓶酒。饭还没吃完，吴老师打电话说，会务组的人在桂苑宾馆吃晚饭，有好几个熟人想见我，让我赶紧过去。当天晚上戴老师有个讲座，我很想去听的，也只好放弃。到了桂苑宾馆，我见到了在海南一起开会的几位老师，大家一年多不见，还是毫无隔阂地打招呼开玩笑。我还意外地见到了高中同桌葛慧，她跟吴老师也很熟悉。外面虽然很冷，我的心却被老师们和朋友们的热情温暖着。

第三天上午年会开幕式上，我在熟悉的文学院2101教室见到了好多大学同学，激动得没办法。头一天晚上，吴老师写好了致辞让我提修改意见，还让我参考会上她穿什么衣服好。开幕式上，作为主持人和东道主的吴老师穿着深绿色的长风衣，意气风发，声音洪亮，致辞非常精彩，还特意提到了从广东过去的我，而我依然负责拍照。会议结束后，吴老师邀请了中南民族大学、湖北大学的几个老师到家里吃宵夜，我们两辆车载了人过去。到家后，兰兰姐、江涛和我一起动手，转瞬间，十几个菜摆上桌。李老师还亲自下厨，现场露了一手冷油快速炒湿花生的绝技，那天的宵夜一直持续到12点。吴老师家常年高朋满座，于那晚可见一斑了。

吴老师去年退休了，后来又被学校教务处返聘为教学巡视员。近两年我不断在网上看到有学生写文章回忆与吴老师的师生情缘。现在的我也在给学生上大学语文课，但是我跟学生关系最好的时候也不过是下课聊聊天，问些问题。然而，吴老师教了几十年的大学语文，却赢得了全校各专业学生的尊敬，而且她总是能够跟学生建立亦师亦友亦亲人的关系，这不得不让人佩服。读研期间，我和江涛曾在教师节当天送花到吴老师教室里，结果发现讲台上早就放了好几束鲜花。毕业之后，我从网上得知，很多学生亲切地叫她吴妈妈。这些都是她深受学生欢迎的明证。她对自己带的研究生、实习生非常关心，传统节日总是和留校的学生一起过，甚至有一年的春节她都是在学校陪学生度过的。学生们找到工作会告诉他，结婚会邀请她，有了小孩会带回武汉给她看，一切都那么自然。我跟学生的关系也算处理得不错，然而自己绝不可能做到像吴老师那样，吴老师从教四十余年依然跟很多学生保持联系，记得他们的名字，并能说出他们的个人情况。我是很有老师缘的人，也是很有学生缘的人，几乎所有教过我的老师对我都很友善，我也一直尊敬他们；大多数学生也都可以把我当朋友，我也愿意成为他们的知心大姐。我想，这也有吴老师潜移默化的影响因素吧。

所谓“桃李不言，下自成蹊”，就是指你对学生好，学生自然愿意聚在你跟前；你对人真诚热情，你身边的人自然会受到感染。可亲可敬的吴老师，就是这样的人。

2016年8月17日

我和李丹是在2000年秋天的教育实习中结缘的，丹丹与我非常亲近。

实习期间的交往使她和江涛向往像我这样的大学老师的职业生活，于是她下决心继续深造，并考取了华师的研究生。读研期间她和江涛如我的左膀右臂，常常帮我制作课件、编辑教材，这也为她后来的大学工作打下了良好的基础。2014 年从广东回来，她直接从车站赶到我家，并和我一道参加了湖北省大学语文年会。在后来的交往中，我们的师生情谊中注入了更多的友情，现在的我们成了无话不说的忘年交。

桃李遍天涯，师恩永难忘

中文98级　陈华

秋高气爽，金桂飘香，在一年一度教师节即将到来的日子里，我读着吴老师QQ空间里的师姐师妹、师哥师弟饱含深情的回忆和倾诉，不由得回忆起自己曾经与吴满珍老师交往的温馨往事。

那是2001年的秋天，我们实习小组6人被分到了水果湖中学实习，吴满珍老师是我们的实习领队老师，从此我和吴老师结下了绵绵师生情。我初上讲台，面对比我小不了几岁的学生，身材矮小的我不免心生怯意。对此，吴老师总是笑容满面地鼓励我。吴老师说："陈华，'德高为师，身正为范'，你站在讲台上就是老师，不要害怕，哪怕他们个子再高，那也是小孩子，是你的学生，只要你有才华，有能力，他们就会佩服你，听你的话。"感谢吴老师，感谢您的这番话，激励了从小其貌不扬的我，让我在近18年的教学生涯中勤奋努力，兢兢业业，不断提升自己的知识内涵，不断提高自己的教学能力，让我面对任何学生都充满了自信，面对任何教育难题都能智慧地解决。

2007年的秋天，我重回母校华中师范大学就读教育硕士，与我的恩师吴满珍老师再续师生缘。吴老师了解到年满27岁的我还没有交男朋友，就语重心长地对我说："孩子，人无完人，找一个愿意关心你、照顾你的人就好了。学历、钱财、地位，这些都不重要，只要你们勤奋努力，相敬相爱，日子就会越过越好，房子、车子什么都会有的。你看，我和李老师就是白手起家，风雨同舟了几十年了，恩恩爱爱，生活也越过越好。"感谢吴老师，感谢您发自肺腑的开导，才让我在花杏之期没有错过爱我的人，没有过多地计较他的家庭，计较他的经济情况，用宽容的心胸接纳了他，也赢得了他的尊重和爱护。

感谢您，吴老师，您不仅教给我们知识，教会我们教学，教导我们做人与处世，还教给我们作为女孩子要懂得的穿衣打扮、持家待客。您就像一位智者在我们人生的路途上为我们指点迷津，也像一位慈爱的母亲，总是给予我们最真挚的关怀和爱护。感谢您，吴老师，祝您教师节快乐，也祝福像您一样辛勤耕耘、爱生如子的老师们身体健康，平安快乐！

我是陈华2001年大学本科教育实习的领队老师，在我的印象中，她勤奋好学，办事踏实认真。个子小小的她，最初怯于上讲台，但在卸下心理负担后，她的实习表现十分优秀。大学毕业后，陈华去了四川工作，后来考回武汉读研，现就职于湖北大学附中，是一名爱岗敬业的优秀人民教师。

晴川历历汉阳树，芳草萋萋鹦鹉洲

中文 06 级　黄辉

在春季这个令人欣喜的季节里，有时望着窗外那灰暗的色调和空气中弥漫的干燥因子，我便向往江南的满眼葱绿了。“暮春三月，江南草长，杂花生树，群莺乱飞。”华东的春天我并没有长时间逗留过，因此它仅仅是我的一个美好憧憬。沿江而上，长江和汉水相遇的地方，那里是我曾经最真实的存在。从 18 岁到 25 岁，我在华师待了七年，从我下火车到老汉口火车站看到满地盛着吃剩的热干面的纸碗时的郁闷，到经常怀念华师校园里的青春时光，这中间，许多人走进并丰富了我的生活，而一直让我感到无比温暖的莫过于吴妈妈。

吴妈妈是文学院教大学语文的吴满珍教授，她教别的院系的大学语文。我们叫她吴妈妈是因为她把我们当作她的儿女一样，体贴关心着我们。她总是幸福地说，她的女儿有一排呢。可不是，只要和她认识的学生，她都能很快和大家建立深厚的感情，就像我们的妈妈一样。大四之前，我们并没有多少机会能够认识并接触吴老师。到了大四，我们实习小组被分到了水果湖高中，而我们的指导老师恰是住在水果湖附近的吴满珍老师。我并不记得我们和吴老师第一次见面的情景了，但是吴老师那种热情、和蔼可亲和真挚的爱却深深刻在了我们的心里。

实习的一个多月里，吴老师一有空就不辞辛苦去水果湖高中指导我们，和我们一起听课、评课，给我们提出中肯的建议，帮助我们改进教学。吴老师不仅在教学实习上面不遗余力教我们，还特别关心我们的生活。她每次来看我们总会给我们带些水果等吃的。当时恰逢中秋，吴老师一个人拎了一大袋月饼和水果到学校和我们一起过中秋节。在和其他小组的交流中，别人都羡慕我们有吴老师这样的指导老师，我们是那么幸福。她经常自掏腰包带我们一起去改善生活，还邀请我们去她家里做客，她和先生——同样和蔼可亲的李叔叔，一起为我们准备丰盛的饭菜，一起和我们聊学业、聊生活、聊未来，谈笑风生，好不畅快。

吴老师对我们不只是关爱、鼓励。出于更深的爱，对于我们做得不够好的地方，她也会直接告诉我们。记得有一次组里一个男同学有事，他发了一个短信给吴老师，却连吴老师这个称呼都没有，也没有告诉吴老师他是谁。吴老师并没有因此而责备甚至生这个男同学的气，而是站在一位长者的角度，出于对后辈真诚的关怀告诉我们，这个男同学要注意应该如何待人接物。这件小事长久地印在了我的心里。人人都喜欢听好听的，而能够像吴老师这样像父母一样如此发自肺腑地为学生着想并去为我们指出错误的，让我们都感到敬佩。

我没有想到我会和吴老师如此的亲近，我也没有想到吴妈妈改变了我很多。有吴老师在的地方，总是充满爽朗的笑声，那发自内心的快乐和热情会感染身边的所有人。我的性格原本比较内向，也不善表达。在和吴老师一次次的接触中，我变得喜欢表达了，变得开朗了很多。在吴老师面前，我们可以自由表达内心和情感，因为她身上散发的积极乐观和自信从容能带给人无尽的温暖和幸福。吴老师总是说她这一辈子很幸运，知足常乐是她的人生格言。我想吴老师的快乐和幸福不仅仅是幸运女神的眷顾，更是她自己真诚、乐观、善良的福报。

大学毕业后，我留在文学院继续读研，很高兴有很多机会到吴老师身边，能陪在吴老师身边是一件无比幸福的事情。而吴老师也享受学生围绕在身边的感觉，她甚至对学生为她做的一点点小事都心存感激并且牢记在心。我读研时，吴老师的腿不小心摔伤了，打着石膏，无法行走，只能由人搀扶才行。可是她还有大学语文课要上，她并没有因此请假不上课。那段时间，每天李叔叔把她送到学校，我有空就在8号楼外等着把她扶到教室，后来灏子也加入了我的队伍，我们经常轮流或一起扶着吴老师去上课。课堂上，吴老师依旧激情满满，声音响彻整个大教室。有的学生也感动于吴老师的坚持和敬业，主动帮吴老师擦黑板、搬椅子等。每逢过节的时候，吴老师就会把我们这些学生叫到一起，或在饭店或在她家里给我们加餐，她嘴边总是一遍遍说，辉辉和灏子在她的腿受伤期间坚持扶她到教室，某某每天坚持帮她擦黑板，某某每天帮她拿椅子，等等。跟吴老师还不那么熟的学弟学妹们都特别惊讶于一个大学老师把学生做的这些微不足道的事情那么放在心上，还那么体贴关心学生。我还记得吴妈妈说过，很多年前，她的一位学生生病住院，当时她的女儿才几岁。她在家炖了鸡汤，让李叔叔骑着自行车，女儿坐在前面，她坐在后面抱着鸡汤去医院看那位学生。对于学生遇到的困难，任何方面的困难，她都努力去帮。她总说，也许她几句话就能改变一个学生的人生，为什么不去做呢？太多太多，吴老师带给我们的感动说不完。

我们这些和吴老师建立了深厚感情的学生就这样和吴老师经常相聚，我们也会在吴老师生日的时候一起去看望她，看到那么多爱她的学生围在她身边，她笑得合不拢嘴。她自己也说过，她特别满足于和学生在一起的日子。只要是希望走近吴老师的学生，吴老师都特别真诚地去拥抱他。很多院系的学生都上过吴老师的课，每年都会有新的学弟学妹加入吴妈妈儿女的队列。有时和校友聊天时聊到吴老师，他们都无一例外地对吴老师充满了赞美。我至今记得萍学姐说，她有一次在大学语文课上本没有好好听讲，忽然她听到了吴老师哽咽的声音，她怔住了，那是吴老师讲韩愈《祭十二郎文》，她用自己的经历去讲对亲人的愧疚。萍学姐说她至今难忘那一课。

我们的终身大事也是吴老师非常关心的。吴老师本希望我能留在武汉，就像女儿一样留在她身边，她也努力去帮我寻找机会，而最终我还是随着现在的先生来了北京。她看到我找到了所爱的人，替我感到万分高兴，对于我来北京也满是祝福。初来北京，工作以后难免磕磕绊绊，我总会想起在吴老师身边的日子，总会想起她那乐观积极的笑容，这对我是莫大的鼓励。吴老师也总是通过电话关心我，关心我们的现实问题，房子解决得怎样了，工作如何，等等。得知我们在北京安了家，生了宝宝，有了归宿，吴妈妈才放心。

去年，我突然接到吴妈妈的电话，得知她在天津开会后要来北京一天，我急急忙忙去北京南站和她有一个十几分钟的简短的见面，她又奔赴山东去参加一个学生的婚礼了。在那么匆忙的行程中，她还给我带了一个礼物。我万分感慨，也万分愧疚。渐渐地我们都有了家，有了孩子，忙着工作，和吴老师通电话也少了，见面更是不易了，很多时候都是从她的微信朋友圈里看到她的最新动态。可是她无论多忙，只要有和我们见面的机会就会想着我们这些四散在天涯的学生。可是我想我们——这些她的儿女们一定都因为她对我们的爱而更加难忘华师，难忘最美好的大学岁月。我们和吴妈妈的爱不会随着时间的流逝而削减，而是如酒一般愈久愈浓愈醇。

此时，我的眼前又浮现出我坐在华师恽代英广场的长椅上背诵古文的场景。那也是春天，身后玉兰园里鲜花竞艳，草木春深，小鸟鸣啾，阳光灿然。我目视着前方文学院古色古香的房檐和木窗，因为与吴妈妈的缘分，内心幸福地徜徉在最美的青春年华里，想要举起盛满杯缘的醇醪畅饮。“晴川历历汉阳树，芳草萋萋鹦鹉洲。”我心中因为有一位笑容可掬的人，让我更爱那个晴川历历、芳草萋萋的地方。

2017年4月22日于北京

我和黄辉的情缘是从2009年秋的教育实习开始的。那时的她是实习小组副组长，多亏了教育实践，使原本内向的她变得开朗阳光起来。毕业后她留校读研，我们之间的情谊更深了。她有一颗感恩的心，对我关心细致，当在电话的另一端听到我咳嗽不断、声音嘶哑时，她立即买来冰糖、雪梨、川贝和止咳药，专门从华师乘车送到我家，令我十分感动。尤其忘不了2011年在我腿部受伤期间，她和刘灏一个学期风雨无阻，从南湖赶到校本部接送我上下车的情景。后来，在我出差路过北京时，她花了一个多小时赶到北京南站，只为能与我见上一面。

最是那一声亲昵的呼唤

中文06级　周艳

“艳儿……”

“哎，吴老师，我在这儿呢!”

生活中，得多亲密的关系，对方才会这么亲昵地只叫你的名并且还带儿化音啊！我最喜欢听吴老师叫我“艳儿”了，感觉何止是亲切。

与吴老师的结缘始于大四那年的实习。2009年我大四了，华中师范大学汉语言文学专业的课程已基本结束，我们将要被分到各个高中去做实习老师。肖玉洁、王夏楠、黄辉、谭本望、吴慧、吴刚、姜瑶瑶和我，我们八个人被分配到水果湖高中去实习，带队老师就是吴满珍老师。那年我们中文06级有二百来个学生，9个班，我跟肖玉洁一个班，所以我就跟她很熟悉，跟另外六个同学并不是很熟。本以为我们八个人就是被分配到一所学校实习，共同完成一件事情而已，可是没想到吴老师的出现，让我们八个人不约而同地都愿意围绕在她的身边。她的凝聚力让我们几乎瞬间熟起来，让我们意识到我们不是分散的个体，而是一个大家庭，我们应该共同协力去把这件事做完美，让我们这个实习小组得优秀！当然，一个月后我们组的实习成绩就是优秀，哈哈……这肯定要归功于吴老师啦。吴老师就是有这种正能量，而正能量又是会传递的！所以回想起来，那一个月的实习可能是我整个大学四年做得最认真的一件事。实习的认真，为我之后走上教师工作岗位打下了基础，真的由衷感激吴老师!

实习期间的具体事情不再多说，先来说说我跟吴老师之间的情谊吧!

与吴老师熟悉起来之后，不知是从什么时候开始，吴老师开始叫我“艳儿”了，她一叫我“艳儿”，我也会甜甜地回一声“在呢，吴老师”。当然，吴老师叫他们七个人也是叫的小名，我们八个人呢，也开始互相叫彼此的小名。而那段时间只要有空，吴老师就把我们叫到她家里去给我们改善伙食，我们一起买菜、做饭、洗碗、擦地，俨然就是一个妈妈带着八个孩子，而且家庭氛围非常和谐。后来我们就干脆叫她“老师妈妈”了，我有几次嫌叫得麻烦，直接喊“妈”了，一点也不觉得别扭，很自然就叫了。记得有一次，我们在吴老师家里吃完了晚饭，吴老师说：“艳儿，快来，我女儿也就是你姐姐，她以前的衣服好多都是新的，没怎么穿放在家里，你来挑挑，看有没有喜欢的拿去穿。”我跟夏楠还有黄辉都过去选了，黄辉挑了几件，我当时可能有些长胖了，没挑到合适的，吴老师好像还挺抱歉地跟我说：“没有喜欢的吗？那我周末带你出去买吧？”当时给我感动的，这世上除了我自己的妈，谁会带我去买衣服啊？于是我赶紧说：“谢谢妈妈，不用啦，我最近长胖了，等我瘦了再说。”我哪能真的让吴老师带我去买衣服啊！

还有一次，当时实习已经结束了，忘记是因为什么事情了，我们八个人约着一起去吴老师家里看看她，我跟谭本望两个人负责去买花，其余六个人打头阵去帮吴老师买买菜、做做饭什么的。我跟谭本望买花的时候没控制好，包了好大好大的一束花，只能打的士然后两个人合力抬。抬到吴老师家里去的时候把他们都吓一跳，他们六个都在怪我俩办事欠妥，可是我看到吴老师看到花之后眼神中充满的喜悦，脸上洋溢着的笑容，我就觉得买得对！因为我的老师妈妈笑了啊！只要她开心了，那就没买错！

像这样去吴老师家里欢聚一堂，八个孩子与老师妈妈玩闹一整天的事情时常会有，直到毕业各奔东西前，我们都还会不时地聚一聚。毕业后，吴刚、吴慧、姜瑶瑶分别回了各自的家乡，夏楠去了内蒙古，玉洁去北京读研，黄辉留在华师读研，我则在武汉做了老师。也就是说只有我和黄辉留在了吴老师的身边。

我跟吴老师的缘分当然延续了。那年我结婚，我给八个小伙伴都发了通知，夏楠也从遥远的内蒙古赶了回来，我跟吴老师说：“老师妈妈，我要结婚了，我最希望参加我婚礼的人就是您了，您能当我的证婚人吗？”吴老师二话没说，当即就同意了。婚礼前一天我把吴老师接了过来，让她和夏楠住一个房间。第二天，吴老师起了个大早，我化妆的时候她就陪在我身边，让我感觉很安心。婚礼上，吴老师为我做了证婚词，感觉那一刻就是妈妈在为女儿的婚姻祝福！那天太忙，都没好好照顾我的吴老师，内心还是感到很抱歉的。

这几年，忙着工作，忙着家庭，忙着孩子，虽然在武汉，但还是没能经常去看望吴老师。有一次给吴老师打电话，她说之前脚崴了，我听了很心疼，吴老师年龄也大了，脚崴了生活肯定很不方便，我说她：“怎么没早点告诉我啊，现在好了才跟我说，让我心里很过意不去啊！”吴老师连忙体谅地说："你有你的工作和家庭要照顾啊。我的身边有黄辉照顾我。还有研究生和其他同学。"好吧，吴老师身边有人照顾就行，说来也怪，我当时心中的第一个念头就是很感激黄辉！

人这一生啊，从小到大会遇到许许多多的老师，我感谢我生命中每一个教过我的老师，然而我最感谢我的吴老师！虽然我跟她结缘晚，但她却是跟我缘分最深的一位老师。吴老师这一辈子有那么那么多的学生，其中不乏各行各业的优秀人士，我何其有幸能让吴老师记得我、喜欢我。前两天去看望她，我跟她说我开车去的，从车上下来后，她马上就牵起我的手跟我说："我刚才等你的时候看到开过去一辆很脏的车，我就在想我的艳儿肯定是开着一辆干干净净的红色精致的小车来看我的，万万没想到啊你的车比那个……"哈哈，吴老师，不好意思让您失望了，刚下完雪，路上都是积雪和水，等雪化得差不多了我就去洗车！

很开心我又听到了吴老师那熟悉又亲昵地呼唤"艳儿"，而我又可以很自然地挽住她的手臂。在吴老师家里吃到叔叔亲自下厨做的各种佳肴，饭桌上感受到叔叔对吴老师的宠溺和爱护。也是，只有一直被爱包围着，才能有一颗像吴老师这样充满爱的心。饭后，在冬日阳光洒满客厅的午后，我们聊着各自的近况，任时光静静流淌……

我和周艳的情缘始于她大四那年的教育实习，我是她的实习指导老师，在水果湖高中的那段日子，周艳给我最深刻的印象是：活泼开朗，热情如火。毕业后她没有忘记我这个老师，无论大小事情都要向我汇报，甚至结婚时还专门开车请我去阳逻给她当证婚人！现在的周艳老师还被评为硚口区优秀班主任呢！

最长情的陪伴

中文06级　肖玉洁

所谓父母儿女一场，不过意味着你和他的缘分就是今生今世不断目送他远行，你站在原地，看着他渐渐消失。这场景又何尝不适用于师生一场的缘分呢？只是不承想，与吴满珍老师的缘却打破了这样的谶语，她从不曾站在原地目送，而是陪我一同前行。

与吴老师的缘分始于2009年的9月。升入大四的我面临着教学实习这一关卡，对自己前途一无所知的我，其实从暑假开始便已经陷入失眠和焦虑的漩涡。一个“破碎”的我，却被指派为实习小组的组长，自我怀疑之余，我陷入更大的恐惧。这个时候，吴老师作为实习指导老师，像天使一样，带着光环降临到我的身边，用她温暖的双手化解了我心中的不安。

我是怀着忐忑的心情第一次打通吴老师电话的，然而，不曾谋面的电话那头的吴老师，却用她热情而中气十足的声音给了我百倍的力量。电话那头的吴老师说话声音是带着笑的，我能感觉到她对后辈的关爱，一点架子都没有；电话那头的吴老师说话声音是铿锵有力的，我能感觉到她定是一位经验丰富的老师，一定能给我们的实习提供最大的帮助。于是，我心想：嗯，这位温暖的老教授一定是靠谱的，她应该是雷厉风行、略带“男子气”概的。我像有了靠山一样，底气慢慢变足。

只是，吴老师又给了我一个大大的惊喜。还记得第一次面谈的情景。我一直在人群中寻觅一个带“男子气”的身影，结果走到面前的却是一位衣着讲究、精致无比的女性。桂子山的9月还是炎热的，这位身着旗袍，系着丝巾，脚踏高跟鞋，顶着精致波浪头，略施粉黛，面带春风的老师，给我带来了一阵清风扑面的喜悦。

在整个实习过程中，我们整个小组都沐浴在吴老师的关爱中。从集体备课到个人展示，吴老师从不缺席，她耐心地听着我们这些毫无实战经验的孩子们自信满满地展示着自认为完美却漏洞百出的教学设计，出于尊重，她从不随意打断我们，只在最后点出我们的问题，给出最有效的建议；她走进我们的每一堂实战课程，认真听我们授课，仿佛她自己就是整个教室里最认真的学生，课后她的评教总是那么有针对性，让我们茅塞顿开；她在课后更是融入我们的生活中，甚至可以说她是我们整个实习小组业余生活的灵魂所在，当我们遇到困难沮丧不已，当我们顺利结束自己的展示课而兴奋不已的时候，她总会带着我们走出学校，走近美食。我已经不记得我们在吴老师家中或者在饭店享受过多少次美食了，但我永远记得，饭桌上的欢声笑语，吴老师给予我们的永远是肯定我们、鼓励我们的正能量。虽然与吴老师只有短短一个月的相处，但是这份深情却一直留在我们每个人心中，也是在这个过程中，我们慢慢地不再把吴老师称作“吴老师”，而是称她为“妈妈”。我想，这一声“妈妈”已经足够显示吴老师在我们每个人心中的分量了吧。

我大四才与吴老师相识，是一种缘分，也是一份哀伤，因为离别的时刻即将来临。只是没想到，和吴妈妈的关系，又一次打破了“大四毕业季、分手季”的谶语。

离开桂子山，我去了北京，在中国人民大学继续深造。原以为会慢慢断了和吴妈妈的联系，因为我再也不像其他留在武汉的小组成员那样“近水楼台”，能得到吴妈妈的照顾，我们像过客一样匆匆从对方的生活里离开。出乎意料，电话响起，那边还是那个热情带笑而铿锵有力的声音——我的吴妈妈还在关注着我。其实吴妈妈跟我是老乡，在以往的交流中我们时不时会迸出几句方言，当时只觉得自己在其他同学面前有种莫名的优越感，仿佛我和吴妈妈之间有密语。而现在，处于异处，再听到那熟悉的乡音和温暖的声音，优越感已不再，我明白，现在的那种情感叫作感激。

吴妈妈像我的妈妈一样，把她的关注点转移到了我的生活上。我们交谈的话题从学术和学习，慢慢扩展到了婚姻和家庭。吴妈妈有一个非常幸福的家庭，用俗气点的话叫作“御夫有术、教女有方”。以前，这时常是我们在饭桌上向吴妈妈请教的一个问题，吴妈妈也常常会跟我们说说她的“幸福之道”。只是现在到了我自己要实战的阶段了，吴妈妈经常询问我的个人情况，并且曾经在我最失意的一段时间里，用她的无私的爱和强大的支持陪我度过那黑暗的日子。

现在，我已经拥有一个属于自己的幸福家庭，我也有一个很爱我的老公，再过一两周我的宝宝也将降临于世，我在等待着属于自己的最完整的幸福。每每想起，这中间是少不了吴妈妈的功劳的，她陪我从一个一无所知的学生，成长为一个职业女性；她陪我从一个不谙世事的小姑娘，成长为一个家庭的贤内助；她不仅教我如何工作，还教我如何生活。从她身上，我看到了雷厉风行女强人和温柔可人美贤妻结合的可能性；她让我明白了很多关于生活的真谛。对于她，我满怀感激和怀念。哪怕不在身边，我想，吴妈妈其实一直都陪伴着我，最长情的陪伴，最幸福的成长。

2018 年 5 月于南国珠海

玉洁是我 2009 年指导的水果湖教育实习小组组长，她给我的第一印象：人长得漂亮。深入接触之后，我觉得她工作能力特强，无论干什么事都很优秀。本科毕业后她去了中国人民大学读研，目前在珠海一所学校任教。

桃李时节忆良师

中文11级　谭力铭

“小谭，这位就是吴满珍老师。”通过马珺老师的介绍，我与吴老师在8号楼的教师休息室第一次见面。记得那天是2014年2月刚开学不久，曾在学生工作上指导过我的马珺老师在前一天打电话给我，只说是协助一位老师开展某项活动，并约好第二天见面详谈，因此才有了我和吴老师的第一次见面。见面那天，吴老师特别热情、和蔼，和我详细说了举办活动的细节，但那时和吴老师还不熟悉，只觉得这是一位慈祥的老太太。

真正和吴老师熟悉起来还是在活动筹备过程中，由于时间紧，那段时间几乎每天都在联系吴老师，但无论什么时候，吴老师都会亲切、温和地接听我的电话，并叮嘱我要注意休息。记得那次活动是湖北省大学语文研究会的成立大会，在整个活动过程中，不管遭遇怎样的突发情况，吴老师始终以热情、和蔼的态度带领我们工作，与其说是我们协助吴老师，不如说是我们跟随吴老师学习如何处理事情。

在活动结束后，已经和吴老师熟悉起来的我，时常收到吴老师让我到她家聚餐的邀请。聚餐一般在周末，就在吴老师家中，大家欢聚一堂，吴老师的爱人李伯伯一大早就会买好菜，等我们来到吴老师家时，两位老师已经忙活了大半个上午，这时善于烹饪的学姐们就会主动接过炒勺，而我们则会和两位老师一起到阳台上喝茶聊天。时至今日，两位老师的热情和温暖依旧浸润着我的心田。

本科毕业后，由于某些原因我并没有直接留在学校继续学习，而是远赴重庆一年，在重庆的那些日子，心情也和窗外那些不散的云雾一样沉重。虽然重庆的老师、同学们都很友善，但是可能远离了熟悉的母校，以及其他一些原因，我当时颇有“空庖煮寒菜，破灶烧湿苇”的凄清感。但一收到吴老师远在千里之外的问候，我顿时有一种没有被人忘记的温暖萦绕心中。正是吴老师这份暖心关怀，让我越发期待重回桂子山的那天。

往事如烟，今年已经是我重回桂子山的第二年，两年间，常常在校园里见到敬爱的吴老师。让我感到高兴的是，这些年过去，已经退休的吴老师依旧精力充沛地活跃在教学的第一线，不断将温暖传递给身边的每一名学子。由于专业原因，我并没有跟随吴老师学习过知识，但是在与吴老师相识的这些年里，我从吴老师身上学到的一些做人的道理，让我也成长为一个能给身边其他人带来温暖的人。

桃李不言，下自成蹊。祝我的良师吴满珍老师身体健康！祝李伯伯和吴老师阖家幸福！

2018 年 4 月 15 日于武昌南湖

谭力铭这个名字，我永远都不会忘记！一是因为他在本科学习期间协助我成功地举办了一次湖北省大学语文年会。二是因为他作为学生会主席的超强工作能力。三是因为他总是那么谦虚、恭敬、尊敬师长，几年如一日。大学毕业后，他去山村支教了一年，回校读研毕业，目前在华中农业大学找到了一份很不错的工作。

满院春风桃李　珍藏岁月芳华

中文12级　辜学超

2017年春日的一天，我在微信朋友圈发表了一条状态，内容大抵是对日常生活的吐槽。状态发出，不佳的情绪消解了大半，我便漫不经心地去忙自个儿的事情了。没想到过了大约半小时，我意外地接到了一个电话。

电话是吴满珍老师打来的，她说她看到了我的微信朋友圈状态，了解到我的近况并不十分如意，因此特地打来电话了解具体情况，同时耐心地开导我。接到这个温馨的电话，我十分感动。当我在微信朋友圈随意吐槽时，却没有料到，竟有一名来自母校华师的老师在默默地牵挂着我，关心着我的哪怕一点点的情绪波动。有这样一种关怀在，生活中的一点点困难又算什么呢?

事实上，大学期间，我并没有上过吴老师的课。吴老师开设的是面向非中文系学生的公共课——大学语文，而我作为中文系的学生就遗憾与之无缘了。然而，相对于知识的传授，吴老师带给我更多的是精神的感染。其实，我和吴老师一共就见了两次面，交流并不算很多。但是一听到她亲切的话语，看到她和蔼的面容，我便能感觉到心中丝丝温暖。正因这种特别的情谊，两次会面也就有了非凡的意义。

我第一次与吴老师见面是2015年的秋天。那时我大四，即将毕业。吴老师请我还有另外几个大四的同学在博雅园餐厅吃饭，边吃边闲聊。我是一个比较内敛的人，吃饭时说话不多，主要是听吴老师和其他的同学聊天。有同学聊到自己实习期间的事情，吴老师饶有兴致地仔细聆听，听到精彩处便直夸同学很棒。而讲话的同学也由此受到鼓励，讲得更加兴奋了。可以看出，吴老师是衷心为学生们在实习期间的优异表现感到高兴。与身边这些谈笑自如的同学相比，我当时实在是一个郁郁寡欢的失意人。那时，我恰好处于从校园走向社会的阵痛之中，习惯了书斋的生活，对外界感到迷茫和恐惧。但是，在这短暂的相处时光中，我逐渐被吴老师谈吐之间的乐观和慈爱所感染，并开始尝试着转换角色，从而开启另一种生活。

我第二次与吴老师见面便是2017年的端午节，也就是文章开头那个电话之后，吴老师邀请我到她家过端午节。在那次聚会中，我见到了吴老师很多的得意门生。他们都从全国各地赶回来，与吴老师共庆端午节，实在是济济一堂，其乐融融。席间，我听各位学长学姐讲起他们与吴老师的师生情谊，十分感慨。我起初还觉得十分拘束，后来便释然了。

“满院春风桃李，珍藏岁月芳华。”我时常想：作为一名教师，我们应该教给学生什么？与吴老师仅有的两次见面中，一些似乎微不足道的小事，却如春风细雨般地影响着我。对待生活乐观积极的态度，对待学生慈爱热心的关怀，吴老师在为人为师方面都给我作出了很好的表率。而今我已经执教中学接近两年了，生活、工作中每次想起吴老师的乐观和慈爱，前进的道路上就增添了许多动力。

学超是诗人，在校时是诗社社长。毕业前了解到他在择业问题上有些困惑，于是主动给他打电话。毕业后我仍然通过微信关注、关心他，有事就与他聊聊天，从此我们就成为好友。目前，他在一所中学当老师，干得很不错呢！

语文就是发现生活中的美

中文 13 级　李贺文

我与语文的缘分来时已久，自小学至高中，语文一直是我的最爱，与其他人的童年不同，我的童年是在书堆中度过的。小时候我性格特别内向腼腆，很少跟生人接触，当然也很少跟朋友一起玩耍，那时总是喜欢一个人躲在家里翻箱倒柜地找书看，可以说书籍就是我的第一位语文老师。

从步入学堂的第一天起，语文就与我结下了不解之缘，从小学至初中，我至少担任了七年的语文课代表，那段时间也是自己最为充实快乐的时候。那个时候看各种小说、快书，背好多古典诗词，以自身阅读兴趣为主，与考试关系不大，但这些阅读为我以后的语文学习打下了良好的基础。这段时间的阅读占了我人生总阅读量的 80%左右，在充实自己的过程中，语文还是我获得自信的一种方式。

转眼间便到了高中，我对语文的热情不减，但那种以应试教育为主的语文教学方式却在不断地消磨着我的兴趣。想除了应付考试外，我对语文的期待已经远不如前，我的热情在逐渐被冻结。整个高中下来，我只读了两本小说和不计其数的《作文素材》《读者》《青年文摘》。虽然每次都能得到一个不错的分数，每次都能得到老师的赞许和同学的羡慕，但在某种程度上，我所期待的语文再没有出现过。我早已分不清，究竟是语文本身带给我愉悦，还是语文高分带给我乐趣，于是我把一切的希望都寄托在了大学，我期待一个新的开始。

刚入大学时，被机械训练了三年的我还不太适应这种授课方式，实在可笑，面对期待中的语文课我竟然有点怀念高中课堂。在接下来的写作课中，吴老师一点一点地改变着我，我也从最初的不适应到现在每周都期待着上您的课。我在想，一定是有什么特殊的东西打动了我，揭开了我那尘封已久的期待。

首先是吴老师让语文回归了它的本质。它不再为考试服务，而是以一种真正独立的姿态站到了我的面前，在这堂课里面我感受着语文的美好，领会着一个个作者的深情，从那些字里行间获取最原始的感动。我喜欢这样一种开放自由的语文学习环境，在这里我们可以自由思考，自由表达自己的观点。在这里没有标准答案，也没有参考答案，有的只是更加合理的个性解读。思考的自由，表达的自由，观点的自由，这符合我对学术、对语文学习的所有想象。

最后，当然也是最重要的一点，是语文之精神。每次当吴老师饱含深情地朗诵那些诗词句子时，我都会为之动容。虽然从小学以来，老师们便教给我们要有感情地朗读，但其实并没有人能够真正做到，因为他们都是在表演，通过表演把作者的感情传达出来。既然是演，给人的情感体验总会不够真实，像吴老师那样完全把自己融入文章的，我是第一次见到。谢谢吴老师教给我的真正的语文。

附：《我们，你们，他们》

我们，你们，他们
用老师，妈妈，姐姐
称呼你
我们，你们，他们
用蜡烛，春蚕，园丁
比喻你
但我不愿你是春蚕
为我们吐尽最后一根丝
不愿你是蜡烛
燃烧至成灰的那一刻
愿你是一阵风
吹过我们青春的日子
愿你是一匹马
踏过我们广袤的草原
愿你是一条河

流过我们曲折的峡谷
愿你是一首歌
唱出我们感恩的心
吴妈妈，
提前祝您教师节快乐！

贺文是我在给文学院开设的写作课堂上认识的。他学习很认真，善于思考，勤于写作。大学期间他曾担任《桂风》杂志主编，本科毕业后以优异的成绩考上文艺学研究生。

一步一步走进语文

中文13级　马小雨

能来到吴满珍老师的写作课堂学习真是一件幸运的事情。我是一个蒙古族女孩，家住喀拉沁左翼蒙古族自治县。大学之前，我们的汉语课讲得十分浅，高考时汉语不仅不考文言文，还要和蒙语一起算入语文成绩中，因此我的语文基础较差。尽管出于对文学的热爱，我还是选择了文学院，但是因为自卑，对于写作我心里一直抱有抵触情绪。

吴老师讲课时总是激情澎湃，让人肃然起敬，她能轻松地背出某篇文章中的一段话；她的声音抑扬顿挫，能将文字的情感传达到每个人心里；情到深处时，她总是潸然泪下。这些都反映出了她对文字与工作的热爱，我们背地里都叫她“写作妈妈”。

记得第一次在观看东风标致的宣传片之后，吴老师让我们写观后感，当时的我大脑一片空白，不知道该如何下笔。吴老师说文章不可以随便写，不能将文章写得“暗无天日”，要善于观察与思考，立意高远，读自己的文章能让人找到希望，能在文中提出解决问题的方法才行。这让我十分震撼，因为之前写作我从来不考虑拿给别人阅读，也不考虑文章立意，更别说认真锤炼某一个字了。于是，我开始端正自己的写作态度，努力使自己的行文不拖泥带水，也让文章变得更有思想。

在吴老师的课堂上，我明白了需要学习的东西还有很多，自己的学习方法也有很多需要改进之处。她说学文学的同学要多读一些作品，我便认真地记下她推荐的作品，回去认真研读。像她推荐的那样，我也开始随身带着本子，记下自己瞬间的感受与想法。我一直以为，能用文字或线条将自己的心中所想顺畅地表达出来，是一件无比幸福的事情，而我也在不断地努力，一点点向着这个目标走去。尽管走得很慢，但我相信只要方向正确，只要内心足够坚定，就没有到不了的远方。

小雨在我印象中很文静，很努力，学习进步很快。毕业后的小雨正如她自己所写的：方向正确，内心坚定地一步一步朝着诗的远方迈进！

吴老师课堂忆事

中文13级　谌天

不知不觉我本科毕业已经一年了，惭愧的是印象深刻的课竟为数不多，但吴老师的写作课却让我记忆深刻，尽管写作课是大一上学期的课程。

说起来是写作课，其实这门课是汇集了写作训练、文本细读和诗文朗诵等的综合课程。吴老师的这门课始终饱含活力与激情，不得不说上吴老师的课是一种极致的享受。吴老师声情并茂而又细致严谨的讲演深深感染着在座的我们，让我们陶醉其中。在吴老师的讲授下，手里拿着的文本仿佛被赋予了生命，一个个方块字开始手舞足蹈起来，似乎眼前不再是坐满学生的教室，而是一幅幅让人应接不暇的鲜活的画卷。现在回想起来，这大概是一种近似迷狂的状态了吧，也大概只有吴老师才有这样的光芒与能量！

除了吴老师精彩的演绎，这门课还有一个特色，那就是随时开展的课堂互动。同学们都积极发表自己的感想和思考，课堂氛围非常活跃。可惜生性胆小的我，总担心自己回答不好或者因为自己的想法总有同学在先表达了类似的意思，一学期下来居然始终没有勇气举手发言。终于有次上课，我这个发言记录为零的学生被吴老师点了起来。吴老师让我有感情地朗读陆游的名作《钗头凤·红酥手》。习惯了中学时代以来“一言堂”式教学模式的我已经很久没有当众朗读，慌了神的我只好干巴巴地念起这首词来。我以为敷衍读完便可以赶紧坐下，不料吴老师说，没有感情，要我再读一遍，我瞬间羞红了脸。这一遍的朗读，我自认为已经酝酿足了感情，以为会得到吴老师肯定，然而吴老师还是摇摇头。她说虽然我在“错、错、错”“莫、莫、莫”两句上比第一遍有所进步，但总体说来还是情感平平。接下来，吴老师开始亲自示范。《钗头凤·红酥手》字词间缠绕着有情人无法成为眷属的愁苦与凄楚，那催人泪下的真挚情感全被吴老师演绎出来了。吴老师带着哭腔的朗读让我的心一阵又一阵地揪着疼，实在是太强烈的震撼。

如果说《钗头凤·红酥手》一课给我的震撼已经足够强烈的话，那么后来《祭十二郎文》则是一节演绎到极致的课了。说来《祭十二郎文》并不是什么新文章，高中语文课上我已经学过，作者韩愈的哀思早已领教过。在讲授这篇文章之前，吴老师分享了她自己与亲人阴阳两隔的经历。带着感同身受的体悟，吴老师开始朗诵这篇古文。朗诵到情深处，吴老师不禁落下泪水。悲痛啊，哀思啊，追思啊，如同海浪一道道地迎面扑来，一浪高于一浪。在座的同学不少也潸然泪下，暗自抹泪水。只有有过切身之痛的遭遇，才能有这般情感吧。

我已经完完全全被吴老师所感染，打心底敬佩这样厉害的老师，也庆幸自己得以见识这样大师级的讲课。此后，尽管我的课程安排上不再有吴老师的课程，但是凡有机会，我必不会错过吴老师的讲座。

写于 2018 年 6 月 9 日

谌天给我的印象是特别聪明，文章写得好。他本科毕业后被保研去了中国人民大学，这篇文章就是他在人大读研时写的。硕士研究生毕业后他就职于深圳的一所高中教语文，工作得很不错！

难忘师恩

——记与满珍老师的两三事

中文13级　盘媛

从华师毕业已有一年多，但我依旧觉得和母校离得分外近。除了能从微信朋友圈里获取关于学校的点滴外，我想也是因为大学四年的生活给予我的回忆是丰富而深刻的吧。若要谈到追忆大学，脑海里便定会出现那位着旗袍、盘发髻的吴妈妈——满珍老师。

吴老师是我们大一学年写作课的任课老师。第一节课，吴老师笑盈盈地走进教室，招呼坐在后排的同学往前坐。上课铃响："上课，同学们好!"声音高亢洪亮。课堂上吴老师根据授课内容的不同，时而幽默，时而严肃。还记得吴老师在给大家讲韩愈的《祭十二郎文》、朱自清的《背影》时，吴老师由文中内容谈到了自己类似的经历，动容时吴老师不禁流下了泪。亲情和感恩，吴老师用真诚的情感教我们读文章，也教给我们人生一课。

在吴老师的课上，起初我对课堂互动并不积极，但在写作课第一次讲评前，吴老师点名表扬了几位作业完成比较好的学生，其中竟有我的名字，之后吴老师还选取我作业的片段在课堂上朗读。课后，吴老师叫住了我，告诉我写得不错，让我课上课下都应该多些自信，勇于展现和表达自己。之后，我也注意到吴老师会时不时在课后留下些学生，对他们的作业进行点评，哪里需要删减、哪里应该多润润色，抑或是肯定学生刚才课上的回答很不错，下次继续努力，等等。原来吴老师一直在默默地关注每一位学生，并且真诚地给予每位学生自己的意见和建议。

记得有一次在路上恰好碰到吴老师，吴老师大老远地叫了我的名字，关切地询问我学习和生活的近况，并问我的舍友是谁，当我说出舍友的名字时，吴老师竟逐一说起了舍友之前在课上的表现和留给她的印象，之后吴老师又对班上的同学名字进行了回忆并且聊到了几个令她印象深刻的同学。回到宿舍和舍友提起这事，舍友们也很感叹，仅仅是一学期的课，吴老师不仅记住了班上同学的名字，还能记得大家课上的表现、课下的性格特点，真的了不得！

大三上学期，我开始在课余时间学习日语，并且逐渐有了到日本留学的想法。起初这个想法十分模糊，我也不知道从何努力。苦恼中，我拨通了吴老师的电话，把自己学习日语的情况和想法与吴老师进行了沟通。吴老师对我的想法表示支持的同时，也在许多方面给予了建议，告诉我专业不能放松，同时要注重日语能力的提升，要注意时间和学习的规划。另外，因为赴日留学的人数相对较少，信息不如欧美留学的多，吴老师提醒我也要注意信息的收集，等等。此后，吴老师时不时地会给我打电话或发微信，问我最近日语考试和留学的准备情况，并分享一些她获取到的日本留学信息。到了大四，我拿到日语成绩后需要着手准备申请学校的材料了。其中，需要提交本科学校一位教授的推荐信，我第一时间与吴老师进行沟通，吴老师爽快答应并且很快约我面谈。不同于印象中规矩客套的推荐信，吴老师为我写的推荐信里包含了她对我课堂上表现的印象，她眼中我所拥有的优点以及她对我未来发展的希望。看着这封推荐信，我真切地感受到的是老师对我的期待和关怀，好温暖，好温暖。

大四临近毕业时，吴老师叫上了班上的同学为大家饯行。吴老师对未来不同发展方向的同学有着不同的叮嘱：走上教师岗位的同学在教学上要严谨钻研，也要与学生打成一片；继续读研的同学在认真学习的同时，也要注意劳逸结合，强身健体……聊到高兴时，吴老师也打趣地关心起了同学们的感情生活，席间大家畅所欲言、其乐融融！

我和同学们回忆起这四年来与吴老师相处的点滴，也不禁感叹，在华师的四年幸运地有一位如妈妈般的老师，与我们一同学习、一同生活，关心着我们的成长。

与吴老师还有许多的小点滴不再一一记叙，而这些美好的回忆也将好好地保存在我心中。写到这，我的眼前仿佛又出现了身着旗袍、盘着发髻的笑盈盈的吴老师。她心态阳光乐观，热爱教学也热爱生活，用心地照顾着每一位对于她来说就像自己孩子般的学生。

最后，祝愿我们的吴妈妈——满珍老师工作、生活一切安好，万事顺意。

于名古屋大学

盘媛在我印象中一直就是很优秀的学生。记得她想去日本留学深造时，一是征求我的意见去什么学校好，二是想请我写推荐信，最后确定去了名古屋大学。她在那里学习得很开心！

满心真意

——致我最敬爱的吴满珍老师

中文13级　杨蕤

六月的太阳毫不留情地炙烤着大地。我对六月的感情有点复杂，我生在六月，我爱六月那酣畅淋漓的暴雨和雨后清新的空气，也爱六月那清甜可口的西瓜和痛快刺激的冰棍，更爱在火辣的六月可以穿上鲜艳美丽的裙子。可有时我又很讨厌六月，因为有时候天气会闷热到让人觉得呼吸不畅，因为六月的公交车上总是有着浓郁的汗臭味，更因为每到六月总是让人想到离别。

如今，我已踏上工作岗位，过上了上班一族从周一就开始盼周五的繁忙生活。工作很忙，好在让人觉得充实，但我还是会在工作的间隙遥想自己当初在大学校园里是何等的自在逍遥，偶尔再嘲笑自己小时候是何等的幼稚才会天天盼着长大。但这样的情绪也只敢让它在脑海中停留片刻，没有时间让我去追忆过去，而且我怕我回想着回想着就开始后悔，后悔当初没有更珍惜那段时光。可有时事情偏不如自己所料，明明我在刻意回避感伤，前几天偶然间却点开了母校为2018届毕业生写的一篇《毕业倒计时》的文章。文字不多，也没有刻意煽情，可倒计时里细数的那一件件事情，配图中那一幅幅熟悉的场景，让我倏忽之间产生了一个愿望——好想，好想时间能倒退。

当隔绝回忆的壁垒被打开一个小小的缺口，以往的日子，那些难忘的人和事，那些自己以为都已经遗忘的细节，就像佑铭体育馆旁秋风中漫天飞舞的银杏叶一般，带着清冽的风向我袭来，我任由它们将我包裹，只觉得它们美得让人心动。

我想起了自己参加新生军训，想起了班级秋游，想起了辩论，想起了自己的舍友，想起了我最可爱的老师。

大学四年，我遇到了很多老师，他们或博学，或幽默，或严谨，其中，吴满珍老师是不得不提及的一位。谈到她，我就忍不住嘴角上扬，因为吴老师就是这样笑容满面的人啊。在我从小到大教过我的这么多老师中，满珍老师真的是最爱笑的。每次提起吴老师，我的脑海里就浮现出她的面容——披肩的小卷发，热情的笑容，眼里流露的满是慈爱，满珍老师把我们这些学生当作她的孩子，像一位母亲一样总是眉眼含笑地望着我们。

我到现在仍记得满珍老师在我们的写作概论课堂上，讲到《七子之歌》。她先是让我们读，奈何大家或许是因为不够投入，又或许是有些害羞，情绪一直不够饱满，不少同学反复读了好几次，总觉得没把味道读出来。满珍老师干脆自己示范："我来给你们读一遍听听！"她声音非常洪亮，而且饱含着深情，为我们诵读——"两个强邻将我来回地蹴踢\我们是暴徒脚下的两团烂泥\母亲，归期到了，快领我们回来。"读到动情处，吴老师一度哽咽。同学们都注视着老师，我看见吴老师双眼闪着光亮，似乎含着眼泪。我们被老师的情绪感染了，为她的朗读感动了，原来读诗可以这样投入！朗读最重要的不是普通话有多么标准，而是真正地去感受文字间流淌的真情。至于写作或诗歌等文体的创作，更是要感情充沛。

满珍老师上课时充满激情，在课余充满了温情。她对我们这些学生总是那么关心，还经常邀请我们去她家做客。第一次受到满珍老师邀请的时候，我着实有些惊讶，当时还以为只不过是一句客套话。其实，大学里，老师们都忙于自己的学术研究，除了上课、讲座、研讨会，他们整天都是在和自己的研究材料打交道。要说他们跟谁关系密切，那也更多的是那些跟着他们做学问的研究生们。我们这些大学生一来数量真的太多，二来一周也就能见到一两次，一学期下来也就混个脸熟。我们跟老师课下的互动大多数是课间请教老师关于一两个问题的看法，或者路上相遇时的一声问候。没想到满珍老师，竟然实实在在地把我们邀请到她家，亲自下厨为我们做了一顿大餐。

现在回想起来我便又有些嘴馋了，为了招待我们，满珍老师准备了满满一大桌子菜。刚进家门的时候我们都还有点儿拘束，但满珍老师领着我们参观，她先生也特别和蔼地与我们聊天交流，大家渐渐就放松了，好像回到了自己家中一样。我记得后来还来了一个学姐，她已经毕业了，刚好来武汉，便来看看满珍老师，还专门带了自己家乡的青团。满珍老师忙招呼我们尽情享用，我们一群人把一盘子青团瓜分了，吃得不亦乐乎。

满珍老师真的是一个热爱生活的人，她家的阳台上栽种了许多花草。我虽然叫不上名字，但那些花开得十分热烈。吴老师和师叔把它们照料得这么好，至于它们名不名贵一点都不重要了。

感谢满珍老师为我们这些在外地求学的学生提供了一个像家一样的地方，她就像我们的妈妈，或亲朋好友。我和吴老师虽不时常见面，但偶尔一通电话过来，热情地招呼我们去她家做客，心里就觉得暖暖的。让我遗憾的是，毕业时，特别匆忙，大家都忙着收拾，打包行李，然后就忙着赶火车，都没来得及参加满珍老师为我们准备的临别宴。

如今又是一个六月，桂子山上又有一批人要离开，奔向自己的未来。我知道他们也会像我一样想起桂子山上的点点滴滴，想起可亲可敬的满珍老师。

认识杨蕤是在2013年秋季开设的写作课堂上，也不知道为什么，我们俩特别有缘。给我印象最深的是：她在我的课堂学习很认真，发言最积极。课程结束后，她还利用节假日来家看望我。她毕业去了深圳，也成为一名光荣的人民教师。

往事拾遗

——我和吴老师的几次相见

中文13级　王雅文

毫不夸张地说，吴满珍老师是我在大学期间印象最深刻的一位老师。她敬业爱岗，热情好客，爱生如子，深受广大学子的爱戴。也许因为我性格的原因，我们之间没有太多的故事。不过，不知是命运的巧合还是缘分的注定，回忆往事，我和吴老师之间的交往还是记忆犹新的，以至于我很荣幸地能在这里写一段文字怀念过去，叙写我们的师生情谊。

我和吴老师的第一次见面是大一的上学期。中文系学生都要上写作课，我就是因此与吴老师结缘的。那时候，吴老师布置了一篇作业，让我们写初到华师的感觉。这让我想起高中的时候，第一堂语文课，一位毛姓老师也布置了一篇题为“爸妈送我来上学”的作文。虽说上了大学，见到的人、遇到的事都与以往不同，但还有很多熟悉的场景。印象中，我拟的题目是“桂子山上的树与墓”，这篇文章后来还刊登到了校报上。现在读来，它多少有些幼稚、青涩，但毕竟是过去的印记。它的意义不仅仅是在吴老师的写作课堂上写的作业，而且是上大学后发表的第一篇文章。

在后面的课堂中，我认识了更加立体的吴老师。令我记忆最深的一堂课上，她先讲了自己送别父亲的故事，又朗读了韩愈的《祭十二郎文》，读到韩愈因侄儿先他而去世的文字发出“毛血日益衰，志气日益微，几何不从汝而死也”的悲叹时，不免泪眼婆娑。

二年级的选修课上，我又选了吴老师的大学语文课，既是为了修满难得的“艺体分”，也是为了再上一上她那充满激情的课。我只是中文1308班她曾教过的一名普通学生，我和她之间甚至没有一对一的谈话，我想我认识她，吴老师不一定记得我。可出人意料的是她不仅记得我，而且还记得和我一同再次选她课的另一名同学，甚至还能直呼其名。

接下来，我和吴老师的交往是我以校报记者的身份去采访她。四年前的世界读书日，我所在的校园媒体“华大在线”打算做一个名为“读家记忆”的专题。我和同在校媒的室友阿舟一起，负责联络文学院的几位老师，其中就有吴老师。这位经历过“文革”、在华师中文系任教40年的教授，想必有很多话想说。

我清楚地记得，那天下午，吴老师刚刚下课。因为她当时有脚伤，不方便走远路，从8号教学楼2楼下来，我们直接在一楼的传达室进行了采访。两个小时的交谈，我们了解到她的生活经历丰富而精彩。她先后当过赤脚医生，做过地方通讯员，20世纪70年代后开始正式研究文学。她曾为《红楼梦》写出厚厚一沓读书笔记，也曾艰难地研究文学理论书籍，后来被调去大学语文教研室，讲授30多年大学语文课。早间，还受教育部委派去贵州黔东南民族师范专科学校支教1年。

之后，吴老师在学校开设的讲座，我们都有过去聆听和报道。在图书馆讲“孝心不能等待”时，她再次声情并茂朗读《祭十二郎文》，在场观众无不动容；还有一次应城环学院邀请，她教大家做“内外兼修的老师”，讲到自己最喜欢穿旗袍，就算有脚伤也要换高跟鞋，以最好的形象示人。我的记忆中，吴老师一直是这样，穿着精致，笑盈盈地走来。大学时我们一个寝室的同学都不太活跃，但吴老师还是存下了我们的手机号码，时不时邀请我们一起吃饭。

2015年，我们有幸参加吴老师的告别讲坛暨60岁生日宴会。当时临近期末，第二天就有考试，但我们还是算好时间赶了过去。我们看到现场高朋满座，有很多吴老师之前教过的学生，有的事业蒸蒸日上，有的已经结婚生子。那一幕让我们有点震惊，以前只是在书上看到“桃李满天下”这一成语，没想到真在现实生活中看到。

与吴老师最后一次相见，是我们快毕业的时候，吴老师为我们饯行。那是我们第一次见她的丈夫，李叔叔和吴老师一样，和蔼可亲。大家都知道吴老师很幸福，夫妻多年相敬如宾，即使到了退休含饴弄孙时仍如此。这种生活情景被学子们认为是将来学习的楷模！

说到退休，吴老师60岁就退休了，或许是对她耕耘几十年的讲台感情太深，也许她不想过早地和学生们说再见，刚退休的那年，当文学院领导安排她担任14级师范2班的班导师时，她很乐意地接受了。外界将其称作“满珍班”，很多人不称她教授老师，而称她为“老师妈妈”。此外，由于吴老师教学经验丰富，还受聘于华师教务处，担任教学巡视督导员，穿行于大学课堂之间，记录师生互动的状态。我就曾在课堂上遇见过她。

因为个人兴趣原因，我从未想过当老师，对这个岗位没有太多认识，更加谈不上热爱。身边很多同学毕业后选择当老师，在我眼中也经常是因为“没得选了”。但吴老师却让我重新认识了这个职业，让我发现有很多人是真心喜欢当老师，想要为祖国下一代做些什么。

毕业后的我在企业工作，老板经常告诉我们，不要把工作仅仅当工作，而要当成一份事业。我觉得吴老师就不仅仅是把工作当事业，甚至是把它当生命。我之前一直觉得，老师生活在象牙塔，虽然环境单纯，但重复教一样的东西，没有新意。但正如吴老师所言，比起教书，教师更重要的是育人。不同的人有不同的事，几十年来她培育了数以万计的学子，也结识了全天下那么多优秀“儿女”，是多么幸福而伟大啊！

每次看到吴老师在微信朋友圈，晒跟好友出去玩的照片、学生送来的祝福，我都心生羡慕。在吴老师身上似乎有无限的精力，永远年轻，永远活力四射。吴老师之所以能影响那么多学生，靠的也是这种小火球一般浑身散发的光和热，真正去影响每个学生的一生，让他们将来为社会做贡献，这才是教师这个职业的意义。

现在，吴老师带的最后一届研究生答辩结束了，“满珍班”的本科学生也毕业了。不知她真正退休后要做什么，应该还是闲不下来。不管怎样，愿她保持这样的热情和活力，继续过着人人羡慕的生活。而她教出来的学生，若要当老师，也希望应了那首歌——《长大后，我就成了你》。

2018 年 6 月 1 日于北京

初识雅文是在 2013 年秋季的写作课堂，她思维敏捷，文笔流畅，给我留下了很深的印象。对她的进一步认识是第二个学期的“大学语文作品赏析”课堂，她和雨舟又一次选了我的课。我与她深入的交往是她以校报记者的身份采访我做一个名为“读家记忆”的专题。毕业后，优秀的雅文去了北京发挥她的写作特长，当了一名媒体人。

满心真意　满心珍意

中文 13 级　杨钟沛

认识吴满珍老师其实是在教育学院的大学语文的课堂上。

我在华师读书的时候，吴满珍老师当时并没有给文学院的师范生开课，但是吴老师在文学院的名气很大，在学生之间，“老师妈妈”“情感丰富”等评价，常常被提及。于是在大一下学期，我和我的一位同学贺文，慕名前去旁听吴老师的大学语文课。

我第一次见到吴老师的时候，吴老师是坐在讲台的椅子上面的。她看见贺文来了，就热情地招呼贺文（贺文是她的学生），看见贺文旁边的我，就满脸笑意好奇地询问我的专业；听说我是来蹭课的，更是开心地招呼我们快落座。一般来说，大学的老师和学生是不会有特别亲切的沟通的。但是初见吴老师，我就被热情相待，心里面暖洋洋的。

这堂课下了之后，吴老师招呼我和贺文留下来。这是她这学期的第一堂课，她专门把研究生叫来，想要一起去桂香园餐厅三楼吃饭。我受到这样的邀请，真是受宠若惊。吴老师的研究生们扶着吴老师前往桂香园，我才知道，原来吴老师当时腿受了伤。

到了桂香园，吴老师招呼我们点菜。负责点菜的服务员态度有些不耐烦，而且脸色很难看。吴老师也觉察出来服务员的态度不好，吴老师笑着问：“小姑娘，怎么了，有心事？不开心？”这一问，反而把那个服务员给问得不好意思了。我们也都一笑，气氛融洽了许多。

这是我第一次去桂香园三楼吃饭，是吴老师请我吃的，而且是第一次见面的吴老师请我吃的。

后来只要有机会，我都陆陆续续去听吴老师的大学语文课。听吴老师的语文课是一种享受，不仅仅因为吴老师是在分析一篇篇文章，更是因为吴老师热烈的、活泼的、幽默的却又深情的风格。直到现在，我都会在脑海中重温吴老师上课的样子——因为腿不舒服，她只能坐着，但是却情绪激昂，声音抑扬顿挫，和学生有各样的互动。吴老师语文素养很高，最让我惊艳的是，一次她在上课的时候讲古诗，用唱的方式进行。当吴老师一张口，全场鸦雀无声，大家屏息凝神，第一次知道讲课还有这样的表现方式。没记错的话，那是杜牧的《山行》，听着吴老师的声音，犹如在欣赏一曲甜美的歌。真可惜我未能录下来，时时怀念。

大三的时候，文学院2014级举办一个有关“孝心不能等待”的讲座，由吴老师主讲。早就听学长学姐说过吴老师对于韩愈《祭十二郎文》这篇文章的深厚感情。当时我也去听了课。吴老师是性情中人，读着这篇文章，谈起了自己的亲人，不能自已，满座听者也有随之而掩泣者。吴老师的教学受到了同学们的肯定。有一次，我的一位同学遇到了讲课的瓶颈。他拉着我说：“走，我们去听听吴老师的课，我想找找讲课的感觉!”因为仰慕一位老师，所以他想要去了解这个老师更多的东西。文学院院刊《桂风》杂志曾经讲述了吴老师的事情，我一遍一遍去阅读，越发感受到这位老师的真实可爱。

后来，再次遇到吴满珍老师是在王洪涌老师的课堂上。有一次，看见我很敬重的王洪涌老师在和吴满珍老师亲切地聊天，我很好奇，一去询问，方知王洪涌老师和吴满珍老师之间的深厚情谊——吴满珍老师曾经指导过王老师教育实习。毕业前夕，我遇见王洪涌老师，提起和吴老师的情谊，也都是充满着感激的。

我对吴老师也充满感激之情。大三下学期的五月，我参加一个教学技能比赛，比赛中有一个拉票环节。我当时突兀地去找吴老师帮忙，没想到吴老师欣然应允。现在想起，当时也真是冒失，但是吴老师的关爱和宽容，令我念念难忘。

大四，毕业歌开始在学校渐渐唱起。吴老师邀请曾经在她课堂上结识的部分学生进行毕业小聚。出我意料，吴老师竟然专门让同学邀请我参加。吃完饭后，我们一行十余人走在华师桂中路上。下过雨的路面湿润，空气清新，吴老师冲到前面，拿出手机，对着我们拍视频。我抬头望着头顶正绿的梧桐树叶，看着吴老师的笑靥，真是觉得三生有幸。

毕业已经快一年了，对于吴老师的关注，是通过手机微信进行的。我每一次翻到吴老师发的微信朋友圈，就会感受到她对生活的热情、积极、乐观，让人觉得很温暖。我看见吴老师在退休后，还有着丰富的娱乐生活，真心为老师开心；看见老师退休了，还在教务处担任巡视员职务，帮助华师及华师文学院的教学质量提升，我为老师的敬业奉献精神而折服；看见吴老师有如此之多的桃李学子东西南北地赶来看望她，我又会觉得有几分愧疚。一来我未能常常见到老师；二来自己和那些学长学姐相比，实在是资质平平，忝列门墙，羞愧万分。

我特别欣赏吴老师曾经在她丈夫过生日时发在微信朋友圈的一条信息，她感谢自己的丈夫，让她变得更加开朗活泼、乐观积极。我在此也要感谢吴老师，是您，让我知道做一个纯粹的、热情的、善良的、积极的人，是多么可贵。毕业后的我，现在的生活一地鸡毛，有着许多沉疴，但是一想到吴老师，我便更加笃定地知道自己应该成为什么样的人。

认识钟沛，是在为教育学院开设的大学语文课堂上。当时他是跟着文学院前去蹭课的李贺文一起来听课的，他每次都非常的认真。后来，只要我上课或者开讲座，他每次都会去听。他总是说，想到我，他就可以知道自己应该成为什么样的人，现在的他也真的成为一名人类灵魂的工程师了。

桂子山的牵挂

中文13级　闵敏

“‘漏斗户主’陈奂生，今日悠悠上城来……”她细长的眉梢弯弯，一双诚挚真切的眼睛闪着亮光，讲到激昂处，声音都带着点颤音。她的朗读极具感染力，我想我是从她身上明白了“声情并茂”的含义。就这样，这个嗓音很高，穿着紫色绒旗袍，夹杂着白发却一丝不苟盘着发髻的女老师成了桂子山上我最深的牵挂。

她是吴满珍老师，都说人如其名，我常觉如是，吴老师的名字不知怎地让我想到一颗火红的透亮的心。

正是这颗心牢牢吸引着无数像我这样的孩子吧！进入大学的我像被从小鱼缸倒进大海的鱼，初始茫然和狂喜，逐渐放纵野性和不羁。或许文人相轻的文化传统是深留在脑海深处的魔，我总是对周遭的一切保持着安全的距离，不看、不做、不屑，美其名曰独立之精神，其实充斥着幼稚的自尊和渴望被认可。吴老师是第一个把我拉到她身边，和她靠近的人。这是最初的心对心的触动。

“闵敏呐，叫雅文她们一起过来……”吴老师说话语速很快，中气十足，就像自带一股将你裹挟进来的旋风，满怀热情地拉住你。你能从她身上见到简单熟悉的烟火气，好像眼见着张罗起一桌好饭。在吴老师六十岁生日宴会上，我们寝室四个不爱来事儿的丫头十分荣幸受到了她的邀请，单纯而忐忑地捧着精心挑选的花束来到了充满爱的现场。那时，我们都不谙世事，不善表达爱和喜悦，任是心里情意翻涌，面上就是波澜不惊。我们静坐着，看着吴老师的好多优秀学生给这个可爱的人儿送上祝福和鲜花，她笑语盈盈，慈爱依旧，也不记得最后我们有没有也当众送出爱和祝福。多怯啊！想想，我从吴老师身上看到、感受到的最了不起的，是那种恰到好处的舒适自在。你不会因为自己的微小无名而窘迫不已，也不会因为功成名就而被格外关照。

桂子山的颜色换得很快，落了一地金黄，挂了一树嫩绿，扬起一窗墨绿。一茬茬的学生们来了又离开，吴老师的问候和关注从来不缺席。你想，她怎么有那样多的精力呢？她有可爱的小外孙，她喜欢的绿色植物，她还没走完她要走的山川湖海，她还有满腔关心学生的真情！因为她那颗火红透亮的心在燃烧着，她有不断添柴加火的奇特本事，她的心从来不熄灭。

吴老师喜欢和她的学生们唠嗑，她不在意这些人里谁念着她的好，谁有大本事，谁是有求于她，她依旧乐呵呵向你敞开怀抱。她个子不高，身形圆圆的，你总会想要拥抱她。和她一起的饭桌上，没有学术研究，没有党政家国，就是：工作忙吗？有男朋友了吗？什么时候结婚啊？再坚持一下，要注意身体，欢迎来我家玩。你会喜欢她这样热闹的人！

一时的温暖不难，一世的火热鲜少，我要怎样珍藏这样的情感？放进心里，漫过河水，开出花朵，结出种子，送给学生……吴老师，如果有一天，我的学生透露给我，我曾经给予过他一丝丝光与热，那一定是您留给我的最宝贵的财富。

闵敏也是文学院非师中文写作班的学生。虽说我们在课堂上早就认识了，但彼此的印象加深是她和雅文、雨舟一起来参加我的告别讲台的庆典活动。毕业后的她也是深圳市一名优秀的人民教师呢！

满珍老师二三事

中文13级　卢政华

满珍老师，吴姓，是我们华师文学院正儿八经、响当当的老教授、好妈妈。犹记去年六月毕业，三五好友追忆似水年华，一问："大一的课本还记得住吗?"答："岂能记得住啊。"再问："大学语文吴老师还记住吗?"皆答："岂止记得住啊!"

8号楼中的相识

2013年9月，经历了二十多天军训的我，并没有褪去高中生的青涩，反而是直接晒得"青中带黑"。彼时，因为高考填报志愿的问题，我尚在城环学院就读。"十一"长假之后，学校正式开课，手握崭新的课表，怀揣享受大学幸福生活的美梦，我走进了"知识的殿堂"8号楼。其实，对于大学生来说，早上七八点正是黄金睡眠时间，因此很多同学都准备"再接再厉"，争取做到"春眠不觉晓"。然而，自从进入吴满珍老师的大学语文课堂，很多同学真正体会到了什么叫"声震寰宇"，什么叫"绕梁三日"。正如一位数统学院的学长所言："这要是也能睡着，肯定不是困，绝对是听力有问题。"

2013年11月的时候，大学语文依旧每周一节，但是武汉的天气已经开始见凉。不熟悉南方气温变化的我，很不适应这种阴冷的天气。没办法，被窝已经是越睡越冷，早上六点多，我便爬起来，过个早，暖暖身子。走出学子餐厅，我大步迈向8号楼，准备早点去占个前排的位置好继续接受吴老师的"震撼"。七点十几分的8号楼还比较冷清，即使有人路过，也是匆匆地赶往旁边的图书馆。爬上三楼，推开教室门："咦，老师已经来了?"我心中暗自纳罕。找到熟悉的位置，顺势一坐："咦，老师竟然在放一段视频?"旁边的几个同学已经是看得津津有味，我也不好打扰，便静静地加入欣赏的行列中去。后来，视频放完了。再后来，上课的铃声响起了。很多晚来的同学依旧感受到的是"如雷贯耳"，但是看过视频的我却突然发现，吴老师跟视频中的演说家一样，只是在用这种方式希望着什么，坚持着什么。几年之后的现在，我也是一名老师了，也每天都在讲台上“吼叫着”，个中甘苦，一份赤子之心，可能只有当过老师的人才能明白。

8号楼下的熟识

8号楼是华师的文科楼，几乎所有的文科课程都在8号楼进行。当时，作为一名城环学院的小学弟，7号楼、8号楼之间的奔波是大学开始之时的一门“必修课”。其实，跑来跑去也并非不可接受，最让我头疼的还是永远都听不懂的地理。说起来也很奇怪，地理这门学科在招生的时候，既接受文科生又接受理科生。但是作为一名“根正苗红”的理科生，我在高中几乎没有听过一节完整的地理课，所以到了大学课堂，那就不仅仅是听天书，简直是“群魔乱舞”。万般无奈之下，我准备重新捡起自己最喜欢的学科——语文。

那时候，要做出转专业的决定，其实非常艰难。不知道怎么复习，不知道怎么考试，更关键的是，连文学院要学习什么我都不清楚。吴老师简直是我那段时期唯一的救星。起初，自己非常忐忑，一个理科生想要学习文科，谈何容易。很多大学同学都跟我开玩笑说：“你是不是觉得文学院的妹子多?”但是，当我鼓起勇气在课堂结束后把自己的想法告诉吴老师之后，吴老师非常肯定地支持了我，并热心地向我讲述如何去复习、如何思考文本。作为一名辽宁的考生，在高中期间我并没有认真读过几篇小说，甚至连鲁迅的杂文都没有怎么认真研究。那时候的我只知道做题，只知道拿高分。而吴老师则在几次交谈之中重新奠定了我对文学的理解。“你得敢于表达，你得能够说出自己的想法!”这两句话我一直牢记，它不仅仅帮助我成功地转到文学院就读，还一直影响我，直到现在。生活中的很多人都会说我是一个有想法的人，但是我知道，那份最初的勇气，其实来自吴老师那个上午的支持与鼓励。这么多年过去了，我和吴老师都已经记不得当初谈话的内容，但不可否认的是，8号楼的台阶与拐角处，留下了我和吴老师交流的身影。每次再回华师，我都会旧地重游，那里是我文学之路的起点。

遥忆8号楼

五年的时光已经流失得一干二净，每次想起过去的岁月，都忍不住感叹岁月的无情与自己的多情。大三的时候忙于专业课，忙于各种考试，即使在古代诗歌鉴赏的课堂上与吴老师相见，也只是几句简单的问候与匆匆别离时的挥手。毕业离校之际，即使在接到了吴老师电话的情况下，我也依然是因为工作不得不提前离去。我们中国有句古话叫“养儿防老”。到了现在，这句话出现了翻版“养儿未必防老”。倒不是因为儿子不孝顺，往往是儿子有了出息之后，千里相隔，很难见上一面。吴老师培育了无数合格的师范生，而往往我们这些人奔波于全国各地，很少有时间能够回去见一见吴老师。反而很多时候，惹得吴老师挂念起我们来，实在是惭愧啊！

现在，通信设备越来越发达，但人类的情感表达却越来越匮乏。往往几个文字就能够送去祝福，但是又往往因为文字的单薄而言不达意。每次在微信朋友圈中看到吴老师的近况，不由得感慨吴老师还是那么充满活力。为此，我只能在遥远的北国，暗自祈祷：时间再慢一点吧，让我那已经是花甲之际的吴老师依旧快快乐乐地度过自己的每一个春秋与冬夏！如果可以再次重逢，我希望依旧和吴老师相逢于华师，相逢于8号楼。那是故事开始的地方，也是故事续写的篇章。

和政华同学的情缘说来很有趣：先是在城环学院大学语文课堂上，那时大一的他因为热爱文学而喜欢我的课堂，后来又因为听了我的课更加热爱文学，大二就转专业到文学院了。在我任教学督导的日子里，经常会在教室遇见他。他毕业回校读研时，还专门送给老师一份珍贵的礼物。

难忘师生情

中文 13 级　王帅奇

本科毕业已经一年多了，与吴老师也有两年多未见。现在想起来，脑海中仍然能回想起吴老师第一次给我们上课时候的情景：“上课！同学们好！请坐！”

吴老师是我们学业路上的引路者。上大学之前的固有印象是，大学老师基本只会在课堂上和学生有互动，上完课估计联系就不多了。但是吴老师打破了我的偏见。记得大一上学期吴老师给我们开写作课，当时我交了一篇写作作业，本想着可能作业也就这样了，老师打个分就结束了。但是我完全没想到的是，吴老师竟然打电话来亲自指导我的文章，告诉我哪些地方需要注意，哪些地方可以进一步润色，这是我之前从未料想到的。后来上课的时候，吴老师还进一步指导了我的文章。

吴老师是我们教学路上的参照者。我相信，每个上过吴老师课的同学都不会忘记她讲课时的声情并茂，丰富的肢体语言，抑扬顿挫的语调，以及上课时的循循善诱，应该说，吴老师是所有师范生或者说立志想成为老师的同学的榜样。记得有一次在讲古文的时候，吴老师想起了自己的经历和生活，情到深处潸然泪下，这种真情实感的流露不是所有的老师都能够做到的。我相信，这也是很多学生愿意称吴老师为“吴妈妈”的原因，她在每个学生面前的永远是一个鲜活的、真实的吴老师。

吴老师是我们人生路上的指点者。从大一刚进校的时候，吴老师就非常关注学生们的生活和学习。记得当时吴老师一直鼓励像我这类比较内向的学生在课堂上大胆发言，鼓励我们多发言，不要怕出错。记得那是大三上学期，吴老师有一天约了当时我们课堂上的几个同学一起去桂香园餐厅三楼吃饭，吃饭时还一直在询问我们近来的生活、学习状况以及今后的打算，对当时几个同学都提出了针对性的建议。这对于当时正处于大三迷茫期的我们来说，无疑是雪中送炭。而最让人印象深刻的是，吴老师曾说：“你们丰富了我的教学生活。”但我更想说的是，其实要感谢吴老师在四年大学生活中所给予我们的这一切。

不记得是大三下学期还是大四的时候，有一次在路上恰好碰到吴老师，没想到当时吴老师还记着我的名字，笑着跟我说：“帅奇好。”这其实让我有点儿吃惊，因为吴老师之前教过的学生很多，而我又是其中很普通的一个。这又让我更增添了对吴老师的敬意。大四临近毕业的时候，吴老师邀请我们班上的几个同学一起去她家中做客，无奈当时父母来汉，未能跟吴老师作毕业前的告别，这成了我毕业时的憾事。

吴老师身上有很多值得我们学习的品质。但我想，其实最重要的是，学习老师那种健康阳光的心态，学习老师那种每天都对生活充满自信的人生态度，学习老师那种对生活和工作时刻充满激情的状态。

最后，希望吴老师平时有空可以多发微信朋友圈，让学生们知道您一切安好。希望吴老师永远快乐幸福！

于中国人民大学图书馆

帅奇在校时可以称得上是学霸，在我的记忆中他的各科成绩都是优秀。毕业时，他是被保送去中国人民大学读研的。硕士研究生毕业后在北京的某银行总行从事党务工作。

桂香深处有人家

中文14级　郝娟霄

我试图在脑海中搜寻我们第一次相见时您的样子……学识渊博？可为我们朗读《陈情表》和《祭十二郎文》时的动情动容是在之后的母亲节讲座上才有幸见到的。细腻温柔？这样的词好像应该形容每一次寒暑假放假前您特意到晚点名现场的叮嘱和寄托。第一次与您见面，让我印象最深刻的应该是您嘴角挂着的笑容吧？那在阳光下闪着光的笑容。

后来我们渐渐熟悉起来，实习前的一个学期，为了让我们尽早适应从学生到老师身份的转变，您带我们去水果湖中学听课，还因为担心我们没吃早饭，带来了满满一袋子零食；暑假您去恩施家访，为每一位同学准备了礼物，回来时还记录了厚厚一沓材料；过年过节我给您发的短信，都会收到更温情的回复；每次在文学院见到您，您都会亲切地拉着我说很多很多……您是我们的好老师，更是我们的吴妈妈。

可是我总有抱歉想说——那天在晚点名之后送您出教室，跟您说有什么需要可以随时找我，却没能真正帮到您什么；每次在教室里上课时看到您在座位上认真听课再埋头认真记录什么，会因为自己的不用功、不努力而羞愧；每年中秋，虽然自己不是“满珍班”的学生，却依然能收到您托同学带给我的月饼……一点一滴，皆成为这成长路上永不褪色的感动。少年时，因为一句“君子之交淡如水”，我总乐意把这样温润亲切的感情比作水，可当那天突然接到您关切的电话，再不经意回头望去，这才发现您的爱，温柔了江城所有冰冷的冬天。

四年前，我们从天南海北出发，沿着一条条美丽的交通轨迹画出的弧线汇集到这里，是您的爱，让桂香深处的我们成了一家人；四年之后，当我们从老师那里学到的待人接物的诚恳、严谨、谦和，都化作自然的存在时，这些您教导过的孩子，也终于走在您走过的路上，传道、授业、解惑……每一步，都源于您的爱带来的无比坚实的力量。

我和娟霄的结缘是在满珍班的见面会上，当时她是作为汉语言文学（师范）专业2014级的学生会主席，介绍我和大家见面。后来每次我和“满珍班”的同学们一起迎接端午、庆祝中秋，都会邀请她参加。在我的印象中，娟霄非常优秀，她总是认真地做好年级各项工作，并取得了很大的成绩和进步。2018年毕业后，她就职于山西省临汾市第三中学，因工作认真负责而受到了学校领导、同事和学生们的好评。2019年娟霄听说我去山西吉县开会，特意赶到高铁站和我见面。当我看到这个永远充满朝气的姑娘时，我第一感觉是：这，就是华师的学子！永远充满了力量！

何其有幸，与您相识

——我的老师吴满珍

中文19级 许畅

初识

“畅畅！畅畅！你的手机号是多少?”夜晚九点的科学会堂灯火通明，文学院开学第一课正在一楼报告厅进行。

“畅畅！你们的一位老师在向我要她班里一部分优秀学生的联系方式，想要在上课之前提前了解一下你们!”辅导员对我说，“开学第一课结束之后，她会亲自给你打电话!”科学会堂的灯光闪耀着，演讲台分外明亮。

9时30分，我穿行在科学会堂往寝室的路上，辅导员的话还在耳畔回荡：“听说，这位老师特别优秀，她的学生都特别喜欢她哦!”这会是怎样的一位老师？我不禁好奇。我们还没有和她见面，她就迫不及待地要了解我们了……这样想着，我对这位老师的钦佩之情油然而生。夜晚的路灯光柔和地打在我身上，小路寂静着，仿佛在等待聆听一段美丽的故事。

“嘘！大家不要出声!”手机铃声响了，我竟有些紧张，急急忙忙让寝室里的姐妹们静下声来。要知道，电话对面可是一位与我素未谋面的老师呀。

这份紧张，在电话对面传来第一声问候的时候烟消云散。“你好，许畅，我是你们的写作课老师吴满珍，很高兴认识你呀!”没有令人胆怯的威严，没有居高临下的冷漠，那亲切的声音，分明和一位久别儿女的母亲叮嘱孩子天冷加衣时一模一样。细致的询问，周到的安排，一字一句都透着她对学生的疼惜和关爱。

2019年9月23日10时24分，我与我的写作课老师吴满珍初识。那一夜，我躺在床上，看窗外月光皎皎，突然为我踏入华师文学院而自豪。那时的我还没有深入了解这所学院，但拥有这样一位老师，我以文学院学子的身份而骄傲。

初见

吴老师在见到我第一面时问出“你是山东人，对吧?”的时候，我着实有些惊讶，是我口音太重？还是吴老师调出了我的档案？各种想法在脑袋里跳跃，我万万想不到一位老师竟在初次见面时准确地说出了我的家乡。

“哈哈，我看你的手机号码显示的是山东青岛。”吴老师像是看出了我的惊讶，笑着说。原来是这样，我明白过来，不禁为我刚刚的惊奇而感到一丝害羞。但转念一想，能如此细致周到以至于记住学生手机号码上显示的家乡，这样用心的老师，我分明真的是第一次见到呀。

那一节课，我第一次亲眼见到吴老师，第一次听她的课，第一次被她震撼。

那是我遇到的第一位要在上课之前喊“起立”的大学老师，是我遇到的第一位课上第一件事是问候大家学习、生活是否愉快的老师，是我遇到的第一位用洪亮的声音告诉每一个学生“去积极、充满活力地做事”的老师。

初解

若是说，我们不会对亲切的吴老师有一丝畏惧，恐怕也是不可能的。纵使吴老师亲和的话语和温和的眼神一次次令我们感动而温暖，她的优秀却总会给我们带来太多的敬畏。是啊，她在华师的讲台上站了几十年，她的学生都成了我们的老师，她桃李满园而集万般荣誉于一身。我们的学校舍不得这样优秀的老师离开，以至于在她退休之后又坚决地请她重回讲台。她的学生感念于人生中有她指引，虽离校仍对她时时问候，表达感激。

被吴老师的光芒笼罩，我们为吴老师的亲切和低调而感动，却又常常感叹自己的不足。但我无论如何也想不到，吴老师居然会再一次走近我们，那样认真地希望消除我们对她的一切的畏惧。

已经记不清楚是给吴老师发送了一条什么样的工作信息了，总之，那个夜里，吴老师突然问我：“为什么你给我发的信息这么严肃呢?”我一愣，在我心里，一个刚刚踏入华师的新生同如此阅历深厚的老师交谈，定当是要无比严肃谦卑的，但被吴老师这一问，我却对自己的想法产生了几分笑意。一直以来，吴老师对我们就像妈妈一样，谁家孩子和妈妈说话还要这么严肃呢？这样想着，我就俏皮地回复老师：“老师，因为您发的信息很严肃啊。您看，您都不给我发表情包!”“哈哈，好有趣!”吴老师回复我说，我想，手机两边的我们应当是都会心地笑了吧。

后来，吴老师发的信息里，就多了几个可爱的表情包。我常常想，其实，一个人要走进另一个人的心，可能，也只是需要几个小小的表情吧。

指正

记得我在吴老师课上写的第一篇文章是《桂子山有感》。那篇文章，在此刻看来怕是漏洞百出，堪称败笔。但即使是这样一篇文章，也得到了吴老师耐心的指导和纠正。

我已不记得是在怎样的心情下写出那篇文章的，但终归是刚踏入华师不久，我的万千思绪细细理罢，剩下的就是无尽的迷茫。我写，我独自在林间寻觅，寻觅到的却仍是理不清的懵懂。

吴老师对这篇文章的一句点评令我刻骨铭心："一篇文章的创作，必然要以传播昂扬向上的力量为主题。"我突然懂得了我的文章的弊病所在，那就是，纵使我感受到的是漫无边际的迷茫，但迷茫之中总会有一束微光，那就是指引我前行的希望。一篇文章，能不能写成，能不能达到应有的境界，就在于是否找到了那一束光。

一篇优秀的文章，不是不去描绘黑暗，而是无论周身有何魑魅魍魉，都绝不可能找不到供我们秉烛前行的灯光。

指导

当吴老师布置我们课下阅读余光中的《听听那冷雨》的时候，我制作了一个关于名家从感官角度写雨的PPT，并在上课前一晚发送给了吴老师。没想到的是，第二天，吴老师给我提出了利用课前时间尝试讲解PPT的要求。那一次的尝试中，出现了许多问题，但也得到了吴老师的一一指导，例如，名称需更有吸引力，字号需要放大，朗读要有感情，等等。

修改之后，我成为班上第一个正式在课堂上展示PPT的学生，我用搜集的名家写雨的例子给大家带来一份学习心得"为雨而歌"，并交流了我对写作的看法，那就是于生活细微处着眼，从小处着笔，做一个有心人。

展示过程中，我提及制作PPT过程中遇到的一个问题："找不到优秀的从味觉角度写雨的例子。"没想到吴老师当即用手机搜集了一些例子，在我展示结束之后与我们进行了分享。那一段文字并非出于名家之手，但却生动传神。我突然明白，真正的欣赏，不应盲目崇拜名家，若下笔有神，纵文字出于孩童之手，也值得我们细品细尝。

指引

吴老师常要求我们在课上朗读文章，因为羞涩，我们通常不太敢张口，这时候，吴老师就会亲自为我们示范。令我印象非常深刻的是吴老师讲解韩愈的《祭十二郎文》时，诵读到“诚知其如此，虽万乘之公相，吾不以一日辍汝而就也!”时竟动情流泪。

后来，吴老师为我们讲了她的亲身经历，那段经历中满含的悲痛和愧疚令我震撼。我明白了为什么她在诵读这篇文章时难以抑制自己的感情，我懂得了这些文字在她心中带来的触动和共鸣。

“树欲静而风不止，子欲养而亲不待”，吴老师一遍遍向我们讲述这个道理，告诉我们，回报父母、善待父母永不嫌早。我理解吴老师的叮咛，她希望用今天对我们的教导，换我们未来的心安和无悔。

不舍

这就是我的老师：吴满珍，一位严谨的老师，一位亲切的妈妈。

转眼间，一个学期结束了。大学的师生之间，纵使有千般的不舍和欣赏，也逃不过抢课和筛课的难关。对于像我一样普普通通的学生来讲，能与吴老师相遇，已是莫大的幸运，但越是优秀的老师，对我们来讲，分别就越意味着长别。

不想分别，以至于渴望着课程能再多上几节，但最终，我们总要面对结课的这一天。当不舍终归要面对现实，这份深情突然化作浓浓的感激：我猛然发现，我已是何其有幸，能与您相识!

许畅是我2019年下学期受聘桂岳计划主讲教授后，在文学院写作课堂上认识的一名来自山东的特别优秀的学生。

大学语文篇

1987年在学校教授大学语文课程至2015年退休，吴满珍教授在大学语文课程讲台上耕耘了28个春秋，教授学生千千万，播撒爱心无数。她不仅在课堂上帮助学生提高文学素养，还教会他们君子之道，“学知识首先学做人，教学生首先教做人”，这是贯穿吴教授整个职业生涯的教学宗旨。

教育的可贵之处在于用一棵树撼动另一棵树，而撼动学生的途径就是爱的教育。吴老师用温婉、热情、真心，对待每一个学生，在课上课下和学生结成亦师亦友的关系，学生愿意与吴老师亲近，大家不称她为“教授”而称其“老师妈妈”。吴老师用如水的教育来浸润人心，用言传身教让学生领悟为人之道和为师之道。缘起缘不断，儿女散天涯，即便远隔万水千山，师生情也永不落幕。

带着对生命的喜爱去创造生命的喜悦、美好和神奇

——回忆吴满珍老师的大学语文课堂

物理系 94 级　陈希昌　周代梅

什么是教育？人们都说教育是由“教”和“育”构成的。对于教育本质的理解，我是有一个过程的。有时我在想：我来华师求学所受的是什么教育？我和周代梅都是物理系 94 级的，代梅是物理教育专业，我是电子学与信息系统专业，毕业 20 多年了，当年课堂上所学习的高等数学、信号与系统、电磁场理论、数据结构、C 语言编程等课程在脑海里面都所剩无几，几乎没有什么印象了，可是吴满珍老师上课时的神采却时时浮现在心头。

吴老师是我们大学语文这门课的老师，对于一个理科生来说，能够接触这样优秀老师的文学熏陶真是一种幸运。吴老师的课讲得通俗易懂，又引人入胜，上她的课确实是一种享受。吴老师上课的时候总是笑容满面，充满激情，让人有如沐春风的感觉，很容易就将人带入课程内容当中去。应该说大学语文是我大学期间最喜欢的一门课，毕业的时候我去重庆工作，很多书籍都处理掉了，唯独将大学语文和几门专业课的书籍带到了遥远的重庆。

2018 年我们同学毕业 20 周年聚会的时候邀请吴老师参加我们的活动，让我和吴老师走得更近了，每次见到都觉得特别亲切，吴老师总是笑容可掬地拉着我问长问短，身边有同事和朋友的时候，还把我和夫人周代梅介绍给他们。吴老师还把她编著的《中国古代诗词讲析》送给我们，从国外旅游回来还特意送给我们她精心挑选的礼品，有一次还将她自己喜欢的高级蚕丝面膜让我转交给周代梅，真是让我们受宠若惊。今年年底，中新社邀请吴老师夫妇作为嘉宾参加一个国际摄影大展，吴老师认为这个活动对我的工作会有很大的帮助，她把这个宝贵的机会让给我，积极为我策划，遗憾的是我工作繁忙没能成行，但吴老师的恩情让我动容，吴老师对学生的这种关爱让我永生难忘，我觉得自己也应该像吴老师一样，善待身边每一个人、每一件事，

把这种对学生的真情一代代传递下去。

在吴老师的微信朋友圈里可以看到她总是那么激情满满，总是那么精神焕发，充满了正能量。吴老师的生活充满了诗意，充满了阳光，吴老师总是能够从积极的一面去对待生活，总是能在不经意的点上看到生活中最美丽的一面，给予别人的永远是喜悦和自信，永远是鼓励和赞美。这也启发着我们要像吴老师那样洒脱，那样自在，那样包容。谢谢吴老师，让我感受到了美好的生活态度，感谢吴老师让我懂得了学知识首先要学做人，要带着对生命的感悟去创造生活中的喜悦、美好和神奇！在2021年即将到来之际，我和代梅写下这些文字，一是表达我们的新年祝福！二是感恩吴老师的多年真心教育没有被辜负！最后祝愿吴老师全家快乐安康，永远幸福！

2020年12月30日

读罢希昌、代梅的文章，想起我们之间的师生情谊还真有缘！忘不了2018年7月9日的一个电话，是华师物理学院周代梅教授打来的，邀请我参加他们同学毕业20周年的聚会活动。和代梅交谈后，得知希昌和她不仅是同学，还是她丈夫；通过和希昌的交谈，又知道他读大学期间和我的一个远房孙子辈的亲戚同住一间宿舍。23年前的“文学名著选读”课堂，让我和94级物教电信专业的同学又一次相聚在桂子山！此后，我和希昌、代梅老师的师生情谊书写了历史的新篇章。

致满珍老师的信

政法学院 94 级　常健

尊敬的吴老师：

您好！

前几天我们政法学院 94 级毕业 20 周年聚会，有好多同学都不约而同地提到您，提到您当年的青春靓丽、长裙飘飘，提到您那趣味横生的大学语文课堂，提到课堂上您神采飞扬的风采，提到您朗读《长恨歌》时的深情与厚重。虽然 20 多年过去了，但您给我们的“大学第一门课”却依然深深地印在每个学生的心中。同学们谈起您的时候，大家还在感慨，作为一名教师的价值莫过于此——能够深深地影响和感染学生，让学生能够永远铭记。

聚会之后我特别感慨，作为您 20 多年前的学生，每次见到您都想和您认真地聊聊，表达对您的敬意。虽然我也早就能在讲台上与学生侃侃而谈，但突然让我面对面向多年的恩师去表达心意，却又不知从何开口，还是提笔写信给您吧，也许这样才能表达更充分和准确。

1994 年军训结束，周一上午我们在华师上的第一门课——大学语文与我们不期而遇。大学课堂是什么样的？一群还带着中学生稚气的我们带着无数的疑问和期待第一次见到了吴满珍老师。还记得那时的您青春靓丽，一袭长裙站在讲台，立刻吸引了大家的目光。而在课堂上，我们早已习惯的高中语文课的授课方式，也被您彻底改变了。在讲授《长恨歌》时，您满怀深情地诵读和讲解，让我们霎时有了《百家讲坛》的错觉（虽然那时《百家讲坛》还没有开播，但后来同学们都一致认为您真的有登坛的气场与风度）。讲授完毕的谈论更是精彩纷呈，您没有为我们做任何预设，而是让大家畅所欲言，谈感受、谈心得、谈理解，毫无禁忌地打开了同学们的思维，多少年后回忆起当时的这一幕，我们班的同学们还津津乐道，大学课堂的开放、包容、独立意识的养成是在您的大学语文课程学习中第一次见识的。真的感谢您让我们这群懵懂无知的少年第一次领略大学课堂的风采与气度（这可不仅是我们学院同学的评价，也是目前也在华师任教的社会学院、外国语学院等好多学院的同学的一致公认）。您还记得吗？课间我们班好多同学喜欢围着您聊天、问问题，您也给我们讲了好多华师有趣的人和事，是您告诉我们1号楼、2号楼和老3号楼的历史，告诉我们哪个食堂好吃（住在西区的我们，在您的课后才去集体探索了东区食堂）。时间虽然过去20多年，但对您课堂的记忆则深深地印刻在我们那批孩子的脑海，成为我们在桂子山求学年代的永恒回忆。

2006年我回到母校、回到桂子山工作，而您作为教学督导使我们之间的接触更加频繁。直到退休，您都一直坚守在本科教学的一线，40多年的坚持，40多年的辛勤付出，您的言行为我们这代华师人树立了标杆和榜样。您到我们学院进行期中检查，会后您和我谈到教师的“内外兼修”，谈到“教育如同种树，既要细心呵护，又要不断修剪，而教师就是一个植树的人”，更令我感佩您的情怀与责任。您对我们从未提及，后来在学校的新闻报道中才看到您还一直担任文学院本科学生的班主任，对学生引导、与学生谈心，甚至陪学生搞活动、过生日，学生们都亲切地称呼您“吴妈妈”。由此我才能真正理解为什么即使毕业多年，很多同学始终与您保持联系，回来都要向您报到；在聚会的照片中，学生们把您围拢在中间，您会心的微笑能让每个人感受到“植树人”的幸福与荣耀。

电影《无问西东》中的一句话，“爱你所爱，行你所行，听从你心，无问西东”，一直被微信朋友圈刷屏。我看到这句话时，感动万分，真的觉得您40多年桂子山上“植树人”的情缘，当得起这句话；您是用40多年如一日的坚守在践行着“爱你所爱，行你所行，听从你心，无问西东”。

衷心祝您及家人：身体健康、生活甜蜜！

学生 常健

2018年7月16日

身为华师政法学院副院长的常健教授总是那么的恭谦，收到他的来信令我激动和感动！我是在深圳的地铁上，在陪外孙上培训班的途中一口气读完他的来信的。欣赏着他那叙述流畅、文笔朴实、感情真挚的文字，从冷静细致的描述娓娓道来的叙事中，真的让我又一次领略到何为“谦谦君子”，何为君子风范！我为有这样的学生感到骄傲！华师和华师的学子为有这样的老师感到自豪！

记我的大学语文老师吴满珍教授

社会学院95级　范会芳

时光荏苒，转眼间我的大学时代已经过去20年了。20年，是人生中不短的一段历程，但是在记忆的长河里，这段历程仿佛被缩短了似的，被加快了似的，一晃而过。而大学时代发生的很多事情，经历过的老师，上过的课，却一直在记忆里，鲜活如初，记忆犹新。

前不久，有一个学生毕业，说是到一所民办高校去担任大学语文老师了。在送别学生的饭桌上，我不由自主地给他们讲起了我大学时代的语文老师。这不，也许人与人之间是有心理感应的，我念叨着我的大学语文老师，她竟然也还记得我呢！出乎意料地，她通过我的大学好友找到了我。这件事发生在2018年的6月5日，距离上大学语文课（1996年）已经有22年了。

我接到吴老师电话的那一刻，很是激动，我真的没有想到，老师竟还记得我，还记得当时上课时让我背书以及写作的种种往事。更没有想到的是，她竟然还主动打电话联系我。感谢吴老师，在我们毕业20多年后的今天，还给我布置一篇小小的作业，让我能够有机会将这些年内心的惦念、对于老师和母校的回忆诉诸文字。

当很多年后，我转换了角色，也成为一名大学教师，站在讲台上给学生授课时，我才意识到，能给学生留下美好或者深刻的印象，并不容易，这些其实是源于老师独特的个人魅力和独特的教学方法。

印象中的吴老师，总是面带微笑，而且上课时声音洪亮，情绪饱满，在台下的我们总能够感受到她对于教学和学生的热爱。令我印象最深刻的事就是她让我在班上带头背诵白居易的《长恨歌》。记得当时我担任95级社会学班的学习委员，平时上课我其实是比较沉闷的，不太爱发言，老师一般也不点我名，原因在于我的名字对于很多南方老师来说，有些拗口，不容易说清楚。所以我一般都坐在教室中间略靠后的位置，这样既不容易被老师重视，也不影响上课听讲的效果。但是，在大学语文课上，我成了吴老师最经常点名的那个学生。“范会芳，你是学习委员是吧？那就从你开始，下周上课时给我背诵《长恨歌》，其他同学到时候按顺序都要会背。”吴老师当时说的话，我至今还记得清清楚楚。当时的我，说不出心里有多么忐忑，但又不能拒绝，只好在众目睽睽之下硬着头皮答应了下来。

我一向是一个不喜欢背书的好学生，高中时候如此，大学时代更是如此。但是接了“军令状”，就没有选择的余地了。为了不辜负老师的信任，为了不让自己在班上同学面前丢脸，我开始去上早晚自习，躲到教室附近的桂花园中大声朗读和背诵。直到今天，我仿佛还能闻到华师校园里到处弥漫的桂花香，还能感受到那些早晨校园里的微风拂面，香气满园。结局当然是我顺利完成了老师布置给我的作业，同时也通过了吴老师对我的考核。

真的很庆幸遇到吴老师，庆幸被她督促和重视，才有了大学时代这段美好的记忆，也才有了之后我对于文学的喜爱。之前，我一直不知道自己对于文学的喜爱是从什么时候开始的。直到今天写这篇小文的时候，我才突然明白，原来内心的火种被点燃，其实就是那么一瞬间的事情。吴老师的器重、适当的压力、还算满意的表现，这些都成为之后自己一直喜爱文学、喜爱朗读和背诵的一个真正动力。

如果说，大学之前，学习语文是一个被动、应试的过程的话，那么进入大学之后，在吴老师的课堂上，我们才真正实现了对于语文学习认识的质的转变，即从应试取向的被动学习转向欣赏取向的主动学习。至今还记得在吴老师的课堂上，她带领大家朗读古典名篇时的场景，记得她让我们阅读《乱世佳人》，同时指导我们撰写文学评论时的场景。阅读文学名篇，不是为了应试，所以大家在读的过程中总会觉得轻松。尝试写作文学批评，吴老师引导我们查阅相关资料，这使得我们能够跳出狭隘的个人经验论，从而从一种更高、更客观的角度来欣赏名著。有关《乱世佳人》的那篇习作，成为迄今为止我唯一的一篇文学评论方面的作品。虽然之后我再也没有涉猎这个领域，虽然当年的手稿已经不知去向，但是从中体验到的成就感、学习到的那些角度和方法都已经深深印入我的记忆。

我深深感受到，一名好的老师对于年轻学子人生发展的意义，同时也深切感到扎实的文学功底对于从事教学和科研工作的重要性。正如文学语言所形容的那样，老师是启明灯，是灯塔，是引路人，是指南针。吴老师正是我人生路途上的启明灯和引路人，她激发了我对文学、语言的兴趣，点燃了我热爱文学和名篇的热情，这种兴趣一种持续到今天。虽然我没有直接从事文学专业方面的工作，但是对文学的爱好，连同吴老师对我们深沉的爱，犹如涓涓细流，这么多年来一直在默默地滋养着我，以润物细无声的形式推动着我的科研工作，丰富着我的人生。作为一名社科领域的研究者，我深切认识到，中文功底对于研究者的重要性，文学能带给心灵以滋养，带给生活以乐趣。而这些，我想都归功于我的大学语文老师——吴满珍教授。

吴老师在桂子山上从教几十载，教过的学生数以万计。作为其中的一员，我无疑是幸运的，虽然只是有幸在她的班上听过半年的课程，但是她给予我们的那种爱，那些启迪，都将永远地留存于心中，成为我继续扮演教师角色的榜样，成为我前行路上的明灯。

仅以此感怀之作，送给我敬重的可亲的吴老师，祝福她幸福安康，笑口常开。

2018年6月8日于郑州盛和苑

24年过去了，范会芳的名字已深深印在我的脑海里！她当时是社会学系第二届学生，担任学习委员，她非常负责任，在学生和老师之间上传下达，互相沟通。她的学习成绩也很好，给我的感觉真是太优秀了！我一直都在打听她的去向。后来才知道，她先后读了硕士、博士，现为郑州大学公共管理学院社会工作专业教授，硕士生导师。

忆满珍　追华年

社会学院95级　金小红

“天长地久有时尽，此恨绵绵无绝期”，用大家都很熟悉的《长恨歌》结尾处作者白居易的慨叹作为我这篇文章的开头，似乎有点不切题意。但在我看来，这其中传达的“恨”意被我借鉴用来代表我大学期间未能认真学习某些课程的追悔之意也未尝不可。同时，也是因为这流传千古的诗句让我在大学语文课堂上背诵了《长恨歌》全诗。每当读到这诗句，就让我回忆起这多少代表了70后大学生“为赋新诗强说愁”的浪漫时光。而我在颇具浪漫主义色彩的吴满珍教授的大学语文课堂上，悠哉游哉地“混”了半年。吴老师授课非常认真，但宅心仁厚，教育方式独特，明知道我是个“混子”，却经常装着被我蒙住。呵呵，这是我自己当老师后才能明白的，怎么蒙得过老师呢？

现在回忆起来，对文学爱好可能来源于体内浪漫基因，对文学爱好的激发始于吴老师的大学语文课程。据吴老师追忆，说当年大学时代的我机灵聪明，上课总是坐第一排，而且总是能有一点令人意外的发言。说实话，一个学生能被自己的老师记住，无论如何，都是一种荣耀，我的虚荣之心已经昭然了，哈哈。其实多年之后的我，就是现在常常面对学生和讲台拷问的我，常常自我反思这种虚荣与不踏实，但是吴老师一如既往地肯定与接纳，一种带有温度的关心，让我感怀备至。

未被吴老师道破的“小聪明”，时时会浮现于时光的轨迹中。吴满珍老师当年要求我们背诵《长恨歌》，至今我记忆犹新。《长恨歌》实在太长了，当时的我就不明白，怎么能有这么多弯弯绕绕，怎么会有那么多长吁短叹，真的太难背了！吴老师应该是看出了我们的纠结，花了整整两节课的时间，一句句讲解其来龙去脉，原来每一句都是一幅历史画面，每一段都有刻骨铭心的荡气回肠和无关对错的美，两节课下来，其实我们已经能自然背诵大半了，不，这不是背诵，是了解，是体悟，是感受，是移情。不知道是不是中了《长恨歌》的“毒”，从那以后，我对唐诗宋词充满了兴趣，对《红楼梦》保持了长达六年的痴迷。今天回忆起来，迷恋的并非人物细节，而是其中的诗词歌赋，如果不是因为《红楼梦》，可能大学一段青柠一样的恋爱是不会出现的，可是《红楼梦》渊源于《长恨歌》，后者又源于吴老师。

年少无知的轻狂，往往让青春走得跌跌撞撞，却拥有着后知后觉的美丽。满满珍贵的依稀回忆，让我的青春年华显得不再那么无足轻重。感谢满珍这样的老师，感谢青春有您、有我，但愿这份美好能经由我们的传承，滋养更多后生的心灵！

金小红和范会芳一样，都是我心中记挂并一直打听毕业去向的人。她当时给我的印象是聪明伶俐，有点小调皮。小红也是和会芳一样读了硕士和博士。记得几年前在华师8号楼上课时遇见了小红，我好开心啊！此后我们就一直保持着联系。

百尺竿头须进步

音乐学院04级　汪青

时间过得很快，这学期我选修的大学语文课就要结束了。回顾这学期的学习，感觉自己有很多想法和心里话。每周一的晚上，8316教室曾经留下我们大家共同学习的身影，曾经记录着我们课堂上的点滴……而我想我不会忘记，在大学语文课堂上轻松活跃的学习气氛；我想我不会忘记，至情至性、可敬可爱的吴满珍老师课堂上精彩的讲说；我想我不会忘记，因为在这个课堂，我收获的不仅仅是知识，还有很多很多。我也想借今天这个机会，谈谈我在大学语文课学习以及文学学习方面的体会。

重在积累

很多人会认为语文课不重要，因而忽略对于语文的学习。在我看来，语文是一门基础性学科，它培养人的基本的文化素养和必备的人文素质，且让人终身受用。而说到语文学习，我最大的感触就是积累，这也算是我的语文学习的经验吧。从小我就很喜欢语文，而且从小时候开始，我就比较偏科。我想这个应该与我妈妈有关吧。我的妈妈是一位大学中文系教授，她很注重对我文学素养的培养和熏陶。在我很小的时候，她就教我识字、写字、背诵唐诗宋词。那时候的我，不是很理解妈妈的做法，只是觉得那是自己的任务。从二年级开始，妈妈又要求我坚持每天写日记。家里有很多书，我从小也很喜欢看书，因此看了很多小说，中国四大名著以及一些外国作家的经典作品，如莎士比亚的戏剧、契诃夫的小说等。

正是因为小时候一点一滴的积累，我之后的语文学习就觉得比较轻松。这点我深有体会，并且我越来越能体会妈妈的用心良苦，越来越感谢妈妈为我打下的比较扎实的基础。我从小到大都很喜欢语文。我喜欢文字，喜欢用文字表达自己，用文字与心灵对话，与别人对话。随着自己的成长，我也越来越能感受到语文给我带来的学习之外的收获和快乐。

上大学时，我选择了音乐专业，然而我依然对文学充满向往。在妈妈的支持下，我选择辅修本校文学院中文系的双学位课程。通过学习音乐和中文这两门学科，我获得不少有关音乐和文学的知识。我积极请教老师，继续坚持广泛阅读音乐、文学等方面的书籍，查阅文献资料，撰写论文，探究音乐与文学之间的关系，开始了自己在科研上漫漫求索的道路。在充分积累和储备两个专业系统知识的前提下，在老师的支持和指导下，经过自己的努力学习和积极探索，我开始尝试在专业核心期刊上发表科研论文，并积极参加学校和省教育厅组织的大学生优秀科研成果评比。事实证明，只要努力了，就会获得收获。在近几年的大学生优秀科研成果评比中，我的论文分别获得过校级优秀科研成果一等奖、二等奖以及省级优秀科研成果二等奖的好成绩。而这些，与我平时的努力钻研、认真积累和老师的积极支持、耐心指导是分不开的。我品尝到了成功的喜悦，而我的成绩也正是自己在不断积累中获得的。

在大学语文的课程学习中，我也感觉到积累的重要性。所谓积累，我认为主要包括拓宽知识面、多看好书、多练笔。语文学习的功夫主要在平时。通俗地说，有了积累，心里就会有东西、有想法、有话可说。在课堂上，每次吴老师提出问题后，我们大家总是能够跟随吴老师的思维进行思考，然后踊跃发言。我也认为，很多语文的学习方法和思维方式都是要靠平时积累和培养的。如果平时注意不断培养思维能力、语言能力、表述能力等，自身语文学习的能力就会得到提高。我始终坚信语文学习是离不开平时的积累的。这也是结合我自己的语文学习经历和体会总结出来的一点经验。

贵在坚持

这个学期的大学语文课，还为我提供了一个语文学习和知识积累的平台。在这里，我由衷地体会到了语文学习的快乐。这个课堂上大家踊跃发言，各抒己见，形成一种活跃的学习气氛。这样的学习氛围在其他课堂上并不多见，这让我感到了一种久违的亲切，也使我有所感慨，而且我感到自己是幸运的。在这个课堂上，吴满珍老师那循循善诱、生动激情的讲课总是很吸引我，所以对每周一次的大学语文课我都充满了期待。以前在课下自学过的或者高中课堂上学过的诗文，通过吴教师的讲解，我有了更深的认识和理解，这也拓展了自己思考问题的视野和深度。吴老师每次讲课，都带给我不少启发，也使我生发了很多感想，我认真地做好每一次课的笔记，课后进行总结和反思，然后坚持撰写每次的课后心得。一个学期要结束了，当我打开笔记本，重温着课堂上的点滴，心里有一种充实的感觉——我学到了很多东西，我在成长，在进步。

我积累的笔记，我每次写的课后心得，都记录着我的学习经历，也见证了我不断成长和提高的过程。语文学习，贵在坚持，不是三分钟的热情，而是坚定的喜欢和不懈的努力。只有这样，才能真正体验到语文学习的快乐，才能真正地学好语文。我喜欢语文，喜欢文学，而且我将一直在自己的道路上继续坚持，并将坚持到底。

勤于思考

任何知识的学习，都离不开思考，我认为语文学习也一样。阅读一篇作品的时候，我们不仅要充当好一个读者的角色，还应善于站在作者的角度思考问题。这样，能够帮助自己培养清晰严密、生动活跃的思维能力，而这种能力对于语文的学习是很重要的。

大学语文课堂上，吴老师就很注重培养我们的思维能力，引导我们积极思考问题，各抒己见。而在吴老师的引导下，我也的确感受到了自己的进步。比如在看了《乱世佳人》这部影片之后，吴老师要求我们撰写影评，而我感觉自己对影片的各方面因素，尤其是主人公形象的塑造都考虑得比较周全，比第一次看这部名著时更有想法。吴老师的引导和培养拓宽了我的思维广度，对待问题时我考虑得也更有深度、更全面了。因此我认为，勤于思考，对于语文学习也是非常重要的，我们应该重视对于思维能力的培养。

善于表达

听、说、读、写，这是语文学习至关重要的四个方面。对于语文学习而言，语言的表达能力至关重要，这点也往往是我们最容易忽视的。而这也是我在本学期大学语文课的学习过程中没有注意，做得很不好的一点。在本学期大学语文课上，吴老师有意识地鼓励大家发表自己的见解，吴老师生动的讲课，同学们踊跃的发言，形成一种十分活跃的课堂气氛。在这样轻松快乐的学习氛围中，大家越发积极发言，表达自己的看法。而这样，不仅仅锻炼了大家的语言表达能力和思维能力，更重要的是在一种互动的学习环境中大家进行了学习上的交流，思想上的沟通。

这学期的大学语文课上我没有积极发言，这也成了我的一个遗憾。每次课上其实我都有很多想法和见解，可我总是不敢举手。一方面可能是因为自己习惯了在课堂上接收老师的知识而非自己输出，另一方面可能也是由于自己不敢表现自己、主观上害怕被否定等这样一些想法的影响。然而，我真的很后悔，后悔自己最终还是没有能够在这个课堂上留下自己更美好的回忆，很后悔自己最终还是没有勇气表达自己的见解，没有得到锻炼。其实回答问题，就是一个思考和表述的过程，只要参与了就会获得提高。而我错失了很多与老师、同学交流的机会，因而这成了我大学语文学习的一个最大的遗憾。我想在以后的学习过程中，我都应该注意这个问题，我会积极发言表达，在不断的锻炼过程中丰富并提高自己。

百尺竿头须进步

一个学期的大学语文课就要结束了，我学到了很多，进步了不少，然而也存在一些问题，留下了些许遗憾。在这里，我也想真心地感谢吴满珍老师，您的激情生动的讲课和深切真挚的情感感染、打动着我，我想我不会忘记在您这里学到的，不仅仅是知识，还有您的态度——对教学的态度，对学生的态度，对文学的态度，对人生的态度。

重在积累、贵在坚持、勤于思考、善于表达，以上就是我对于大学语文学习的全部心得体会。

汪青是学音乐的，我记得当时成绩在整个年级都是出类拔萃的。十年后青青是“满珍班”所在年级的辅导员，我们成了同事！在繁忙的工作中，她并没有放松对自己的要求，继续在文学院研修博士学位。她的个人魅力非凡，带出了一个温暖向上的14级汉师集体。她深受学生喜爱，大家都愿意叫她“汪姐姐”。

学子满珍情　桂苑师生谊

美术学院04级　胡彧

十年情谊桂竹香，

桃李春风不相忘。

大学的美好时光已悄然成过往，我跟吴满珍教授的师生情也已十年。每每回忆，往昔仍历历在目，生动、深刻、多情……

那是2007年的桂香时节，我终于有幸选上吴满珍教授的大学语文课程。其实吴老师的传奇事迹，我在选课之前便早有耳闻。当年就有人传吴老师上课时饱含深情泣涕俱下，于是我便想要一看究竟，真是未见其人，先闻其"声"啊。当时我们那个班都是美院和音院的学生，我为了一睹吴老师风采，聆听吴老师教诲，每次都来得很早，早早地坐在教室中间第一排右边第一个"专座"。吴老师上课风趣幽默，灵活不枯燥，引人入境。吴老师点我起来诵读并讲解杜甫的《月夜》，邀我期末时展示《钗头凤·红酥手》一课的课件，这些场景我至今都印象深刻，与吴老师当时的互动也是记忆犹新。

终于等到《祭十二郎文》这篇名作，吴老师以文之深情，感自身之遭遇，古今对话，一时不禁泣涕连连，非真性情者不能如此，非感同身受者不能如此。这种强大的感染力，无疑是吴老师课堂的一大特色。《祭十二郎文》这一堂课让我们这些在座的学生无比动容，如今回味，犹声在耳。这就是我向往的大学课堂，这也是我欣赏的名师之风，真是慕其名更慕其人啊。

2008年初夏，即将毕业的我举办了美院首场个人画展——"草木精神·胡彧花鸟画作品展"。我特地将画展的请柬送给吴老师。"谢谢你记得我!""我当然记得您！我珍惜教过我的每一位大学老师，吴老师能记得我也让我十分感动。"画展当天吴老师到场祝贺，她没有一点架子，随和亲切。从此，在课外我与吴老师结下了深厚的师生情谊。2017年夏天，"扇引清风·胡彧扇画作品展"开幕，我依然请到吴老师出席，与九年前一样，吴老师还是那么的慈祥亲切，全程观看完我的作品展，这更像是一位家人对我的支持与呵护。

近些年我与吴老师走得更近了，渐渐地“吴妈”这声亲切的称呼替换了“吴老师”，因为我们都感受到了一位师长如亲人般的关爱与爱护。与很多学弟学妹一样，我也成了“吴门英杰”大家庭中的一员，大家经常去吴妈家做客，尤其是像我这样只身工作在武汉的学生。吴妈、李叔都很好客，两位让我们感受到了家的温暖。吴妈从教几十年，真可谓是桃李满天下，学子众心归。每次聚会我也经常客串一下大厨，与学妹们流水作业，奉上一桌菜品。大家围坐在一起，把酒言欢，畅叙幽情，在菜里、酒里、欢笑里细细品味着十几年的浓浓的师生情谊。

与吴妈的相识正如一坛老酒，闻其香，品其甘。点点滴滴，历久弥新。

胡彧是大三上学期选修我的大学语文课的，记得每次下课后他总是有很多问题要问。最令我感动的是，毕业前他举办个人画展时还请我去参观。近些年来我们的联系较多。他现在湖北省群众艺术馆任职，每年也会举办扇画作品展，只要有时间我都会前去捧场。

难忘的三次大学语文课

数统学院04级　钱百万

如同往常下班后，我正在厨房炒菜，间歇时看手机有新朋友添加信息，是深圳华师校友群2012级唐瑜师妹添加好友的信息，原来教授大学语文课程的吴满珍老师从我个人微信公众号“百万人生”看到我的相关文章，回忆她的三次大学语文课，于是通过唐瑜获得我的联系方式。吃罢晚饭我也迫不及待地同吴老师视频了几十分钟，聊起在校的往事和毕业后的近况，我很幸福，毕业多年仍被老师深深挂念。

韩愈《师说》中有讲“三人行，必有我师”。人生路上，儿时从父母，青少年从师。回头望去，那些教我做人，教我做事，教我知识的人都是我人生路上的重要灯塔，尤其是吴满珍老师和她的大学语文课堂。

大学语文上课教室一般是在华师8号楼，其中有三次课特别让人记忆深刻。

第一次是背诵《长恨歌》。记得这是刚上大学语文课不久，被点起来背诵的同学基本都卡壳了，而最后却出现了牛人，也是日后与我寝室隔壁待了四年的Mars同学，他竟然背了整篇《长恨歌》。他说3岁时就会背诵文章。后来才知道，因为他父亲在出版社工作，并且也是我们华师的校友，他受家庭熏陶，自小对诗词接触就多。显然，吴老师也被震惊了。其实，Mars同学在军训期间所写的心得，已使我们已经见识了他的文采，日后更是“博雅论坛”里的一霸和校园辩论队好手，如今他在北京和他的“小乔”过得自在。

第二次是讲老舍的《茶馆》。记得吴老师采用的是视频教学——观看《茶馆》话剧。该话剧属于经典之作，从一个茶馆看王朝的更迭和新社会的形成，我印象最深的却是“莫谈国事”，时时告诫我，我们眼睛看到、耳朵听到的并非全貌，真相往往并不是如此，空谈误人误事。如今我在工作上多少也如此，抽丝剥茧中寻求事情的真实情况。

第三次是上韩愈的《祭十二郎文》。韩愈的这篇文章，祭的是和自己自小相伴的侄子十二郎，其真情实感表露无遗。正是这篇文章加深了我对吴老师的印象，因为吴老师在讲授该文时联系自己的生活经历竟情不自禁地哭了。原本有的同学不以为然，听了吴老师的朗读，教室突然安静了，继而还能听到同学们的哭泣声。吴老师这是在给我们上一堂生动的孝道课啊！这是教育我们孝心不能等待，不要等到“子欲养而亲不待”，“呜呼，言有穷而情不可终，汝其知也邪？其不知也邪？呜呼哀哉！尚飨”！

以上是大学语文课上令我印象最深的三堂课。期末开卷考试时两堂课的考试时间竟然不够用，等到铃声响起的时候大多数人还在奋笔疾书。我已经不记得当初那篇作文写了什么内容，无疑是我用心写了自己的感受，最后得分挺高，有 90 多分。

大一之后再无大学语文课程，但我偶尔也会在校园中遇上吴老师，只是简单问好。毕业之后我虽也回过桂子山几次，只因休息日，也再未见过吴老师。2015 年曾在华师官方微博上看见关于吴满珍老师当班主任，对待学生如同对待自己孩子的新闻，真不愧是数以万计学子心目中的“老师妈妈”。

一次偶然的机会，看到一篇以“百万人生”发表在微信公众号上回忆大学生活的文章，其中专门谈到在我课堂学习的情况，我很感动。几经周折打听，才知道是 12 年前毕业于数统学院的钱百万。由于他在大学语文课堂的突出表现，我不仅记得他的名字，而且印象很深刻。优秀的他目前在深圳从事金融行业风控建模工作。

难忘的大学语文课

外国语学院06级　章璇

我一直为大二时选修了吴满珍老师的大学语文课而感到幸运，在我看来，我所选的大学语文课与以前所接触的语文课是有很大差异的。从教学目的上来看，它不再是针对考试，而是要激发我们对语文的学习兴趣，让我们学会如何独自欣赏和评价文学作品，从而不断丰富、充实自我，提升我们的文学素养。教学过程中，它让我们有机会接触文体不同、内容丰富、脍炙人口、文化气息浓厚的文学作品。吴老师的语文教学，不再局限于老师讲、学生听，而是将老师启发、学生研究、多媒体运用以及师生交流结合起来，让学生参与其中，化被动为主动。因此，只要是选修了吴老师大学语文课的人，都能从中受益。

闲暇之余，我们中很少有人会投入文言文或者诗歌的研究中，相反，我们或沉迷于武侠小说的刀光剑影，或埋头于五花八门的娱乐杂志，或囫囵吞枣似地啃着一本又一本的言情小说，还自得其乐。吴满珍老师的大学语文课堂却给了我们改变精神匮乏这一局面的机会，在这样的语文课堂上，我们可以尽情地驰骋、享受。通过《诗经》，我们看清了统治者的罪恶，体会到劳动人民生活的艰辛，有感于古人对爱情的热情和追求；通过《战国策》，我们领略到古代纵横家们的政治才能，为他们的忍辱负重、悬梁刺股叫好，也为他们追求名利的心态遗憾；《离骚》让我们不得不感叹屈原与众不同的高尚情操和他的高远志向，在感叹他命运坎坷的同时，也为那是非颠倒、美丑不辨的社会风气感到悲哀；曹操凭借《短歌行》抒发了自己思贤爱贤、求贤若渴的心情；王勃在《滕王阁序》中自慰、自励、自勉，展现出他与命运抗争的精神和气概；一首《春江花月夜》，情景交融，它既是对自然的赞美，对爱情的讴歌，对游子的同情，更是对宇宙奥秘的探索，对人生哲理的思考；白居易的《长恨歌》极尽了“长恨”的无奈和苦痛，将李、杨的爱情和诗人对社会的无情揭露高度融合；此外李白的豪迈奔放，杜甫的沉郁顿挫，柳永的委婉惆怅，辛弃疾的善于用典，都透过他们的诗词表现得淋漓尽致。赏析这些文学作品让我们的思想更深刻，丰富了我们的文化内涵，也培养了我们自学的能力，对于我们学习其他科目有很大的帮助。

吴老师的博览群书让我们每一个人佩服。一个好的老师，尤其是语文老师，站在讲台上一定要有足够的底气，吴老师就是这样的一位语文老师。不少经典文学作品，她都能烂熟于心、倒背如流，每次上课，不需要任何教材，她都能滔滔不绝。她的口才和对作品独到的见解让我们为之肃然起敬。

吴老师的热情感染着我们每一个人。课前老师会布置一些思考题让我们提前查阅资料，课堂上她会有针对性地检查大家的预习情况。有时，她会找一些相关的多媒体材料让大家欣赏，从而使得课堂更加生动有趣。对于在课堂上讨论积极的同学，老师会给予充分的肯定，鼓励大家继续努力。老师洪亮的声音，丰富的感情和忘我的投入都成了课堂上一道道亮丽的风景线。

吴老师的教学经验丰富，教学形式多样，课堂气氛活跃。吴老师不是单纯地站在讲台上进行一个人的表演，她非常善于与学生互动。学到现代诗的时候，她邀请学生配乐朗诵表演；学到《长恨歌》时，她会从一个短片着手，启发我们的思维，加深我们对诗歌的理解；学到《祭十二郎文》时，她还会结合自己与父亲的亲身经历调动学生的情感，讲到动情处不禁泣不成声，很多学生也潸然泪下；汶川地震，举国悲恸，5 月 20 日那天是全国同胞默哀的日子，吴老师的大学语文课又换了一种特殊的方式，她让学生们写文章来表达自己的心声，大部分同学采用了诗歌的形式且都写得十分感人。当时，我结合自己了解到的多个感人故事也创作了一首诗，在老师的指导下，这首诗最终获得了武汉地区高校大学生征文比赛诗歌创作的特等奖。

吴老师的认真负责感动着我们每一个学生。除了定期点名、做好考勤和发言记录之外，老师还会认真批改大家上交的作业，在课堂上评选班委以便同学们交流。她还鼓励大家积极参加征文比赛，对同学们上交的作品，她在认真阅读后，会给出指导和建议，然后再让大家反复修改。正是她这种一丝不苟的态度，让我们很多人能在征文大赛中一展风采，让大家得到了一次很好的锻炼机会。最让我感动的是，即使我们修完了吴老师的课，她还会将颁奖大会上的照片一一送到我们手中，丝毫也不马虎。大学四年里能做吴老师的学生，我感到很荣幸，我学到的不仅是知识，还学会了怎样做人。

吴老师对学生的考核方式独树一帜。有的老师平时对学生没什么要求，仅凭期末死记硬背得来的分数评判一个学生的成绩，我认为这种做法是不可取的。吴老师在这方面有她自己的一套，在她那里没有期末所谓的笔试，她更注重学生的课堂参与。也就是说，只要大家付出了，就一定可以有收获，即使期末你表现得不尽如人意，平时成绩也会是一次补救的机会。这样既公平又公正，也减少了大家期末时专业课的复习负担，何乐而不为呢？

也许吴老师的课还没有达到完美的境界，还有一些需要改进的地方，但是我们都感到幸运，能够在语文学习中获得这种前所未有的享受。我们都期待吴老师的课会越来越精彩，也希望越来越多的学生可以得到老师的指导与帮助，可以领略到老师的教学风采，可以有与文学近距离接触的机会。我们都相信，会有更多的学生和我们一样幸运，在大学生涯中留下一段不平凡的记忆！

说起章璇，我就想起2007年的上学期，当时刚发生了汶川大地震，我的大学语文课堂在举国默哀的那天，于是我布置每位同学写一篇文章谈感想，体裁不限。章璇用诗歌形式记叙那些感人的事迹，此诗后来获得了全国大学生征文比赛特等奖。在颁奖的那天，我让作者上台朗诵，并邀请了另外一位音乐系的男生配合朗诵，产生了轰动效果。

相识相知

动画设计专业06级　陈亚琦

来到武汉已经有12个年头了，时间飞快地流逝，我们也在成长，现在我自己也是一名教师，承担着教育的责任和义务，真心希望能将所学所知全部教给我的学生，希望他们成人成才。

“学知识首先学做人”，记得这是十几年前教我们大学语文课的吴满珍老师提出来的。她的这一教学理念影响我至今。吴老师的教育生涯丰富而多彩，教了我们数以万计的学生，桃李满天下，不管我们在哪里，都永远记得吴老师对我们的教导和关心。

非常感谢我的母校华师，让我遇到好的老师、好的同学，有了好的学习环境。2006年我是以艺术生考入华中师范大学的，这是我没想到的，因为我的学习成绩不算很好，能来到百年华师学习当然非常高兴，也很珍惜学习机会。

回忆我和吴老师之间从相识到相知的情景，有两件事是我无论如何也抹不去的记忆。

大一时我们开设了大学语文课，对于美术系的学生来说，虽然觉得提升自身的语文素养很有必要，但更重视专业课的学习。我的语文成绩不是太好，那时的我很幼稚，想到大学开设语文课，去上课的上百号人都是来自全校不同院系各个专业的，那么大的一个教室，老师肯定不会认识我，正好趁机看看专业书。于是，我每次上大学语文课都是坐在最后面一排的边角处，这样可以不被老师注意，只要不挂科就可以了。可是这位语文老师呢，不仅鼓励我们课堂发言，还要求我们做笔记，而且最后要查看笔记。一学期快结束了，可我一个字都没写，怎么办？于是赶紧找同学借了本比较全的笔记，买了一个本子用了一晚上的时间全部写完了语文课一学期的笔记，字迹潦草，交上去后老师并没有说什么，只是反复地翻看，认真核对，也许是发现了整本笔迹似一气呵成的样子，叹了一口气，摇摇头，轻轻说了句“学习不为别人”。我当时就有点不好意思了。从后来刚刚及格的大学语文成绩来看，显然老师给了我最大的包容，还寄予了希望，给予了鼓励！

大学语文课程结束后，再也没有关于文学的课了。但是我还一直记得这位语文老师，因为她的认真，对待学生的热情、真切和用心，使我非常感动，感恩这位老师的无言教导和真心关爱，这位老师就是我后来发自内心称呼的“老师妈妈”吴满珍。

从来到武汉读书直到现在，硕士毕业后在高校教书，十多年来，我和大学期间任课老师保持密切关系的也只有吴老师。

我之所以和其他吴门弟子一样，发自内心称呼吴老师为“吴妈妈”，从下面记叙的一件事是可以找到答案的。硕士毕业后我想考博，吴老师第一个支持我，还主动帮我联系了在汉的几所高校的专业老师，了解当年招博的具体情况，并且还亲自带着我登门拜访导师。虽说最后因某种原因没有如愿，但吴老师仍然像妈妈一样从自己家中拎着茶叶和酒去感谢那位曾经指导过我的导师。我真的非常非常感动，感谢，感恩！是吴老师的关爱和支持伴我前行，虽然最后因自己的原因还是选择了专业性的道路，但吴老师的关爱已经深入我心。

吴老师就是这样一直关心我们这些学生的生活和工作，希望都能有更好的发展前景，我们也依然努力前行，保持激情和积极心态勇往直前。平时，一有空吴老师和李叔叔也会叫我们这些学生相聚，联络感情，在她家中，在相聚的饭桌上认识了很多华师优秀的校友。我相信这就是缘分！

非常感谢这么多年来吴老师对我的关爱，感恩吴老师的引导和支持，感恩和老师的相识相知！此情永在心间！

2018 年 6 月 5 日

亚琦很努力，专业功底扎实，不断追求，几经周折，终于考取了清华大学美术学院的博士研究生！不久的将来在中国画廊上一定会有一颗璀璨的新星升起。

十年师生，不是亲人胜似亲人

体育学院06级　刘雪姣

华师于我，是人生的第二故乡。吴满珍老师就是这故乡里的亲人。

和很多人一样，我们相识于大学语文的课堂。上过吴老师课的学生一定都记得她精神熠熠、感情饱满的样子。

刚上大学时候的我，虽然学的是体育专业，但还没有放弃写作的习惯，记得当时写了个短篇小说请吴老师修改。她给我提了很多好的建议。尽管后来没有在这条创作的路上走下去，但是吴老师当时亲切的言语、耐心的点评清晰如昨。

后来，吴老师讲韩愈的《祭十二郎文》那一堂课给我留下了不可磨灭的印象。吴老师的讲解非常的生动，还给我们讲了她自己和父亲的故事，全班同学都为之动容的情形在我脑海中依旧很清晰。

诸多的细节和故事，给我们呈现了一个深情的、温柔的老师妈妈形象。课堂上的一来二去，她渐渐成为生活中的亲人。有一次我和同学在老图书馆前的橱窗看到吴老师的画报，大概是“三育人”的专栏，我给同学说：“你看，这就是我给你说的老师妈妈吴满珍。”同学笑说：“你们两个人长得还真有点像呢!”

吴老师经常会请我们去家里吃饭，因此也认识了李叔叔，认识了好些其他兄弟院系的师姐弟、师兄妹们。只是我时常忙于琐碎，又不太习惯人多的聚会，去的次数不如其他兄弟姐妹们多。当我跟老师妈妈说起这些原因的时候，她从来没有一丝责备，还特地单独邀请我去家里谈心。有时候，我会跟吴老师讲一些自己遇到的事、路过的坎儿，她会温柔地听我说，给我建议。这样的宽容，对学生的爱和体谅，大概也只有家人能给了。

我研究生毕业到湖北工业大学工作之后，曾邀请吴老师来我校讲座。主题是“孝心不能等待”，那时正值父亲节，老师妈妈讲了她和她父亲的故事，令在场的同学无不感动。在她的身上，你总能感受到热切的深情。

有时，当我工作中遇到烦心事情绪低落的时候，我会去翻翻老师妈妈的微信朋友圈状态。吴老师已经退休了仍旧放不下自己热爱的事业和学生，在她的微信朋友圈里，你也总能感受到贯穿她生活中的两样极其宝贵的财富：对生活的热爱和乐观的精神。

能遇到一个好老师是一种幸运。在当初做职业选择的时候，我很多次问过自己为什么要走到教育工作这条路上来。因为我的人生的诸多关键时刻，也受到了这种幸运的指引。也因为受到这样的影响，我在面临职业生涯选择的时候，毫不犹豫地选择成为一名教育工作者。

我在吴老师的人生中看见了自己，也正是如此，我决定倾尽所有想要成为一名好老师，将我的这种幸运传递给我的学生。不一定每个人都获得圆满，至少没有因为挫折而一蹶不振，至少是有所成长，有所进步，有所回忆，有所珍惜。

想来这已经是在武汉的第十个年头了，和吴老师的情谊也快十年了。在一生中，有多少人能够一见如故，有多少感情能经得起十年时间的消磨，有多少人会无私地爱你从不言索取？

十年，十年之前偶然开始。十年之后，愿我们能够永远不是亲人胜似亲人，像亲人一样将师生情进行到底！

雪娇大学期间学的是体育专业，可文学气息浓厚，写得一手好文章。记得她大学一年级选我的大学语文课时，就有小说作品问世。她毕业后继续读研，目前就职于湖北工业大学，工作很出色。

遇见您，是我一辈子的幸福

体育学院07级　宋红琴

我叫宋红琴，来自江西一个偏远的小山村，小学三年级的时候家族的一场纠纷致使我和姐姐辍学在家，本该上四年级的我差点跟亲戚出去打工。幸好遇见了一位热心的表舅帮我付了学费，我的求学之路才得以继续，从那以后我就暗暗下决心一定要努力学习，将来好好报答帮助过我的人。所以从小学开始我的学习就没让家里人操过心，虽然生活条件艰苦，但我的内心却充满阳光。

功夫不负有心人，2007年9月我被华中师范大学体育系录取，成为村里唯一一个女大学生。在美丽的桂子山上，在大学语文的课堂上，我遇到了生命中的贵人，同样也是我的亲人，我最最亲爱的老师妈妈——吴满珍教授。说起来，“老师妈妈”这个称呼还是我最先叫出的，没想到之后竟被师兄弟姐妹们传扬开去。在我看来，您的为人、您的热情、您对我们学生的关心和爱，早已超越了单纯的教师层面，所以我觉得叫您“老师妈妈”真的再合适不过了。

记得与您第一次在课堂相见，8号楼二楼的大课堂满满当当地坐着选了您课的学生，我就挤在中间。您那洪亮的大嗓门中气十足，脸上总是挂着微笑，慈祥而又充满期待地给我们新生立规矩，那时我便深深地被您的气场吸引住，这就是我喜欢的老师的风格。那时我便觉得，自己和台上的这位老师有很多相似的地方，也许这就是缘分，冥冥之中让我遇见了您。

自从上了您的课，我变得越来越自信，您每次的提问我都积极举手作答，即使有时候没想到该怎样回答，我都会情不自禁地举手；您每次的互动我都会积极配合，因为我要让您知道，我就是您讲台下最忠实的粉丝；您每次布置的作业，我都会尽心尽力地做到完美，因为我要让您知道，作为体育生的我语文其实也不差……种种行为都在向您传递一个信号：我就是您的铁杆粉丝，您就是我崇拜的偶像！从来没有想过，能在学生时代遇上一位待我这般好的老师，即使毕业之后我也常常能感觉到，我一直都在您的身边从未远去。因为你已经是我的亲人，我的“妈妈”，我在武汉的一个牵挂。

感谢您，您是我生命中的良师益友

是您在我大学最美好的时光教给我这么多的知识，教会我如何做一个更好、更有价值的人。大学语文课堂让我学到了很多东西，不光是书本上的知识，还包括很多做人做事的道理，我觉得这是让我受用一生的宝贵财富。作为体院的一名学生，很多人都觉得不可思议，你怎么和文学院教授的关系这么好，好到体院的老师都要吃醋了。其实了解您的人都知道，您对自己所有的学生都非常好，只是我与您走得更为亲近。

刚认识您时，每当我们在校园偶遇，我就像见到了阳光，心中充满温暖，我总会忍不住上前抱抱您。您特别关心我的学习和生活，大二那年我的生日，您请我到桂苑餐厅吃午饭，还买了生日蛋糕，为我唱生日歌。那一刻我真的非常感动，您比我的妈妈还关心我、爱护我，所以我也情不自禁地、发自肺腑地称您“老师妈妈”。在您的眼里，我就是个大大咧咧的假小子，您对我是满心喜欢又充满期待，喜欢我的性格又期待我能够更加的优秀。所以在您的面前我是透明的，我和您无话不说，您在我身上操的心也是最多的。

您是个非常注重形象的人，在学生面前您总是那么优雅，那么美丽。叔叔透露，每次上课的前一天您都会去美容院洗个面，用您的话说就是，教师良好的形象是对台下学生最起码的尊重。所以，大大咧咧的我在穿衣搭配方面也没让您少费心，虽然我接受的“批评”是最多的，但是我却是最开心的，因为在乎我所以您才会指导我。现在工作了，每当我想着今天该穿什么衣服上班的时候，我就会想起您！

感谢您，您让我在武汉有家的温暖

在武汉的四年里，感谢您给了我家的温暖。逢年过节您都会把我叫到家里去，给我做好多好吃的，我觉得您蒸的腊鱼、煮的面条是我吃过最好吃的美食，想着都会流口水。

第一次去您家是2008年的端午节，您把江铃燕姐姐、姚瑶还有我叫到了家里，满满一桌子的菜都是您亲手为我们做的，一个大学教授不但没有半点架子，还爱生如子，亲自下厨。后来您还生怕我们吃不饱，临走时还要给我们打包一份带回学校，生怕下一顿我们饿着。2009年国庆您和叔叔出游，得知我和姚瑶不回家，您就在家里准备好吃的喝的，并且把钥匙亲自送到我和姚瑶手上，让我们去您家住。您知道吗，当时同学们可是羡慕死了，我们感觉特别暖心。还记得有一次在您家住，您一大早就出门办事，我醒来第一眼就看到卧室书桌上的那碗热腾腾的面条，旁边还留着您写的字条，这一幕把我感动到不行。2010 年冬季您的腿受伤，同学们都给您搬好凳子，您却坚持站着上课，您说这是对课堂的尊重也是对学生的尊重，同学们也都没有坚持而是以更加认真的听讲来回报您。那时的我每天都跑去 8 号楼陪您上下班，陪您一起吃晚饭，那段日子让我们彼此更加的亲近。2010 年叔叔生日，您带我和姚瑶去参加家宴，让我们感受大家庭的温暖，您对奶奶特别孝顺，您和叔叔特别恩爱，你们把李玥姐姐培养得非常优秀，您把所有的学生看作自己的亲人。

2015 年您六十大寿的那天，您全国各地的学生都专程回武汉给您庆生，无法赶到现场的同学也都录视频送来祝福。那天的生日聚会非常的感人，您的讲话让全体学生和您的亲人感动落泪，同学们为您精心准备的节目也是惊喜连连。记得那天一位男生因为高兴，在您的寿宴上喝多了，吐得厉害。您不放心，晚上 12 点您、叔叔和我三个人打车把他送到了医院，寒冷的夜晚，您排队挂号找医生给他打点滴，叔叔则是在医院陪他一直到天亮。您，对同学们的好，对我的好，三天三夜也讲不完，在我心里我一直都觉得您用一副菩萨心肠对待所有的人和事。所以说，您必有福报，您的一辈子都会是幸福快乐的！

感谢您，是您成就了今天的我

2011 年毕业实习期，我经过层层考核，最终被广州市铁一中学录取。老师妈妈打心底里为我感到高兴，但是我自己却开心不起来。因为作为免费师范生的我，如果去外省工作，就将面临高额违约金，而当时家里正好盖了房子，爸妈根本拿不出那么多钱。在我进退两难之际，一个熟悉的电话号码打了过来，那就是我的老师妈妈。至今都记得十分清楚，那时我正在去体院的路上，脑子里全是“放弃吧，乖乖回家就业吧，六七万块钱我怎么能凑得齐”。电话中，老师妈妈问的第一句话就是：“红琴，违约金的事情你现在准备得怎么样了？”我小声回复道：“凑了一部分，还差两万块钱。”老师妈妈叹了口气继续说：“我和叔叔其实都希望你留在武汉工作，一来你对这边也熟悉，二来有我们在身边也有个照应，但是我们尊重你的选择，知道你有了困难，我们已经给你准备好了钱，你要是决定去广州，就直接来家里拿钱吧。”当时眼泪“唰”一下就流了出来，我不知道该怎样表达我的感激。直到今天，任何时候，我只要想起那一刻，就会泪眼蒙眬。我只有在内心深处暗下决心，今后一定要用自己的实际行动来感谢我的老师妈妈和叔叔！

2013 年 12 月 22 日我和先生张立明在江西举行了简单的婚礼回门宴，老师妈妈和叔叔也专程从武汉赶来。我的爸爸妈妈不知该怎样表达对老师妈妈和叔叔的感谢，唯有做一桌子丰盛的菜肴来表达他们的心意，我的外婆在宴席上的讲话虽然质朴，却道出了我们全家人的感激之情！我深知当今的社会找人借钱有多么困难，而且是借给一个还没出校门的黄毛丫头。吴老师夫妻两人是出于对我多大的信任和爱，才会这么热心地帮助我！受人之恩当涌泉相报，感恩在我的生命中遇见你们！

转眼间我已经工作 5 年了，回武汉看望老师妈妈和叔叔的次数也屈指可数，去年研究生毕业我回到武汉，在家中短暂停留后竟舍不得离开，临行道别时已泪眼蒙眬。我知道我已经是这家的一分子，虽然远在广州，但是我的心却一直都跟你们在一起。在工作中，我从体育教师到年级长，从校团委书记再到校办公室副主任，一步步的成长都是用自己的实际行动换来的。虽然前行过程中也会有压力，也会有不自信、不如意的时候，但是每当想起有你们做我坚强的后盾，我就鼓足勇气奋勇前行。不同岗位的工作实践，不仅让我学到了相关的技能与方法，还锻炼了我的意志。在校 5 年，我获得过全国、省、市、校级的 40 多项荣誉，收获了丰厚的成绩，2015 年在职研究生顺利毕业，这是比任何东西都宝贵并将让我受益终身的财富。这笔财富是在我所有领导和同事的帮助、支持下获得的，也是在我的老师妈妈和叔叔的一路关心与教导下获得的，我会带着你们的期许继续努力前行！

感恩有您，我的老师妈妈，遇见您，是我一辈子的幸福！

2016 年 7 月 19 日于广州

红琴特别淳朴，特别可爱，还是她首先称呼我“老师妈妈”称号的呢！有趣的是，红琴的妈妈也真的把她当成了我的孩子，红琴毕业找工作时，因为属于免费师范生，面对高达几万元的违约金要交的时候，她妈妈非常放心地把红琴交给了我：“去找你老师妈妈想办法。”后来，出席她的婚礼，她的爸爸妈妈、爷爷奶奶也亲切地称我为“老师妈妈”。目前红琴就职于广州市铁一中学，业务行政双肩挑，工作非常出色！

最美丽的遇见

音乐学院 07 级　姚瑶

村上春树说："你要记住大雨中为你撑伞的人，帮你挡住外来之物的人，黑暗中默默抱紧你的人，逗你笑的人，陪你彻夜聊天的人，坐车来看望你的人，陪你哭过的人，在医院陪你的人，总是以你为重的人。是这些人组成你生命中一点一滴的温暖，是这些温暖使你远离阴霾，是这些温暖使你成为善良的人。"如果说前世的五百次擦肩才换得今生的一次回眸，那我一定是紧紧拥抱过你才换得今生这最美丽的遇见。

2007 年人们还沉浸在香港回归十周年普天同庆的喜悦中，北京 2008 年奥运会的筹划也到了"冲刺"阶段，那年我以安徽省第二名的成绩考入华中师范大学。为了年少一腔热血的音乐理想，我携两三包行囊从安徽南下来到湖北。9 月份的武汉，灼如火烧的高温燃烧着我对这片土地的新鲜感，我走遍校园的每一个角落，看遍树荫下的每一个行人，然而伴随一场场夏雨而来的是一阵阵失落。钢琴不变的是黑白键，当理想真正变成"骨感"的现实，一时的新鲜也难逃萎蔫。直到下学期遇到老师妈妈，最美丽的光亮瞬间照耀角落里的荒凉。

重复的旋律让我期待了解音乐之外的一切新奇。大学语文的第一课，我早早来到了教室，选择前排听课的最佳位置。如同很多普通的语文老师，年近五十的她戴着一副银丝边眼镜，穿着一身布衣，她的鬓角已泛起银丝，温柔的笑容有着熟悉的亲切感。"大家打开课本翻到《雨巷》，我们请一位男生朗读，一位女生表演情景剧……"仿佛命中注定似的，人群中我们四目对视，于是我便成了第一堂课第一首诗歌的女主角："撑着油纸伞，独自彷徨在悠长悠长又寂寥的雨巷……"第一次遇见，美丽如丁香，带着淡淡的芳香，温暖又悠长。

自此我便爱上了语文课，爱上了老师，我成了课上最积极的学生，也渐渐和老师熟悉了起来。因为家在安徽，较短的假期我便无法往返，所以老师常常热情地邀请我们到她家里过节。印象最深的是中秋节，我们几个学生围在老师身边，看着她戴着眼镜仔细捏着月饼的每一个花边，看着她手中仿佛捏出了团团圆圆的月亮。落日的余晖透过百叶窗洒在老师身上，昏黄的光晕暖暖，一时竟像极了家中的妈妈。鼻子酸酸的，一句“老师妈妈”脱口而出，更烙在了心尖。

日复一日的专业课学习使我感到疲惫，我紧张胆怯于上台表演，总是一个人躲在舞台的边缘。可每次老师妈妈都会亲自参加我出演的音乐表演，无论我在舞台的哪一个小小的角落，她总能发现我，给我坚定的目光，那目光似乎在说：“别怕，有我在。”一次次的鼓励让我有勇气面对舞台，让我愈发坚定自己的理想，一步步直到我可以完成独唱音乐会。那次音乐会上，我可以很自豪地邀请老师全家人来看她引以为傲的“女儿”在舞台上展示自己的风采，华大桂声也以“此曲只应天上有，人间哪得几回闻”为标题进行了报道，武汉市《楚天都市报》2012 年 5 月 30 日 A11“武汉新闻”版面报道了此次音乐会。那年夏天，我代表吴老师的家庭参加业主才艺比拼并拿到一等奖，在老师的推荐下我参加了湖北省毛泽东诗词诵读比赛并获得第一名……在老师妈妈的鼓励下，2011 年我以全年级第一名的成绩被保送本校艺术硕士研究生，继续在老师妈妈的怀抱里成长。老师妈妈给了我如此多的成长机会，我也不负期望，一直奔跑在成长的路上。

白驹过隙般，大一悄然而逝，语文公选课也画上了句号，可我会一直记得那一年来的陪伴和鼓励，坚定地在成长路上走下去。大二那年我第一次申报科研立项，一时毫无头绪，只好找到语文老师。因为晚自习老师还要上课，我便安静地在教室门外等她，看着她在课堂上神采飞扬的板书，仿佛又回到了去年第一次的遇见。课程结束已经是九点半以后，可老师不顾天黑家远，坚持帮我修改每句话的措辞。教学楼很安静，安静得我能听到纸笔的摩擦声，窗外的蝉鸣声，从指尖流淌的爱的声音。人在安静的时候总会出神，会忘记时间，以为这样可以陪老师妈妈直到永远……直到门禁大叔的敲门声将我拉回，这才察觉人声寂寂，已是渐入深夜。

桃李满天下，恩师情似海。我们记得老师妈妈给我们的每一个认真的告诫，给我们纠正的每一个错误，为我们的成功铺就的每一步路。是啊，您的头发不听话地白了，您的眼睛不争气地花了，您总说岁月无情时光流逝得太快，可崴了脚打上石膏就来上课，您比时光还匆匆。我们知道莘莘学子是您的骄傲，可我们更愿您深情漫过岁月路，保重身体要安康。

“老师妈妈，别太累，要保重身体啊”，“老师妈妈，我们会经常来看您的，一直想着你”，“老师妈妈，您就像母亲一样，是我要用一生来爱的人”，“老师妈妈，我想做您一辈子的‘女儿’”……此刻我翻着一沓厚厚的同学语录，每一字都寄托着来自远方学子的深深的爱。我想，其中的每一句都藏着一段故事，无关离奇，无关神秘，只是平凡普通的感动。一段亲情，一段师生情，源于最美丽的初见。

老师妈妈，我曾经想过：什么样的遇见才是世上最美好的事？如迷路的雏鸟遇到森林，如离水的鱼儿重归池渊，更如我遇见您，便有了人间最美的情缘。

瑶瑶在我的课堂上出现，留给我的印象始终就是一位非常优秀的学生！她每次作业完成得很出色！她的大学生科研立项选题还是我帮她确定的。记得她在钢琴、声乐方面获得不少全国性的奖项。她目前在安徽一所大学任教。我告别讲台时，她还专程从安徽赶来武汉用美妙的歌声表达对我的祝福。

难忘恩师

生科院07级　廖静

从两岁开始上幼儿园，到现在年近三十仍在做博士后，我感恩求学生涯中每一位给予我指导和帮助的老师！有的老师，他们帮助我解惑了书本，丰富了学识；有的老师，他们传授了我社会经验，开阔了视野；有的老师，他们指导了我科学研究，发散了思维；有的老师，他们给予了我家人般的关怀，帮助我成长……于我而言，吴满珍老师亦师亦友亦家人，我衷心地感谢自己这一路走来有她的指导和帮助！

我是通过大学一年级的大学语文课程认识吴老师的。没上课之前，我还十分好奇这堂生物技术专业的必修课会是一种怎样的学习模式，难不成还像高中一样，逐字逐句学习古文、背诵古文？等到吴老师笑容满面地进入课堂，自带“背景音乐”地开始授课，我就立即喜欢上了这位声音洪亮、豪爽风趣的语文老师。吴老师的授课主要分为两大部分。第一部分是她作为授业者的讲课，给我留下最深印象的就是《祭十二郎文》那节课，吴老师以自己的经历为切入点，真切解读了祭文中蕴含的深情。她那泪流满面的面容和嘶哑的声音，深深地震撼着我。从那堂课开始，我打心底敬佩这位博学、真实的语文老师。第二部分是以学生自我展示讨论为主，而吴老师点评指导为辅的授课。这种授课方式不仅给我们提供了表达自己想法的平台，还锻炼了我们独立思考、制作课件、汇报工作的能力！内向的我选择通过展示课件来表述自己的想法，而外向的同学，如生化基地班的江南同学，则选择用肢体语言结合情景演绎的方式来展示自己。总而言之，在吴老师的课堂里，我们真切地感受到了大学语文课程的无限魅力！

课堂上的吴老师是学术专家，课下的吴老师就是我最和蔼可亲的老师妈妈！我出身于一个工人家庭，从小工作繁忙的父母对我采取的就是“放养”的培养模式。从小父母就教导我本分、善良、自律，懂事早熟的我也习惯自己解决问题，向家里报喜不报忧。可是成长的道路上总是充满曲折和坎坷，总会有很多问题会使那个年龄段的自己彷徨无措。特别幸运的是，因为和吴妈结缘，她在学习和生活上给予了我很多指导和帮助，她会在我最迷茫的时候，为我指点迷津。虽然课堂上的相处只有一学期，但是在之后的三年半时间里，吴妈经常带我吃饭，为我介绍学兄学姐和学弟学妹。吴妈帮助我融入了群体生活，还会温柔细心地告诉我，要多笑，多和同学们交流，不要太严肃。我还记得毕业典礼的时候，她特意赶到现场，为我们拍照送祝福！当时她那闪着泪花的眼角，我至今都记得……

离开桂子山，我去了北京读研究生。除了教师节和春节的短信联系外，吴妈也会经常给我打电话，问问我的近况，这让独自在外拼搏的我备感温暖！也许是我太不善于表达自己的情感，吴妈还会让我多在自己的QQ和微信朋友圈上传照片和文字。亲爱的吴妈，请原谅我的害羞和内敛！虽然我不善言语，但我真心地想借着这个机会向您表达我对您的感恩！谢谢您这十多年来对我的关心和帮助，衷心地感谢您！每次通过微信朋友圈看到您那灿烂的笑脸，我都倍感亲切和温暖，您总能赋予我继续奋斗的勇气和力量！吴妈，我爱您！愿您永远健康、幸福！

2018年2月14日

廖静总是坐在最前排听课，课堂互动也表现得非常积极。但在学生名单中，我总找不到她的名字，后来在课下交流中发现，原来她是这门课程的旁听生。一学期后，她又选修了我的大学语文课，她的表现依然非常优秀。令我印象深刻的是，细心的她竟然通过我的邮箱地址判断出我的生日，并送上祝福，这令我非常感动。后来，她被保研去了中国科学院硕博连读，继续深造。目前她在中山大学某附属医院从事肿瘤免疫方面的科研工作。

吴老师印象

文学院07级　田江华

大学毕业已经四年多了，还一直保持联系的老师就是吴满珍先生。

情到真处泪纵横

刚到华师的时候，我读的是生物专业。那时有一门必修课是大学语文。还记得第一次上课的情景：一个女老师站在台上，头发有点卷，身材略微丰满，看年龄也就五十岁。她就是吴老师。她笑着，打量着我们。“第一课会讲什么呢”，我好奇地翻开了教材。教材中有哪些文章现在已不记得了，只记得吴老师并没有讲教材上的文章，而是和我们分享了一个学生的故事，那个学生毕业后很后悔虚度了大学时光。吴老师最后饱含深情地叮嘱我们，一定要珍惜大学这美好的四年。

吴老师的课，我印象最深的还是《祭十二郎文》。见过朗诵很好的老师，但像吴老师那样，读到动情处数度哽咽、眼泪纵横的还是第一次。当时全班静悄悄的，每个同学都沉浸在无法言喻的悲痛中。直到朗诵结束，过了几秒钟大家才反应过来，教室里响起了掌声，经久不息。原来一篇好的文章确实可以让人声泪俱下，原来一位好老师确实可以让人体验文字里的悲欢离合。当时朗读这篇文章时，吴老师一定想起了离世的亲人或朋友，于是悲从中来，情不能已。吴老师，好一个性情中人！

由于我是课堂上比较活跃的学生，加上确实喜欢吴老师的课，课程结束后，我和吴老师也算认识了。

君子之交淡如水

在华师的第二年，我因个人原因转到了中文系。虽然吴老师属于中文系，但由于她主要是给非中文系的本科生上课，所以我们很少碰面。偶尔见到，她还是会询问我的学业。过节的时候，我也会给吴老师发祝福短信。除此之外，我们就没有什么来往了。

快毕业的时候，一天吴老师突然给我电话，约我一起吃顿饭。我先是一愣，毕竟从小到大老师请我吃饭还是第一次，更何况我和吴老师并不十分熟悉，修大学语文的时候我也没有为老师做过什么，我们只是最一般、最普通的师生关系。一起吃饭的有好几个同学，饭后吴老师还和大家一起唱了歌，记得吴老师唱了一首《刘海砍樵》，有几个女生也一起唱，我们都玩得很开心。记忆中，那次聚会上的我们不像是老师和学生，倒更像是朋友。大学期间我参加过一些同学聚会，而师生聚会这还是第一次，吴老师说我们几个学生都很优秀，希望大家毕业后能依然保持联系。

工作后的一年春节，我给吴老师发完祝福短信，没过几分钟手机就响了。吴老师先是问起我的工作情况，后来又问我有没有女朋友。她还告诉我毕业前一起吃饭的同学中已经有人结婚了，对方是哪里人，同学准备在哪里定居。吴老师一一道来，言语中是掩饰不住的喜悦，就像在说自己的孩子。后来，她又问起我的个人问题，还准备帮我跟一女孩儿牵线。现在想想，我还是满心的感动。除了父母，谁还会这样关心自己呢？

有一年吴老师来南方探亲，也想联系工作在这里的同学聚一聚。但当时我因为工作繁忙，实在脱不开身，也就没有过去。“没关系，以后经过武汉的时候来我家玩”，吴老师没有生气。“好，经过武汉时一定去您家蹭饭”，我满怀歉意。前两年荆州火车站建成了，深圳到荆州有直达动车，去吴老师家蹭饭的计划也搁浅了。

君子之交淡如水。水虽淡，却也明澈见底，却也滋养清凉。每次过年过节，我都会想起吴老师。每次想起吴老师，暖意就会涌上心头。无须礼尚往来，却已常驻心间。她就是我的恩师、我的朋友——满心真意的吴老师。

2015年5月23日于深圳

田江华大一时作为生科院的学生选修过我的大学语文，后来语文热情被唤起的他毅然转来文学院。毕业后他在深圳做了一名老师，多年来我们一直保持着联系，每逢节假日都会收到他的祝福和礼物。有一次他下课后带着礼物转乘几趟车赶来深圳火车站给我送行的场景，我至今仍然感动难忘。

老师的爱是一种传承的爱

管理学院 08 级　杨绪峰

在桂子山求学的四年，最不能忘记的老师就是吴老师；求学生涯中结识了这么多语文老师，最不能忘记的也是吴老师。本科毕业前夕，吴老师请我吃了顿饭，一晃三年，如今我又快硕士毕业了，吴老师的教诲犹在耳畔。对于错过吴老师六十岁生日以及光荣退休这项双喜活动，我只能捶胸顿足，但作为吴老师的学生，在她六十华诞之际，学生无论如何都要写篇文章亲自为恩师祝寿，向恩师汇报我的近况，也向恩师带去我的祝愿。

与众不同的语文老师

按照学院的培养计划，管理学院的学生是没有大学语文课上的。但之所以能有幸成为吴老师的学生，皆因一次无意间的选课。从小学到高中，一直以来我都饱受着语文应试教育的折磨，在那种体制下，我的语文成绩从未优秀。甚至脱离高考后的很长时间，我对于语文这门学科，都是充满忌惮的。进入大学后，个性得到解放，随之而来的是对高中应试教育体制的彻底“清算”。语文这门学科重新唤起了我的热情，心血来潮的我和另一同学就选了大学语文这门课。

冥冥之中自有定数，这门课的任课老师就是吴满珍教授，也是自那以后，我人生中又多了一位关心我的慈师。上完第一堂语文课，我就被这种轻松活泼且自由浪漫的氛围深深地吸引。吴老师是我见过的最具有浪漫主义气质的语文老师，尤其是朗诵诗歌的时候，她浑身都散发着光芒，那种抑扬顿挫，将每一位聆听者都带入诗歌的意境。吴老师是直率洒脱的，如若不然，她的课怎么能这样慷慨激情，澎湃得犹如一江春水；吴老师是感性热烈的，如若不然，读诗的时候她又为何眼泛泪光。吴老师彻底改变了我对语文的观感，我爱上了语文，爱上了写作，并开始在期刊上崭露头角。但吴老师的影响不只停留在对我语文态度的塑造和语文功底的磨砺上，她的为人品质、处事风格、敬业态度，也于潜移默化中改变着我。

吴老师送我毕业

每当在学业上有所成就的时候，我都会第一时间同吴老师分享。还记得那是2011年10月的一天，我给吴老师发送短信，告诉她我被成功保送清华大学的时候，回电中我能明显感受到老师的喜悦。我想作为老师，再没有什么比看到自己的学生学业有成更为开心的事了。

在8号楼的教室，吴老师曾请我吃过一顿快餐。那天上午吴老师刚上完课，见面才得知原来前段时间下楼的时候，她因接到学生短信太过高兴，一不留意脚就踩空了。回想起这件事，现在都觉得心疼，吴老师就是这样一位心系学生的好老师。一起吃快餐的时候我们拉起了家常，这才发现我们都是嘉鱼人，真的是“美不美，家乡水；亲不亲，故乡人”呀！临近毕业，吴老师邀请我和其他几位要毕业的同学一起聚会，她说看似是为我们饯行，实际上是想再多看看我们。得亏那次见面，如今一别已是整整三年。读研的第一年我待在深圳，吴老师来过深圳两次，而每次我都因为有课，时间仓促而未能见面。每次来深圳的时候老师都能想起我，并打电话给我，这让我十分感动。即便没能与吴老师见面，我的内心还是倍感温暖。

教师的理想不会破灭

三年研究生，弹指一挥间，所幸没有辜负三年的光阴，也没有忘记最初的承诺。受老师的感染，我曾暗下决心将来以传道解惑为业，成为一名大学老师。无奈2015年3月考博折戟，又恰逢最疼爱我的奶奶去世，那时的我经历了一段阴霾的日子。今年年后刚从家返校不到一个月，奶奶就因为摔了一跤离开了人世。家人为了不影响我考博，竟然在我考完当天才告诉我这一消息，等我飞奔回家的时候，再见奶奶已是一抔黄土。公布考博结果的那一刻，泪珠还是忍不住在眼眶打转。那一刻，我感觉对不起很多人，对不起奶奶，没能完成奶奶最后的心愿，也对不起老师，没能如愿走上学术研究这条路！所幸在4月份毕业季的尾声，我找到了一份不尽如人意的工作，也算有了个去处。这三年的体会，确实是五味杂陈，说来惭愧，很久未联系老师，多想告诉她现在的我一切安好！多想请老师放心，学生不管走到哪里，不管现在在做什么，心中的理想不会破灭！

吴老师就是这样一位老师，她的点点滴滴平凡而真实，我虽然不在她的身边，但每每想起她殷切的目光，内心总会充满动力。这是一位慈爱的老师，教书育人几十载，桃李遍布天下。她对每位学生都充满浓情的爱，而这份爱也是一种传承的爱，老师教导学生，学生将来成为老师。正是这种传承，老师的爱才闪耀着人性的光辉，才分外值得歌颂！

绪峰非常优秀，在我的课堂上他总是坐在前排，思考问题也很积极。当得知自己被保送至清华大学法律系时，他在第一时间与我分享了这份成功的喜悦。绪峰重情谊，过年还专门带上父母来武汉看望我。硕博连读毕业后的绪峰，成了中国政法大学的一名教师，他的毕业论文被评为全国刑法学博士学位论文一等奖。

写给“吴妈妈”的诗

生科院 08 级　陈君

“春蚕到死丝方尽，蜡炬成灰泪始干”
上学的时候，学诗歌
老师说这两句诗是歌颂教师的
我们就记下
这两句诗是歌颂教师的
所以长大后，每逢教师节
大家都会背一句
“春蚕到死丝方尽，蜡炬成灰泪始干”
就像高中把古诗词背得滚瓜烂熟一样
城市里没见过春蚕的我们
除了在生日蛋糕上就再没点过蜡烛的我们
又何曾真的能够理解
什么是春蚕吐丝，什么是蜡炬流泪
我依然是生活在钢筋水泥里的一个过客
我依然没有见过春蚕吐丝，依然没有深刻地感受过蜡炬流泪
但来到华师的日子，于教师这个职业
我却真真切切有了更多的理解
华师春天的桃花源很美
我第一次见那么一片美丽的桃花
一个暮春的傍晚
一个人路过它
繁花已经不再茂盛
花瓣和刚刚下过的雨一起和进了泥土里
那时候，我第一次感受到

那句“桃李满天下”只是年轻人的雄心
于一日一日苍老的老师而言
他们常常是化作春泥
09 年夏天，您给我们讲《陈情表》
高中时我能倒背如流
可也仅仅是如流倒背
那年那月我拥有的知识和阅历
撑不起一篇文章的如此深情
您在讲台上读得热泪盈眶
我们在讲台下也听得热泪盈眶
“文以情动人”，上学的时候
老师总在我的作文里这样批注
可我的情，无非是
期期艾艾冷冷凄凄的“小情”
可您的情，四十多年如一日
实在撑得起一句“感人肺腑”
吴老师，您说
在这四十多年的教师生涯里
您后悔过吗？
今天您六十大寿
也是今天，您退休了
站了四十多年的三尺讲台
如关怀我一样您关怀过的无数学生
他们也有让您失望痛苦过吧？
您后悔过吗？
我想，您肯定不会后悔
这是您热情浇灌了四十多年的土地
连叔叔都常说
“你们吴老师最喜欢的
莫过于教大学语文了
因为她天天在家给我讲”
从大一我走进华师，走进您的教室
到今天我走出华师，您也走下课堂

这一路走来
我对您的感激
又何曾能用短短的叙述说尽？
我对您四十多年热情不灭的尊重
又何曾是感激所道得出的呢？
教师不是您的职业
对您而言是事业
告别事业的时候
您的失落，电话这头的我
听得如此真实
吴老师，四十多年以后
当我也要告别自己的事业
我能不能如您一样
回头望望，说句无悔
无悔于抛洒了我全部的热情？
吴老师，还记不记得
最后一堂课上我写的小纸条
那是电视剧《奋斗》里的一段台词
那天我改了送给了您
“吴老师，请留步
我们舍不得您，非常非常舍不得您
但是我们必须告诉您，我们必须离开您
我们必须去工作，去谈恋爱，去奋斗
这件事十万火急
我们一天也不能等
请您接受我们离开前最后的问候”
一晃这么多年过去了，只是今天
要离开学生的，是您了
小时候写祝福，最不喜欢写
“工作顺利，身体健康，天天开心”
总是想着法子要写得
至真至诚，特立独行
可是长大后就明白了

哪有什么华丽的祝福
比得上一句“身体健康，天天开心”
吴老师
身体健康，天天开心！

生科院的陈君，智商、情商极高，不仅在大学时任班长一职，经常组织很有意义的活动，而且在读大三时就做了辅导员。在课堂上，她的表现极为优秀，给我留下了很深的印象。毕业后经过不懈努力，她成功考取律师资格证，现在已是上海一家律师事务所的著名律师了，其业务发展得非常好。

最美的情歌

文学院08级　莫志萍

离歌久矣，三千红尘情缘不断；暌违十年，难忘彼时青葱岁月。

飞出禁锢灵思的名为高中的樊笼，初涉桂华留影的浩瀚学海，一颗长久寂寞的心，逐渐释放出了压抑的自我，我开始追寻蕴藏在未知世界里的耀眼光芒。在浩如烟海的书卷中悠然漫步，在露水苍苔间漫随天外云卷云舒，我珍惜琐碎平凡却又处处惊喜的每一天，内心对超越自我的愿望，越发强烈。

于是无比渴望飞翔的灵魂，在某个静寂的午后，被琅琅读书声吸引，我误打误撞地闯进了吴老师的大学语文课堂，当了一回旁听生。本是心存疑惑，听了吴老师的课后，我才明白同学们为何总是早早地来到课堂占据最好的座位，殷殷盼望着老师的到来。原来他们认真专注的眼神里，饱含着对吴老师最深的爱与崇拜！吴老师叫得出班上每一位同学的名字，并且都用爱的称呼，她对学生的回答总是给予及时而又真诚的赞美，她的脸上永远带着慈母春晖般的笑容，那笑容深深印刻在学生的眼里，温暖着一颗又一颗长久漂泊的心灵。人人都有对于母亲最原始的依恋，吴老师在学生眼里，就是妈妈一般的存在。亲切地喊一声“妈妈”，感受着语文无穷无尽的魅力，大学生活因为这门课程，因为吴妈妈，从此多了许多期待，多了醇厚的暖意。

原本我是在等待上专业课的间隙，百无聊赖，想借此打发时间，但现在我感谢大学的自由，让我能有一次与吴妈妈亲密接触的机会。我深深地为她有趣的灵魂所感染，也从此开启了自己一段新的征程。之前的求学岁月中，积久而成的心理障碍导致我沉默寡言，灵思凝滞。而吴妈妈的课程，带着如山海般的激情，不断冲击着我沉睡的心灵，终于将束缚我的樊笼击破，让我的灵魂重获自由！此前在课堂上从不发言的我，在她充满激情的课堂上，在她温情的鼓励下，我艰难地举起了手，在不安中勇敢地站了起来，大胆地唱了一曲《七子之歌》。从小就五音不全的我，从不善于表达的我，在众目睽睽之下，战胜恐惧，开口歌唱。一颗心几乎要从喉咙中跳出，脸已涨得通红，冷汗发于颤抖的后背。可是我知道，这正是我内心真意的表达，是我源自灵魂的歌唱，是超越自我的艰难涅槃。在曲调上升之际，我突然感觉，这首歌似乎寄托着我对初次见面的吴妈妈的感情。一个急于回归母亲怀抱的孩子，揣着一颗凄惶无助的心，终于停留在温馨的港湾，灵魂从此被安放。饱含着爱与崇拜的歌声，哪怕走调得不堪入耳，却也是对亲爱的“妈妈”，最美的礼赞！

歌声渐渐止息，我的内心也回归安宁，眼里尽是空茫。全新的世界里，一束光芒照着尘世，似乎在召唤我展翅飞翔。吴妈妈在知道我是旁听生后，微笑着对我说：“谢谢你给我们的课堂带来歌声。”掌声响起，我的内心已是滂沱。文末，一首原创诗送给您。

敬业爱生人人赞，为人处事句句夸。

激情不减传师道，和蔼可亲好“妈妈”。

志萍才华横溢，很有个性。在校期间她经常到各个老师课堂听课，并且写诗赞美，在校内属首创。毕业后的她在广西一所中学任教，深得学生喜爱。

经济舱的思绪

物理学院 08 级　李徐青

8 月伏暑，从深圳“飞”武汉，因为疫情，所以是“飞”，但觉得远没有高铁便捷。经济舱内空空荡荡，一排就我一个人，可以躺下睡。一路上，对于吴满珍老师的思绪万千。

“街道口的风，撩醒了夏虫。”耳机里，歌曲《武汉伢》作祟，堂堂 1.80 米的大块头的我，条件反射地一顿酸楚，眼里噙了一弯泪。原来，西装革履之下的成年人，也会有脆弱的灵魂。所幸，空荡的飞机上，没人看得见我流泪。2008 年，北京奥运会引爆了整个中国，我也考上了桂子山上的大学。见证大国崛起的高光时刻，成长于民族复兴的上升期，年少的我不免有些轻狂，自以为学富五车，曾写出过全市满分作文，便想在大学语文课堂上睡大觉，但吴满珍老师的大学语文课是大学课堂讨论最热烈而且回答问题记平时成绩的，这让我有些不敢怠慢。

“这是我的家，在这里长大。”每次大学语文课，吴老师总是早早站在讲台上，笑盈盈地注视着鱼贯而入的我们。上课铃响，她开始上课，课上同学们积极踊跃举手发言，台上她总不忘“徐青”“徐青”点我发言。大概她看我睡眼惺忪，一脸茫然。她笑眼弯弯，一脸慈祥。我还来不及仔细思考，她已开口引导我作答给我记成绩。最后我的大学语文竟得了 90 多分。如今我已忘了曾经的全市满分作文，但这 90 多分是怎么一分分来的却历历在目。学高为师，身正为范，大抵如此。师恩如母，吴老师春风化雨撩醒了我这只瞌睡虫。我不仅体验到了“教育的艺术性”，更找到了“学为人师，行为世范”的榜样。

“黄鹤楼的诗，烂熟在嘴巴。”武汉之于我，除了崔颢的《黄鹤楼》，更刻骨铭心的是韩愈的《祭十二郎文》。吴老师在台上朗诵《祭十二郎文》，抑扬顿挫的语调让不少同学都哭了。“孰谓少者殁而长者存，强者夭而病者全乎!”当初我震撼却懵懂，如今我已过而立之年，漂泊异乡，尚未成家立业，亦感“视茫茫，发苍苍，齿牙动摇”。父母年事已高，开口闭口一直在催婚。特别是疫情突如其来，身为湖北人更是思念故乡老友。难怪同为80后的韩寒在《后会无期》里说：每一次告别，最好用力一点。多说一句，可能是最后一句。多看一眼，可能是最后一眼。大学语文最后一课，我们全班不约而同唱起了张学友的《祝福》：“情难舍，人难留，今朝一别各西东……愿心中，永远留着我的笑容。”

“牛皮谁在吹，面子给不给。”没有微信，没有电话，没有探望，没有锦衣可还乡，心里念着吴老师，却又鼓不起勇气。落地天河机场，我第一次碰到了交登机牌给机场工作人员等行李的特殊情况。上了出租车，司机告诉我，武汉的大学还处在封校的状态，外面的人进不去。内心的天平瞬间倾斜——还是下次回校吧。

江汉路、长江大桥、武珞路、珞喻路……一路繁华正蓄势待发，重情重义的武汉人依旧勇敢，英雄的城市正在苏醒。我特意叫司机绕道广埠屯，隔着车窗拍了一张华中师大的校门照，心中默默祈祷：愿我们尊敬的吴老师平安健康。

在数以万计的学生中，李徐青这个名字我永远也不会忘记！那是因为他不仅在课堂上积极发言，而且最令人感动的是他在最后一堂课结束时的提议：教室里所有同学起立，用一首《祝福》歌献给老师和同学们，希望大家心中永远留住笑容！毕业后的徐青，现在深圳市投资推广署做高新技术产业招商引资工作。

来自大理的思念和问候

物理学院09级　浦绍涛

亲爱的吴老师：

您好！

好久好久没跟您联系了，您好吗？研究生开课的时候还到武汉见过您，但自此之后就一直没有联系了，我十分惭愧！也不晓得我这几年怎么了，也许是工作忙，在工作中迷失了自我、迷失了方向，也许这只是借口吧！从武汉回来后，我就被安排了三个高中理科班，还兼任物理备课组组长。时间的指针走到了2016年6月，转眼间我的第一届学生毕业了。前些日子还收到一些毕业学生的感恩信，“感谢恩师，你我同行”，诸如此类，让我感触颇多，我也不由得想起了您——我的恩师！

2009年9月我进入华中师大，您是让我眼前一亮的老师，来自云南大理的高考语文成绩还不到平均分的我，竟突然涌起了对语文的学习兴趣。上了您的大学语文课之后，我读了很多书，虽然多半是与物理有关的，但至少我不再反感阅读了。吴老师，我真的很感谢您！俗话说“名师出高徒”，吴老师您是名师，我却不是高徒，即便如此，我也不能辜负老师当年对我的教诲！大学四年，您是我印象最深刻的老师，我还记得您那精彩的语文课和独特的课堂风格。哎！可惜时间无法倒流，要不然真的还想再次聆听您的教诲。

我是一个理科生，说不出太多暖心的话，但我的心是热的，我对吴老师的感恩之情是独一无二的，我永远永远不会忘记您对我的关心和照顾，谢谢您！我以自己能成为您的学生而感到荣幸，感谢成长的路上让我遇见您！

哦！不知不觉已是深夜。没有武汉的繁华与热闹，大理的夜晚比较安静，不过这倒是让我忘记了工作和生活中的一些琐事，让我单纯地回忆曾经的美好，索性不去管明天有多少节课吧！吴老师，蛮想您的，等到论文答辩回母校吧！如果到时候您在武汉，我一定去看您！

哟！好像真的很晚了，就写到这儿吧！欢迎吴老师和李叔叔来大理旅游，代问李叔叔好！祝您和李叔叔青春常驻，永远快乐！

您的学生：浦绍涛

2017年3月2日晚00:50于云南大理

绍涛做事认真，勤奋好学，对自己的要求极为严格。对于来自少数民族地区的他来说，普通话考试绝对是一个大问题，后来我向有关领导反映，这才帮他争取到一次补考机会。顺利毕业后，为了感恩，他还利用国庆节长假专程从大理和女朋友一起来武汉看望我。

桂苑凝思

物理学院09级　潘鹏飞

每个人都会有这样一种感情，尤其像我们这群书生意气、青春激荡的大学生，失去之后才知道珍惜，面对无法挽回的告别又情不自禁地涌上一丝忧伤与一声叹息。

大学语文教学是对人格的塑造

当要真的对大学语文说再见，回顾这半年来的语文学习经历，我的心中真有万般感情。此刻我只想说一回：语文乃国学，学习语文乃人之根本。

很多时候我也会对国学的日益沉沦发出无力的呐喊，对网络化带来的浅阅读，甚至阅读“真空”痛心疾首，但就目前的教育形势而言，大学过分强调专业化让大部分的学生忽视了语文教学的重要性。很明显，专业化和技术化在某种程度上能更快地培养一批技术人才，但它带来的弊病就是思维的一般化。相比之下，语文教学却能为我们提供一个更加开放的师生互动平台，在这里没有唯一的标准，没有对与错的判别，有的只是学生和老师思想的相互表达。

从严格意义上来讲，大学是一个求知者的精神共同体，师生之间不管是从心灵还是空间上都会非常接近。对于一个理科生而言，大学语文就更显重要。我们应该更加珍惜这段时光，我也庆幸自己能接受这半年来自由开放的语文教学，从中我也明白了几点，也是当代大学生应该关心的几点。

首先，知识面应该不断扩展。世界日趋多元化，学术之间的交叉越来越多，人际交往的范围在不断扩大，面对这一切，单一的知识体系已无法满足我们的需要，我们必须不断地吸收专业以外的知识，而语文恰恰是实现这种目标的重要工具。

其次，广泛的阅读、对比式的阅读有助于我们形成辩证的思维。现今有太多的学生把自己的精力完全投入自己的专业，甚至认为学习其他领域的知识都是无用的，这是一种排斥心理。“海纳百川，有容乃大。”面对其他的文化知识，即使没有认同，我们也要去宽容，我们不能让自己的思维局限于某个方面，而应该形成不同的思维方式，这样才能更为容易地发现问题的本质。

最后，几千年来大师们灿烂的思想能洗涤我们的内心。现今的社会上，我们的环境日趋浮躁，人们也变得更加功利，聆听各位大师的教诲恰如饮一杯清茗，能让我们浮动的心归于平静。语文便是一块心灵的绿洲，它能让心灵疲惫的我们找到一丝慰藉，从而收获喜悦。

感谢老师自由的教学风格和开放的交流方式，让我的思维开放，成全了一个自由的我！

再忆桂子山，浓情长相依

人生这东西总是很讽刺，而有些至真至纯的爱却从来不曾欺骗我们。这时候回忆才能是美好的，不管我的脚步走到哪里，我们的心总有一个永恒的归属。

春花与秋月总使人沉迷在当下的欢愉之中，也不知此刻的桂子山又是怎样的一番景致：看不厌的是那一排排郁郁葱葱的梧桐，虽然那纷飞的梧桐絮惹人喷嚏不止；听不完的是杜鹃广场和羽毛球馆那边杂乱无章的鸟语，虽然不时会有鸟屎从天而降；闻不尽的是笛箫亭那边的玉兰花和紫薇花香，虽然那路面坑坑洼洼……

在所有的回忆中，有一张笑脸却总是给人希望，虽然岁月在她脸上刻下了浅浅的皱纹，但她母爱般的光芒却愈发耀眼，如天空中的一颗明星，让我即使远在天涯却依然获得最温暖的慰藉。作为一个性格顽劣的学生，相信我给老师的印象中更多的是不敬，而吴妈妈给我的却是一如既往的宽容，一如既往的支持，这种力量让我在师爱与“母爱”的洗礼中逐渐成长。

如今，我已经离开人民教师的岗位，选择北漂闯荡。但是每每想起教书时的那段短暂的职业生涯，我总有种别样的感受，因为我是在师爱和“母爱”的沐浴中才选择了教师这一职业。读麦克阿瑟的传记，有一句话让我很受启发：“老兵不会死，只会慢慢隐去。”虽然选择了离开，但吴妈妈的温情在我内心留下了深深的烙印。她曾带我走上讲台，如今又伴我走向其他的舞台，是她给了我无穷的信心。

去年的生日会宣告了您教学生涯的中断，记得那天没有时间赶回去，我只是让朋友代送了鲜花，您却十分高兴。远在北京的我，只是感叹：一位老师离开了，但她母亲般的爱长存，她是我们心中的桂子山。

2015年4月29日于北京市海淀区大有庄

鹏飞是个任性又聪明的学生，只要上课就积极回答问题，但令人头疼的是他经常上课开小差。从此我便采取表扬策略，只要他按时上课，我就当堂表扬。学期末，他交来一大本作业册，送给我作礼物，并说道："老师，谢谢您的包容和鼓励，我已经开始改正自己的坏毛病了。"毕业后，他一直和我保持热线联系。

华中师范大学有我永远的师生情结

物理学院 09 级　马婧

越是看重的感情，越不知道怎么表达；越是在乎的事情，越是不敢轻易去做。和我的大学语文老师吴满珍教授的这段缘分我很珍惜，小心地珍藏着。一直都不敢轻易动笔去写我和吴老师之间的那份弥足珍贵的师生情，生怕自己写不好，表达不出我内心的真情。

一个人，在学习的路上，总会遇到很多老师，要是有几个良师益友相伴，那真是三生有幸。2009 年的那个夏天，对我来说是记忆最深刻的一个季节。那年我大一，怀揣着对美好大学生活的向往，看周围的一切都是新奇的。因为我的大学，开启了我人生的很多新体验，第一次坐长途火车，第一次住寝室，第一次去食堂打饭，第一次和那么多同学在一起上课……我生性是有些自卑和内向的人，读高中的时候，上课被老师点到回答问题都会脸红，却不承想会在大一的语文课上，能站在讲台上和同学们分享自己眼中的作家徐志摩，我清楚地记得那一堂课。我不知道大家对好老师的定义是什么，我在步入大学的第一个学期就有幸遇到了一位好老师，她是我的大学语文老师——吴满珍教授，她对学生的热爱，对课堂的热情仿佛从未有过一刻的怠慢。如果说一位老师带给我们的知识是有限的，那么她带给学生无限的启迪和激励，就有了更大的意义了，或许我就是吴老师的千万学生中受益的一个。

吴老师的课堂虽然是一百多人的大课堂，我的印象中她总是会走下讲台到学生中，启发学生，和学生们交流，吴老师的课堂是开放的课堂。她脸上总是挂着微笑，如同她对学生的爱一样温暖。课前分享一个自己熟悉的作品或者作家是我们大学语文课的一部分，这对于从小到大都没有在那么多人面前讲过话的我真的很难很难，我必须放下自卑，克服心理障碍。吴老师给我很大的鼓励，那时候加了吴老师的 QQ，我在课前做了很多准备工作，在 QQ 上我问过吴老师很多问题，有些甚至很幼稚，吴老师都耐心地解答并指导我，这让我渐渐有了一些自信，慢慢地克服了自卑心理。我已经不记得当时的自己讲得如何，但是第一次站上讲台，面对那么多同学，当时那种紧张的心情我现在都还心有余悸，虽然紧张，还好没有出现太尴尬的画面，这也让我开始有了一点自信。从此，也开启了我和吴老师的师生情缘。她就像我在武汉的亲人一样，关心我的生活、学习、感情、未来规划。我是一个不太会表达感情，甚至有些被动胆小的人。我和吴老师分享了我的一个小秘密，那天我记得自己挽了老师的胳膊，我俩一路聊天，最后我把她送到校门口，那次应该是我和老师最亲昵的一次谈心。我的羞涩和自卑，让我一直不敢面对自己喜欢的男生，吴老师鼓励我要自信，勇敢地面对自己的内心，还张罗着给我们制造机会，或许是缘分吧，我和他就是在吴老师的课堂上认识的，可惜这个故事只能终结在我的心里。直到大学毕业我也没有再对其他人说起这个秘密，现在想起来，一切都是那么的奇妙。

现在每每想起武汉，我依然有一种亲切感，因为这座城里住着我的亲人。2017 年年底，我回母校参加研究生毕业答辩，特地去拜访了吴老师，因为毕业以后，和吴老师的联系就很少了。虽然时常和身边的朋友提起我的这位老师，但是，不好意思去发消息或者打电话给老师，就把这份情记在心里。毕业后的第五个年头，再次回到武汉，因为心里一直惦念着老师，就提前和老师联系了。吴老师邀请我到她家做客，老师说："别住在外面了，来家里住，你住这间。"听到这话的时候，我就觉得自己回家了一般，老师看到我背的小挎包，就从柜子里拿出一个漂亮的新的双肩包给我，说："出门，小包装不了多少东西，来，背这个。"这明明就是母亲对孩子的关心！我知道老师有很多学生都喊她"吴妈"，我这人表达感情比较腼腆，把老师的好都默默地记在心里，但就是不会表达。那天，我们吃饭、聊天、散步，虽然只有短短的一下午时间，我依然觉得自己在老师眼里永远是个孩子。老师鼓励我："人生的路有很多选择，勇敢地面对就好，不管今后有什么样的打算，老师依然会给你最温暖的怀抱，在武汉你有个家。"我真的很羡慕老师身上散发的自信和温暖，这些年疏于联系，自己其实深感愧疚，我不是一个好学生、好孩子，对长辈的关心不够。但我的心是以老师为榜样，在讲台上下都将这种爱传承下去。

（此文曾发表于中华大学语文网，有修改）

也不知道是何原因，马婧特别和我亲。上课时她认真听讲，在校时主动和我谈心。毕业后她专门从青海来武汉看望我，似乎和我有说不完的话。

大学语文，我的大学第一课

数统学院 09 级　叶建恩

“大学是什么?”

这对于刚上大学的懵懂少年而言，是一个再自然不过的问题。我们将要面对的不光是未知的新生活，还有自身无限的可能性，这种伴随着忐忑、激动的求知欲，会自然而然地把大家的思维引向这个问题。当年的我也是这样，开学前我加入了学校的新生群，找学长学姐咨询，也在“百度”搜索各种大学规矩：我在试图通过别人的眼睛，提前弄懂“大学是什么”。

如今我已毕业 4 年，时间不长不短，刚好是在社会职场的第一个小周期。这个时候的我，是不应当回想起这个问题的，但是母校就是那样一个会在关键时刻让我们怀念的“图腾”，随之而来的还有脑海里的点点滴滴，它们未曾模糊，也未曾消逝。此时当我再想起“大学是什么”，大脑里的纷繁复杂渐渐地汇集到一个方向，这就是我大学生活的原点——大学语文。

现在还记得，第一课是在 8 号楼的大教室，我坐在最右侧的中间位置(坐过这种位置的朋友应该明白我当时的心态)。我算得上纯正的理科男，高中就偏科，喜欢数理化，我对语文的态度是分不低则足矣。上大学后，起初我对数学专业还要上语文课表示十分的不理解，不过早就传言“60 分万岁”，所以我自然就提前把它归为了我的第一个 60 分，相信当时跟我一样心态的各专业同学不在少数。但这种心态在接下来的 45 分钟内就发生了翻天覆地的变化，相信跟我有一样心路历程的各专业同学也不在少数。

进教室时，老师已经站在讲台上了，她脸上的淡淡微笑伴随着光芒，也散发着慈祥。这描述一点儿不夸张，夸张的是课堂一开始，老师的一句“上课”，清脆响亮，充满激情。一百多人的大教室瞬间安静了，大家都惊呆了，几个反应稍快的同学陆续站了起来。“高中都已经很少有这种仪式了，大学居然还有老师迷恋这种形式?”我当时就是这么想的，不过我嘴里却忍不住嘀咕着“有意思”。

老师姓吴，比我们大多数同学的母亲都要年长，很多同学后来都称呼她为吴妈妈，大家还自发组织了一个不限年级的同学会，所有人都自称“吴门学子”。

吴老师在心态上完胜我们见过的大多数老师，她在课堂上从来不用“小蜜蜂”一类的扩音设备，但教室里的每位同学都能清楚听到她的声音。这还不算，每位同学都会被吴老师丰富的语言吸引，不得不说这在大学的课堂里算是不多见了。而且在吴老师的课堂上，大家并没有所谓的学习压力，因为第一堂课上吴老师就明确了，课程的结业方式是考察而非考核，说得简单点就是结课的时候不用考试。有些热心的同学可能会有如下疑惑：“这还不让本身就相对自由的大学课堂更加肆无忌惮了？”但实际情况是，就是在这样的课堂上大家的注意力和积极性反倒更高。也许是课堂形式的新鲜刺激了我们，也可能是吴老师本身的激情感染了大家，不过于我而言，是吴老师对同学们敞开的心，吸引了这个课堂上所有同学的目光。

我们同学间讨论过很多次，为什么大学语文课听着这么的有意思。除了上面我提到的那些细节，吴老师的用心应该就是关键了。吴老师课堂上的每位同学都必须站起来发言，或长或短；吴老师鼓励我们，要主动向同学们做主题展示；吴老师经常走下讲台，跟同学们互动；吴老师毫不避讳地跟大家谈家里的事儿，就像是在跟我们话家常；吴老师帮助自己的学生，毫不保留……

直到大学语文课结束了，我也没太明白吴老师的教学理念，不过现在我倒是明白了一二。我在大二开始跟随师父段晴老师学习播音主持，老师对我最多的要求就是：打开自己，用心说话。这些年我一直在领会这句话的深意，当我回头去回忆吴老师的课堂时，我倒是受到了不少的启发。有这么一件事儿，至今都影响着我。

我在大一参加了学校的“一二·九”诗歌散文大赛，好不容易在院里争取到了机会，可以参加全校的总决赛，我自然不敢怠慢。我准备的是《沁园春·雪》，这是一篇经典篇目，但对当时的我来说并不好把握。一次语文课结束后，我刻意留到了最后，因为我希望能在人少的时候向吴老师请教一下朗诵的技巧。吴老师先是细心地帮我梳理了一遍内容，之后还多次为我示范其中的段落。听完后才意识到，原来在理解文章上我始终都处于门外汉的状态。当时的我哪里会知道，一句“分外妖娆”竟然可以包含如此多的情绪，蕴藏如此多的回味。这种理解能力本来就应该是有声文学作品表达的基础，更应该是诵读者应该具备的基本功，但我当时并不具备。我打心底里感激那一次看似简单的课外问答，对吴老师而言那可能只不过是数年来无数次解答中的一次，但却实实在在影响了我的语言表达。

吴老师的语言表达能力，我实在佩服。有这么一堂课，所有的吴门学子应该都印象深刻——朗诵《祭十二郎文》。吴老师还是一如既往地饱含着深情为我们做示范，由于常年生活在武汉，吴老师的普通话多少夹杂了些地方音，但每每诵读起来，大家全然不觉。这次课上的示范，吴老师哭了！稍微调整后，她给大家讲了眼泪里的故事。这是一次完美的讲述，因为它引人入胜，发人深思。久久不能平复的我们，在这节课结束之后一直在议论，有学长学姐告诉我们，其实每次讲这堂课吴老师都会落泪。有情才能动人，才能催泪，吴老师正是在每次课堂上都敞开了心扉，注入了情感，才滋养了每一位学子。

吴老师的课实在让人着迷，记得大二后，偶有机会我还会跑去她那儿蹭课。

建恩擅长朗诵，在他参加湖北省高校“一二·九”诗歌散文大赛前，还特地请我指导，经过润色后，他朗诵的《沁园春·雪》成功夺得一等奖。作为免费师范生的他，毕业后选择违约做自己所喜欢的工作，现任职于湖北人民广播电台。

我们的故事

经管学院09级　段瑜彬

“上课”“起立”“老师好”“同学们好”这样的开课方式，在8号楼那个充满爱的教室里重复了四十余年。就在昨天，您决定走下讲台，在您六十大寿的这一天，我们从四面八方赶来相聚一起，陪您走过如此难忘、如此不舍，又如此温馨的一天。时光荏苒，转眼间与您相识已过六个春秋，细细回忆，那些点点滴滴，我都想写入我们的故事。

遇见您之前，我只是在一个传说中热门的专业里辛苦学习的大学生，学着自己不讨厌但也说不上喜欢的课程，与众多学生一样，平凡得毫无生气。遇见您之后，我无数次地在心里为自己惋惜：如果我去了文学院该多好。所以此时此刻，请允许我再一次地对您表白：我多么幸运，遇见了您；我多么感激，您记住了我！

作为对自己爱好文学却不能以之为专业的弥补，在学院不要求修读大学语文课的情况下，我仍为自己选了这门课。看到课表的时候，我只知道她是一名姓吴的老师，殊不知这是我大学四年幸福时光的悄然开始。那是您大学语文的第一堂课，我迟到了，课间我小心翼翼地向您解释，那时的我还是一个会因迟到而担心的学生。只见您对我微微一笑：“好的，没有关系，下次注意就好啦。”直到现在我都还记得您对我说这句话时的表情和语气，如今细细回想起我们的相遇相识，我迫不及待地想要告诉您：您那微微一笑，很倾城！这就是我们的第一次相遇，那个时候的我，您还不认识；但那个时候的您，我已然开始喜欢了。

后来的课程，我一次都没有迟到，八点的课，我基本会提前十分钟到达8201教室。我坐在左边第三排的最外边，静静等待您的到来。那一天，您给我们讲《陈情表》，逐字逐句地分析讲解，也会提出问题让大家谈看法。这篇文章，我们在高中时就学习过，但那一次却是我第一次听到如此动情的讲解，我的内心被触动了。一个小小的心思在我心里滋生：我一定要让这位教授认识我并且记住我！于是，我举起了手，我忘了自己当时说了些什么，我只记得，当我回答完后您看我的眼睛在发光。您说："这位同学的回答自然脱俗，一气呵成，就好像是准备了好久才会有的效果，真的很不错。"听到这句话的我，在心里开心地为自己欢呼。这是我们第二次的相识，那个时候的我，您可能还是记不清；但对那个时候的您，我已然开始崇拜了。

课程即将结束时的PPT展示环节中，我是班上第一个起身参与的。我曾私下告诉您，我的课件以"爱"为主题，将亲情、友情、爱情串联起来，因为我觉得有爱就有明天。您是这样回复我的邮件的："瑜彬，你的选题很有吸引力，也很精彩，我十分期待!"因为这句话，我自己在寝室试讲了很多次，从课件的质量到内容的丰富度，甚至是普通话的标准度，我都一一检查。后来，直到看见您赞许的目光，我才知道我做到了。从那个时候，您开始喊我"瑜彬"，之后这就成为我最喜欢的一个称呼，每次听见"瑜彬"，我都会觉得亲切又幸福。这也是我最为满意的一次作业，因为有爱，因为是您，我的文字都生了情。这是我们的第三次相知，那个时候的我，您开始认识了；对那个时候的您，我已然充满了敬爱之情。

最后一次课，您让我们用一句话总结自己的学习感想。哎呀！怎么办，课程要结束了，我以后是不是就见不到您了？心慌意乱的我举起手来："大学语文课程虽然结束了，但我觉得我的语文学习才真正开始!"您再次对我深深一笑："瑜彬同学，这个暑假你写一篇关于大学语文的文章发给我，行吗？我想把它发表在中华大学语文网上。"什么，老师要给我发文章？这么说，我可以得到她的联系方式咯，我以后也可以继续跟她联系咯，真的是太棒了！内心如此丰富的我高兴得说不出一句话，只是一个劲儿地在那儿点头。后来的一天，您开心地打电话问我："瑜彬，你有没有在网上看到你的那篇文章呀？很多人有看哦。"如此可爱、如此热情的您，叫我如何不牵挂，不爱戴呀?! 这是我们第N次的交流，这个时候的我，已经被您记住，被您关心呵护好久了；这个时候的您，成了我心里独一无二的老师妈妈。

后来的后来，每次您邀请学生聚餐，都会叫上我，您总是这样向他们介绍我："这位是瑜彬，是个乖乖女哦，她很乖的，也很优秀的。"记得有一次，在您给我打完电话后，为了不打扰舍友午休，我就把手机调成了静音。因为在寝室磨蹭了很久才出门，当我赶到博雅园时已经很晚了，只见您在餐厅门口焦急地等着我，看到我好好地站在您面前，您又是心疼又带点埋怨，吃饭时特地为我加菜。那个时候的我，只觉得自己是命运的宠儿。回来后我给您发短信："今天让您担心了!"您回复我："下次记得把手机铃声打开哦，我会经常想见你的。”我总是喜欢跟您发短信，把我的心事和我想说的话，用语言对您倾诉，也谢谢您总是耐心地看完我的信息，倾听我内心深处的情绪，给我建议，给我支持，给我爱的鼓励！

四十多年的讲台上，有您挥洒的热血和青春；如今走下讲台，您依然是那个课堂上热情豪迈、温柔亲切的好教授。您在教育事业上的成功，也激励着我去做好自己的工作。亲爱的吴老师，在这个于您、于我们而言，都同样神圣而重要的日子里，我要谢谢您：

谢谢您，总是愿意在一群又一群优秀的学生面前，不厌其烦地向他们介绍并不优秀的我！

谢谢您，在我去香港的那一年多里，给我支持，给我打气！

谢谢您，在我找工作时给予我的帮助。我已找到一份自己喜欢的工作，我也会以您为榜样，把它做成自己的事业！

谢谢您，总是记得我这个默默无闻的乖乖女！

三尺讲台辛苦耕耘四十余载，今日告别难舍难忘浓浓师生恩情；

六十大寿亲朋好友齐聚一堂，与您同庆至真至切愿您幸福安康！

那天，您在微信上对我说：“瑜彬，聪慧的你遇到热情的我，上天格外恩宠我们。”套用最近很流行的一句话，我应该是上辈子拯救了地球所以才如此幸运地遇见了您吧！敬爱的吴老师，不管以后我在哪里，回到武汉，您就一定可以听到彬彬这样对您说：“吴妈妈我回来了，我现在就来看您！”健康平安，是我对您最真挚的祝福！因为，我们的缘分还很深很深，我们的故事还很长很长！

瑜彬在家长的眼中是个乖乖女，在老师的心中是个聪明的好学生。她对我也是十分的好。我女儿坐月子，瑜彬妈妈特意从乡下收集了两百个土鸡蛋送来，一起送来的还有两双自己亲手制作的毛线拖鞋。如今，从香港学成归来的瑜彬就要结婚了，而且邀请我和先生去参加她的婚礼！

师之魅力

数学—经济学交叉培养班 09 级　刘鑫桥

离开桂子山已经五年，猛然再去回忆那段青春岁月，竟然已经开始有些模糊。如今的时代，信息纷繁复杂，作为依旧在路上拼搏奋斗的年轻人，我每天的生活也是忙忙碌碌，很难静下心来回忆过往。听闻吴老师要编撰一本关于师生情的书，借此契机谈一下对师之魅力的粗浅认识。

相　识

2009 年的秋天我进入华中师范大学学习，当时从泰安到武汉并没有动车和高铁，需要坐一夜普通火车才能到武汉，印象最深的是泰安已经秋凉，而武汉依旧相当炎热，当然也有桂子山上特有的丹桂飘香。经历过军训之后，进入正式的上课阶段，因为我是数学—经济学交叉培养班的学生，课程的数量相对其他专业而言要多一些，而且数学类的课程非常之难。在大学自由的气氛之中，我似乎逐渐丧失了曾经的斗志，除了做一些微不足道的学生工作，成绩一直平平。

与吴老师相识是在大学语文课堂上，大学语文在我们专业的培养方案中是公共必修课。上课前我并没有太大的期待，因为这时已经在大学度过一个学期，对大学老师上课的方式已有所认识。但第一堂课，随着吴老师的一声“上课”，我下意识地跟着其他同学站起来喊“老师好”，这种久违的仪式感，似乎已经离开我很久很久，以至于我对于学习的意义也缺乏了基本的认识。

细　节

现在当我去回忆大学语文课堂时，虽然课文已经不再能背诵，但是有几个细节至今让我记忆深刻，也对我大学四年甚至之后的人生启发颇大。

第一个细节是吴老师每次上课都是充满激情的。这一点对我思想的冲击极大，因为大学管理相对松散，部分老师和同学对于上课都不再饱含热情，有些老师的 PPT 是十几年的一成不变，有些同学进入大学以后不再看重学习。吴老师教大学语文已经几十年，但是她依旧不失讲课的热情，这份始终如一的精神激励着我奔向未来的路。

第二个细节是吴老师要求非常严格。记得当时课堂上人数非常多，在结课之时我才发现有几位同学是重修的，这一点让我非常诧异。因为在我看来，大学老师比较给学生“面子”，尤其是公共课，即使学生做得很一般，老师也会睁一只眼闭一只眼，给一个及格的分数。但是吴老师对学生非常严格，绝不轻易放水。可是吴老师也不是吝啬于给学生高分的人，记得当时我的大学语文分数是98分，这是我本科所有课程里面得分最高的一门课。所以吴老师给的成绩应当是非常公正的，她敢于给混日子的学生不及格，也敢于给真正优秀的学生高分。

第三个细节是吴老师对学生非常关心。大学里学生的生活情况，除了辅导员的关心是职责之内的，其他老师其实很少在意。但是吴老师对于自己教过的学生的生活都非常关心。很多同学在上完她的课之后，依旧长时间与她保持联系，即使自己已经毕业，已经成家立业。

关　心

2013年夏天，我本科毕业后被保送进中国人民大学读硕士研究生。即将毕业之际，吴老师主动联系并且热情邀请我到她家里吃饭。随后我就离开了桂子山，在新的学习环境中，我有一段时间因为学习、科研、生活等的压力比较大，心情一度非常沮丧，并且在微信上有一些负能量的发言。有一天晚上，我接到了吴老师的电话，那次通话的时间非常久，吴老师跟我从生活聊到学习。我想到了吴老师几十年如一日的热情态度，想到了她的殷切关怀，这让我又一次在精神上站立了起来。

2015年夏天，我硕士毕业，进入南开大学工作。在南开大学我主要负责教学名师、魅力课堂等教学奖项的评选，这份工作让我更加深入地去了解大学教师群体，并且因为工作需要，我不得不去制定“什么是魅力课堂”的标准。2016年吴老师去南开大学参加大学语文的研讨会，我们在天津再次会面，虽然已经多年未见，但是我们之间没有一丝的隔阂，相反我有的是一种非常熟悉的感觉。我们从生活聊到工作，当时吴老师担任了华中师范大学的本科教学督导，从她的角度我了解到了更多本科教学管理的经验，虽然那次的会面只有一个下午，但是于我而言，收获颇多。

魅　力

2017年，我离开南开大学的工作岗位，进入北京大学。因为在南开大学的工作经历，以及目前在北京大学所从事的研究领域，对于大学和大学教师我有了一些粗浅的认识。现代大学的职责一共有三项：教学、科研和社会服务。无论是曾经的“985工程”大学、“211工程”大学，还是目前火热的“双一流”大学建设，实际上它们比拼的都是科研的实力，考核的目标也是大学排名和学科排名。但是对于大学而言，最重要的还是育人，如果不能将教学放在核心的位置，缺乏了大学育人的基本作用，大学与科研院所就不再有本质的区别。

以前在评选教学名师或魅力课堂时，各个学院的老师总是问我：什么是有魅力的教师呢？这是一个非常宏大的问题，我无法给出完整的定义，但是我以吴老师为榜样。我认为，有魅力的教师一定是能给学生带来精神财富的人生导师，而不是单纯地传授知识，有魅力的教师一定有自己恪守的职业道德与规范，有魅力的教师一定能给学生带来温暖。对于本科生而言，他们正处在世界观、人生观、价值观形成的关键时期，精神财富的积累就变得极为重要。

鑫桥是课堂的有心人，他精心制作了“大学语文，我有话对你说”的PPT，在最后一节课上带着大家回顾了一学期的学习剪影，甚至细致到同学们的个人分享。他的这一举动，还心有灵犀地与我要说的课堂结语形成完美衔接。研究生毕业后，他任教于南开大学，后来又到北京读博深造，在追求完美卓越的路上一直奔跑着。

一位学子对老师的告白

外国语学院09级　王逸凡

丹桂飘香的九月，走在郁郁葱葱的桂中路上，身旁穿梭着步履匆匆的学子与面带悦色的教师们，我的心仿佛进入了最宁静的幽谷，浸润在华师严谨而温良的学术氛围中，思绪也不知不觉地被拉回至五年前，我与恩师吴满珍教授相识的那个春天。

2010年，我终于如愿以偿地来到享誉盛名的华中师范大学外国语学院英语系学习，第二学期我奋力地在选课系统上抢到了大家口中的传奇老师吴满珍教授的大学语文课，上课时间为周二和单周周四早上。由于中学阶段的语文课多数都在枯燥的背诵和过度分析课文中度过，步入大学课堂的我十分好奇大学语文会怎么上，是老师放电影，学生打瞌睡，还是布置无休止的课后作业？抱着好奇的心理，我走进了8201教室，开始了我的大学语文第一堂课。

第一次见到吴老师，她给我的印象便极为深刻——端庄的发型，美丽的头饰，精致的妆容，纯正而不张扬的红色大衣配上造型优雅的胸花，洪亮的嗓音，有神的双眸……而这一切，吴教授至今都保持着，每次上课她都端庄得体，给学生们赏心悦目的感觉。最为特别的是，吴老师上课前居然像小学老师那样要求指认的课代表喊“起立”“坐下”，于是每次上课都会有这样一幅场景。

吴老师：“上课！”

课代表：“起立！”

吴老师：“同学们好！”

同学们：“老师好！”

课代表：“坐下！”

每次大学语文课都是在这种元气满满的氛围中拉开帷幕。时间久了，大家都爱上了这种有仪式感的课堂开场。那么，吴老师的大学语文课堂到底是什么样的状态呢？

凡是上过吴老师课的同学都绝不会忘记，她是怎样充满激情地朗诵《七子之歌》，风趣诙谐地讲述《陈奂生上城》，泪水噙在眼中饱含深情地讲解《祭十二郎文》……这些都深深地刻入了我的脑海中。学期中间，吴老师要求学生自行选择话题制作PPT，与大家分享自己眼中的语文世界，并将该作业记入学科成绩。那个学期，我特别认真地听其他同学的讲解与分享，学习他们的思路与方法，最终我选择将莫泊桑的姐妹小说《项链》与《珍珠》进行对比，在做了大量的资料查阅后，我自信地走上了讲台，与同学们分享讨论我的研究成果。由于时间没有把握好，到分享后期我有些慌张，是吴老师的鼓励与指引让我镇定下来，并顺利地与其他同学进行了互动。展示结束后，我得到了吴老师的高度评价，而且她鼓励我可以向这方面做更深入的研究。我听完后既受宠若惊，又信心大增，心底默默升起了一股崇敬与感恩之情。

全身心地投入一件事中，总是无法察觉时间的流逝。一个学期的时光太短暂，在整个学期中吴老师的敬业深深打动了我，老师的家离校很远，但她从不迟到；她每节课都点名，并对未到同学的情况十分关心；她在课上均衡地给每个同学回答问题的机会，并密密麻麻地记录下每个同学参与讨论的情况。除此之外，吴老师的课堂既能保持东方课堂的纪律，又能学习西方课堂的开放，它不追求一锤定音的期末考试，而是注重学生平时的出勤率和课堂参与情况。能把大学语文这样的大课堂做到这种地步，实属不易！

到学期结束的时候，我对老师的感情越来越深，于是我与室友裴腾越同学一起琢磨着送给吴老师一份有意义的礼物，让她感受到我们学生的一片赤心。终于，功夫不负有心人，灵感爆发！首先我们买了一盒印泥和一沓小纸片，再让每名同学在纸上写上自己的祝福并按出心形指印，最后将集齐的全班一百名同学的“心”放到精美的盒子里，第二天的课堂上我们一起将礼物献给了我们敬爱的吴老师！那天，我与裴同学早早守在教室门口，给被我们“拦截”下的每名同学讲解我们的创意，让我们高兴的是所有同学都是十分支持！正是因为大家的全力配合，这项秘密“工程”才得以在吴老师的眼皮底下顺利“竣工”！收到礼物后的吴老师非常激动，特别开心，一直说：“这真是珍贵的礼物呀！我要珍藏一辈子！”看到老师那么开心，我和裴腾越相视一笑，上去紧紧地拥住吴老师，并把这段美好的回忆深深珍藏在心底。

毕业后，吴老师仍然关心我们这群学生，经常叫上优秀的校友一同相聚，像妈妈一样关心我们的健康、工作和爱情。因此，大家都亲切地喊吴老师“吴妈”，是吴老师让我们拥有了一个温暖的吴氏港湾。

吴妈，我感恩，感谢上天让我认识您，和您在一起拥有那么多美好的回忆！

吴妈，我感恩，感谢您对我的信任、鼓励，教会我如何为人处世，如何为人师表。

吴妈，我感恩，感谢您让我认识我们潇洒又可爱的李叔，美丽又有智慧的玥玥姐，感受你们的爱，学习你们的爱！

吴妈，我感恩，感谢您的支持，支持我们追梦，勇敢做自己，不断突破超越自己！

吴妈，明天我就要踏上去英国的旅程，学生“女儿”感谢您的栽培与包容。我会不断努力地完善自己，不辜负您的希望！我用自己暑期的工资为您选购了一份礼物，愿我不在的这个冬天，它替我在您身边温暖着您！

2015 年 9 月 17 日赴英国留学前夜

逸凡在我印象中特别优秀。她和腾越创意地代表全课堂同学装有 122 颗“心”的特殊礼品盒令我终生难忘。出国前，她又用自己的工资买了一条珍贵的围巾送给我。这条围巾陪伴我度过了一个又一个寒冷的冬天！

致我尊敬的大学语文老师吴满珍

外国语学院 09 级　裴腾越

“大学语文，你就选吴满珍的，吴老师的课没有期末考试，课程成绩全部取决于平时表现。”这是我第一次听到吴老师的名字，也是第一次接触这个有魅力的、不一样的大学语文老师。今年已经是我与她相识的第八个年头，闭上眼睛，我重温着吴老师每一节课堂上的激情和每一次对我生活的关怀……

2009 年，我从河南省一个县城考入了华中师范大学教育学院。第二学期开学前，我通过了转专业考试，进入了外国语学院英语系。由于长期以来所受的应试教育的影响，口语是我专业课最大的障碍，因此上课踊跃发言对我来讲也是非常大的挑战。吴老师在课堂上，鼓励每一位同学发言，表达自己的想法，她邀请我们一同朗诵，自由抒发内心的情感。在她的课堂上，我们感受着激情，收获着自信。

课堂上我的表现只能让吴老师有一定的印象，而真正让她印象深刻的应该是我和逸凡送给她的“结课礼物”。逸凡是我的室友，我们一起从教育学院转到英语专业，又一同选了吴老师的大学语文课。结课前夕，我和凡凡跑到东南门的精品店，想要挑一份特别的礼物送给吴老师，可似乎什么礼物都不足以表达我们的感恩与感谢。最后，凡凡灵机一动，想到了一个“特别的礼物”，于是我们买了一个漂亮的小纸盒、两盒印泥和一些小纸片。第二天上课前，我们早早来到教室，吴老师被下课的学生围得严实，这正是实施计划的好时候。我和凡凡堵在教室门口，拦住每一位来上课的同学，分发小纸片并嘱咐他们写下最想对老师说的一句话，最后再盖上自己的手印。上课铃响了，像往常一样，我和凡凡坐在第一排认真地听讲，还时不时点头回应着亲爱的吴老师。同时，我们接收着从背后传来的小纸条，一个个偷偷地叠好并放入小纸盒。就这样，我们用一节课的时间，收集了一百多名同学的“心意”，在即将下课时送给了吴老师。

我和凡凡的“结课礼物”让吴老师既惊喜又感动。虽然课程结束了，但她对我们的关爱却继续着。吴老师住在校外，但每当上、下午有课时，她就叫上我们一起吃午饭，点一大桌好吃的菜给我们解馋。印象最深刻的是那次下雨天，我们挤在8号楼一楼的教师休息室，一次性碗盛的米饭，食品袋装的菜，我们却吃得格外香甜。逢年过节，我们一群学生，围着吴老师坐一大桌，轮流讲述着自己与她的故事，而她总是面带微笑地倾听着、回忆着、享受着。有些故事，她听着听着，就落了泪：有一个英语系的学弟，叫王小莉，在吴老师腿伤的那段时间，他主动要求背着老师上下楼。她总说，我们给她带来了太多的感动，可她作为一位大学语文老师，一位公共课的老师，带给我们这些学生的又何止“感动”二字。她用心关爱着每一个学生，特别是家庭困难的孩子。她用话语鼓励我们，用文字跟我们交流，她认真开导每一个不开心的学生。

通过吴老师我也认识了一大批优秀的学兄学姐和学弟学妹，他们其中不乏律师、记者、画家，还有很多像吴老师一样优秀的人民教师。我们互相关心，互相鼓励，也互相督促。如今我已毕业五年，回华师的时间很少，因为相聚多在吴老师家，大家各显身手，做一大桌好吃的菜（印象最深的要数胡彧学兄的油焖大虾），然后边吃边进行才艺展示，好不热闹。有时候在吴老师家玩得太晚了，她不放心就留我们一群学生在家过夜，第二天早起为我们每人煮一碗面，看我们吃得精光。吴老师的先生，李叔叔，我们的“海哥”，也十分喜爱我们这群孩子。他喜欢小酌，家里总备好酒，每次去必要陪他喝上一点。他们还为我们的爱情严把质量关，不管谁有了稳定的对象，都要带过来检验一番。在武汉的七年，他们让我感受到了家的温暖。由于家庭原因，两年前我迁居到了乌鲁木齐，相隔几千余里，也挡不住吴妈妈对我的关心，我经常会接到她的电话或者视频邀请，而我也总盼着能够回武汉亲自探望他们。最后，祝我的老师妈妈和李叔叔身体健康，笑口常开。

2018年5月27日

腾越在我印象中也是特别优秀。她和逸凡创意的代表全课堂同学装有122颗“心”的特殊礼品盒令我终生难忘！她的婚礼是我帮忙筹办的。她也特别感恩，经常从新疆寄来各种坚果和土特产给我们养生。工作调动和升迁她也会第一时间让我们分享她的快乐和喜悦。

亦师亦亲人

外国语学院09级　陈晓冬

与吴老师相识还是在本科的大学语文课堂上。回想起来，那也是五六年前的事了，时光荏苒，某些声音依旧响亮，某些记忆依旧清晰。

“上课!”嘹亮的声音，是吴老师留给我的第一个深刻印象。她的课堂每一次都是以响亮的“上课!”开始的，这一从未省去的仪式，仿佛是一种提醒和感召。它告诉课堂的所有人，我们应当珍惜这其中的分分秒秒，悉心接受知识的滋养。也许是不经意间受到感染，吴老师的每节课，我都习惯性地坐前几排，近距离地接受文学的浸润。

专业的文学素养，是吴老师留给我的第二个深刻印象。在上大学语文课之前，我对于小说类的文学作品，向来没什么兴趣。可能与我高中时接受的应试语文教学有关，我始终无法真正领悟到文学的价值和美。而吴老师通过充满激情的讲解告诉我，一本小说有它背后创作的现实背景，也会反映当时的社会所达到的某种文学高度，我们阅读的不仅仅是单纯的故事等。吴老师的课堂，让我开始看到每一部文学作品背后鲜活的元素，我开始感悟到文学欣赏的角度，其实可以灵活而立体。

课堂上，吴老师是热情而不失庄重的老师；生活中，吴老师则像慈爱体贴的亲人。还记得在武汉与吴老师、李叔叔的畅饮热谈，我们围坐在餐桌旁，似乎一切都是如此自然。有时候跟着叔叔小酌两杯，畅聊生活和人生规划，这样的场景与其说是师生相聚，倒不如说是家人团聚。毕业多年，我也总能从吴老师灿烂的笑容中，收获某种正能量，这既是对生活一如既往的乐观和热情，又是一种人世间最珍贵的质朴情感。

走出了大学语文的课堂，我慢慢养成了习惯，习惯从文学的视角阅读作品。最近我在看王朔的《看上去很美》，我开始学着体会文字背后的深刻蕴意，感受文学作品无与伦比的魅力。作为一名翻译工作者，我常常与要求极为刁钻的客户打交道。很多客户对作品质量的要求极高，这不仅意味着翻译人员要有扎实的英语功底，更意味着要有扎实的中文功底。中文修行路漫漫，我想吴老师给予我的知识和正能量，将激励着我不断前行。

前几日与吴老师聊天，她说我总给她一种美好的感觉，其实这也正是吴老师给我的感觉。她的笑容温和亲切，似乎就是幸运的象征。相遇是缘，今日恰逢母亲节，吴老师亦师亦亲人，晓冬在此祝您节日快乐，愿您身体健康，笑容更加灿烂！

2018 年 5 月 13 日

晓冬无论是在华师读本科还是在北京读硕士一直都非常优秀。2016 年毕业后在北京做自由翻译，主要做同声传译员。

她已经成了我在远方的牵挂

数统学院09级　王云阁

如果有人问我，大学四年我对哪一位老师印象最深，我会毫不犹豫地回答：我的大学语文老师吴满珍。这听起来很奇怪，一个数学专业的理科生怎么会跟大学语文老师结下如此深厚的友谊呢？

吴老师在语文课堂上总是那么声情并茂、激情澎湃，这深深地吸引着我。从小学到高中，对语文我一直谈不上热爱，在语文课上也很难打起精神来。到了大学，我反而认真听起了语文课，只因我被吴老师的激情所感染。50多岁的人，精神状态丝毫不输给课堂上任何一名学生，“上课”“起立”“同学们好”，吐字清晰，铿锵有力。老师的这股劲头，到现在还时常出现在我的脑海中，这对我现在的工作状态起到了积极的引领作用。老师很擅长带有感情地朗读课文，尤其是有关亲情的文章。我对《祭十二郎文》的印象最深，老师每次读这篇文章，都会情不自禁地流下眼泪，可以看出她是个非常重感情的人。在大学能遇到态度认真、品德高尚的老师是一件非常幸运的事情，所以我告诉自己一定要珍惜并认真对待每一节大学语文课，用心去完成老师布置的每一次作业，最终大学语文这门课的分数是我所有考试科目的最高分。这只是我跟老师的相识阶段，其实我表现得并不出众，不过我总是默默关注着一些事，不说不做不代表心里不想。留作业时，老师把她的邮箱告诉了我们，我从小就对数字非常敏感，邮箱里的1128这几个数字，我猜这应该是老师的生日，而且应该是农历生日。所以，在农历十一月二十八日那天，我试着给老师发个短信，果然命中。从此，“1128”便印在了我的脑海中，每年的农历十一月二十八，我都会为老师送上祝福。

吴满珍老师，和蔼可亲，乐于助人。她的身边从来不缺的就是学生，来自各个专业的学生，来自五湖四海的学生，他们因语文而相识，因真情而相聚。她用如她名字那样的满心真意对待周围的每一个人，“老师妈妈”这个称号名副其实。大学期间，老师总会把身边的学生聚到一起，请我们这群远离父母的孩子吃饭聊天。这一过程中，我们不仅与老师的友谊越来越深厚，而且还交到了很多新朋友。尤其到了每年的六月，又一届学生毕业了，这时我总会收到老师的宴会邀请。这四年，老师请我们吃饭的次数早已多到数不清，也记不清。2014 年暑假，我回母校读研，正当中午，天气非常热，刚下火车，老师便打电话让我到她家里去。我在老师家里冲个澡，又吃了李叔亲手做的热汤面。平凡小事流露真感情，这件事让我非常感动，让我体会到了家的感觉。在母校学习的半个月内，老师请我吃了很多次饭，这样的关爱深入人心，让我难以忘怀。爱是静待花开，爱是润物无声，老师用实际行动诠释着人与人交流的真谛，教会我如何做人，如何处事。每一年的妇女节、母亲节、“1128”、春节等重要日子来到时，我都会想起远在武汉的吴老师，这已经成为一种习惯。每当我有了好消息，比如我结婚了，我的孩子出生了，我的工作有进展了，我都会把这些与她分享，她已经成了我在远方的一份牵挂。

虽然，我与老师不能常见面，但我总是关注着老师的动态，关注着老师在微信朋友圈的每一条信息，看到老师和李叔的笑容，我的心里就特别高兴。很佩服老师的心态，也很向往老师的生活，有时我想，将来等我老了，我也要像这两位老人一样珍惜每一天，享受每一天。老师认真对待工作，用心对待学生，以爱的名义让学生们感动。感动一个人也许是特例，感动一群人绝对是魅力。她已经做到了。因为感恩而在自己的生命里为她留下一个位置，我想作为老师，能够达到这样的程度，就是一种伟大。我希望在我接受爱的同时，也将这份爱传递下去，传递给我的学生，传递给我身边的人。

最后希望吴老师和李叔，能一如既往地开心享受每一天！

记得云阁上完我一个学期的课程后，在教师节到来时给我发信息说：“尊敬的吴老师，我继续支持您，祝您教师节快乐！”从那以后每到节假日他都会给我送来问候和祝福。尤其是研究生毕业论文答辩那年，他一下火车就直奔我家，几乎把长白山的土特产全部运了来。结婚生子、学生中榜、教学获奖等大小事情他都会与我分享。他现任教于吉林省德惠市实验中学，在数学教学方面颇有成就。

活力如暖阳，微笑似春风

生科院09级　王灵玉

寒冬腊月，山东下了大雪，我在微信朋友圈随手发了一张照片，很快吴老师就在评论中嘱咐我："走路要当心。"毕业五年了，吴老师还挂念着我，我感觉好温暖。看到她的微信头像，老师还是那么有活力，笑得那么灿烂，和老公摆出的造型流露出默契和幸福。

上大学语文课已经是八年前了，对吴老师那洪亮的嗓音和饱满的热情我还是记忆犹新。我的专业是生物科学，大学语文虽然是公共必修课且只有一学期，但我对大学语文课却有着比专业课还高的热情，一节课上完就期待着下一节课。大学语文的课堂上，吴老师总会巧妙地让我们展开热烈的讨论，我每节课都争取发言，因为发言完吴老师的点评都会让我有被理解、被看见的感觉。于是，我就给吴老师写了一封电子邮件，说了自己的感受。我对吴老师回信一事并没有多少把握，因为我只是她几百个学生中的一个，令我惊喜的是，吴老师回信了。在课间的时候，她还叫出了我的名字，我好激动。现在我当老师了，更能明白老师对学生的关注究竟能使他们产生多大的动力和热情。后来，吴老师布置背诵《长恨歌》，我记得当时我是第一个在课堂上背诵的人，得到吴老师的认可我好高兴。

大学语文课只有一学期，这一生可能自己就会这样与吴老师匆匆擦肩而过，没想到大二时吴老师突然请我们吃饭，还叫出了我们每个人的名字。她还记得我写给她的电子邮件，我感受到了她对课堂的热情和对我们的用心。后来的两年，我再没有主动联系过吴老师，只会默默看她的QQ空间，看她和学生们的合影。后来毕业了，我回家乡当了一名中学老师。通过看QQ空间，我知道她当了文学院的班导师，我想她的学生们一定很幸福、很温暖，后来又得知吴老师退休了，我始终觉得吴老师还远远没到退休的年龄，因为她身上那份充盈的热情与活力。

转眼到了2015年，我给所有亲朋好友群发了自己换手机号的消息，没想到吴老师给我回了个电话，告诉我她也换手机号了。电话那头的她还是那么温暖，她问了我的近况，我倒激动得不知该说些什么。为此，我还暗暗埋怨过自己。有时候想打电话却又怕耽误她工作，怕打扰她休息，也怕她不再记得我，怕我没有话说。我深知，这些都是借口。

2016年我结婚怀孕了，经历了漫长曲折的保胎剖宫产，我终于生下了儿子，那时的我感到了前所未有的幸福，我想分享给关心我的亲人、朋友，也想告诉我亲爱的吴老师。我在她的微信中留言："我想和您报告，我生孩子了。"发送出去后，我很兴奋，却又有些忐忑，担心吴老师看到后会不会觉得突兀。我的忐忑是多余的，吴老师给我回了电话，我们聊了好久，好温暖。

我每天都会看吴老师的朋友圈，知道她去过好多好多地方，晒了好多好多照片，她和先生一起幸福地周游世界。照片上的她仿佛是一缕春天的阳光，她的笑容总是那么灿烂，充满着活力与自信。非常有幸能在大学语文的课堂上结识吴老师，我常常感叹，世界上居然有吴老师这样精力充沛、活力四射、记忆力超强、温暖如春的人。希望亲爱的吴老师，永远幸福！

灵玉这个名字已刻在我的记忆中：灵气十足，璞玉浑金。人如其名，质朴纯真！

这才是语文教师该有的模样

数统学院 09 级　杨欣慰

时光荏苒，转眼间一个学期已经悄然离去。在这半年里，我学会了许多，也收获了许多……

“春蚕到死丝方尽，蜡炬成灰泪始干”，人们总是这样称赞老师。老师就像蜡烛，默默无闻地在工作岗位上奉献自己的青春与热血；老师就像园丁，辛辛苦苦地在教育园地里播种学生的希望与梦想，引导学生寻找人生的方向；老师就像蜜蜂，在校园里留下了为学生忙碌服务的身影；老师就像黑夜的灯塔，照亮了学生前行的道路；老师就像雨露，滋润了学生们受挫干涸的心。

小时候我很羡慕老师，羡慕他们有一双巧手，可以解答世界上最难的数学题，可以写出世界上最美的文字，可以画出世界上最棒的图画。小时候我也很佩服老师，佩服他们“上知天文，下知地理”。所以，小时候的我很喜欢老师，一直梦想成为一名老师。

放暑假时，我也曾幻想过大学的课堂会是什么样的。我一直希望那个课堂是属于学生自己的，是学生自我展示的平台和舞台。而这一切在您的课堂上实现了！从第一堂课开始，您就一直鼓励我们在课堂上要积极配合老师思考问题，要主动回答问题。您一直鼓励我们多思考、多发言，我很欣赏您的上课方式。

您幽默风趣，多才善辩，您有一种非凡的亲和力。您的普通话虽然不太标准，但是在口齿间显露出的地方特色，让您的语调调皮可爱，带着一种地方化的幽默诙谐。每当您滔滔不绝地讲起话来，我们就像在享受一场思想的盛宴，经受一场灵魂的洗涤。还记得有一次课堂上没人起来回答问题，您就幽默地说：“大家是不是还想听我讲，原来你们想保留自己的观点啊！真的都不想讲吗？我还没你们讲得好哦！”您的这几句话顿时将全班的气氛推向高潮，大家主动配合，各抒己见，场面好不热闹！

您真诚亲切，平易近人。最让我感动的还是那次上的《祭十二郎文》，当时您在课堂上为我们朗诵，没想到情到深处，您竟然潸然泪下，泪流不止。等到心情平静以后，您便语重心长地讲起了您和老父亲之间的那段遗憾的过往。看到您落泪的那一瞬间，我十分震惊。因为在我的记忆里，从未有过可以在课堂上潸然泪下的老师，从未有过在自己的学生面前展露出自己最真实情感的老师。您的形象真实、自然、亲切，您不像一位耳提面命的长辈，更像是一位久违的老朋友在倾诉自己的心路历程。

是您让我对教师这一职业有了新的见解、新的领悟、新的体会、新的感受。在各种职业中，教师是最能体现人生价值和最能发挥人类仁爱本性的职业，是平凡又不平凡的人！是您教会了我该如何开拓自己的人生方向。我是师范生，以后也会和您一样站在讲台上，您的教师形象会深深刻入我的心中。以后我一定会以您为榜样，让自己的课堂变得生动有趣。

看到欣慰的名字，读了欣慰写的文字，我的心中就感到无比的欣慰。

道不尽的感谢与祝福

物理学院09级　唐高升

感谢和蔼可亲的吴老师，让我们在大学的第一学期，就能深切感受到大学课堂互动的乐趣。的确庆幸，因为能够在您的课堂上得到如此的享受！在您的大学语文课堂上，从您的精彩讲演中，我们不仅可以学习知识，锻炼能力，还可以体会到学习的乐趣，更加深了自己对语文学习的兴趣。

虽然在课堂上，您的任务看似是那么简单的引导学习和解疑答惑，但是您让同学们互动的环节是那样的精彩，大家可以表达各自不同的意见和观点，让我们体会争辩的乐趣。您请同学们上台演示PPT，不仅让我们学习了制作课件的方法，还让我们学习到更多的课外知识，了解更多的经典名作名家，让我们收获多多。

课下我们可以通过邮件或者电话等途径和老师交流，继续向老师学习社会知识和为人之道。您给我们的建议使我们获益良多，我们也会更开朗乐观地面对生活中的各种困难。感谢吴老师的谆谆教导，是您让我们这些远离父母、外出求学的学生感到了家的温暖和亲切；感谢您的循循善诱，是您以一个过来人的身份让我们学习到更多的人生经验，从而可以以后少走弯路；感谢您的孜孜不倦，让我们对未来更有信心，对未来充满更多的美好向往。

真的，在吴老师的语文课堂上，我们不仅改变了自己以前对于语文课消极倦怠的态度，而且产生了浓厚的学习兴趣，让我们对文学知识有了更多的渴望。谢谢吴老师，在您的课堂上我真的学到了许多许多……据我所知，之前的学长学姐很多都尊称您为吴妈妈，我们也深有同感，您真的就像我们的妈妈那样亲切。您经常说您爱我们这些学生就像爱自己的孩子，感动之余，请您允许我也喊您一声吴妈妈。

真心地祝福您，祝您在以后的生活中都开开心心，希望从您课堂上走出去的学生都前程似锦。再次祝您身体健康，万事如意！也提前祝您新年快乐！

高升在我的课堂上表现很活跃。记得我经常对他说：你爸爸妈妈给你取这个名字是希望你步步高升啊！

真好，与你们相遇

外国语学院 09 级　孙雯骥

回想大二期末选课的时候，我是在好几个同学的推荐下，才选了吴满珍老师的课。同学们都说："孙雯骥，像你这么爱表达的人，一定会喜欢吴老师的课!"

2011 年 2 月 21 日，第一堂大学语文课上，我终于见到了吴老师。她一开口说话，我就被震撼了，"哇！这位老师真有激情"。于是，我也被她的激情带动起来，第一节课上就回答了好多个问题。不过，好像也没答对几个，特别是当老师问我"翻译原则"的时候，我只能答出"信、达、雅"三个字，而不记得其具体的内容解释。想一想，还真觉得愧疚。这堂课上，吴老师还给我们播放了"东风标致 307 两厢汽车"的广告。曾经的我从来没想过，原来从一则广告中我们竟能看出那么多门道，原来一则广告还能激发出那么多的想法。是的，"生活处处有语文"，第一堂大学语文课，我就记住了这句话。

接下来的课堂上，我们学习了"怎样阅读欣赏文学作品""中国诗歌的发展概况""中国小说的发展与变迁"等，还学习了议论文等文体的写作。这些专题的学习，帮助我重温了高中的语文知识，也让我看到了吴老师很不一样的解读文学理论的方式。大学语文的学习不再是单纯为了考试，它更多的是要帮助我们学会欣赏语文，培养我们从生活中发现语文、发现美的意识，进而从中汲取营养，丰富自己的精神生活。

因为大一转专业的缘故，大学语文便成了我的公共课。虽然大二的学业压力比大一大得多，况且我的肩上还承担着学生会的工作，但是真的很庆幸自己选择了周一晚上的这个课堂。这个课堂，处处洋溢着吴老师的激情和体育学院学弟学妹们的活力，看着段钰莹每次都能那么大胆地起立发言，我真的打心底里佩服她。再想想我自己，这个同学们眼中舞台上的英语演讲者和主持人，却没有她那么大的勇气。再想想大一的自己，似乎大二的压力把当时那个元气满满的自己慢慢“抹杀”了。在大学语文的课堂上，我思考着，并且开始找回一年前充满激情的自己。

记得一次上课的时候，吴老师和我们分享了一副对联：“年年难过年年过，事事难成事事成。”这副对联虽然只是老师在课上偶然提到的，但它却给了我很大的力量。大二的我，远没有大一时候的轻松，事情更多，压力更大，我当然也希望自己能把每件事做得更好。比如，这个学期，我就跑去武汉大学参加了“新闻先生、新闻小姐”大赛，决赛的前一天晚上，面对着整整一年的新闻事件，当时的我特别害怕，害怕比赛的时候站在台上却什么都说不出。但是一想到“事事难成事事成”这句话，心中似乎就轻松了一些，我暗暗告诉自己：“孙雯骥，你参加那么多比赛，有哪次是忘过词的？没有！‘事事难成事事成’，加油，你一定行的！”还有这个学期，在承办校级活动“辛亥革命百年遗址寻访”的时候，在活动的前一天晚上我才发现有好多问题还没有解决。但当一个个电话打出去时，却发现问题不但没解决，反而发现了更多的问题，我当时就急哭了。忙到凌晨2点，因为担心着第二天的活动，我怎么都无法入睡，但想到这副对联时，又舒了一口气：“每次活动都是这么在忙忙碌碌中进行的，但最终都很成功，不是吗？‘事事难成事事成’，冷静！加油！”想着想着，就慢慢入睡了。第二天的活动，很顺利。

今天的我刚刚经历完这一周的考试，准备完周末英语演讲比赛的演讲稿。此时，我正一个人在寝室写着总结。回想这个学期，我突然很感动，很满足，因为在即将过去的这个学期的每周一，我都可以和充满激情的老师，还有活力四射的学弟学妹们在一起，以轻松的心情领略古今文化。

虽然大学语文课结束了，但是我相信，课堂上认识的每一个人，我都还会在美丽的桂子山与他们相遇，我们一同学到的知识也会陪伴我们继续走下去。我会一直微笑着，迎接每一个崭新的明天！

雯骥在我印象中特别优秀。毕业后，他去北京读研，目前在新华社总社做记者和编辑的工作，主要做中国地方新闻和故事的对外报道（英文）。

爱之火焰重又点燃

生科院09级　陈真

曾经我是那么的喜欢你，但在那“水深火热”的日子里，在那段“民不聊生”的日子里，你可知道，那种欲爱不能的感觉是多么多么的痛苦。忍痛割爱只是我遗忘你的一种手段，只因那决定我命运的高考，当爱情与现实相遇，当理想和命运相识，我能选择的，只有现实。

只是我时常在想：如果有一天，世界都改变，你还会不会回到我的身边？如果有一天，时间都走远，你还会不会在我的身边细数昨日的缠绵？是否还记得小学篱笆旁的蒲公英，那是记忆里有味道的风景？是否还记得和你在课堂上相遇，被老师罚站打手心？曾经的一切和平凡无奇的拥有，到现在竟是无助的奢求！

然而，当我怀着失落的心走进华师时，当我走近久违的你时，才发现你一直在我心里，我对你仍有爱意，我对自己无能为力。曾经，我对自己说，别留恋岁月中，你无意的柔情万种，但孤独的我，总是容易被往事打动，总是为了你心痛。此刻，在和蔼可亲的满珍老师的指引下，我心中的那份爱之火焰，重又点燃。

从静看，从思考，从欣赏，从评价，从古代，你一路走来。你在河畔轻唱“关关雎鸠，在河之洲”，你就是我那爱求的女子；你在长亭幽谈“杨柳依依”，我就是那不愿离去的游子；你在三径菊香处“悠然见南山”，我就是那不为五斗米折腰的五柳先生；你在月夜慨叹“江畔何人初见月？江月何年初照人”，我就是那逝去的流水；你在寒风中依依而去，我就是那恋你的柳永；你的爱在牡丹亭，我却化作狂人，在新思潮中振臂一呼，渴望在爱人肩头痛哭一晚……那一刻，我才幡然醒悟，为盼望天边的杳鹤，我已错过无数次春江月明！

于是，在有如母亲般的吴老师的指引下，我重新拾起了那份久违的爱。

上课时，你一直在我心里，因为有你，我会更加大胆地表达自己的观点；下课后，我甚至学会了用枯燥的数学名词为你写诗，听：

拉格朗日，
傅立叶旁，
我凝视你凹函数般的脸庞。

微分了忧伤，
积分了希望，
我要和你追逐黎曼最初的梦想。

感情已发散，
收敛难挡，
没有你的极限，
柯西抓狂，
我的心已成自变量，
函数因你翻起波荡。
低阶的有限阶的，
一致的不一致的，
是我想你的皮亚诺余项。
狄利克雷，
勒贝格杨，
一同仰望莱布尼茨的肖像，
拉贝，泰勒，无穷小量，
是长廊里麦克劳林的吟唱。

打破了确界，
你来我身旁，
温柔抹去我，
阿贝尔的伤，
我的心已成自变量，
函数因你翻起波荡。

低阶的有限阶的，
一致的不一致的，
是我想你的皮亚诺余项。

读到陈真的诗文，就会想起他在课堂上积极举手发言的情景，他留给我的是美好的回忆。

“吴妈妈”送我的珍品

生科院 09 级　陈军

吴老师，您好！不知不觉这段行程就要结束了，回想有老师引导我们走过的那段路程，再检查行囊时，我才发现它已经是满满的了，这些我会永久珍藏。

我看到的第一个珍品是勇敢。正如老师在第一节课所讲，最开始面对一百个人时，我们可能没有勇气站起来回答问题，即使知道答案，我们的内心也会一直矛盾着要不要站起来回答。到后来，因为您的影响，您给我们讲故事，分享人生经历，然后我们一起大笑，慢慢地我感觉我们像是一家人，彼此间的距离缩短了很多。于是面对我的家人，我就不用再那么紧张，那么害怕了。我就想，人跟人的距离，其实并没有那么远，人和人的相处并没有那么难，只是因为我们怕受伤害，人为地把它想得太远，于是吓到了自己，也没有了勇气。如果我们转变一下自己的态度，把每个人都当作自己最亲最爱的朋友，用这样的态度去对待他，或许会发现相处其实很简单。

我看到的第二个珍品是好学。从小学到高中，语文一直是我的一块心病，其中最让我头疼的就是写作文，高考时最担心的也是作文题。我想到了大学，自己应该不会再为了语文而烦恼了吧，可是我仍旧逃不过语文的“魔爪”。后来我无奈地跟着老师走，可走着走着，这种无奈就慢慢地变成一种主动。我慢慢地被老师的教学方法吸引住了，学语文也不再是一味地背词语、古文和写作素材。课堂上，我们可以通过观看电影来感受主人公的悲喜，品味人物的追求和选择，也可以通过动手做课件来分享自己的快乐，这种感觉多好啊！学习语文可以通过各种各样的形式，生活处处皆学问。只要我们留心，一部好电影也可以教会我们很多东西，一首歌曲也可以让我们痛哭流涕，现实生活中也蕴含着许多做人做事的道理。学习不再局限于课堂，也不再局限于课本，它蕴藏在生活的点点滴滴中。

我看到的第三个珍品是悦读。您经常给我们复述一些优秀作品的故事情节，您总能把它讲得那么逼真、生动，让我们有一睹其真容的冲动。老师，真的很敬佩您，我本来就喜欢诗词，但是现在我觉得自己对诗词的喜爱只是处于表层，听了您的朗读，我才知道什么是真正有感情的朗读。特别是您朗读的《七子之歌》，听着您的朗读我都快要感动得哭出来！那种孩子的无助，对母亲强烈的呼唤，全都展现在您优秀的朗读中。

老师，我敬佩您，您的知识那么渊博。那么多优秀作品，您都可以一字不差地背出，而且情节还可以记得那么清晰，这种境界真的非常了不起。老师，您在我心中就是一位大师，但您这位大师也像是我们的妈妈。您看起来那么慈祥，对我们总是那么慈爱。你有那么渊博的知识，那么高的成就，却与我们的距离很近很近。在您的课堂上，我们就像一家人一样围坐一团，母亲在给孩子们讲故事，孩子们就竖起耳朵静静地听着，我们一起欢笑，共同成长，这种感觉很温馨。

谢谢您，老师妈妈！

生科院 09 级同学给我的整体感觉是特别优秀，陈军就是其中的一位代表。他从来不会缺席我的课堂，而且每次作业都特别认真。

一封迟到的感谢信

心理学院10级　王昕

亲爱的吴妈妈：

您好！

还记得2016年7月份看望您时，您就期望我能好好地重温下大二时您课堂上的那些事儿。但我却一直以忙碌为由，不停地推脱，仿佛自己有更重要的事情要做。也许是在追逐名利的路上走得太快，忘掉了初心，终日思考着如何站得更高、看得更远的我，逐渐迷失了自己。

2016年9月10日，一个小小的海沧区的优秀教师称号让那个年轻的我欣喜万分，甚至一度不能正确地审视自己。我将自己捧上了天，将自己放在了一个不该放的位置。于是，看起来雄心壮志的我，似乎很清晰地向着充满诱惑力的名利高位上攀爬，但实际上我彷徨，不安，焦虑，甚至患上了失眠。整个2016年的下半年，我苦于思考着自己的生命价值和人生意义，为何当我比同期老师站得更高后，我却不再快乐了？于是在那段低潮时期，我脑中曾涌现出换工作、换城市、出国等各种想法，希望借此找回那个简单、开心的自己。

走着走着才发现，原来吴老师早在毕业赠书《国学三宝》中为我指明了道路，后来我在书中寻得了修身养性之法，也寻得了为人处世之策。吴老师每日更新的微信朋友圈，以及您对我微信朋友圈的点赞评论，无时无刻不在提醒着我，是时候重温大学语文课堂上与您的点点滴滴了。由此特将这个迟到半年的大学语文回忆及感谢信奉上。

还记得第一节大学语文课，因为辅修英语的缘故，我习惯性地6点50分到教室晨读英语。本以为这个课堂的老师会像其他老师一样踩点到班，结果您7点10分就到了。我猛地一抬头，只见您微笑地看着我，我先是不自在地盯着自己的英语晨读材料看，后来怕您生气我就立刻把大学语文教材也拿了出来。不承想您直接走过来跟我说：“同学，当我的课代表吧。”当时我整个人都懵掉了，因为中学语文成绩差，我是打心底讨厌学语文的，而且我刚才读的是英语啊，您不但没有生气，还让我当课代表。于是我略带感动地说“好”。

之后在您的课堂上，我总是听得非常认真。我享受于您精彩的教学设计和接地气的教学方法，您总能启迪我的思考并让我沉醉其中；我惊叹于您整个学期在8201那样能容纳200人的大教室里都不用麦克风，用自己的声音来授课，让整个课堂更加生动、鲜活；我更感动于您对我的关注，让我这个曾不太喜欢语文的语文学困生能更好地融入课堂。

正因如此，我想方设法地参与课堂当中，希望不辜负您对我的厚爱。可惜因为语文素养不够，我只能回答一小部分问题，不能很好地在课上与您互动。于是我就琢磨着我还能做些什么，有一天我突然发觉讲桌上总是会有很多粉笔灰，也想到高中时的班主任特别强调讲桌的卫生直接影响到老师上课的心情。于是我就在每节课前，把讲桌擦得干干净净的，因为我希望带给吴老师上课时的好心情。

不知不觉，一个学期迅速过去，我以为与您的缘分也就到此为止。不承想从大三到毕业，从毕业到工作，您一直关心和照顾着我，这让我非常感动。回忆到这里，突然好羡慕大学时的状态，一切都很简单，很自然，不做作。而现在的自己，在所谓的成长之后，变得复杂了很多，也失去了当时的单纯。突然明白了吴老师为什么希望我能够重温这段经历，原来您是希望我记起当时的自己，不要忘记那份初心，那份单纯以及给您的那种感动。

突然想起12月份听魏书生老师讲座时分享的那句话：“人最痛苦的是想管自己管不了的事，想说自己说了不算的话。”从现在起，不忘记那颗教育的初心，做好我的本职工作，简单做人，踏实做事，开开心心地过好每一天。

最后，再次感谢生命中能遇到吴老师，吴妈妈，愿您永远开心幸福。

2017年2月28日

在我的教学生涯中，王昕算是一个非常独特的学生，给我留下了难以磨灭的印象。每天早上，他都早早地来到教室，用书包里自己准备的抹布将黑板和讲桌擦得干干净净，整个学期没有缺席一天。王昕对我的情感，没有因为课程的结束而终结，毕业后的每年暑假他都会来看望我，和我分享自己成长路上的收获。他现任厦门双十中学海沧附属学校初一年级长。

真幸运，遇见您

城环学院 10 级　周建美

窗外的阳光洒下，我翻开随笔本，又开始记录一天生活的点滴快乐，然后再开始我一天美好而又充实的生活，这是我从大学时期便开始养成的习惯。每次记随笔的时候，每当有人夸我热爱生活的时候，我总会不自觉地想起她——吴满珍老师，我大学时期给我影响最大的语文老师。

回想起与吴老师的结缘，我的脸上总是不由得泛起笑容，即使过了这么久，画面依旧清晰。虽说那是一个迟到说谎的学生被训话的画面，但就是从那时起，我的大学学习状态，甚至是我的生活状态和精神状态都开始变得不一样了。当时，刚入大一的我，还没从考上大学的兴奋感中清醒，每天都是吃了睡、睡了吃的状态，上课迟到都是常态了。所以，当那天早上睡过头后我就果断升级为不去上课，整个宿舍的人都很放心地继续躺回被窝睡觉，当时我也觉得自己像是做了多么了不起的决定似的。直到有同学发信息说本节语文课的任务是看视频当堂上交观后感时，我们的第一反应也不是要赶紧去上课，而是打开电脑搜寻视频，在宿舍写完观后感，最后神不知鬼不觉地跟大家一起交上去。没想到，最后我们被吴老师火眼金睛给抓了个现行。当然，如果故事就到这里，那么我的大学生活就不会让我如此回味。大学四年里，惰性来袭时，方向迷失时，我总是会不自觉地回想起吴老师说的那些话："别的宿舍学生大学四年一起考上研究生，你们呢?""迟到就迟到，为什么不直接进来上课?你怕什么?""我宁愿你们迟到后再进来，迟到跟没到是两种概念。"

是啊，长期懒散的生活状态什么时候都影响到我们最基本的做人原则。父母一直教育我，有错就认，要真诚地对待他人，不要说谎。大学前的17 年我都是严格遵守的，可短短的一个学期不到，我维持了近 20 年的诚实守信的做人原则就这样打破了，过度的玩乐不仅耽误到我们的学习，甚至也影响我的品行，父母辛辛苦苦盼望读书后的我们能够出人头地，能够有美好的未来，这样的我怎么对得起那么疼爱我的爸爸妈妈呢？铺天盖地的愧疚与悔恨朝我涌来，于是我开始改变，想要变回高考前的那个自己。我在床头贴上写着“吴满珍”三个大字的纸条，每天早上我都逼自己发短信给吴老师问早安，每天在图书馆坐下的第一件事便是听着歌，看着窗外的风景，然后记录生活的点滴快乐，写下人生的点点思考，后来大学的每一天我都那么快乐而又充实地过着……

从认真给吴老师写检讨书开始，从每天早起发短信开始，从在我的床头贴上写着“吴满珍”的纸条开始，从每天按照吴老师的方法记录生活的点滴美好开始，我的大学生活渐渐不一样了。刚开始的确是很难坚持住的，毕竟懒惰的人恢复当初勤奋的状态，需要非常大的耐力和决心。每当我快坚持不住，想要放弃的时候，睡前看着床头吴老师的名字，无形中又坚定了自己早起的想法。她似乎在无声叮咛，督促我早早起床奔赴图书馆，为自己无悔的大学生活而奋斗，为自己的未来而奋斗，为自己的信念而奋斗！所以，我从一个每天睡懒觉、上课迟到、逃课的学困生，慢慢变成一个每天早起上课、不迟到、不逃课的学生。后来我又成了一个空闲时间全在图书馆里看书、每天记录生活点滴美好的幸福而又充实的学生。

吴老师常说的一句话便是“教师，应该先教会学生做人”。大学时代的任课老师，许多都是我们人生的过客，路上遇到便打个招呼，课程结束后就再没有往来。可是吴老师不一样，她会时不时地跟我们这些学生一起吃饭，过节时也会想到我们，她是真心地在疼我们，真心地希望我们好，希望我们先学会做人再成才。虽然毕业之后就不常联系，但每每想起吴老师，我的心里总是充满感激，她给人的感觉是暖暖的，她的嘴角总是噙着笑。思绪回到那年，我意识到什么才是真正的大学。

在大一的时候就能遇见吴老师，是我的幸运。她知足常乐的生活态度，认真负责的工作态度，深深地影响着我，在不知不觉中融入我的骨子里，化为我一生的财富。有了这些品质的熏陶，才有现在做事认真踏实、为人诚恳朴实的我。在大学时代遇见这样关心学生未来的老师，遇见即使腿受伤也依然坚持到课的老师，遇见这样肯在课后在我们这些游子身上花心思的吴老师，我真的非常感激！

真幸运，在大学时代，在自己最好的时光里，遇见您！

说说建美的糗事：一次大学语文课，她寝室学生因睡过头，集体没来上课，惊闻有课堂作业后急中生智在寝室完成，本想赶到下课前交上作业以此蒙混过关，结果被我当面识破。感到羞愧的她们，主动写了检讨书并向我认错。后来，建美还把写有“吴满珍”三个字的纸条贴在了床头，以此激励自己认真学习。毕业后的她在厦门一所中学任教，表现很优秀。

幸福的暖阳

外国语学院10级　阎聆萱

大学语文课堂是我和吴妈妈初遇的地方，也是本科四年给我最多启发和感动的地方。在吴妈妈的点化下，大学语文比其他任何课都要引人入胜，它像冬日暖阳般温暖但不刺眼，像涓涓细流般绵缓而又滋润。

初入大学的我迷茫懵懂，心浮气躁，就像杨绛先生说的那样“读书不多但是想太多”。好庆幸遇到吴妈妈，她让我在语文的课堂上逐渐沉淀下来，着眼当下，脚踏实地，同时又保持对大千世界旺盛的好奇心和求知欲，辗转于包罗万象的文学世界，含英咀华，以求不惑。吴妈妈的课是具有启发性的，她上课的节奏把握得很好，起承转合过渡自然，适时抛出问题，引人思考，之后峰回路转，让人恍然大悟。课堂的互动很多，一开始我不太愿意举手回答，因为害怕出风头，也怕回答错，我和其他学生像鸵鸟一样偶尔小声地应答着。渐渐地这种消极的姿态让我变得惰怠，从小声应答到沉默以对，思维也从欠活跃到静止休眠。感谢吴妈妈及时点醒了我，她用鼓励的眼神和话语，不断启发我的思考。受到鼓励的我从此变得更加积极，每次都早早赶到教室，抢最前面最中间的位置。我从忐忑不安地慢慢举起手，到高高地举起手，生怕老师看不到自己，我的思维也变得更加积极活跃，回答的正确率也提高了，我热切地期待再次回答问题。上课发言使我变得非常有成就感，我对文学与美的感知力也大大增强了，从此文字不再是静止的字符，而是变成了跳跃的音符。字里行间都是流动变幻的旋律，书写着社会人性的各个侧面。一学期的课程很短暂，我和其他同学一样都是意犹未尽，开学时的迷茫懵懂早已不知所踪，汲取新知、积极思考让我无暇顾及他人的眼光。我更不忍岁月蹉跎，在迷茫叹息中碌碌无为。

吴妈妈的课是太阳系中的强磁场，而吴妈妈本人就像温暖的太阳，她的身上有着巨大的吸引力，于盈盈笑语间辐射着快乐幸福的光芒。吴妈妈身上的“幸福力”非常强大，她能够敏锐地感知周围极细微的美好与感动，也能源源不断地为自己和他人创造浓浓的幸福感，从而将这份“幸福力”传递给他人。吴妈妈和李叔是我们羡慕的神仙眷侣，几十年的柴米油盐没有褪去爱情的光华，反而让这份真情随着时间变得更加醇厚馨香。夫妻俩志趣相投，日常生活中的对话就像古代文人对对子，一唱一和，妙趣横生。他们像热恋期的情侣在打情骂俏，惺惺相惜的才子在曲水流觞，又像是难分伯仲的英雄在华山论剑，知己、恋人、夫妻，夫妻俩将每个角色都融合得那么自然协调，让生活中的每一分每一秒都活色生香。言之不足，歌之舞之，吴妈妈和李叔合唱《刘海砍樵》时的情景又一次出现在我的脑海里。《刘海砍樵》是他们的保留曲目，夫妻俩搭配得非常默契，举手投足间都是甜甜的爱意。动人的歌声是美满幸福生活的写照，也是对几十年来同甘共苦的真挚歌颂。感人心者，莫先乎情，歌声响起，同学们不由得打起了拍子，而我也借着酒劲儿跟着跳了起来，舞动着丝巾，沉浸在这欢乐美好的音乐中。

吴妈妈和李叔热爱生活，是名副其实的生活家。阳台上有样式繁多的花花草草，娇艳美丽的花朵和翠绿饱满的蔬菜相映成趣，而每个节候都有不同的律动和气韵，小小的阳台在夫妻二人的精心养护下，颇有闹中取静的田园风情。吴妈妈也爱美，内外兼修，给周围人带来美的享受。一袭中式的红裙，恰到好处的裁剪，得体的发饰，再加一双优雅的红色高跟鞋，这是我对吴妈妈的第一印象。对自己有着极高要求的吴妈妈，将近 2 个小时的一大节课，她基本上都是一站到底，尽管有段时间吴妈妈的脚踝很不舒服，但还是坚持穿高跟鞋，一直站立着给我们讲课。这种对美的追求，对工作认真负责的态度，一直影响着我。爱美是热爱生活的表现，是对更高品质生活的追求，爱美不仅能给自己带来好心情，也能给周围人带来轻松和愉悦。一个对美有追求的人，对待工作一定也是尽善尽美。切磋琢磨，吴妈妈几十年如一日地全情投入，她将自己对文学艺术、生活、学生的热爱倾注其中，打造出了一节节悦人心、启民智的精品课程。不论是言传还是身教，吴妈妈都完美演绎了“爱的教育”，鼓舞着一届届华师学子秉持华师精神，传道授业解惑的同时，传递爱与幸福。

如今我也步入课堂，走上讲台，成为一名大学英语教师，对教师工作有了更深的体会，也深感吴妈妈几十年躬耕杏坛、教书育人的不易。能够成为吴妈妈的学生，我真的特别幸运，也特别幸福，希望未来的自己能够成为像吴妈妈一样的暖阳，充满“幸福力”，并将这份“幸福力”传递给学生们，美人之美，美美与共。

2018年2月6日

忘不了2014年的毕业季，曾经在我的课堂上听课的部分同学来我家举行小型毕业晚会，不同院系近20名同学晚上欢聚一堂，载歌载舞，聆萱就地取材用我的真丝围巾跳起了甩袖舞。后来她去了北京师范大学读研，毕业后回山西太原理工大学任教，也是一名光荣的人民教师。

我心中的明灯

美术学院 10 级　田伟

八九岁的年纪，我正上小学。小学由村子里废弃的部队宿舍改造而成，没有电，也没有暖气。冬天生炉子，早上背书要靠点蜡烛照明。为了省钱，父亲给我做了一盏煤油灯。灯身是我生病时吃过的罐头瓶子，灯芯是母亲纳鞋底用的棉线。为了避免写字时灯身的影子遮住光，父亲用铁皮卷成了一根高高的卷筒，把灯芯从里面穿过去，比别人的蜡烛还要亮几分。

也许是因为多几分光亮，我的学习成绩也要比别人好一些。无论是 ā、ō、ē、ī、ū、ǖ 的发音标准，还是横、竖、撇、捺的书写顺序，我总是语文老师眼里让大家学习的小榜样。

十岁，三年级。语文老师做了班主任。第一次听说“班主任”这个名词，也不知道是什么意思，只知道从早自习点灯开始，到晚上太阳下山，她一直站在我们身边。无忧的童年，也不懂得学习，只是听着老师的教诲，不曾想未来的样子。

十八九岁，生活重复在《五年高考，三年模拟》的无限循环中，不敢想象未来，也倦怠了生活。

二十八九岁，生活朝着自己想要的状态发展，工作顺心，山河美好。最令人难以忘却的，却不是艰苦奋斗的岁月，而是来自二十岁的感动。

二十岁，我读大一。一个从山旮旯里走出来的孩子，突然来到位于武汉市中心的华中师范大学，连宿舍都找不到的我觉得一切那么新鲜，也不知道在今后的大学生活中会遇到怎样的人和事。拿到课表时，琳琅满目的课程目录让我惊喜不已又有点不知所措，然而真正让我期待的是那似乎闪着烛光的四个大字“大学语文”。

期待的一刻终于来临，虽然已是晚上，但教室明亮的灯光足以点燃每个人的热情。上课铃还没响起，我就看见一位四十来岁学者模样的女士从门外进来。因为坐在第一排，我可以准确地感受出她步伐中的节奏，走动中微微扬起的裙袂，简直就是一曲诗歌。我没有猜错，她就是我的大学语文老师吴满珍，和我想象中的不太一样，吴老师更年轻，更有学者气质。

第一次上课，我就领略到了她的风采。她给我们讲诗，为我们朗诵，教我们写作。之后每周两节的语文课，我都会坐在第一排，有时候坐不到中间的位置，就一定要找一个能被她看到的、显眼的地方，为的是能看清老师讲课的表情，也为能被老师叫起来多回答几个问题。

也许正是我的这些小心思，让我在一个上百号人的大课堂里“脱颖而出”，成了吴老师心中的“佼佼者”。

在期末最后一节语文课上，老师把课堂交给了我们，让我们用自己的方式表达大学语文课带给自己的收获，忘记了是我主动还是被老师点起的，总之记得有一些羞涩，我唱了一首《彩虹背后》来表达自己对老师的感谢和对自己的期望。“总在心中，有种莫名的感动，有一天我会飞到最高的天空，小小的梦想，在这茫茫人海之中，每一天辛勤地播种。我相信在未来某一天，我会收获所有的感动，就算我像颗流星划过夜空，至少对得起每一分钟。”

转眼毕业好几年了，与吴老师之间的故事大多已经记不太清了。但她对我的影响却沉淀在我的心中，似母亲手里的棉线，似父亲为我做的明灯。

2018年6月12日于菲律宾

说到田伟，就让我想起那个在课堂上总是坐在第一排的认真记笔记、留着小平头、在最后一次课上引吭高歌的那位同学。他为我画的一幅课堂素描配上自编自弹自唱的诗文，令我好感动！

逆流而上

外国语学院10级　王小力

投身工作一个半学期，我与华师渐行渐远。潮起潮落，当初惜别东八宿舍，绵延数月的鼎沸情绪也涟漪不生了。去年国庆，我们几个兄弟在华师东南门碰头，寂静的夜里，回响四处的高低不齐的脚步，散落四处的零食和啤酒，在凌晨五点的学子球场，朦胧而又无比清晰。一声声，一幕幕，像极了已经转过去了的大学齿轮投影，不需要应和。

潮起潮落，那些走马灯一般变换的场景，有的掉下树枝，有的绽出新芽。对于华师，“相见亦无事”。对于华师，正处壮年的我有时会无奈地产生一种隔世之感。隔世之感也好，地理距离也罢，都是好东西。“落木千山天远大，澄江一道月分明”，唯其如此，生命给予的真正美好才会穿过那些蓊郁交错的琐碎罅隙，秋月印江一般显现。

我不常想起吴老师，反而是吴老师对我和我的女友挂念有加。去年，我参加了吴老师60岁生日和光荣退休的双喜活动。老师难以自持，提及她的哥哥姐姐时泪珠涌动。哥哥姐姐也明显难以抑制情感，就像老师家乡嘉鱼县老官镇东村旁的长江浪头，怎么也按捺不住。老师仿佛回到了她的孩提时代，骑在哥哥肩上便有了闯四方的胆量。50余年的光阴，就这样视若无物地被两兄妹穿越，童年味道就这样依附在他们各自的衣角，久久不散。这是吴老师无可替代的财富。而我，就是那个窥见财富的人。吴老师就像一个武林高手，而我则还原为那个10多岁的渴望飞檐走壁的孩子。在有些人面前，生命会逆流而上，把自己还原为一个赤子。我无比自然地向她举杯，不想错过这次偶遇。这位长辈不会知道，一匹桀骜不驯的野马会对她产生直面万顷之陂般的拜服。

这就是我的大学语文老师，吴满珍老师。当天晚上，老师和李叔叔放心不下还在医院输液的我，“年轻人要注意身体，饮酒让自己多遭罪啊”，这句话老师重复了很多次，唯恐面前这个少不更事的年轻人一不小心就拿自己身体撒野。后来李叔叔悄悄告诉我，自己也有喝醉酒的时候，输个液就好了。我差点笑出声来，只怪当时自己没有半分力气，不曾说上一句话。李叔叔重情重义，人又豪爽，纵然海量也难免有肠胃翻江倒海之时。这得多让吴老师牵肠挂肚啊。李叔叔的话，一半是安慰我，另一半也说明，老成持重的李叔叔也有不遵妻命的顽皮时候。不得安稳的始终是吴老师。作为女性，她轻易就把自己的心分成了很多份，有丈夫，有女儿，有兄弟姐妹，有学生，却很少有她自己……

在办理毕业跨省手续的过程中，我得到过四川省教育厅领导的帮助，我写下了“君我两难辨，热肠斯世稀”的诗句。吴老师如同妈妈一样，而我写下的几百首诗歌，竟无一首专门写给她。但我随即也就释然，在我记录感动瞬间的句子里，好多都有老师的影子，她在其中拈花含笑。“君我两难辨，热肠斯世稀”用来形容吴老师竟然也是如此的切合。吴老师帮助他人，和操持自己的分内事一样用心，甚至比当事人更加热心。

老师的大学语文课堂，天性散漫的我却从未缺席一次，因为我从中领略到了一种传统师生关系的回归。不知何时开始，师生关系开始了痛苦的阵痛。有老师上课是副业，捞取外快是主业，有学生以读书无用论进行自我放逐，把自己排除在知识的王国之外。在我的家乡，有的中学甚至许以重金相互挖人，以便在生源“圈地运动”中赢得朝不保夕的优势。吴老师仍是那个逆流而上的人，对于学生，她无所求，只求学生领略到语文之美，汲取到人格的力量。对于自己，老师却是一个狠心人。那年教师节，老师边下楼边接听在美国求学的学生电话时，不慎腿受了伤。公共课堂又如何，老师在伤病还未痊愈时就返校给大家上课。班上的同学深受感动，课代表卫丹青细心体贴，为吴老师搬椅子、拿包、递水。这下可好，吴老师每逢与学生聚会，就反复念叨丹青姑娘的好。我做得比卫丹青同学差多了，结果还是没逃过吴老师的念叨。有次我坚持要背老师，我怕老师放不开，就说：“吴老师，您就当我是您的儿子，背一下没什么的。”老师执拗，坚持自己步行，我也人傻，没有继续坚持。现在想来，哪怕背一次老师也是我莫大的福气啊。

在这一个半学期，隔世之感总是笼罩着我。也好，隔了光阴和地理的双重距离，我更能清楚地看到一个逆流而上的身影，她让我在中学英语教学中不敢有丝毫倦怠。她仿佛从《诗经》中走来，正带领我们朗读——

“蒹葭苍苍，白露为霜。所谓伊人，在水一方。溯洄从之，道阻且长……”

我猜，老师当有自己定义的美人香草。

英语专业的小力成熟、懂事、能力强。认识他时，恰逢我脚部受伤，他见我课间转换班级行动不便，便执意要背我上下楼，后来他就搀扶了我整个学期。临近毕业时，他把相关的重要证件弄丢了，在我成功帮他解决问题后，他对我十分感激。毕业后的他，还专程从江西赶来参加我的六十寿辰宴会。

一棵长大会开花的树

资环学院10级　薛惠

“我是资环的薛惠。个人平时喜欢遐想，写写感想，书读得不算太多，记忆的或许更少，语言平实简单只因不会繁文艳辞。不敢说有文学之才，就没敢报考文学院。选课时就听说您教得很好，报的人很多，很幸运真的被选上。当然也听说您上课很注重交流，这也吓退一些慕名想报您课程的人……”

以上这段话是我上了大学语文的第一节课后写的。第二节课，老师一上课就读了上面这段话，还说很高兴收到学生的来信，非常欢迎我们和她多交流。这是我第一次跟老师发邮件的开头，要说我怎么会记得，因为我专门去几年没登过的网易邮箱查的，幸而还能记得密码。知道老师很忙，但没想到老师不仅及时看了我的邮件，还记录下来，专门在课堂上读出来鼓励我，当时真是受宠若惊。

说起我和满珍老师的缘分，还要感谢三位不知名的男生。我清楚地记得选课那天下大雨，在圣兵爱心社面试完，我要从7号楼走去老图书馆的机房选课，见我没带伞，同一组面试的男同学主动撑伞送我过去。哎，那可是进大学第一次和男生单独聊天，想问电话号码的话就堵在喉咙，最后也没说出来。真是后悔莫及！大部分同学在大一上学期都修完了大学语文，我见旁边两个男生也在选课，便询问他们的语文课选的谁，怎么样。他们便向我推荐了满珍老师的课，说很有趣，令人意犹未尽。我想一般男生对语文是不怎么感兴趣的，如果这位老师能让不爱表达的男生都喜欢的话，肯定不一般，便毫不犹豫地选了满珍老师的课。

果然，满珍老师上课一丝不苟，激情洋溢，读起文章来豪情万丈，总让我们精神一振。文学的魅力与感染力让坐在讲台下的我们心旷神怡，再不必多言。犹记得老师分析文言文的独特方式。也许是中学老师限于考试的缘故，从来只是枯燥地讲解字、词、句；而满珍老师却会详细地为我们分析文字背后的人情冷暖，不仅教给我们文学赏析的方法，更借文章教导我们为人处世的道理。老师细致的分析，让我第一次真切地看到了字里行间潜藏的文学人物跌宕起伏的命运，让我第一次感受到了文字背后的世界多么广阔与美丽，让我重新燃起对文学世界的好奇心和求知欲。

不仅如此，满珍老师还教会了我要有表达的勇气。高中后我在课堂上一直很沉默，即使多次想过要改变，还是没有勇敢地主动站起来过。而在大学语文那个相对陌生的课堂上，是满珍老师耐心真切的引导让我终于勇敢地站起来表达自己的观点。老师不止一次地强调，不要怕表达的内容好不好、对不对，主动发言至少反映了自己积极的态度，这首先就要获得肯定。老师春风化雨般的教导让我慢慢改变错误的观念，让我发自内心地相信：不要怕别人可能对自己产生怎样的偏见，无论如何，我们都要勇敢去做正确的事。

大一时，新的环境、未知的前途曾让我非常迷茫，是满珍老师用坚定的眼神告诉我，勇敢努力去走，不要患得患失！犹记得老师在最后结课时对我们爱的宣言，让我深切地感受到：何必躲避爱呢？何必要给爱找理由呢？这让我以后开始学着勇敢直接地表达爱。我慢慢改换心态，积极尝试各种社团与学生工作，以开阔的心胸去适应新环境，拥抱成长中的苦与甜。

大学语文课结束了，但老师的影响依然伴随着我。满珍老师对专业的精通和对教学的热忱深深感染了我，让我心底那个小小的念头又钻出来，不肯再假装沉寂不存在。其实我一直想学中文专业，但报专业时一时糊涂让我与心爱的它失之交臂。想要转专业却一直犹豫着不敢行动，担心自己读书太少，素质不过关，种种如今看来太愚昧的顾虑让我失去了大好机会。想着满珍老师在讲台上的飒爽英姿，在讲台下与学生的温馨互动，像老师一样做一名专业过硬，对学生满心真情，深受学生爱戴的好的语文老师的念头一日日坚定起来。曾经错过的不要再追悔，我终于鼓起勇气在大二的时候提出了转专业申请。

犹记得有一天在8号楼的晚课结束后，已是晚上近十点，刚和同学走到电影场门口的我接到了满珍老师的电话。原来老师看到了我的邮件，马上打电话来鼓励我，并热情地说有需要帮忙的地方尽管找她。大学语文结课快一年了，没想到因为我的一封邮件，满珍老师立马打电话来关心。虽然一直知道老师对学生的满心真意，却依然被打动。身旁的同学好奇地问："是哪个老师啊？竟然这么关心你。"我一脸骄傲地说："我的语文老师，吴满珍！"那个夜晚，电影场的灯光格外明亮温暖，照耀着一颗对语文向往的心，时间就此定格，让我终生难忘。

虽然后来未能如愿，也是满珍老师主动打电话来安慰我，并鼓励我不要放弃。那是在8号楼上课的课间，我在楼梯口来回地踱着步，难掩对未来的彷徨，听着老师温情的话语，又真切地感到语文世界的大门依然向我敞开着。那份发自心底的感激，怕是笨拙的我难以言表的。

大学四年，如果我有主动去改变、尝试的无畏，有面对失败不退缩的执着，有大胆表白心迹的勇气，无论如何都少不了满珍老师对我的言传身教。

毕业多年，我终于如愿以偿成为一名语文老师，并时时以做一名好的语文老师勉励自己战胜困难，坚持向前走。这其中的因缘际会，是我与语文解不开的缘分，而这缘分的启蒙，无论如何少不了满珍老师的以身示范。

对我来说，满珍老师是我在华师四年最珍贵的礼物之一。毕业以来，我一直惦念着老师的谆谆教导，未敢忘怀。今天终于有机会在我的微信公众号“一棵长大会开花的树”写下这些，谨以此篇向满珍老师表达我最诚挚的感谢和祝福。感谢您在我的成长路上无私付出的心血和兢兢业业作出的师之表率，祝福您永葆青春热切之心，健康幸福！

惠惠很聪明，做事很执着。追求完美的她终于在北京找到了适合她的工作岗位。

亦师亦友亦母亲

物理学院 11 级　罗先凯

早就想写点东西了，实习前写了一小段，竟搁置了一个多月没动笔，一是实习期一直很忙，二是不知从何写起。今日吴老师在 QQ 空间发布的文章《我爱这片土地》，勾起了我无尽的遐想，我的心情久久不能平静。

吴老师说她每每到人生关键处都会有贵人相助，为她点灯引路。我觉得吴老师就是我人生中的贵人，她为我的人生点亮了一盏灯。与吴满珍老师结缘始于大学语文课堂，第一堂语文课，我坐在教室的前排，毛遂自荐担任了班里的值日生，与其他值日生轮流负责课前的擦黑板和叫“起立”。说实话，当时能够被吴老师邀请参加 09 级毕业生的送行聚餐，成为吴老师口中的优秀学生，我十分惊喜。我一直觉得自己只是一个普通的值日生，平时在课堂上积极回答老师上堂课留下的问题，课后积极完成介绍家乡的 PPT，课堂上和同学们分享我喜欢的《红楼梦》片段。

吴老师说，她在自己的教学生涯里，总是教育学生，一定要孝敬父母，因为孝心不能等待。吴老师每次讲到韩愈的《祭十二郎文》这篇课文时，都会想到自己的父亲，一读到其中的句子，就会潸然泪下，情不能已。记得那次语文课堂上，吴老师声泪俱下地朗读了《祭十二郎文》，并讲述了自己和父亲的往事。当时的我，很是感动。我也想起了我的父亲，记得高考前，父亲每周四午饭前都准时站在教室外面，为我送来营养的美食。那半年，几乎班里所有同学都熟悉了我父亲站在走廊里的背影，我那时感觉自己是世界上最幸福的孩子。或许是我只会一味地索取父爱不去回报，抑或是老天嫉妒我那和睦美满的家庭吧。半年后的暑假，一场车祸，打破了一切的宁静。随即，医生下达了父亲的病危通知书。我清楚地记得那些天，我没有哭。连续一个多月的治疗，父亲已脱离生命危险，医生说或许是植物人，最好的结果也是偏瘫。而现在，父亲基本能够行走自如。我记得大三的寒假，辅导员布置了一份特殊的寒假作业，即替父母烧一道菜，并拍照上交。在收集年级同学的寒假作业时，我发现部分同学没有亲自完成，而是直接从网上下载了一张图片。在一次晚点名上，我挑选了部分同学的作业，找到他们下载照片的网站链接，展示给年级同学，并通过讲述自身经历，和所有人分享了“孝心不能等待”的道理。我想，这就是吴老师对我的影响，在学会“孝心不能等待”这一道理的同时，我们不仅要及时行孝，还要把它传递给身边所有的人。

吴老师在谈及老支书欧辉娥时说过这样一段话：“我一直记得这五角钱，不只是因为那时的五角钱是多么的值钱，更重要的是这五角钱影响了我的整个人生，以至在我以后和学生相处时，我也慷慨热情地帮助我的学生。每当我知道自己的学生在生活上有困难时，便会做一些我力所能及的事情，尽我所能地去帮助他们。”我就是受过吴老师帮助的学生之一。当时大三，我兼职微软校园品牌大使，每个月都需要完成数百份的体验问卷，我去了吴老师的大学语文课堂，利用课间完成了产品推广与体验反馈问卷的收集。课下，吴老师问我毕业后为何不打算读研时，我说明了家里的情况，并表示自己很想早点承担家庭责任，这时吴老师把身上带的所有的钱都塞给我了。吴老师的慷慨热情，让我一直心存感激。她对学生的爱，已经超越了一个老师应尽责任的范畴。她把所有的学生当作自己的孩子，像母亲一样爱护着，关心着。前些天，我转发了一篇空间日志“测测你是多少分的华师人”（毕业前必做的100件事），其中有一条写道“遇见了自己喜欢的大学老师”。其实，那个老师就是吴老师了。

遇见吴老师，是我人生中巨大的精神财富；而能够做吴老师的学生，是世界上最幸福的事情了。

2015年4月28日写于桂子山通信工程实验室

先凯为人聪明懂事，做事踏实低调。在大学语文课堂上，他默默坚持着为我擦黑板，在我腿骨折期间，上完第一大节课他又搀扶我送我到第二大节课的教室。课程结束后，他还经常来我课堂听课并汇报他的学习、生活情况。记得有一次他告诉我：因为车祸，父亲受伤，他不打算考研了，而且还利用课余时间打了几份工来负担父亲的医药费。当时我不知怎样安慰他，就把身上带的几百元钱硬塞给了他。他怀有一颗感恩的心，努力学习和工作，并取得了优异的成绩。目前，他在无锡一家全国著名的公司从事信息化工程方面的工作，非常优秀。

晨光中，那暖阳

物理学院11级　田育充　刘淑伟

认识吴满珍老师是在2011年军训后的第一节大学语文课堂上。语文向来不是我神往的科目，况且步入大学后，理科生的标牌让我更加理直气壮地对语文说“不”。加之之前一节课是狂甩能量值的大学体育，身心疲惫的我早早做好了“休养生息”的准备，本着一觉睡到饭点的心态，我自觉地坐在最右侧离讲台最远的位置准备和周公对弈。“叮叮叮”上课铃响过，应该是怀着对陌生事物最基本的好奇，我抬起头看了看台上的老师，是位50来岁的女老师，卷发……算了，还是接着休息！

万万没想到，仅仅过了一分钟，课堂会变得如此热闹。“同学们，上课”“起立”“老师好”，这是在搞什么名堂，这种早就已经被遗弃的课前问好制度，竟然被这老师用高八度的嗓门给请出了江湖。这一嗓子喊出来使我困意全无，我紧盯着吴老师，看她还要整出个什么花样。吴老师倒还真有两把刷子，而且是专治我这种“课堂周公粉”的，她播放了一段东风标致307两厢车的广告，随后满含深意地问我们能品出什么。还别说，这招真管用，被牢笼式应试教育束缚已久的我们哪还有课堂发言权啊，这可好，我们瞬间有种“翻身农奴把歌唱”的欣喜。在第一个同学牵头表达观点并得到吴老师的肯定后，其他同学也纷纷畅所欲言，场面一下子就火热起来。这也就用了不到五分钟，而我自己也不可思议地变成了语文课堂上的活跃人物。随后，吴老师又引出了好多有趣的话题供大家讨论，两节课很快就过去了，期盼已久的饭点到了，我却有了意犹未尽的怅然若失，我感受着奇妙的变化，又有种不可言说的期待。

自此以后，上大学语文课和去操场打球一样有了奇妙的吸引力，在体育课堂的最后几分钟，我便开始猜测吴满珍老师今天又会开展什么引人入胜的讨论专题。享受的日子总是过得很快，直到学期过半，我才意识到自己应该发挥一个理科生专长的理性思维，去探索和定义吴满珍这位语文老师，多年习得的习惯使得我善于用精简的总结来铭记一些真挚的感动。

吴老师是个既传统又开放的人，每次上课都要指定同学值日叫“起立”，但是课堂上她却把大部分的时间用于同学们展示自己的才华，表达自己的思想。传统是她穿越风雨后沉淀的恪守，开放是她直击长空无所畏惧的魄力，就是这平凡布衣下蕴含的不凡人格，每每以直撞灵魂的冲击力给予我人生的领悟。

本以为从一个教育者的角度去总结吴老师已是十分全面，可是当我看到生活中她对仅有三个月师生情的贫困学生一而再、再而三地给予物质和情感上的帮助和支持时，我在为这位受助同学感到高兴的同时，也意识到对于老师而言这是一件多么需要精力和爱心的事情，而且同样受此帮助的同学还有太多太多。这时，吴老师作为一个有大爱、有毅力的吴妈妈，任何担当和责任的字眼都不足以总结她对“爱”领悟的深度，这次我选择用心铭记爱的暖流。

大学语文是每一名新生的公共必修课，同时这也意味着从大二开始我将永远地告别语文课堂，这时我才体会到成为一名理科生的缺憾。本以为语文课程结束后就再没有遇见吴满珍老师的机会了，但是命运就是如此有意思。一日我正在7号楼准备上专业模电课，忽然接到吴满珍老师打来的电话，她呼叫我火速赶往8301教室帮她给12级新生谈谈上大学语文课的体会，因为她担心堵车不能及时赶到课堂……以后每次遇到，我们都能拿这件事说上一说。

2015年的春天，吴满珍老师退休了，也许有的同学说，吴老师就像昨日的夕阳，绚丽温馨；但是我觉得吴老师是晨光中的暖阳，一面温暖的旗帜，伴我前行！

2015年6月20日

在大学语文课堂的PPT展示环节上，育充的语言表达能力之强，精神风貌之好，给我留下了非常深刻的印象。给他们上完课的第二个学期的一天早上，因堵车我担心不能及时赶到课堂，便打电话让育充去帮我维持课堂秩序，当我离上课时间还差5分钟走进教室时，他正在和学弟学妹们交流、分享自己的学习体会，获得了全课堂同学热烈的掌声。当时的我十分欣慰，这就是我大学语文课堂的学生！大学毕业后，育充以优异的成绩被保送到华中科技大学继续读研深造。有一天，当他带着女朋友来我家时，我一看，原来是聪慧、漂亮的淑伟。

我与大学语文老师的情缘

物理学院11级　吴天涯

2011年9月，带着对大学的憧憬我来到了武汉，走进了华中师范大学。经过一个月军训的洗礼后，正式开始了我的大学生活。大学的第一个学期，开设的课程不多，但让我终生难忘、记忆犹新的只有大学语文，只有我最可爱的语文老师吴满珍。

仍记得第一天上课，我略带羞涩地坐在第一排，吴老师看见我后到我跟前问："你叫什么名字？我们课堂需要一些同学做值日生，叫起立，擦黑板。"望着老师那充满期待的神情，我非常爽快地答应了。

第一次大学语文课上，内容不多，但让我记忆深刻的是吴老师竟一口气把《小二黑结婚》复述了出来，讲到外国文学作品，其中的典故也是信手拈来。从小就喜欢听书听故事的我，对大学语文课的好感一下就到了顶点。从此以后，凡是大学语文课，我必到且总是聚精会神地听完整节课。

与其他课程不同的是，大学语文的成绩评定是自主式的。也就是说，通过老师上课提问和学生回答的方式，记录学生的课堂参与度，从而给学生评定成绩。这让我们在快乐学习之余，减少了许多考试的压力。大学语文课堂，让我对语文有了全新的认识，从前的我在课堂上很少回答问题，而在大学语文的课堂上，和蔼可亲的吴老师总是循循善诱，她总是鼓励我们说出自己的想法，表达自己的观点，以至于后来上课回答问题对我来说已经算不上什么难事了。记得每一节课结束前10分钟，吴老师总会把时间留给学生做自我展示，我们将展示的内容做成幻灯片，在全班100多名同学面前表达自己的想法和观点。这对从未接触过幻灯片，从未在众人面前发表讲话的我来说是个不小的挑战。但是，正是因为有这样的一次经历，在接下来的几年里，我变得更加勇敢，更加自信。

美好的日子总是让人觉得短暂。课程结束时，吴老师给予了我极高的评价，她说我是个勤奋刻苦的孩子。那一刻，我觉得自己所有的努力都是值得的，原来吴老师一直都看在眼里。大学语文课程虽然结束了，但是我与吴老师的情缘却从未停息。逢年过节我都会给老师发去祝福的短信，但不一样的是，吴老师的回复总能让我眼前一亮。作为一名老教授，她真的很用心地对待每一个学生。每次在路上碰到吴老师，她总是非常亲切地询问我近期的生活和学习状态。有时候，看见我在微信朋友圈晒的一些负面情绪，她也时常对我说一些安慰和鼓励的话，这让我倍感温暖。

吴老师很爱她的学生，很爱她的老师，很爱她的父亲。每当讲起她的父亲，她总是热泪盈眶。每当读到《祭十二郎文》，她总是声音哽咽。感恩，是吴老师给我留下最深刻的印象之一。除了大学语文课程，吴老师也时常举办各类讲座活动，让我们在课堂之外，还能聆听吴老师的谆谆教诲。让我印象最为深刻的还要属“孝心不能等待”。在那次讲座上，吴老师结合自己的亲身经历，语文课本中关于孝心的名家名篇，以及当下的社会现象等几个方面向我们阐述了，作为子女的我们应该如何对待自己的父母，对待自己的长辈。情到深处，吴老师总是声泪俱下，让作为听众的我们也为之感动。

不知道从什么时候开始，吴老师腿脚有些不怎么方便了，但是为了在课堂上呈现良好的形象，不管当时的身体状态如何，她都要穿上高跟鞋，精心梳妆一番。只要是吴老师在上课，总能听见她铿锵有力的声音。日复一日，年复一年，不曾间断过，为了学生，她在讲台上倾注了她所有的热情和爱。

2015年1月，在60岁生日之际，吴老师带着她那依然灿烂的微笑，向大学语文课堂挥手告别了。吴老师退休了，她最舍不得的还是大学语文课堂上的那一张张熟悉的笑脸。大学语文与吴老师，吴老师与我们，就像一个个永不磨灭的印记一样，永远铭记于我、于吴老师的内心深处。

她在课堂上虽是老师，但在课下我们都亲切地称她为“吴妈”。2015年6月，在我们背上行囊离校之际，吴老师心中也多了几分不舍和牵挂，她十分恳切地对我们说：“虽说我是你们的老师，但是大学四年我都把你们当作我的孩子一样看待，看到你们的成长，我也感到十分骄傲。你们要走了，我有太多的不舍，欢迎随时来武汉，就像在家里一样，不用有太多的顾虑，吃住全包！”吴妈的这番话，让我在异地他乡找到了家的温暖。

听见风吹过，像一首渐行渐远的歌。好想再回到那个秋天，好想再走进大学语文的课堂，好想再听吴老师饱含深情地朗诵诗歌。时间真是个奇怪的东西，不知不觉间，我已在桂子山度过了四个春秋。这四年，我收获了很多知识，收获了很多朋友，收获了很多良师，更收获了一份亲情，一位“母亲”。

吴老师，感谢您教会了我知识，教会了我感恩，教会了我笑对生活！

吴妈，感谢您在大学四年里让我感受到母爱的关怀。

爱您，吴妈！

2015年6月25日

天涯这个名字在当时的那个课堂我是最先记住的！一是因为他总是坐在前排，二是因为他和我同姓，三是因为他主动为课堂当值日生。后来熟悉了，我开玩笑说："无论你毕业到天涯海角，我都会记住你的！"说起来我和天涯还真是有缘！一个学期的大学语文课程结束了，我们虽然有联系，但是很少见面。没想到在学校举办的教授午餐会上，天涯作为学生记者采访，我们又一次相逢！他毕业后被保送在华师读研，我们有时碰巧在9号楼的电梯里见面。即使出国读博，他也会经常通过微信与我联系交流，真正印证了我当时所说的：无论走到天涯海角，我们的师生情谊历久弥坚。

一名普通理科生与大学语文老师的缘

物理学院 11 级　邓礼志

上初中时，120 分的语文我经常考 69 分，然后被老师叫到办公室聆听教诲——好好学语文。那时，是无奈且深感无趣的。

上大学时，选读的是理科专业（电子信息类），原以为会和语文分道扬镳，不承想也得修习课程——大学语文。由此，认识了语文老师——吴满珍。

那是 2011 年的秋天，在文科综合楼 8 号教学楼靠东南侧的阶梯教室中，吴老师一身旗袍，缓缓走进教室，说道："从今天开始你们就是我的学生了。"

尽管是通识课，但是她仍旧以百分之百的认真态度来对待，从作者生平、诗词鉴赏、人生感悟等方方面面给大家传道授业解惑。课堂开始时，都会行上课礼："上课"——"起立"；"老师好"——"请坐"。这是目前我记忆中最后一种上课仪式了，崇敬而怀念那段古朴的程式。

印象最深的还有，在诗文的朗诵部分，会有同学不断地踊跃举手，争先获取这宝贵的机会，然后用尽全力想象着自己就是那位诗人，融入情境中，有感而发。在朗诵柳永的《雨霖铃·寒蝉凄切》时，我感受到了同学杨的真切失意，离别悲痛，"无语凝噎"；在朗诵陆游的《钗头凤·红酥手》时，我感受到了同学马的惋惜，愁绪难消，词中"错错错""莫莫莫"和回词的"难难难""瞒瞒瞒"更为立体动人。这些至今记忆犹新。

课堂之上，虽偶有缺席，但绝大多数同学都十分专注，不仅是因为课堂内容丰富，故事引人入胜，更是因吴老师的积极态度，乐观情怀赋予的言语让我们如沐春风。而我也从此打开了欣赏诗词、喜爱文学的窗口，生活必与知相随，行走定与书为伴。

"德高为师，身正为范。"吴老师，无疑是我心目中一位优秀的教师。由衷感谢您——老师妈妈！

2018年6月5日于北京

礼志给我的印象是儒雅气十足，学习刻苦。他在北京读研期间也不忘给老师问好。2018年，中国科学院光电研究院硕士毕业后，他就职于明略科技集团科学院，目前已申请了十余个发明专利呢！

老师让我懂得了感恩

物理学院11级　刘健超

思绪回到我刚上大学那一年。那是在2011年9月，带着对大学生活的憧憬，我来到了华中师范大学，来到了桂子山。一个月的军训过后，全新的大学生活正式开始，每一堂课对我来说都有一种格外的新奇感，其中印象最深的也就是大学语文了。它是我大学记忆中最浓墨重彩的亮色，当然这全部归功于我们最可爱、最可敬的语文老师吴满珍。

仍记得第一堂语文课，当时我们正上完体育课后比较累，本来我准备借语文课来补个觉。但是在吴老师开始上课后，我的精力一下就变得很集中，完全没有疲劳感了，倒不是说吴老师的课有提神醒脑的作用，主要是吴老师上课激情满怀，活力四射，吴老师的状态感染了课堂上的所有人。我能体会到吴老师对语文教学的热情和热爱，进而也使我爱上了大学语文。

吴老师的语文课，同学们的出勤率特别的高，吴老师从来不点名，但是每次大家都去上课。这已经说明了吴老师的课是真真正正地受到学生的喜爱。吴老师知识渊博，上课富有激情，富有感情，大家都踊跃回答问题，非常喜欢和吴老师互动，当时语文课上有个环节就是大家自己可以做PPT上台演示，来介绍自己家乡，来谈读书感想，来展示自己感兴趣的内容。这是自发行为，但是每次上台演示的同学都需要排队，每次都恨时间太短。大家爱上语文课，爱上语文，这些不得不说是吴老师的功劳。

上大学前，我一直都觉得语文只是文学家的文字游戏，只是将一些华丽的辞藻拼在一起，给人以一种高大上的感觉，然后让后人去膜拜、去赞赏。但是上了吴老师的大学语文课之后，我才明白，任何文学作品，能够跟人产生情感共鸣的文学艺术，都必须是作者浇筑了自己的真情实感在里面的。我能够抛弃对文学的偏见还得感谢吴老师。记得她给我们讲韩愈的《祭十二郎文》时，联想到她的父亲，吴老师热泪盈眶，声音哽咽，这份对失去亲人的怀念深深地打动了我，教我学会感恩，平时多和自己家人、亲人联系，不让自己有“子欲养而亲不待”的遗憾。课堂上吴老师的真情实感的流露，让我知道一个人最重要的就是要懂得感恩，学会感恩。

韶光易逝，快乐美好的日子总是短暂的，一个学期的大学语文课就结束了。最后一节课时，吴老师设计让每位同学自己说出对语文课的看法，当时的我还是一个害羞胆怯的小男生，但是因为吴老师语文课的熏陶，我知道人有时候应该正确地表达出自己的情感。于是，当时的我鼓起很大的勇气跟吴老师说：“我长这么大，还没拥抱过除我妈妈外的其他女性，今天我可以拥抱您吗？老师妈妈！”吴妈立马答应，满足了我的心愿，我大学时代的“巅峰”时刻也就是那一刻吧！

2015 年 1 月，吴老师微笑着和大学语文课堂挥手告别，吴老师正式退休。虽然退休了，不再给本科生上课，但是上过吴老师大学语文课的同学都已经收获很多，这些课堂上美好快乐的记忆都是我们人生中最珍贵的财富。好在学校教务处返聘了吴老师，吴老师虽然不再在教学一线，但是经常去创新课堂听课，我经常在吴妈的微信朋友圈里可以看到吴妈最近去哪个课堂听课之类的动态。

2015 年 6 月，我们都将收拾行囊毕业离校，而且学校也要求我们在端午节之前就得离开，说是让我们回家过端午。吴老师知道后，就邀请我们去她家吃盐蛋、吃粽子，弥补了我们不能在学校过端午的遗憾。吴老师还说：“不管你们以后去哪里，只要回武汉，来找我，我都欢迎你们，你们就像在家里一样！”现在回想起来，那时的酒是那么好喝，粽子是那么好吃，吴老师的话是那么的真切悦耳！

后来，我有幸继续在华师读研，还有很多本科同学一起在华师继续读研，我们以前也是一起跟着吴老师学习大学语文的。上次在电梯里碰到刚从 9 号楼监考出来的吴老师，我们都笑说缘分真的是一个奇妙的东西，我们大家一起合影留念，并约好下次一定要好好聚聚。

幸好我们还能继续在华师读研，所以我们几个在武汉的同学都相互约好，每年都跟吴妈聚聚，聊聊自己的近况，聊聊吴老师退休后的生活。今年我们还见到了吴老师的夫君李老师，李老师是一个很健谈、很潇洒的人，大家把酒言欢，畅聊好久，完全不像是第一次见面，后来我们约好，下一次也要好好喝一次！

吴老师桃李满天下，课堂上她是我们的吴老师，课下就是我们尊敬爱戴的“吴妈”。虽然已经在桂子山上待了快 6 个年头，但是在这些年里，最幸运、最幸福的事就是认识了吴妈，最开心、最有收获的就是上过吴妈的大学语文课。吴妈教会我要以感恩的心态对待身边人，以饱满的热情做身边事，吴妈是位良师，更是一位母亲。

吴妈，感谢您一直以来对我的关爱！爱您！

2017年母亲节于华师PLAC像素探测器实验室

健超就是那个在课堂上以拥抱的方式表达一个学生对老师的感恩，一个孩子对母亲的真爱，一个晚辈对长辈的尊敬的优秀学生！目前的他博士毕业后在广州某网络公司从事游戏开发工作。

忆“吴妈妈”的满心真意

城环学院11级　史怡

这是一篇迟来的文章，却并非一篇不合时宜的文章。到新加坡已经十几天了，当我坐在电脑前去感知在武汉的点点滴滴，感知“吴妈妈”的温暖时，我望着窗外烈日下摇曳多姿的棕榈树和远处若隐若现的海滩，我知道我此时此刻的心境刚刚好来写这样一篇文章。

恍如隔世，地域的变迁让回忆都变得没有一个发掘的起点，周围的一切都变了，走在人群中都会有“我是谁”的疑惑。而这巨大的孤独感、漂泊感、剥离感，在我打开与“吴妈妈”视频的一刹那都隐遁无踪了。看着视频里的“吴妈妈”，我的眼泪情不自禁地喷薄而出，好像一下子找回了久违的亲切与熟悉感，而正是这样一种可贵的情谊，给在异国他乡求学的我以无限动力。

在武汉4年，因为认识了“吴妈妈”，我对武汉有了第二故乡的感觉。那是一种什么样的感觉呢？就好比当你无助时，你永远可以拨通那个电话去倾诉，因为你知道电话那头永远会有一个热切关怀的声音，给予你温暖与力量。就好比当你迷茫孤单时，你总是可以记得那个“第二个家”的地址，然后跑过去吃着“吴妈妈”用心烹饪的爱心饭菜。就好比当你有喜讯时，你愿意第一时间告诉那个“老师妈妈”，然后听着她比自己还开心的爽朗的笑声，你会觉得这个世界处处都是鲜花盛开……就是这样一种家的感觉，让我在武汉的4年，幸福得无以言表。

印象中“吴妈妈”说得最多的一句话就是，“我真觉得我是个幸福的人”。所以不管什么时候，“吴妈妈”的脸上都洋溢着笑意，无论是向我们谈起丈夫、女儿、学生还是自己，周围的人都会被她的笑容和乐观感染，甚至于会让我们产生“吴妈妈”的生活没有烦心事的错觉。学生们也都很乐意把学习、生活、感情方面的苦恼或喜悦告诉“吴妈妈”，她总是会给予我们很多建议和鼓励。这个比我们年长了近40岁的老师，居然有着和我们同龄人一般的幽默与时尚。她总热心于我们的终身大事，常常会说“学业不耽搁，个人问题也要及早解决哦”。每到这个时候，我们都害羞脸红，“吴妈妈”便会说：“嗯，这个要赶紧提上日程了。看到心仪的男孩子（女孩子）要及时下手，千万别错过了。有没有什么心仪的男孩子（女孩子）呀？拿照片让我看看呢！”这时候我就会觉得眼前的不再是一位老师，而是一个又好奇又焦心的母亲，然而却又不似母亲那般严肃，只说“看着不错可以试试呀”！

为此，吴老师常常会向我们乐此不疲地讲述自己的“媒人”经历。“我有个研究生叫李文丹，长得又漂亮又活泼，还会唱歌。我给她介绍了一位乘龙快婿，现在嫁到美国去啦！”“我的一个研究生曾经在我家住了一年，我在朋友的儿子里面给她物色了一个特别不错的小伙子，现在孩子都很大了，一家子生活美满幸福。”……每当说到这些，吴老师的脸上容光焕发，她是真正把学生当作自己的孩子来看待。每次听“吴妈妈”讲起这些事，我总会由衷地感动于这样一种师生的情怀。“吴妈妈”用自己满心的真意来对待学生，不求任何回报，因而每个与吴老师结缘的学生都十分珍惜这样一段际遇，这是一件可遇不可求的人生幸事。亦师亦友亦母，我想于我而言，“吴妈妈”就是这样的存在。

2015年1月18日，我们在武汉的学生有幸参加“吴妈妈”的生日暨告别讲台退休宴会。会上分散在世界各地的学生，远隔千里万里通过视频送来祝福，学生们每一次“吴妈妈”的称呼，每一个发自内心的真切祝福都让在场的我们动容不已。她教学育人40载，桃李遍布世界各地。那一刻，我真真切切地被感动了，我觉得吴老师的人生价值在这默默耕耘的40年里得到了最大的实现。40年的教学生涯，说来也长，一万多个日日夜夜里她真心守护着这三尺讲台，教育了数以万计的学生。年年岁岁课相似，岁岁年年人不同，在课堂上她传承着知识与文化，与同学们分享人生经历与生活感悟，每一年都保持着最初的职业激情。

“吴妈妈”始终秉承着“教书先教人，成才先成人”的理念，用严谨踏实、一丝不苟的教学态度言传身教。“吴妈妈”说，课堂上同学们的真知灼见也常常打动着她，她陶醉于站在讲台上的感觉，并觉得这是做老师最大的乐趣与意义所在！教学不是一个单向的授课过程，而是一个思想交流与观点交换的过程。“吴妈妈”在40年里做到了寓教于乐，并由此与数以千计的学生建立了深厚的情谊，“吴妈妈”常常说她是世界上最幸福的人，而我们这些被“吴妈妈”关怀的学生又何尝不是最幸福、最幸运的人呢？

还记得大一的时候，我机缘巧合选修了“吴妈妈”的大学语文课，她在课堂上声情并茂的讲解、细致入微的剖析让我坚定了由理转文的信念。在身边的人都质疑、都反对的时候，是“吴妈妈”一如既往地支持我，她说“喜欢什么就去追求，不要顾忌世俗的看法”。这给予了我对文学更加执着的热爱与义无反顾的选择。在“吴妈妈”的帮助下，我于2015年5月顺利收到了新加坡国立大学中文系研究生的录取通知书！收到通知书的那一刻，我在第一时间把这个好消息告诉了“吴妈妈”，电话那头传来了她欣慰而喜悦的笑声，在这一刻我知道那些所谓的“不着边际”的梦想还是开出了美好的花朵，而“吴妈妈”就是这个一直浇灌施肥的园丁，我发自内心地感激这样一位精神恩师。

大学毕业前夕，受邀前往“吴妈妈”家小住。“吴妈妈”腿有伤坚持前往超市买菜，并亲自为我下厨。我心里又感激又过意不去，只道：“老师，我去买菜吧，您先回去好啦!”“吴妈妈”莞尔一笑，说着：“不用啦，超市也不远，你和我一起去就好咯!”“吴妈妈”生怕招待不周，在超市买了好些鱼、肉、蔬菜，从超市出来的路上有许多卖自家菜的小贩，当时天色已晚，“吴妈妈”二话没说，把他们的菜都买走了，不还价也不多说。我提着绿油油的菜走在吴老师身后，吴老师个子不高，因脚有伤走起路来有些吃力，而在我眼里她的形象却越发高大起来。“吴妈妈”，就是这样一个平凡却崇高的人，她的笑脸诉说着世间的美好，同时又把自己的美德传递给学生、给社会、给身边不相识的人。授人玫瑰，手有余香，在帮助他人的过程中，“吴妈妈”的人生愈加光彩耀人，幸福着自己，幸福着他人。

2015年6月25日，那是我与武汉告别的日子，心头氤氲着千般不舍，烈日酷暑下心中闪过一丝又一丝的悲怆。“吴妈妈”听说我这天要走，连忙打车赶到学校为我送别，在学子餐厅点了几个菜和我畅聊了一个多小时。望着“吴妈妈”的笑脸，我分明觉得此时此刻就像一顿家常饭而不是饯行，心里说着来日方长，不诉离殇，说着每年都会回武汉探望吴老师，而吃完饭目送吴老师离开时依旧是泪眼婆娑。一种说不清道不明的情愫堵塞在心头，数日挥之不去。

心里依旧有许许多多的话想要和吴老师说，可又觉得对吴老师的感情用文字无法酣畅淋漓地表达出来。“吴妈妈”用她真诚热切的心，帮助了一批又一批的学生。我们感慨于这样一个被爱包围又付出无尽爱意的老师，我们欣喜于与“老师妈妈”的结缘。被您的爱包围着，我想这是学生最大的福分了。

言尽于此，情难自抑。谨以此文献给恩师吴满珍先生！

2015年7月31日于新加坡

附：致最美好的相遇

多年前，离家的不舍
随着列车的飞驰，氤氲低徊。
初识武汉，喧嚣、匆忙、人来人往，
陌生感充斥着心扉。
闷热的夏季，知了唏嘘，
桂子山芳草依依。
如你如我这般远行的游子，
初次邂逅这个绚烂而陌生的城市。
以为，自己只当是一个匆匆的过客。

三年前，与“吴妈妈”的相逢成了最美的际遇。
课堂上爽朗的笑声，
镌刻在我的心扉，回荡在我的耳际。
真挚、真情，
情到深处难自抑，泪眼婆娑，情融言语。
言传身教，教书教人。
师者光辉，教育真谛。
句句关切，情真意暖。
身处异地的游子，如家般的温馨在内心起伏激荡。
“吴妈妈”，是您，
让我们这些游子对武汉有了一份家的情怀。
长江依然浩浩汤汤，黄鹤楼依旧傲然挺立。

四年白驹过隙，匆匆逝去。
与“吴妈妈”离别在即，纵有千言万语，
氤氲胸口，化作泪眼依依。
这样美好的相逢，这份永恒的情谊。
在这亘古天地间，
凝聚、升华，
成了永久的依恋。

即将告别，蓦然回首，
武汉早已成为了我血脉相连的第二故乡。
在这样一片土地上，
镌刻着我的青春，记录我最美好的人生。
最重要的是，这里有位永远年轻的师者，
成了我对武汉永久的牵挂。
最美好的事情不是天长地久的陪伴，
而是距离和岁月都磨灭不了的亲切感。

若干年后，一个电话
"'吴妈妈'，我们回武汉来看您啦!"
对面传来的依旧是热情爽朗的笑声，
脑海呈现的依然是热情洋溢的笑脸，
这该是多么美好而幸福的画面!
致最美好的相遇，感谢"吴妈妈"
为我们所筑的爱的港湾，这温柔而美好的守候。

2015年1月18日

史怡是一个钟情于文学的城环学科人，她博览群书，勤奋好学，文笔一流，曾在全国大学生征文大赛中荣获一等奖。她不仅创作小说、诗歌、散文，还在空余时间里经营自己的微信公众号。优秀的她总能扮演好每个角色。本科毕业后，她去了新加坡留学读研，学成回国，先后在北京、杭州等地的新闻媒体任职，如今的她事业发展得很不错。

满心真意，薪火相传

外国语学院11级　卫丹青

我与吴老师的相识就在七年前的大学语文课堂上，相识那一幕总是那么令人难忘，因为那天晚上动作慢吞吞的我上课迟到了。吴老师幽默地说了一句“替我向她带去问候”，室友听后赶紧催促正在路上的我，收到信息后我既紧张又对这位素未谋面的语文老师充满好奇。吴老师上课时声音洪亮，声情并茂，患有腿疾却还在给我们上课，忍着病痛为我们传授知识。这让迟到的我对吴老师的敬业精神更为敬佩！

后来这短短的一学期中，我安静地守护在吴老师身旁，表面上是我在为她做一些力所能及的小事，实则是我在默默感受着吴老师对我的精神熏陶。吴老师真诚豁达、自信率真的性格使一向低声沉默、内向害羞，人群中总爱站在后排的我，性格也产生了很大的转变。吴老师上课洪亮的声音和充满激情的语言，尤其是在讲到孝道时她那声情并茂的朗诵，至今让我记忆深刻。让我由衷赞叹的是，教师的职责不仅仅是传道授业解惑，还有对学生人生道路的指引，让学生的灵魂之花朝着人性更美好的地方盛开。

从大一到大四，每每在校园里见到吴老师，我都会因为吴老师热情洋溢的呼喊声而心潮澎湃。“丹青，最近怎么样啊？”她完全没有大学教授的威严，以至于让我们觉得没有距离感，这种真切的关心让我们的心中常流暖意。我很感恩与吴老师的相遇，是吴老师让我学会表达自我，真诚对待学生。慢慢地，胆怯的丹青变得开朗了，毕业后一参加工作我就做了班主任，一下就变成了五十多个学生的大姐姐。我守护他们成长，感受他们的欢乐与烦恼，我就像当年的吴老师那样，热情洋溢、真诚地对待每个学生。三年后，他们毕业了还总不忘回校看望我，再次团聚回忆过往，我才明白教师为何是天下最幸福的职业之一。

虽然现在吴老师退休了，但她依然关心着我们，常常主动了解我们的近况，节日里还会亲自下厨，和我们师兄弟姐妹们一起吃饭谈心。因为这份正能量的传播，吴门英杰（以吴老师为中心建的微信群）里各行各业优秀的华师学子，互相关怀、互帮互助。后来，吴老师还做了学生们的班主任，看着大家情不自禁地喊着“满珍妈妈”，我才真正明白自己很难达到吴老师的高度，可我仍然很向往。

对吴老师，我有一种自然而然生发出的一种难以忘怀的情感！您是我心中最美好的形象，对我一生的影响至大至深！虽然现在您已退休了，但还关心华师和学生发展，还在发散着光芒和传播着正能量。我想说，我们数以万计的学生们已接过这份大爱火炬，我们会将这份满心真意一代代流传下去。

2018年4月9日

丹青形象气质不错，性格温柔、内敛低调，勤奋好学、成绩优秀。也许我们俩投缘，她总是默默地关心我。在我腿受伤给他们上课的日子里，每节课她都会为我备好一壶水，下课后再把我送到下一节上课的教室。纯朴善良、聪慧乖巧的她，毕业后仍然关心着我，每逢节假日或出差旅游都不会忘记给我带来问候或纪念品。最令我感动的是，有次我和先生从新西兰回国，丹青看了我在微信朋友圈发的信息，执意和男友一起开车去机场迎接我们。

致最亲爱的吴老师

数统学院 11 级　谢益斐

吴满珍老师，大家都亲切地叫她“吴妈妈”。大学遇到的老师中，吴妈妈叫我们的名字最亲切，吴妈妈对学生的感情最深，吴妈妈的爱最让我们这群孩子们难忘和感动。

华师是我的家，在这个温暖的大家庭中，我遇到的第一位印象深刻的家人便是吴妈妈。可能是上天安排好的缘分吧，大学第一个学期我就幸运地成为吴妈妈的学生。在这里，我惊叹于充满生机，完全不同于以往的语文课堂；在这里，在吴妈妈的引领下，我开始喜欢书本上“枯燥”的文言词句；在这里，我从只会看小说到慢慢学会去欣赏小说，去品味人生的哲理；在这里，我第一次体会到，原来在课堂上我们也可以如此的放松和愉悦。令我印象最深刻的便是那次 PPT 展示课，那是我和舍友们进入大学以来第一次站上讲台，展示前吴妈妈孜孜不倦的指导，展示时吴妈妈的鼓励，展示后吴妈妈中肯的建议和满心的赞赏，让我们从此恋上了这个讲台。谢谢吴妈妈，是您给了我们最重要的肯定和帮助。

时间过得很快，一个学期的语文课马上接近尾声了，但是与吴妈妈的缘分一直在延续。一直以来，我都特别佩服吴妈妈，您记得每一个学生的名字，对学生的事情如数家珍，对学生像对自己的孩子一样上心。我很感动，因为我也是这些幸福孩子中的一个。我曾不止一次地问自己：吴妈妈怎么会一直这么热情，这么乐观，这么快乐，这么积极向上？后来，偶然在一次采访中聆听了吴妈妈的成长史，我才得到了答案，这些快乐源自吴妈妈心中满满的爱，对生活的爱，对职业的爱，对语文的爱，最重要的是对学生的爱。每个人的人生都不可能是一帆风顺的，我们不能改变现实，但是能改变的是我们的心态。吴妈妈一直乐观地对待生活，用心热爱生活，于是她的世界永远充满笑容和温暖。

谢谢，吴妈妈！是您，让我学会了静下心来，品味语言文字，发现生活中的美；是您，让我逐渐爱上了教师这个职业，这个充满着惊喜和快乐的职业；是您，让我明白了生活是美好的，人生是丰富多彩的；是您，让我明白了爱的力量……谢谢您，成为您的学生是我最大的幸运。我会以您为榜样，用心爱自己的学生，让学生学会做人，学会生活，快乐成长。

短短的文字道不尽我对吴妈妈的感恩，平实的语言表达不了内心对吴妈妈的爱。吴妈妈，我们永远记得您带给学生们温暖的点点滴滴，我们会好好努力，成为您的骄傲。您和我们的故事永远都没有结局，我们的缘分一直在延续。在这里，益斐真心祝愿您和您的家人身体健康，万事如意！

益斐在我的大学语文课堂表现十分优秀。她思考问题缜密，举手发言积极。我对她的独特印象在于，为了我的身体健康，每晚她都提醒我不要熬夜，必向我道声“晚安”。不仅一个学期无一天例外，而且后来每天的“晚安”就渐渐成为我们相处的默契标志。毕业后，她在杭州的一所高中任教，工作非常出色。

吴妈妈，我的大学语文老师

数统学院 11 级　魏豪

写这篇文章的时候，正好看到了学校的毕业照，不知怎的，我总觉得真正毕业的人不是我，而是这些老师们。从未把自己当作毕业生的我即将毕业了，吴妈妈今年也要退休了，而我却总是觉得，还有好多事情，您还没有教会我呢，多想再听听您教诲！

我的大学是从爱上您的脸庞开始的，每次看到吴妈妈的笑脸，内心都会觉得无比的亲切，比阳光还要温暖。大一的时候第一次上您的课，发现您的课堂和别的老师不一样，在您的课堂上我们可以思索，可以讨论，可以提问；在您的课堂上我们可以发言，可以朗诵，可以讲演；您的课堂没有晦涩的作业，没有漫长的灌输，没有形式的枯燥；在您的课堂上我们可以有机会站在您的位置，表达自己，分享知识，传递感动，同时也能得到您悉心的指导。而对于我，在您的课堂上，我总能在学习和分享的同时更加了解自己。这让我这个理科生，觉得自己的人生也应该有文学的风和月，毕竟虽然高考分科，可是人生并没有！

半个学期的大学语文课匆匆过去，然而却没有成为结束，而只是新的开始。在枯燥的数学专业学习过程中，我始终没有放弃文学的阅读，因为我不喜欢目前数学教科书中冷冰冰的文字，我喜欢我曾经在吴妈妈课堂上所受到的来自文字的感动。作为一名未来的高中数学老师，我想让数学教育也能变得温暖和生动，于是，我开始了属于自己的数学写作，我想让文学融入高中数学教育，也就是除非我告诉我的学生他们在学数学，否则，他们会以为他们在欣赏文学故事，在玩和数字有关的游戏，在体会有数学内容的人生！我会用我未来的小部分人生，把这件事情做得很帅！哈哈！感谢吴妈妈曾经的教育，能让我有了“心”的开始，让我可以做自己认为有意义的事情！

我想很多老师都会愿意和学生做朋友，可是显然并不是每一位老师都像您一样，能够成为我们喜欢的朋友和亲爱的妈妈。我曾经问过自己很多次，为什么我们都这么爱您。随着时光的流逝，我想我明白了，真的明白！因为您给我们的关爱如星星般细小，却又如星星般点缀着我们最黑暗的夜空！感谢您在我们需要倾诉和引导的时候，给予我们耐心的理解和帮助！

如今，我也毕业开始了属于自己的教育人生，您曾经给我的感动，我会带给这个世界！孩儿不能陪在您身边，但由衷地祝您身体健康，一天比一天更幸福！

2015 年 6 月 28 日

在我的记忆中魏豪有两大特点：一是热爱学习，他对大学语文课和对他的专业课（数学）一样兴趣浓厚，课堂上学习很认真。二是他特别热爱生活，吉他弹得好，懂得感恩，读研返校时专程向老师汇报教学体会。

您是我永远追随的那道光

数统学院 11 级　张佩

如果有人问我，你心中理想的教师形象是什么，我会毫不犹豫地回答：就是我的大学语文老师——吴满珍老师啊。

理想的教师应该有深厚的知识素养，吴满珍老师您有。您在课堂里总是引经据典，从上古谈到近代，从帝王将相聊到人民解放，仿佛您就是知识的载体，只要轻碰开关，就会有源源不断的知识向着区间为（$-\infty$，$+\infty$）的集合奔流而去。“资之深，则取之左右逢其源。”教师唯有精通所教专业，知之甚多，才能把学生的功课真正教好。

理想的教师应该富有十足的亲和力，吴满珍老师您有。每次迫不及待地奔进阶梯教室，最期待见到您招牌式的笑脸，仿佛不说话就能开出花。我们喜欢您。喜欢您像对待孩子般温情的目光，像对待亲人般春风化雨，却又坚定地相信我们都有聪明的火花，都是可造之才。

理想的教师应该具有强大的人格魅力，吴满珍老师您有。您时刻鼓励与引导我们，从来不强求我们作答，而是“引诱”我们渴求的目光与跃跃欲试举起的手。您总是温柔地叫着我们的名字，耐心地听着我们的回答，暖心地鼓励我们说下去，欣慰地点头示意我们坐下。人格魅力从您的性格里、气质里走进了课堂里。

我觉得自己很幸运，在不知道自己要成为什么样的教师时，遇见了您，从您的笑容里看到了我想要抓住的未来。然而直至参加工作之后，我才深刻地明白，我需要向您学习的东西太多太多。

伴随着课程结束，毕业离校，我以为我与您的交往就此结束，您恐怕也不会记得我了，毕竟我是那样的普通。

2016 年恐怕是我人生里最灰暗的一年。我像是个溺水的人，怎么挣扎也浮不出水面，四处都是无用的浮木，周围没有一个人。我害怕得在深水里无奈地嘶吼，胡乱地拍打，渴望得到救援。您从远处听见了我的呼唤，拨开层层的芦苇，如同天使降临在我面前，宛如黑夜里的一道光，照亮了我的世界。

其实那时我已经离校一年多了，已经告别您的课程四年了，您完全可以像其他老师一样忽略我的求助，任由我放弃自己。可是您没有。

这是我第一次这么喜欢“没有”这个词。

如今我工作第三年，即将送走一波毕业生。我心想，送君千里终须一别，等他们告别了母校，我们之间的师生情也就缘尽于此。世人也多是如此想着的吧，所以，我渐渐理解了那些人。而您却是我心中那个永恒的“唯一”！

现在是23点58分，我围着毛毯坐在电脑桌前敲打着键盘，回忆的磁带却自动倒带到2011年9月那个秋天里见到的您的笑脸，心里满是暖意。

心中还有千万句感谢的话想说，描画您笑容的话想写，奈何文笔拙劣，您的人间大爱，是道不完、说不尽的。我唯有真心地祝愿您——我亲爱的吴妈妈啊，您一样要永远快乐，幸福安康！

2018年5月30日于陕西安康

张佩留给我最美好的记忆是上讲台演示课件时的情景。从毕业后当老师的张佩发的微信朋友圈中可以看到，她是一位深受学生喜欢的好老师。

遇见您，是一种幸福

物理学院11级　任伟平

电梯在物理学院的5楼停下，门一开，被挤在角落里的我，瞥见一位穿着枣红色皮鞋、黑色长款大衣、披散着打着卷儿的过肩长发的中年女教师走了进来，原来是吴满珍老师。人群中一位小伙伴惊讶地叫出了声："吴老师，您怎么在这儿?"紧接着其他几位小伙伴也和吴老师打招呼。吴老师说："哈哈，真是巧！今天期末考试，我来9号楼巡考，刚结束。"电梯到1楼，我们一群人高兴地围着吴老师聊起天来，说着说着她便开心地拉着我们，请路过的同学帮我们在9号楼前拍了一张合照。偌大的一个校园，能够偶遇吴老师，大家都特别开心，吴老师想要请大家一起去食堂吃饭，奈何事先与朋友有约，无法推辞，大家便和吴老师约定，年后一起去吴老师家拜访。

时间过得很快，转眼已到年后，大家都已结束假期，返校开始新学期的生活。到了约定的日子，我们一行人便出发前往吴老师家。进门时，吴老师和李叔叔正在厨房忙碌，准备着午餐，吴老师说中午请大家在家吃饭，尝尝她和李叔叔的手艺。中午十二点左右，一盘盘美味可口的菜肴被端了上来，不一会儿便摆满了整个桌子，吴老师热情地给大家一一介绍，我们这才得知原来这些都是湖北的特色菜。吴老师亲自给大家夹菜盛汤，那种热情与关爱，让人温暖感动！席间，吴老师逐一向李叔叔介绍我们，认真回忆我们和她之间的故事。吴老师也和我们聊到了李叔叔年轻时的求学和工作，聊到自己和李叔叔这些年的一些生活趣事，这些都让我们获益匪浅。吴老师给我们每人都夹了一个自家做的卤鸡蛋，说今年回家过年带回去了一些，大家一致称赞，所以这次特地让我们也尝尝；李叔叔还向我们介绍了青萝卜片，这些青萝卜是他特意联系当地人购买的，清脆爽口！酒足饭饱后，李叔叔为我们和吴老师拍了一张合照，大家都笑得好开心。之后，吴老师为大家端来了水果、零食，还给我们拿了一大袋旺旺仙贝，我们真像一群没长大的小孩子，在跟妈妈撒娇谈心。下午四点左右，我们不舍地与吴老师告别，我们期盼着下次见面。

认识吴老师已快六年，遇见吴老师是一种幸福。课堂上的吴老师循循善诱，总是引导着每位学生说出自己的见解，展现出属于自己的光芒。即使像我这样不善于表达的学生，最终也能鼓足勇气，表达自己内心的想法。生活中的吴老师乐观开朗，眼界开阔，我在微信朋友圈经常看到吴老师分享自己的生活，透过里面的每一张照片，每一句话，我都可以看到她发自内心的笑容和喜悦，那种开心和幸福一直感染着我，指引我前行！遇见吴老师，就是一种幸福，不需要太多的言语，您永远保持着积极乐观的人生态度，充满了爱和正能量！

吴老师，谢谢您！

2017年6月11日

我对伟平的印象就是学霸型的。目前的她还在读博，这两年被公派去法国学习。

您是我永远的榜样

物理学院 11 级　李敏

我与华师似乎早已结缘。高考结束在广埠屯买电脑时，我们就把车停在了华师里面。后来到华师取车的路上，我们经常看到一些身穿学士服（老爸最憧憬这身“华丽丽”的装扮啦）的学生在校园里拍照留念，于是填报志愿截止前半小时我把第二和第三志愿颠倒了。于是，我来到了华师。原来，点点鼠标确定一下，就能改变自己的一段人生轨迹！华师是一个让我很有归属感的母校，不管今后身处何方，心底的那团温暖总会滋润着自己孤独彷徨的心！再华丽的教学楼也比不上这份温暖，只因楼里的恩师恩情，如春日的晨风、夏日的雨露、秋日的云霞、冬日的暖阳，滋养着我们的灵魂。而我最爱的、温暖至深的，就是我们爱笑的吴满珍妈妈！

大学语文是第一学期的一门课，而吴妈妈就是大学语文课堂的老师，中学时期理科生的课堂充斥着单调和压抑，即使在语文课堂上，我们也要按得分点分析文章，记字词语法。第一堂大学语文课，从进教室到出教室，吴妈妈的脸上一直挂着慈爱温柔的微笑，那么温暖，那么沁人心脾。您说以前的学生都爱叫您“吴妈妈”，我想究竟是有怎样的一种情怀，才能让学生管老师喊上一声“妈妈”！一学期下来，课堂问答环节，我们都争先恐后地举手发言，吴妈妈声情并茂的朗诵让我重新认识了语文老师这一职业，节假日里吴妈妈总想着让学生们吃顿好吃的，补补身体。真的，如果不是把我们当作自己的孩子，吴妈妈又怎会总是牵挂着我们！

这样的吴妈妈，必然有一个充满爱与温情的家庭。的确，吴妈妈和她的老公特别恩爱。吴妈妈的每一条微信，我都品读多次，那些虽然只是平日小事，却胜过任何人间佳话！他们深爱彼此，相互尊重，他们是我永远的榜样，他们让我相信原来现实生活的婚姻可以这样圆满！

吴妈妈，您永远是我的精神力量，不管对工作还是对家庭，您让我的幸福变得如此简单！谢谢您！

李敏热情大方，精明能干。她现在已经是两个孩子的妈妈了。大学毕业后她在一家外企公司市场部工作。

写在课程最后

文学院12级　张枥元

课程的名字叫“大学语文作品赏析”，写这篇文章却和这点没什么太大的关联，如果非要找那么一点缘由不可，我想说，那是因为吴满珍老师。

叫她老师？我更想叫她满珍姐。虽然我来自文学院，可是依旧找不出怎样的词汇来恰当地形容我对她的感觉。其实这门课程，我在平日里没少下功夫，交的作业也可以拍胸脯保证百分之百原创，个人感觉在大学这样的环境中，对一门任选课程，我可以说做得问心无愧了。那么，为什么还要在期末复习得焦头烂额之际来写这篇随笔？触动我的是满珍姐的生活态度。

很荣幸的，昨天满珍姐通过了我的微信好友申请，出于好奇，我点进了她的微信朋友圈，里面的内容让我对她有了新的认识。

那是一种对生活的怎样的热爱，才会让每个瞬间都变得那么值得珍惜？又逢毕业季，校园里忙碌的身影中难免有着不舍与感伤的情绪，我看到的是吴老师与弟子的依依惜别，情真意切。那天天气不错，祖孙三代同过生日，大家笑得那样开心，其乐融融。在导师的信箱前，研究生与她合影留念，表情俏皮中又有着依恋，完全没有所谓的师生隔膜。“红色娘子军”的表演现场，那场来自中央芭蕾舞团的表演，让故友重逢，许久未见格外珍惜，如今优雅的满珍姐，当年可曾意气风发想做一次吴清华，在舞台上绽放？同乡会踏青，好好看看你的长江，那条温柔又刚毅的长河，细细欣赏，会有怎样的感知？在外，满珍姐活跃于各大学术讲座与研讨会；回到家里，有先生细心的呵护，多么幸福。其实对很多满珍姐那个年龄段的夫妻来说，老夫老妻多少年，彼此都成了对方的生活习惯，成了不可或缺的一部分，但他们总是讷于表达。而满珍姐不是，她记得每个细小的感动，并与众人分享，那是对生活的感恩与对生活的热爱。懂得感恩的人，值得幸福……

文字总是苍白的，生活又太过丰富。偏偏满珍姐又有一双发现一切美好的眼睛，一花一木，一个眼神一句问候，在她那里都是上苍的恩赐。她的生活里，有四处走走的随性，有爱情的滋养，有亲情的温暖，有师生的心心相印，有艺术的熏陶。我多想成为她那样的人，不当什么人生的赢家，只是感恩这一切上苍的恩赐，扬眉谈笑，心境从容。

回归到课程。最后一节课上，我的一句话总结是，不论文学当下或未来的处境如何，请大家不要忘记文学。在我看来，这门课最大的益处，就是让文学走近大家，让大家走近文学。通过电影与小说的对比去找文学欣赏的切入点，通过文字去记录、去保存那些文学中的感动，这些都让我们越来越爱文学。一切，也本该如此。

文章的最后我想说，“满珍姐”这个称呼，实是那种出于心底的没有隔阂的爱意。时光总是不公，非但没有带走她的青春活力，还让她更加优雅从容。满珍，满是珍贵，因为她对世界的热爱，世界温柔相报。

满珍姐，你好吗？祝福你，忘年交。

枥元是我大学语文课堂上少数的中文系学生之一，她有着十足的中学教师气质，由她讲解的课件也是十分出色，给我留下了很深的印象。

回忆我的大学语文课

物理学院 12 级　黄梦遥

我在美国一所“玉米地大学”读物理学博士研究生，至今已过三年。前几天在微信朋友圈里看到吴满珍老师发关门弟子研究生论文答辩的照片，我照例点了个赞，感叹了一下时光匆匆。虽然大学语文对我来说已经很是遥远，很多事情我也记不清了，但是吴老师在课堂上给我们种下的文化种子还在影响着我，想起来依旧是温暖的。

我觉得大学时期能遇上像吴满珍这样老一辈的大学老师，自己格外幸运。时间点拉回大一。仿佛还是华中师范大学 7 号楼的那间大教室，里面满满地坐着来自几个专业的学生。作为一个理科生，在大学还能学习大学语文，这本身就是一件不可思议的事情。记得在跟其他学校的学生讨论的时候，我发现他们都没有大学语文这门公共课。后来，我还特意查找到华师物理专业最新的人才培养方案，发现这门课已经从必修课里删去了。所以，能在大一遇见大学语文和吴满珍老师，可以说我是非常幸运的。

大学语文课对我来说，意味着博雅通识教育的第一步。我也理解很多大学不开这门课的理由——因为“无用”。然而，“无用之用”比“有用之用”往往更加隐晦。我的室友因为课上观看的《乱世佳人》而喜欢上了西方文学，进而去买了英文原著，她今年也申请到了美国全奖的物理学博士。我在美国的“大农村学校”等公共汽车（平均 30 分钟一班）时，我就会在公车亭里声情并茂地背诵《春江花月夜》和《滕王阁序》，一是可以给身处四下无人之地的自己壮胆，二是从诗词的古今之感中得到慰藉，平复内心的焦急。

回忆起大学，我很少会记起哪条方程式、哪条定理。但我却记得，大一的语文课上，我背得磕磕巴巴的《春江花月夜》；近现代史课上，一个信基督教的历史老师，用一部部的中外历史纪录片，引导我们深入探寻中外文化的根基和优劣；物理学导论课的结尾，杨亚东老师带着我们阅读量子力学始祖普朗克超长的全英文的诺奖演讲稿，并要我们写下自己的心得体会，即便才大一的我们并不能深入理解里面的很多名词。这些都是重视博雅文化的华师给我的熏陶。

感谢如大学语文课吴满珍老师一样坚守文化世界的大学老师们，你们在我平凡的人生中画下了一笔浪漫的色彩。

2018 年 5 月 29 日于爱荷华州立大学

记得在我的课堂上，梦遥的 PPT 制作得非常漂亮，上台演示也很成功。目前，她在国外留学。优秀的她，其生活总是那么精彩！

师生情　山高水长

教育学院12级　吕海燕

敬爱的吴老师：

您好！您也许会记得我，那个在课堂上积极发言的女孩儿。仔细想想自己真是幸运，曾在大一的时候挤破头都没能选到您的大学语文课，居然在大二的时候选到了，我相信这也是我们之间的一种缘分。一度以为，中学毕业后自己的人生里就再没有精彩的语文课了，可是修完您的课后我才发现自己之前的想法是错误的。我想说，从您的课堂中我学到了许多的东西，文学、师德和敬业都可让我受益终身。

还是从第一次课说起吧，记得那天我早早跑到了教室，坐在座位上想象着待会儿讲台上会有怎样的一位语文老师。在我热切的盼望中，您来了，却不是我预料中的样子。您是被几个学生搀扶着来到教室的，后来听了您的解释才知道，原来您是带着腿伤来上课的。一个老师可以带病上四楼为学生们讲课，这种敬业精神相信会感染在座的每一位学生。我当时也对您充满了深深的敬意，以后我也会将您这份爱岗敬业的品质发扬光大。

接下来就该说说我们这个充满乐趣和意义的课程了。您的课与我在大学里修过的其他任何一门课都不一样，这个课堂带给了我前所未有的放松感和不断从脑袋里冒出来的新想法。在学习的过程中，我按照您的要求完成了自己的两篇小论文，整理资料的时候我体会到了探索知识的乐趣，也体会到了文学艺术带来的美的感受。值得一提的是，我特别欣赏您对教育事业的热爱，带病冒雨来上课，而且以新颖的讲授方式赢得了同学们的认可，您饱含感情的诵读，您抑扬顿挫的讲授，您平易近人的笑容都使我们感动，并且激励着我们一次次举起自己的手，来分享自己在阅读时生发的感想。

吴老师，我相信人与人之间的缘分不在于深浅，而在于相遇的时候擦出了怎样的火花。我也相信我从您课堂中学到的不止这些东西，更多的早已内化为自己的一部分。大学期间，您的这门课让我受益匪浅，我也相信我们之间的师生情山高水长。

我欣赏海燕文章中的这句话：我相信人与人之间的缘分不在于深浅，而在于相遇的时候擦出了怎样的火花。

低头看路，抬头挺胸

美术学院 12 级　杨诗语

大一，经学姐学长介绍，我选择了吴满珍老师的大学语文课。课堂笔记本上记得密密麻麻的知识点，以后走到哪儿都会有用处。大二选课时，翻着选课手册，吴老师的名字猛地出现在我眼前。于是，怀着对吴老师的喜爱之情，我选择了“大学语文作品赏析”这门课。

可能是吴老师的魅力太大了，课堂上像我这样喜欢听课的人还有很多。短短九周，让我再次领略到文学作品的魅力，课堂上观看的那些由文学作品改编而来的电影，更加生动地展示出文学作品情节的生动性和丰富性。同名小说改编的《百合花》，讲述了战争年代的艰苦和同志情谊的深厚；由《白狗秋千架》改编的《暖》，一边是荒原式的不能承受的生命之重，一边是家园式的温情救赎。若小说以命运的偶然编织了现实的隐痛，给人反思，那么电影，就以诗意的现实主义沉淀了小说中的苦涩，吟咏出对仗工整、油画般质地的窈窕小诗。小说与电影，就像两条相互交叉的直线，在某一点重合，然后向不同方向延伸，因“秋千”而荡出各自的“千秋”，成了占据我心的不朽。

高中时，或许是经常写日记的原因，我的作文一直写得不错。如今在吴老师的课上，我希望自己今后能通过阅读更多的文学作品，将感悟到的写作手法运用到自己的写作中去，这或许能帮助我提高自己在语言表达方面的功力。我一直深信，学习是永无止境的，语文的学习也自然不能懈怠。生活中处处有语文，希望自己坚持学习下去。

我记得特别清楚，大一下半年的最后一节课上，吴老师说了这么一句话，“走上坡路时不要忘了低头看路，走下坡路时不要忘了抬头挺胸”。我会将这句话印在心头，无论在失意还是得意时，我都会借此提醒自己，不要忘了做自己！

非常感谢吴老师的教导，您真的是一位受人尊敬的好老师，您也一定是一位好妈妈，做您的女儿，一定很幸福。希望吴老师不要忘记您的一位学生，她很普通，但是她特别喜欢您。她是一个来自湖北宜昌的南方姑娘，是美术学院12级的学展示空间设计的学生，她叫杨诗语。

诗语两次选了我的课，给我印象很深，也特别好。在美术学院的学生中，能够如此静下心来学习非专业课程的，真是为数不多且值得赞美的！

爱您的大学语文，更爱教大学语文的您

外国语学院12级　谢宏桥

满怀着对生活的憧憬，我从高中升入大学，看着眼前在梦中无数次见过的灯火阑珊，心中充满了疑惑：在高中的课堂上，老师对我期许的目光，同学们对我认同的眼神，在大学的课堂上，还会遇到吗？在上完几节专业课后，答案在我心中渐渐地浮现了出来。我来自农村的高中，跟班上大多数同学相比我的基础差多了。昔日的风光早已不在，我逐渐变得沮丧，甚至一度怀疑自己的能力。"我真的一点优秀的地方都没有吗？这就是我想要的大学生活吗？"

时间依旧滴答滴答地流逝，而我低落的心情却日益加重。"嘿，在发呆啊，走吧，上语文课了。"就这样，我走进了吴满珍老师的大学语文课堂，也迈入了人生的新篇章。吴老师点亮了我的生活，让我重拾了久违的信心！

我爱吴老师教的大学语文！

容纳一百多号人的大教室，坐着我们英语系的一百多位同学。吴老师的课堂很活跃，给我们提供了一个宽广的舞台。给每一位学生展示自己的机会，这是吴老师在每堂课上都会遵守的规定。"同学们，大家对《定风波·莫听穿林打叶声》这首词有什么见解呢？对你们的人生观有何启迪？你们在生活中遇到挫折也会具有作者那样的心境吗？"本来还是鸦雀无声的课堂顿时变得活跃了，吴老师的一段话犹如在平静的湖中扔入一颗石子，在同学们的心中击起点点的涟漪。看得出来，每个人都在跃跃欲试。在吴老师的课堂上，类似的例子不胜枚举。她就是有这样的气场，能稳住一百多号人的大课堂。经不住她一次又一次的启发式提问，我终于站了起来。"很好，宏桥同学，老师很赞同你的观点，但是如果再从当时的时代背景去分析，你觉得是不是会更好呢？"一句话，我不仅听到了吴老师对我的鼓励，更看出她真的是认真倾听了我的答案，然后才给出了这么中肯的意见。一个有着任我们自由发挥的舞台，我怎能不爱？

吴老师的课堂非常精彩，我在课堂上学到了很多真本事。讲《陈奂生上城》，一大段的原文从吴老师的口中吐出，中间没有丝毫的停顿。讲《水浒传》，里面的人物性格吴老师分析得入木三分。讲古典诗词的时候，一首首的诗词吴老师可以信手拈来。我想，没有几十年的沉淀，吴老师她是不可能有这么深厚的功底的。除了培养我们的语文学科素养外，她还注重对我们世界观、人生观、价值观的树立进行引导。两者的完美结合，让我们在提升语文水平的同时，更得到了人生的启迪。在讲陆游的《示儿》时，吴老师还不忘对我们进行爱国主义的教育。一个能让我们收获这么多的课堂，我怎能不爱？

我更爱教大学语文的吴老师！

一个好的语文课堂，背后总有一位优秀的语文老师，而吴老师就是这样一个人。我喜爱她，与她是否参与编写教材无关，与她是否拥有教授、会长等头衔无关。我喜爱她，仅仅是因为她独特的人格魅力。

吴老师是亲切的。第一次上语文课，因为下雨堵车，她晚来了一会。“一次大雨就让我明白了‘插翅难飞’这个成语的含义”，这一句话让我们见识了她的豁达。人们都说相由心生，吴老师的脸上总是挂满笑容，从这我们也可以看出她内心满满的正能量。她关注每一位同学的成长，对每一位同学都一视同仁。班上来自香港、澳门同学的基础不好，她耐心地给予他们指导意见。同学们给她的建议，她也都虚心接纳。与其说她是我们的语文老师，还不如说她是我们的“妈妈”。她关心班上每一位同学的学习和成长，哪怕同时有几个课堂，有几百号人，她都一样坚持着。

吴老师是认真负责的。每一位同学的作业，她都会认真批改。看到吴老师布满血丝的眼睛，我都会暗暗地为她心疼。如她所说：“每份作品都是同学们的心血，我不能让同学们在我的课堂上把学语文的积极性给打消了。”同学们给吴老师发的节日贺卡，她也都会认真回复。她面对的是一个有着几百号人的大学课堂，而班上大多数的同学，她都可以轻易地叫出名字。这足以证明她是一位认真的、真正关心同学的好老师。在吴老师的影响下，我对待工作、学习的态度也由得过且过变得更加认真。

一学期的大学语文课就要结束了。我虽然满怀不舍，但还是要和吴老师说再见。好想再对吴老师说一句：能在生命中遇到一位像您这样的好老师，真好！

宏桥同学给我的印象是文静、儒雅、帅气。他虽然坐在容纳 100 多人的大教室后排，但是如果发现教室的黑板没有擦，他会及时从教室后面走到前面来把黑板和讲台擦得干干净净。

大学语文让我诗意地生活

外国语学院12级　任佳惠

转眼间，大学语文就这样匆匆走过，翻看着曾经的笔记，回想着曾经的课堂，我总想找到属于我的大学语文记忆……

总想试图像高中那样总结本学期掌握的成语、文言实词、文言虚词，总想找出这学期背诵的古诗文和那些优秀的满分作文，却发现不知从何下手，好似什么都没学，却又像它们就在我们身边。

大学语文也许没有让我了解多少语音、字形，也许没有让我掌握多少成语，但我想说大学语文让我学会了诗意地生活。生活处处皆语文，生活就是语文学习的大课堂，语文就是生活的指航标。

还记得大学语文的第一节课，我们共同分析了几则广告，这才让我有了从多角度看待问题的意识。任何事物都有两面性，需要我们用敏锐的眼光去发现它。生活更是如此，当我们遇到挫折时，当我们满怀抱怨时，不如换个角度去思考，换种眼光去看待，不经意间会发现问题已经迎刃而解。

我们不仅可以从书本中获取知识，也可以从一部电影或是一首歌曲中找到。大学语文课上的那两部电影让我看到了影视文学的魅力，电影不仅能够生动形象地表现小说中的人物形象，也能让我们更直观地了解文学作品！日常生活中，我们可以尝试用语文的思维去欣赏那些作品，尝试从影视作品中寻找语文的身影，会收获到更多的知识！还有覃岩同学分享的那首《单车》，那些令我记忆深刻的歌词，总让我想起自己的父亲，总提醒我打电话问候家乡的父母！

大学语文课上，吴老师以吟诵的形式传达出了文学作品要表达的感情，这是我见到的第一位对语文如此沉醉的老师，让我看到了语文学习的更高境界。语文可以陶冶我们的情操，语文可以传达我们内心的声音。当我也试图在雨天撑着雨伞，独自走在华师的林荫路上吟诵戴望舒的《雨巷》时，那个丁香般的、结着愁怨的姑娘仿佛就是我自己，在雨中哀怨，哀怨又彷徨！语文可以带你穿越时空，走进作者的世界，体验生活的多姿多彩！

大学语文是一个自由的课堂，在这里你可以寻找你喜欢的文学作品，发表你的独特见解，分享你的阅读感悟。语文的世界里没有正确答案，你可以尽情发挥你的想象，传达你的内心情感！

我想说，感谢你，大学语文！是大学语文让我有了一双发现美的眼睛，是大学语文教会了我诗意地生活，让我体味生活的多姿多彩。生活处处皆语文，我将带着我收获的知识，在语文的世界里尽情畅游！

佳惠同学的学习非常认真和投入，课堂发言很积极，课件制作很漂亮。毕业后，她在内蒙古包头市第九中学外国语学校任教，她说是大学语文课激励着她做一名满怀激情的老师！

大学语文课堂的魅力

外国语学院12级　何诗婷

语文课堂已经跟随了我12年，它曾生动有趣，也曾枯燥乏味；它曾经有游戏、有故事，也曾经只有理论和试卷。大学语文课堂又会是怎样的呢？于是，我怀着好奇与期待走进了吴老师的课堂。也许是上天的眷顾，它让我遇到了独具魅力的吴老师，也让我体会了大学语文课堂的魅力！我把自己在大学语文课堂上的感受总结为以下三句话：让诗歌唱起来，让课堂活起来，让语文在生活中闪闪发亮！

让诗歌唱起来

学习诗歌基本知识、赏析诵读诗歌是我们这学期的重点学习内容。我们在诗海中徜徉，了解诗歌发展的根源，学习我国诗歌发展的过程，体会古代诗歌的内涵，感叹古代人民的智慧。我们在吴老师的鼓励下用自己的方式朗读诗词，但是都不能达到吴老师的期待值，吴老师说我们的感情表达还不到位。“诗歌，诗歌，是可以唱起来的！在唱的过程中加入自己的情感，把自己融入诗歌之中，我们就会有不一样的感受！”吴老师如是说。“红酥手，黄縢酒。满城春色宫墙柳。东风恶，欢情薄。一怀愁绪，几年离索。错，错，错……”那三个“错”，从吴老师嘴中唱出，感情极为沉痛，我的心就像被什么揪着！在吴老师的吟唱中，诗词变得生动起来，我们仿佛和诗人站在一起，可以走进诗人的内心，感受诗人当时的情感。吟唱不仅让我们更好地理解诗词，更让我们对诗词产生了极大的兴趣，让我们深刻地感受到了大学语文课堂的魅力！

让课堂活起来

“大家看了《百合花》之后有什么看法？”“我觉得这个故事讲述了……体现了……”“我不是很同意她的观点，我认为……”“我觉得还有别的角度……”这不是知识竞答的比赛现场，这只是上课的一个场景。一开始我还觉得奇怪，但现在我已经习惯这么激烈、活泼的上课气氛了。我想这离不开吴老师对课堂气氛的时刻调动，吴老师鼓励我们思考问题，每个同学都可以畅所欲言，而我们的每一次回答，吴老师都会耐心地做好记录，并且和我们交流她的想法，吴老师说那是我们学习的印记，也是我们成长的印记！在开始的一个月，我几乎没有回答的机会，一方面是我比较胆怯，另一方面我常常抢不到机会，“对手”群体太庞大了。后来，我决心要抓住每一个机会，凡是有所感悟的问题我都会毫不犹豫地举手或者直接站起来，能和大家分享自己的观点是一种非常奇妙的体验，在分享中我们完善自己的想法，在分享中我们享受课堂！

为了使课堂更加生动有趣，吴老师还会让我们观看电影，鼓励我们写观后感，“有感则发，无感则到有感时再发”。还有一项活动是同学们争先恐后参加的，那就是课件展示，吴老师把课堂还给学生，鼓励我们选择感兴趣的题材内容来制作课件，然后在课上展示。活动开展之后，我们在课堂上领略了很多同学的风采，大家对语文有不一样的看法和阐释方法，在同学们身上我也学会了很多。我也很有幸能站在那个讲台上，与同学们分享我对电影《海上钢琴师》的看法，站上讲台与坐在下面听课的感受是完全不一样的，很感谢吴老师给我这样一个机会，我定会终生难忘！生动活泼、形式多样的课堂，让我更加感受到了大学语文的魅力。

让语文在生活中闪闪发亮

在第一节课吴老师就向我们倡导一种理念——生活处处是语文。让我至今记忆深刻的是老师播放的一段汽车广告，通过分析广告的内容，引导我们思索广告的社会效应、优缺点及改进方案等。在此之前，我从未留心过这些“身边的语文”，老师像是打开了一道门，把我引向了更宽广的语文之路。而同学们也在老师的指引下，越发留心起“身边的语文”来，这点可以从同学们展示的课件中明显感觉到。大家都不再局限于对书本文章的赏析，有的同学表达了对《影子》的思考；有的同学结合自身专业特点，探索增强中国文学对外翻译准确性的紧迫和重要；有的同学赏析热播的电视剧，讲述自己心中的林冲……我的课件内容是赏析电影《海上钢琴师》，虽然在我之前已有同学展示过对这部电影的看法，但我们的角度和观点都不相同。我认为《海上钢琴师》是一部能给观众带来思考的作品，是与我们现实生活紧密相联的作品，在我看来它质问着世人：“你坚持自己的理想了吗?”它启发着世人要为理想而生，为理想奋斗！大学语文课堂让我们深刻地体会到“生活处处是语文”，这是大学语文课堂的魅力，是有吴老师的大学语文课堂的魅力！

一个学期的大学语文课，在吴老师充满激情的带领下变得特别短暂，我依旧是那个满怀期待与好奇的我，只是要和独具魅力的吴老师道别了，要和魅力四射的大学语文课堂道别了。我没有忧伤，因为我已经知晓只要怀着热情，只要留心生活，语文就在我们身边，永远不会消失，永远没有离别！

诗婷同学的总结很具有代表性：大学语文课堂的魅力就在于生活处处是语文！

哦，你那美丽的蓝眼睛

外国语学院12级　秦慧歌

“哦，你那美丽的蓝眼睛。”忘记了这是哪篇文章中的一句话，只记得是在大学语文的课堂上，吴满珍老师充满感情地读出来，以至于我如今回想大学语文课堂，回忆吴老师，这句话便在我耳边轻轻地响起。

2012年我考入华师英语专业。初入学的欣喜不多，更多的是对本专业的不满意，我一心想读的是中文专业，却阴差阳错报了英语，想转专业又没有决心。虽然专业没能转成，对于中文专业的课程我却心向往之，一心想要蹭中文系的课。当时，英语专业有一门大学语文课程，我心里并没有太过期待，想着或许跟高中的语文课差不多，后来却因此与吴老师结下了美丽的缘分。

初次上吴老师的课，便被吴老师的热情所感染。虽然是一门大课，但吴老师的声音却能穿透整个课堂，坐在后面的学生也能听得清清楚楚，并且每个学生都能真真切切地参与进来。一节课下来，像同一位智者谈过话那样身心舒畅。忘记是怎样与吴老师开始课下交流的，吴老师得知我在文学方面的小小梦想，在课上、课下给我以鼓励，她那样真诚，那样热心，以至于如今安于英语教师职位的我每每回想起，都心觉惭愧。

大学语文课只上一学期就结束了，吴老师的关怀却远没有结束。犹记得大三时我曾发给吴老师几篇文章，请她批评指正。在次日午饭时间，吴老师就打来了电话，说是刚看完文章，想给我说一说。在电话里，吴老师把我每篇文章中的问题都一一指了出来，并给出了修改意见和建议。电话整整持续了半个小时。吴老师的见解深刻，我受益匪浅。在电话的最后，吴老师一如既往给了我鼓励，给了我信心，让我多磨炼，多体会，自然能写出更好的文字。时至今日，忙于教师工作的我自然是辜负了吴老师的殷殷期望和谆谆教导，但吴老师为人师者的精神，仍在影响着我。我固然成不了作家，但我立志要做一个像吴老师一样的师者，传道授业解惑，关爱学生。

细细回想，距离我最后一次见吴老师竟已有五年之久，吴老师却还记挂着我这个再普通不过的学生。在别处看到吴老师的照片，仍然是一副精神抖擞、热情洋溢的模样。对学生、对课堂、对生活都充满一腔热忱的吴老师啊，待到今年桂花飘香时，我定要回到种满桂花树的桂子山上，再去看一看您充满笑意的脸庞！

慧歌，第一次看到这个名字就觉得她有故事：智慧的人生，如歌的生活！课下与她交流发现还真是这回事！她喜欢文学，文笔不错，曾经创作小说。优秀的她毕业后回河南周口，在一中任教。

吴老师，让我悄悄地告诉您！

电子商务12级　周欣

亲爱的吴老师：

记得与您相识是在大三时大学语文的课堂上，起初我只是抱着完成学分的心态选了一门大学语文，几乎是误打误撞地走进您的课堂的。没想到第一节语文课就被您非凡的亲和力、极强的课堂张力吸引住了。从古典诗词到现代小说，您总能从专业的角度品味出文字的美妙之处，并将这份喜悦与我们分享，同时鼓励我们也去探索并欣赏文学艺术殿堂的魅力。或许是被您的热情所感染吧，每次的语文课堂都让人感到时间飞逝，打了下课铃还感觉意犹未尽。

吴老师，您总是那么富有激情和活力，总是能把学生的面庞记得那么清楚，总是能准确无误地叫出每位学生的姓名，不要说是公共课课堂的老师，就是本专业的专业课老师，也未必能做到这样。您上课的时候，如果偶尔有学生在睡觉，您都会轻轻拍拍那位学生，告诉他上课睡觉是很容易感冒的；如果有学生因为自己的事情不能上课需要请假，您告诉我们一定要诚实地告诉您，不要说自己生病了，因为诅咒自己生病是很不好的事情；如果有学生在您的课堂上提出自己的疑惑或思考，您的眉眼之中会充满惊喜，认真与我们探讨，还会带领班级同学一起为这位勇气可嘉的同学鼓掌……您就是这样在小心翼翼地呵护着学生，他们的身体，他们的品格，他们的精神世界。毕业后，我曾偶然有幸在校园中与您相遇，您总是高兴地拉起我的手问我最近过得怎么样，关心我的生活和学习情况，原本压力很大的我仿佛突然一下就被巨大的幸福感包围了，感觉到轻松又温暖，周边小鸟的啼叫声似乎都显得格外动听。从您身上，我总能体会到一种感动。虽然生活本身是很不容易的，有时候还会很残酷，但就像罗曼·罗兰所说的英雄主义一样，我们还是得走下去，我们依旧要保持着阳光的心态与积极的态度来面对周遭的一切。当我们用善意与真诚去生活时，就能收获到来自生活的馈赠，来自身边的人的温情。吴老师，怪不得那么多学生都喊您“老师妈妈”，因为您教给我们的不仅仅是课堂上的知识，还是一位传道解惑的人生指导老师啊！

现在回想起来，感到自己当初能选到您的课堂，真是一件幸运的事啊！我感叹这世间人与人之间关系的奇妙，冥冥之中似有某种力量将学生与老师联结在一处，这或许就是师生之间的缘分吧！谢谢您，吴老师，谢谢您带给我们的感动与关怀！谢谢您那份从站上讲台到退休时都从未冷却过的热忱！谢谢您愿意当我们的老师妈妈！

曾经在某本书中读到过一句话，“如果一个人为了他的家人，那么家人就是他的后代；如果一个人为了他的学生，那么学生就是他的后代；如果一个人为了人类的发展，那么人类就是他的后代”。

吴老师，您的教诲，学生会记在心里，努力在学习和生活中践行，将您对生活的热爱、对他人的善意带到我生活旅途中的每个地方。最后，学生祝福您身体健康，家庭幸福，生活美满！

2018 年 5 月 28 日

周欣读本科时就很优秀，在 100 多人的课堂上出类拔萃，给我留下美好的记忆。学习管理科学与工程专业的她，硕士毕业后到荷兰边读博士边工作。

大学语文的那些事儿

教育学院 13 级　李晓

记得在大一第一次选课的时候，我很迷茫，不知道上什么课，不知道选哪个老师的课好。这时，一个学姐跟我说："选吴满珍老师的大学语文吧！她教语文教得特别好，很多同学都喜欢上她的课。"虽然是理科生，但我特别喜欢语文，听了学姐的话之后，我就决定选吴满珍老师的课，而且一选就是两门。就这样，我与吴老师结下了不解之缘。

依稀记得上吴老师的第一节课时，她首先就笑着说："今年是马年，那我们就马上上课！"她的话刚刚说完，大家的笑声就此起彼伏地传来，我原本心中的一点小紧张也马上消失了，倒是立刻被吴老师吸引了。当吴老师说她今年花甲，就要退休了的时候，我不由得惊呆了——吴老师 60 岁了？这根本就看不出来嘛！但又想想，吴老师幽默风趣，又爱笑，说明她是一个心态很好的人，看不出岁月的痕迹也很正常。第一次课就在大家的笑声中过去了。

"横看成岭侧成峰，远近高低各不同"，吴老师希望我们对一个问题能从不同的角度思考，能有自己的答案。因此，在她的课上，她会给我们大量的时间让我们回答她所提的问题，让想回答问题的人都有回答的机会，让我们畅所欲言，表达出自己的心声。例如，在赏析东风汽车的一则广告时，她让我们将自己心里所想的都表达出来，无论我们认为这则广告好还是不好。在吴老师的课上，我真正懂得了我们不要总想着有标准答案，而忽略了自己内心最真实的感受，我也再一次体会到了学习语文的乐趣所在。

文学表现的手法多种多样，吴老师让我们对不同的表现形式进行对比，例如，在我们分别将小说《百合花》及电影《百合花》看完之后，她就要求我们找出小说与电影的差别。在找寻答案的过程中，我才发现原来语文还可以这样学，电影还可以这样来欣赏。又有一次，吴老师给我们念了《水浒传》中的一段文字及其英文翻译，让我们自己来体会其中的韵味。看到中文与英文的翻译差别之后，我又一次体会到了中文的博大精深，也懂得了如果真的很想研究一部文学作品的话就应该阅读原文，那样，感受才会更深刻。

在讲解如何赏析诗词时，吴老师教会我们四个字——反复诵读。每讲一首诗或词时，吴老师会先让我们朗读一遍，然后进行讲解，之后再让我们将自己的体会带入诗中反复诵读，有时吴老师也会亲自朗读，并与我们分享她对这首诗的理解。在讲解闻一多的《七子之歌》时，她鼓励广东、香港、山东等地的同学用他们的方言来朗读，并且想象自己是怎样与妈妈进行交流的。大家朗读的效果果然更好。而吴老师也为我们朗读了她理解的《七子之歌》，没想到，吴老师读着读着就哭了。试问，如果没有一颗思念母亲的心，如果没有真正体会到作者的思想感情，如果没有真正走进诗词中，吴老师又怎会有如此强烈的情感？事后，老师也对我们说："朗读诗词时，不要怕出丑，将自己内心最真实的感受表达出来，就是最好的！"吴老师这节课给我留下了很深刻的印象，让我们明白了，赏析文学作品时，不要羞于表现自己内心的情感，相反的，要善于将自己的情感表达出来，这样才能更好地把握作者的情感。

吴老师即将退休，我想她肯定舍不得离开这个岗位，离开她的学生。我希望吴老师在今后每天的日子里都开开心心的，我也不会忘记华师曾有这样一位优秀的大学语文老师！

李晓和我的情缘是一天之内见两次面：上午第 3—4 节课在我的大学语文课堂听了课，接着在下午的文学作品赏析课堂又见到她了。我问她："怎么在同一天内选我的两门课？"她调皮地说她是我的粉丝！记得当时她和胡怡萌两位同学一起在我的课堂，总是坐在教室最前面的两排，上课发言积极，还主动为课堂服务。

剪不断的师生情

教育学院13级　胡怡萌

大一下学期的时候，出于对语文的热爱，我同时选修了吴满珍老师的大学语文和文学作品赏析这两门课。刚开始我并不太了解吴老师，但是当上第一节大学语文课的时候，我就被吴老师的魅力深深吸引，并且喜欢上了这样一位可敬可爱的老师。

我还清楚地记得上完第一节大学语文课后的感受。我曾经在自己的笔记本上写过这样一段文字：一直以来我都对语文有着特别的情愫，我怀着期待的心情踏入了吴老师的课堂，果然受益匪浅。本已经习惯在大学课堂没有老师会喊“上课”“同学们好”，吴老师却延续了这一传统。吴老师一开嗓就令我眼前一亮，没有用扩音器，声音却响彻整个教室。简单利落的介绍，用振奋人心的声音叫每个人的名字，亲切地称呼每位同学，不念姓氏而直接叫出名，每个细节都散发着迷人的魅力，透露着与众不同的气息，令我深深着迷。我很难想象花甲之年的吴老师还能有如此的精力和热情，原本热爱语文的我更加向往这个课堂，更确切地说，是向往吴老师的课堂，是被吴老师的人格魅力深深感染。

这是我对吴老师的第一印象，可以毫不夸张地形容为“一见钟情”。随着上课次数的增加，我对吴老师有了更深的了解，也从学姐那里听到不少对吴老师的赞誉，就更加钦佩这样一位德高望重的老师了。我深知，一位老师能够让她的学生个个爱戴是多么难得。每节语文课都那么异彩纷呈，无须粉墨雕饰，就已经水到渠成。这使我每次上语文课都有所期待，有所收获，有所感悟。

吴老师带领我们于广告中评判社会价值取向，于漫画中触摸时代脉搏，于英汉互译中体味汉字之博大精深；用说书似的腔调讲述一个又一个发人深省的故事，一次又一次用电影与小说的对比教会我们赏析文学之妙。朗诵伟大领袖毛泽东的诗词，吴老师豪情万丈；诵读《七子之歌》，吴老师痛心疾首、款款深情，几度落泪哽咽……在吴老师的课堂，从来不缺少同学发言，因为每一位同学都为之感染，融入其中。吴老师更是对每一位同学都关爱有加，对同学们从不缺少鼓励，从不吝啬赞美。吴老师以最大的善意对待学生，学生以最大的诚意回报老师，师生之间相互尊重至此，师生情谊之深可见。

当文学作品赏析课开始的时候，我每个星期二都要和吴老师见两次面，对于我这样一位学生，吴老师也留下了很深的印象。尽管我已经熟知吴老师的讲课方式，但我仍然对于这样一节语文课抱有无限的热情和期待。曾经好几次迫于学习需要，我准备在吴老师的课堂上背诵英语单词，但始终没有这样做，这大抵就是一个老师的课堂魅力所在，让做学生的如何不被吸引，如何不为之沉醉。在语文作品赏析课上我还成了帮吴老师喊“起立”的其中一人，尽管这是一件微不足道的小事，我却感到无比的荣耀。或许是因为我欣赏吴老师的这样一种传承，我担当着这样一份小小的责任，承载的这样一声不深不浅的问候，维系着这样一缕剪不断的情谊。

眼看大学语文的课程就要结束了，但人生中的语文学习却还在路上，“生活中处处有语文”，吴老师曾经如是说，而我也始终坚信。至此，我不由得想起我的另外一位吴老师，我的初中语文老师，一位我的“知音老师”，每次她都能准确地在我想好答案的时候点我起来回答问题，每次她都能恰到好处地激发我的潜力，我的想法时常和老师惊人的一致……我的语文老师中，有两位令我无法忘怀的，一位是让我觉得“相见恨晚”的吴老师，一位是让我“一见钟情”的吴老师，也许这就是机缘巧合，她们都是我敬爱的吴老师，她们的人格魅力不亚于课堂魅力。我常常想，教书育人，春风化雨，最终效果，大抵如此。吴老师，生命旅途中绚丽的一道彩虹；师生情，更是生命画卷中浓墨重彩的一笔。多么有幸，成为吴老师学生中的一个；多么难得，在大学校园里遇到这样一位可敬可爱的吴老师！每当想起课堂的点点滴滴，想起吴老师的音容笑貌，我的嘴角都会泛起浅浅的微笑。

怡萌和李晓一样都很喜欢我的课，一天内选上我的两门课程。她们总是坐在教室的前面两排，上课发言积极，主动为课堂服务。在我的印象中她聪明活泼，伶牙俐齿，谦虚好学，文笔相当不错，成绩十分优秀。

亦师亦友

数统学院13级　彭杰

我的大学语文老师吴满珍教授的60岁生日和告别讲坛庆祝宴到来之际，很多学长学姐都用充满温暖和感恩的文字倾诉了对老师的感激之情和授业之情。作为理科生，自知文学素养不高，写作功底不扎实，那么，就让我用一些比较朴实的文字来表达我对老师的感恩吧。

首先从学生的角度，我想说，从老师身上学到的东西源于课堂却又是超越课堂的。我一直认为，教育注重的不仅仅是授业解惑，一个教育工作者更应该以身作则，用人格魅力来哺育求知的学生。这一点，老师则完美地诠释了——老师用饱满的激情和严谨认真的态度真真切切地教会了我们对待工作、对待后辈、对待知识的态度。我不知道是因为文理差异还是因为个人原因，在华师上了这么多堂课，几乎没有哪一门科目的课堂可以见得到像大学语文这样参与度如此之高、学生反应如此之热烈的。我更没有见到过，这样温婉地对待学生，这样为学生喜爱和亲近的老师，即使是在师生朝夕相处的高中课堂，我也找不出能像老师这样受到学生喜欢的教育工作者。

其次，作为晚辈，我想说，吴妈妈，您是亲近而和蔼的。我不清楚是否是因为老师把教育学生的态度带到了生活中，对待像我们这样幼稚而青涩的年轻人，总是以一种愿意倾听、愿意协助解决问题的态度。这一点，对于离乡求学的我们来说，无异于是雪中送炭。记得我也曾有一些生活上的小问题和老师探讨，而老师总是认真帮我分析问题，并且给我合理的建议和无私的帮助，这实在让我感动。在这里，我想认真地说一声：谢谢您，吴老师！

犹记得您和我说过，您的女儿在深圳，还拿出她的结婚照给我看，您满脸是幸福的回忆。我问您："为什么不把她留在武汉？"您说："她有她自己的幸福，我不能限制她的人生。"我说："老师，您好伟大！"是的，其实老师很舍不得自己的女儿吧。可是年轻人的世界，毕竟是年轻人自己要去开创的，老师愿意放弃陪伴转而用思念来祝福女儿，希望她能幸福地过好她的人生，这又是多少父母能做到的呢？

老师，我想说，您还有我们。还有一批受您教育的学生，还有一群愿意像您对待我们一样，愿意和您分享我们的人生的后辈们。把我们当作您的朋友和家人吧，让我们相互倾听，相互分享，亦师亦友不也温暖吗？

最后，希望您如果有时间能多来华师看看我们，和我们谈谈人生，聊聊家常。这样的一家子也是很幸福的，不是吗？

总之，祝您生日快乐，健康！

2015年1月16日

彭杰是以帅气阳光男孩的形象出现在我的视野中的。他在我的课堂积极发言，非常活跃，课下我们的交流也很多。我们的进一步交往始于一个图书馆借书的故事，我帮忙介绍了相关老师来处理此事，从此我们就结下友谊。毕业后，只要是节假日我都会收到他的问候和美好祝福！

“妈妈老师”，师情似海

数字媒体 13 级　刘怡林

踏入华中师范大学，我遇到了很多老师，一路走来，师恩、师情无以为报。令我最难忘的，是我的大学语文老师吴满珍，她是我的妈妈老师，而且师情似海。

吴老师是一位亲切的人。刚进大学的时候，我总是满脑袋好奇，总是不停地追问吴老师一些现在想起来很傻的问题，而吴老师却从未厌烦，总是耐心、细致地给我讲解每一个问题，为我们讲述一个个美丽的人生故事。那种亲切感，就像孩子依偎在母亲怀里听故事一样。她教会我做人的原则，教会我人生的道理，让我受益匪浅！

吴老师是一位对学术很严谨的人。我们大三时，吴老师带领我们一组四人拍摄《城市之光》的视频，每次拍片她都亲自到现场指导。记得拍《城市之光》的最后阶段，是一个炎热的夏天，太阳照得人眼睛都睁不开，我对老师说：“天气这么热，您回去吧！我们几个完成就可以了。”但是，她专心细致地指导我们对准每个角度拍摄，额头上布满了晶莹的汗珠，完全没有理会我说的话，到天色慢慢暗下来，吴老师才和我们分别回家。我们每一个前进的步伐都离不开吴老师的耐心指导，《城市之光》能够获奖，多亏了吴老师的支持和帮助。

吴老师是一位十分关心学生的人。每次过节的时候，她总是邀请我们到她家里团聚。每次去她家里，我们心里都是暖暖的，感觉老师就像妈妈一样呵护我们，关心我们，陪伴我们成长，教我们做人的道理。我能在华中师范大学毕业后就读香港中文大学研究生，更是离不开吴老师的引领和帮助。

感恩吴老师给我顽强的翅膀飞向知识的海洋，感恩吴老师给我指明人生的方向。师恩难忘，师情似海！

怡林在我的课堂上特别引人注目，她发言积极，课下与我互动最多。记得大三时，她邀请我带领她们一组四人拍摄《城市之光》的视频，表现出专业知识的雄厚和摄影技术的高超。毕业后，在她就读香港中文大学研究生时，她几乎天天和我视频，汇报她的学习情况。

回忆恩师满珍先生

城环学院13级　郑欣进

终于结束忙碌而又紧张的赛课，总算能抽出时间来写一写我和吴老师的故事了。说是吴老师，但我从心底倒更愿意称呼她为先生，一来是因为她学识过人，常常能把复杂的诗文情绪深入浅出地讲出来；二来更是因为她的品德实在令人尊敬。

见过满珍先生上课的人恐怕很难忘记这位老师。一双高跟鞋，一条精致的丝巾，一头蓬松洋气的卷发，当然令我记忆最深的肯定是那口清脆嘹亮的嗓音，时常深情地给我们吟诵一首首古诗。

满珍先生对我的影响是深远的。这种影响有的是在课堂上，根植于她严格的要求，从而衍生出来的。初入大学，我对电脑接触不多，连打字都成问题，这时先生鼓励我们做一堂课堂展示，但是前提是必须要有PPT。在她的鼓励下，我开始学着找模板，设计动画，精简文字，插入图片、视频，等等。如果没记错的话，我记得那个PPT叫“李清照与苏轼的婉约和豪放”。虽然现在回想起来当时的PPT十分简单，但是给我的PPT设计定下了追求细节、力求完美的基调，这给我后来的工作带来了很大的优势。

满珍先生的严格不仅在于对教学的要求，更在于对自己的要求。未真正了解先生前，我一直以为她穿高跟鞋是为了爱美，毕竟女子天生对美痴迷嘛。直到一次我邀请先生作为“我心目中的好老师”来到城环学院作讲座，她谈到了这一点：外在的形象不仅是对自己的尊重，同时也是对学生的尊重，是对职业的尊重。这对于当时崇尚内心美，不太注重外在的我来讲，是一个很大的冲击了。现在回想起来，这门外在形象管理课对我处理社会关系，提升交际能力真的是起到了启蒙的作用。

满珍先生对我影响深远的还不止这些。在我离开大学语文课堂大约1年后的时间，居然收到了满珍先生的邀请，请我们几个在她课堂上活跃的同学吃饭，聊聊近况。她只给我们上过半学期的大学语文课程而已，而且还是一位教授，竟然到处询问联系方式，联系到当时语文课上的一名学生，我的内心是惶恐而惭愧的。惶恐的是不知到时如何交流，惭愧的是我只是把吴老师当成了一位普通的授课老师。后来在饭桌上，我了解到吴老师邀请到的那些学生和她关爱学生的事迹后，我一直在反思：我为什么要成为一名教师，是为了稳定的工作，还是为了寒暑假的放松或者是一份体面的职业，直到这个时候，我才发现是真有人为教育梦而生，在无私地奉献着自己的青春，爱护着学生。我从她的身上看到满满的正能量，真正的教育情怀。

大学毕业后，由于手机换号加之迁来成都，我与满珍先生失去了联系。没想到去年 10 月，她竟然通过其他同学联系上了我。还是原来激扬的语气，隔着屏幕我都能感受到这就是我们的吴老师，我们的吴妈！关切的言语让我瞬间感受到满满的爱。

写下这篇文章的时候，我正在教室里守着我的学生上晚自习，看了看教室里的学生，一如当时的我，他们需要什么样的一位老师呢？希望我能把从满珍先生这里得到的真心和真爱传给他们。

2017 年 5 月 7 日于成都

欣进在我的课堂上表现得很出色，那时他担任年级学术部长。记得给他们上完课的第三学期，接到他的电话，邀请我上城环名师大讲堂，给同学们再讲一次课。是同学们的支持丰富了我的教学生涯，特别感谢欣进。

陪我度过漫长冬季

城环学院 13 级　程禅娟

相遇，惊动

咦，大学语文还可以这样学？不是对着书本一句一句讲解，而是通过一幅漫画、一段视频追寻多角度地阐述，用发散性的思维去思考。在吴满珍老师激情澎湃的解说与评论中，时间一晃即过。满教室的笑语，积极的思考，踊跃的发言，都说明了这堂课的成功。作为其中的一员，我能做的仅是更多地思考，并及时地与老师和同学们进行交流。十月的星期二，正式拉开了我学习大学语文的帷幕。

相知，今冬

能与可爱的同学、令人喜爱的老师共同度过武汉的这个冬天，是我在这个陌生城市里温暖的来源之一。我们畅所欲言，我们尽情地遨游在语文的海洋里，时光在这里跨越，数千年不过是言语之间，思想在这里碰撞，逾越个体的高墙，闪烁着光辉。这里的我们拥有自己的思想，这里的我们拥有展现自己的舞台。在我的每次发言经历中，总有一种交织着期待、欣喜、激动的复杂情感，渴望被认知，渴望释放自我。同样的，在每一次听取同学们的想法时，我亦能收获新的知识。每一堂课上，总有人给我带来惊喜，赋予我的生命以无限未知与期待；总有新的感悟，总有新的感动，总有新的自己在成长蜕变。在这个课堂里，一切思想皆可被接受，一切新的视角都能被赞许，一切新的自己都能有人欣赏。未知的思维在此分享与碰撞，心的声音在此唱响，绽放智慧的光芒。朗诵吟咏的诗句里，我们以自己的情感认知去贴近自己理解中的诗人作家；高声诵读中，我们恣意其间，反复体味，品读语文的魅力。这一切，都在今冬；这一切，都在你我之间。年华落，韶华逝，白云苍狗，时间无法抹去这个温暖的冬季，美好的岁月会在我们的心里留下永远的印记。

相忆，经冬

换个角度看问题，多元化地解读事物本身，关注身边的小事，遇事多思考深究……从这个课堂里学习的东西我都会牢牢地记住，当然还有吴老师那种处事负责的好品质，积极生活的好态度，同学们各异的思维方式、努力探求答案的不懈、阳光向上的状态，这些都会记在我的心里。感谢我们的相遇相知，感谢你们让我拥有这么美好的记忆，感谢你们教会我这些美好的东西。在今后的学习、生活中，我也会更多地使用我在这里学习到的东西，并会积极地去思考。今冬已逝，经冬不忘，记忆里的美好你们将会永远陪伴着我，经历无数的冬季。

禅娟同学在我的印象中学习特别认真，她在大学语文课堂上是发言最积极的一个。后来，她又一次选择了我的文学名篇赏析课程，并且当了课代表。她制作的课件，上台演示非常成功。

世间情感最美妙

城环学院13级　周圣易

现在回想2013年，记忆里模糊地想起，那年踏入华中师范大学的北门，在憧憬下，自卑印记在心。比这印记还深的，是大学语文课堂，是满珍老师浑厚有力的声音。我是在那里得到的启示，那里是我克服自卑心态历程的见证。

在华师开始的第一堂课，就是8211教室里的大学语文课，满珍老师的声音吸引住了一个求学的少年，于是听满珍老师讲评文学作品，成了我每周一件最开心的事情。

印象中，好几个院系的同学一起坐在教室里学习，满珍老师的课堂不怎么有过空位。满珍老师曾说，比起文学专业的孩子，8211教室的大熔炉可以让她感受更多不同专业学生的思想交汇。满珍老师每一次提问时，很多同学都举手抢答，看着那么多人发表自己的想法，内心羡慕得不行，我却从来不敢答任何一题。那一年的成绩是按照八比二的比例（平时成绩占80%，期末成绩占20%）给分的，在成绩上从不肯输给别人的我，被逼着为了这80%的平时成绩想了些办法。

一次课程后的作业是利用课余时间阅读高晓声的作品《陈奂生上城》。在读小说的过程中，感觉到陈奂生这个人物身上体现的性格，怎么在我身上也有类似的特点呢？什么农民意识，消极报复，阿Q的精神胜利法，自欺欺人等等，似乎我都有。于是，我下定决心写一篇读后感交给满珍老师。大抵耗时一个夜晚，我把文章写了出来，又颤颤巍巍地誊写在了纸张上，那张纸很薄，很一般。我对自己的字迹不满意，最后还是决定写电子档，在第二日的午时按下了发送键，满心期待着回复。数日后，收到满珍老师回复的邮件：下次课当面交流。看到这些字的时刻，我有一种无法言明的欢喜。

干脆利落，毫无顾虑接受一个学生自作主张完成的拙劣作品，这是当时我的感触。而当自己就任教师这一岗位后我才明白，要接受一份额外的作业，得付出多少劳动力。满珍老师就是这样一个对于学生有求必应、从来不懂拒绝的老师。满珍老师也如她的名字那般，满心真意，海纳百川。她满心真诚地对待并帮助当年心里不够坦荡、在众人面前不敢讲话的我。

开学一周后，满珍老师给了点评，内容虽是回忆不清晰，但早已内化成了我生命中的点滴。那一次主动写成文章并和满珍老师交流，打开了我心里的大门，让我懂得接纳那个怯懦的自己，并让那个自己变得强大。这件事给了我自信和勇气，对我的影响可以说是终身的。

这以后我开始在课堂上朗诵作品，有不懂的问题就跟满珍老师交流，她总是热情相待。随着自信心的增强，我学习的兴趣越来越浓，和满珍老师的感情也越来越真切深厚。

有人问我："你怎么跟大学老师的关系那么亲近?"我的回答是："哪里有什么天生就亲近的师生关系呢?这是与学生对老师的尊敬和老师对学生的关爱分不开的。"满珍老师对学子们的关爱，早已渗透在她对人、对事的一言一行中了。

满珍老师是我的恩师，是她改变了我的性格，是她成就了我！大学毕业后，我就职教师岗位以来，一直在班级里坚持做一件事，那就是让孩子们要敢于通过声音表达自己的想法。这就是我在满珍老师课堂里掌握的最牢固的知识和技能。

圣易这个名字我总觉得他父母当初为之取名大概是有期盼的吧！是不是学圣人，读易经呢？反正我所认识的圣易同学古文基础扎实，学习天赋不错！在我的课堂上，他虽然发言次数不多，但质量很高。他对老师也是恭敬有加。记得毕业后他在回湖南的车上，还不忘给我发信息告知毕业去向，让老师好感动呢！

大学语文，且行且悟

教育学院13级　高曼雅

一学期很快就过去了，从选大学语文课的期待，到选上大学语文课的激动，到真正与老师您一起共度这学期语文课堂的美好，感慨万千！其实，在大学语文课堂上，我收获的不仅是语文知识，还有心理素质的提升和价值观的改变。下面，就从三方面来总结本学期我的语文学习收获。

第一方面，心态的调整和自信的增强。很感谢吴老师，您把很多发言的机会留给我们，让我们自由思考、组织语言、鼓起勇气举手说出自己的看法，哪怕说的不沾边也能得到您的鼓励。一开始，我发言还比较胆怯，慢慢地，我在课堂上的发言越来越多，也越来越活跃。我觉得大学语文课很有意思，所以一直积极地和您进行课堂互动，而不是上课无聊刷手机，自信心也在多次的举手发言中逐渐增强。后来，我就直接抢占第一排听讲，这样不仅听得更清楚，而且可以和您有眼神的交流。信心，其实是一个人健康心理很重要的构成因素。我不再害怕当众讲话和发言，能很好地应对即兴演说。本学期，我竞选年级学术部长，演讲效果不错，高票当选。这得益于我在大学语文课上多次的发言，锻炼了胆量，增强了信心。

第二方面，观念的转变和思考的深入。以前，对于学习，我可能更多的是功利化心态，比如说怎样能拿高分就怎么学。在大学语文的课堂上，吴老师您说过："同学们，学习是为自己而学的，不是为学分，也不是为我学的。"可能连您都不记得这句话了，但至今我都印象深刻，因为当时这句话真的给我很大的震撼。学习，为提升自我，为美好的未来。把学习当成一种乐趣，而不是任务、作业，我们会收获更多。注重过程，结果自然而来。观念的转变，使我对学习更加积极投入。而思考的深入，则是您在第一节课上教给我的。那节课您给我们播放了一则广告，然后让我们谈自己的想法。大家七嘴八舌，观点不一，在您看来都没有触及实质。您说："不要就事论事，要透过现象看本质。"思考要深入，遇事多想想，抓住问题的关键。现在，我在学习、生活中一直践行着这些道理。

第三方面，就是方法的指导和课外学习积累。老师，您在课堂上讲授赏析小说、诗歌的方法，我都做了详细的笔记，并且在课下品读文学作品时加以运用。本学期我读了不少名家小说，毕淑敏的《鲜花手术》、铁凝的《大浴女》、余华的《活着》、李碧华的《生死桥》等，也读了一些教育类名著，如《爱弥儿》《教育漫话》《夏山学校》等，并且按照您教的方法，整理了自己的读书笔记、杂志剪贴和摘抄。因为这学期才刚开始做这些事，所以做得不多，没有拿给您看。不过日积月累，我相信我的语文水平会有提高的！

语文如花，开满我们的生活。人生之路，漫长曲折，但无论何时，我都不会放弃对语文的学习！大学语文，且行且悟，且悟且珍惜。

曼雅在我的大学语文课堂上总是坐在最前排，听讲很专注，与我的互动很踊跃，当时就给我留下了深刻的印象。没想到在2019年暑假，在文学院2019级的公费生教育硕士的开学典礼上，又一次遇见了跨专业读研的曼雅！

那是您　我的满珍老师

教育学院13级　刘双

那是您，带着迷人的微笑，带着满怀的热情，带着乐观的精神，走进了8211教室，我大一下学期汲取营养的殿堂。

那是您，一声洪亮的“上课”、值日生同学的“起立”，唤醒了因早起仍有睡意的我，让我精神抖擞，让我以充沛的精力迎接新的一天。

那是您，有着高超的语言艺术，将我紧紧吸引，让我如痴如醉。欣赏古文，就如同古代那些伟大人物直接对话；从杜甫的文字气象里，我感受到他时刻不忘忧国忧民的博大胸襟；从韩愈的《祭十二郎文》，我感受到作者超越叔侄近乎兄弟之情；学习现代诗歌，老师那饱含深情的朗读让我动容，犹记《七子之歌》的深情诵读；品味小说，我爱陈奂生朴实可爱的农民形象，我欣赏子君敢于大胆追求爱情的勇气，我爱《红楼梦》里各色人物、各种故事、各种人生。

那是您，用轻松开放的教学方式让我更加热爱语文。没有绝对的对与错，有的是不同读者的不同理解；没有一味的否定，有的是各种思想的交汇与碰撞；没有严肃沉闷的上课氛围，有的是积极思考、踊跃发言的轻松活跃；没有批评与责备，当我们的答案不够准确、思想不够成熟的时候，有的是无尽的鼓励与引导，有的是为我们一点点进步的认可与肯定，让我们的思维放开、自信心增加；没有一味的填鸭式的教育，有的是师生互动、互相探讨的开放教学。那是您，让整个课堂处于轻松愉快的学习氛围，让我们学有所得，学有所乐。

那是您，始终注重自己的教师形象，以身作则。即使腿上有伤，也从不迟到，从不早退；始终用微笑贯穿整个课堂，用您的热情感染我们，用您的态度教导我们；即使不便行走，您也会努力在课堂上走下讲台与我们近距离接触。

我还记得，那个课堂，您的研究生离开的那个早上，始终微笑着的您，流下了不舍的泪水，让人不禁为您与您的学生之间的感情动容；我还记得，那个课堂，您毫不吝惜自己的歌喉，让我们大饱耳福，我们也在心里暗暗佩服；我还记得，那个课堂，《祭十二郎文》再一次让您落泪，也让我感受到语言的魅力与情感的碰撞。那是您，明媚的、感性的、充满魅力的、让我印象深刻的满珍老师。

那是您，让我尽力突破自己，克服恐惧与胆怯，尽量在课堂上发言；那是您，教导我不仅要做学问，更要学会做人；那是您，教会我不论生活多么艰辛，始终要充满热情，记得微笑；那是您，教会我生活要用心，要学会感恩；那是您，教导我要做一个有思想、有主见的人。

那是您，满珍老师！告诉我们语文无处不在，只要有一双美的眼睛去发现，生活总是阳光灿烂的！那么，我要对您说谢谢您，满珍老师！您让我在大学里有这样一段令人难忘的经历，让我有这样一段美好的经历可以回忆。

刘双同学的课程总结可以看得出是用心写的。在我的印象中，她充满着对文学的热爱，每节课都认真听讲，积极参与课堂互动。她现就职于襄阳市恒大名都小学教育集团，担任语文教师。在工作岗位上，她尽职尽责，传递着为人师者的温暖。

有您的日子里，生活多了一种力量

华师阳光派遣项目韩国班14级　聂淑琴

我是华中师范大学阳光派遣项目韩国班的一名学生，我叫聂淑琴，来自江西某小镇。我与吴老师相处虽然只有短短的一个学期，却让我收获颇丰！

第一次见到您是在2014年9月开学的第一堂语文课上，您很和蔼地问我的名字，而我却跟小孩子一样来了一句："您猜呀。"您顿时爽朗地笑了，很快并且很准确地说出了我的名字，我有点小小的吃惊，于是我们就这样认识了，而我的生活也因为有您开始慢慢改变着。

在我的印象中，语文课大多数是催眠的，所以刚开始的语文课，我很自觉地就准备"休养生息"。可是，我却发现我根本不可能睡觉。您站在上面那么的激情澎湃，声音是那么的铿锵有力，本来准备睡觉的我却莫名地跟着您的步骤翻着书。看着讲台上活力四射的您，仿佛在欣赏一道亮丽的风景线一样，于是自己也渐渐被感染了。一个学期下来，不仅自己知识方面有所收获，而且那一个学期也因为您的语文课，我的大学生活又多了一份乐趣！

后来，越长大越觉得很多事情好像是冥冥之中注定的，就像遇到吴妈！我不是华师的正式学生，毕业后我拿的是外国的毕业文凭，我仅仅在华师培训两年半，而与吴妈的这段缘分让我融入了华师，也让我爱上了华师！

我以为随着语文课程的结束，我跟您之间的关系就会慢慢变淡，然而不是！您会叫我去您家吃饭，在您的家里有很多跟我一样的学生，虽然我与他们未曾相识，但是从不陌生，与他们仍然可以像朋友一样畅谈。就因为您，让我本不完整的大学生活变得完整；原本我的大学生活比较单调，班级人数不很多，没有通常的大学班级那么热闹，因为您，让我大学里所缺失的这一份同学情正在浓浓加深！

您除了关心我的学习，还关心着我的生活。对于在异乡求学的我而言，您就像一位亲人一样，每次遇到困难无处倾诉的时候，我总是会想起您这位可爱的亲人来，而您也总是能或多或少地开导我，让面对困难的我不再畏惧，不再手足无措。因为有您，我的成长路上开始没有那么多荆棘。

您大概是我见过的最亲切的老师了，眉眼之间尽是慈祥，声音饱含着爽朗，让人不得不亲近。也许是因为这样，我很自然地跟您开了第一个玩笑，也找到您倾诉了我很多的苦恼。我不是个擅长倾诉的人，很多事自己能扛就扛，扛不住就歇一会儿再继续硬着头皮走下去，不动声色。我没想到，第一次的倾诉就那样拉进了我跟您的距离。您总是时不时地关怀着我，看到班级群里面别人用酸溜溜的话说我时，您会替我出头，担心我受委屈；有时早晨起来，您也会把自己的好心情传递给我，让我觉得远方有个人在关心我。

大约一年前，我还是个渴望飞出去的鸟儿，却又害怕外面的风雨会让我铩羽而归。当时国内还有很多问题没有处理好，我不能提前去国外那边的学校，我为此失眠了一个星期。我把情况告诉您后，您就对这个事情一直尽心尽力，为我出谋划策，您亲自去跟相关的领导沟通，也教我怎么跟相关的老师沟通。我想，我能从华师顺利出国，您应该是找到钥匙打开鸟笼的那个人。出国之前，您抱着我，跟我讲了许多，叫我一个人在外面要多注意等。

一段艰辛的经历，走不出来，会成为毁灭你的一把利刃；走出来了，会成为你以后人生路上的一笔丰厚的财富！现在的我在国外，一年已经过去，这一年经历了太多太多，很辛苦，也很充实。现在一提到武汉，我就会想起您，想起华师，想起那备受折磨却依旧美好的两年时光！这次回到武汉，又见到您，您正在感冒中，为了迎接我，把家里都熏了一遍杀病毒，不方便做饭的您还为我做好了丰盛的晚餐！您总是说做得不够，可是您不知道在韩国吃了那么久泡菜的我，看到家里的中国食物，我心里有种说不出的亲切。饭后，我跟您和李叔聊天，跟你们分享我的生活，您说我现在情商比以前高了，但是还需要再提高。您总是这样，会说出我进步的地方，但是同时又要求我下次做得更好。我想，下一次我会给您看到更好的自己！

如果不是您，我现在或许不会翱翔在我自己的天空！有的时候，我也在想，遇见您这么好的人是不是老天看我那两年半过得很辛苦给我的补偿。又或者说老天希望我成功，所以特意安排这样一位贵人出现在我身边。现在的我还要在韩国读两年的研究生，不过以后还是会每年都特地去武汉看您的，再去华师走一圈！

淑琴不是华师学子，而是教育部“阳光项目”班的学员，只因为她的学习地点在华中师范大学校园内，又因为我被邀请担任他们的任课老师，于是我们有缘相逢在桂子山。为了让她融入华师学子的大家庭，只要有本科生的聚会我都会叫上她，所以她和我的相识算是一种奇特的缘。作为“阳光项目”班班长，她克服压力，勤奋好学；她独立能干，懂事孝顺。她现在韩国读研，每到寒暑假回国，她都要专程来武汉先看看我，然后再回江西。

一段美好的回忆

城环学院 14 级　王心语

如果说人生是一首诗，那么语文必定是其中最美丽的韵律；如果说人生是一首歌，那么语文必定是其中最华丽的音符；如果说人生是一幅画，那么语文必定是其中最浓墨重彩的一笔；如果说人生是一盘棋，那么语文必定是最让人醉心的棋子。我爱语文，因为语文给予我们的是新的天地，遨游其中，我们会不知老之将至。

初来大学，对很多东西都有一种新鲜感，譬如教室不是固定的，作业可以在网上交，老师不再是课堂的主导者，自己成了自己的主人，等等。但最让人感到新鲜的便是大学语文课堂，我们完全抛开了应试，只是用最纯粹的心来欣赏这一切的美，不必纠结于一个无聊的读音，不必再懊恼于一个很无谓的语病，所有我们需要做的就是乐于思考，并且勇敢地与大家分享你的想法。课堂上，大家的思想碰撞，真让人感受到了“一千个读者便有一千个哈姆莱特”。我们学在其中，乐在其中，受益匪浅，感慨颇多。

给我们上语文课的是吴满珍老师。初次见到吴老师，我便感受到了一种十分积极向上的精神，便有为之振奋的感受。吴老师已经年近六旬，我们很幸运地成为吴老师的最后一届学生。所以说，这恰好是缘分让我们聚在一起。在这茫茫的人海之中，我与您相遇，不早不晚，恰好让我们就此相遇。吴老师是一位很有名的教授，却丝毫没有我们想象中老教授的古板清冷，反而很亲切，让我们在异乡感受到了师生情的温暖，或者说这是来自亲情的温暖。

第一节语文课吴老师没有立马、冷冰冰地给我们讲各种专业知识，而是殷切地告诉我们关于人生的忠告，学知识先学做人，做人是立身之本等。吴老师把自己大半辈子的生活经验无私地告诉我们，真正地体现了学者的大气之风。接下来的课堂上，吴老师便带我们领略了生活中的语文。学长学姐们做的语文之美的 PPT，一段生活中常见的广告里居然还包含着许多的学问，等等。这些无一不向我们展示着大学语文的魅力。真是生活中处处有语文，不是缺少美，而是缺少发现美的眼睛，如同英国诗人所说“一花一世界，一树一天堂”。如果说中学语文是戴着镣铐跳舞，那么大学语文便如同春天的花园，百花齐放，姹紫嫣红。

我从小便是顽劣性子，胆大心大，却喜欢在书本中寻求一片属于自己的世界，书籍让我在一个小小的房间里却可以看到一个大大的世界，让我在现代却可以看到过去的滚滚历史，让我知道了那才情与美貌并存的薛涛、鱼玄机、李清照，那独立精明能干的新女性宋氏三姐妹，那为独立而觉醒的娜拉，那闻名全球的“铁娘子”撒切尔夫人。是书籍让我知道了在成长的道路上我该怎样做一个优秀女性，让我明白一个女性应该拥有怎样的内心世界，如同西格里夫·萨松的那首诗“我的心里如同有猛虎在细嗅蔷薇”。大学语文更多给予我们的是方法，教会我们如何赏析一篇文章，这正是我过去的阅读中所缺少的：我所缺少的方向，所缺少的对文字的掌控力，如何用文字来更好地表达自己的思想。

给我印象较深的是吴老师对《伤逝》这篇文章的赏析。吴老师对这篇文章的赏析让我学会了“知人论世”的学习方法，在那个悲情的民国时代，在那个五四运动之后的新思想潮流冲击下的女性思想转变的时代，子君拥有追求爱情婚姻自由的想法，但是由于那个黑暗的封建时代，以及子君并没有一定的经济独立，子君与涓生的悲剧是必然的，其实这何尝不是对《玩偶之家》中娜拉出走结局的最精准预测。

大学语文学习过程中，吴老师对《百合花》以及《白狗秋千架》的小说与电影的赏析，让我们从文学和电影这两种艺术来看它们是通过什么手段来表达主题的，这个在以前中学中是我从来都没有接触到的。大学语文令我着迷的还有它突破课本的框架，它是按照专题来一个个讲的，比如诗歌专题的讲解，这个专题吴老师成体系地讲解，从最开始的四言诗，到诗经到律诗绝句到现代诗的整体把握及其框架，让我更加了解诗歌这种艺术形式。吴老师着重讲解《长恨歌》《采薇》《钗头凤》《月夜》，让我明白了，诗歌鉴赏最重要的是反复吟诵，逐字逐句赏析、推敲。

最后一节课，吴老师让我们每个人对大学语文说最后一句话，我说的是：“大学语文对于我来说不是过客，而是归人，它把我带入了一个美丽的世界，让我感受到了文字的美丽，感谢语文，感谢吴老师。”

虽然现在我是在写总结，但这并不是一篇冷冰冰的流水账，它浓缩了我对吴老师的感谢以及对语文的热爱；虽然我的大学语文学习之旅就此结束，却很幸运能够成为吴老师弟子中的一员。同时，我也希望能够以此篇文章刻录下我与吴老师、与大学语文的点点滴滴，多年后想起看起都会是一段美好的回忆。最后，祝吴老师阖家幸福，新年快乐！

心语是那个在城环学院开设的大学语文课堂上，坐在最前排、扑闪着大眼睛认真听课的学生，特别活跃，发言最多。她的好学和与我的共鸣是我赋予教学以激情的珍贵的礼物。

求知不为学而为做人

——致敬人师吴满珍

历史文化学院 17 级　蓝贻茜

求学十多年以来，我经历了无数的老师，他们有的似初升骄阳活力横溢，有的似百年青松沉蕴内敛，都有着百态阅历。拾撷我记忆深刻的一帧帧画面共忆，经师易遇，人师难逢。将精湛的专业知识传授给学生的老师并不难遇到，而能以其渊博的学识、高尚的人格修养去教学生如何做人的老师却很难遇到。庆幸的是，我遇到了这样的老师——吴满珍老师。每当提起教师二字，她总会第一时间出现在我的脑海，亦师亦友亦家人。

我是在大学三年级的通识教育核心课“文学名篇解读”上认识满珍老师的。作为历史文化学院的学生，长期是在历史学专业课中学习，历史文化学院的老师沉蕴内敛，严肃认真地教授我们史学知识与研究方法，所以还未上课之前我很好奇文学院老师的课会是怎样的模式。终于上课铃响，只见一个身着暗红金丝绒旗袍、盘着精美发髻的女老师走进教室，她笑容满面，和蔼可亲。人们常说“爱笑的女孩运气总是不会差”，满珍老师就是这样一个爱笑的人，她的笑很有感染力，很有亲和力，沉溺在满珍老师小巧的梨涡中，我喜欢上了这位优雅美丽的老师。第一堂上满珍老师做了一个别样的自我介绍，向我们传递了她的人生信念——“求知不为学而为做人”。在我看来，这也是这门课的授课主旨，也是最触动我的。

我们为什么要进学校，众人一般会回答“为求学问”，但是为什么求学问，各人的答案就会不同，有的人甚至答不出来，满珍老师这句话倒是点明一个方向——“为学做人”。大学作为学生从书斋走向社会的最后一阶段，是落实为学和做人的关键时期，不管愿意与否，每个学生都应该做好充足的准备，包括身心与专业技能准备，自信地迎接生命新阶段的挑战。在大学里，对学生做人影响最大的应该是教师了，所以要求大学教师首先做到学高为师、身正为范。教师在对学生实施传道、授业、解惑等的过程中，既是学生良师，又是学生益友，教师的一言一行，学生耳濡目染，对学生的三观形成及今后的为人处世影响至深。

在这门课上，满珍老师以文学阅读为媒介和我们沟通着做人。一个人的阅读史就是他的生命史，他的生命状态和变化会在这个记录里留下痕迹。文学是社会生活的反映，来源于生活却高于生活，再现作家对生活的评价与认识，所以我们能够在文学世界与现实生活中比照参阅，体味人生百态，活得意味深长。

可是如何将其体味深刻，看得明白？一部文学作品好，但是好在哪里？所以要摆脱混沌的蒙昧状态，学会鉴赏一部文学作品。鉴赏之前需要了解文学作品的构成和内容诸要素，文学作品是客观生活和主观思想情感相融合的统一体，通过语言、结构、题材等诸要素传达主观思想情感。任何一部文学作品都是一定时期的社会生活的反映，评价作品时要将作品放在一定时期的社会环境下去考察，但是不能将文学作品与现实生活等同起来，此中有那个时代的真实，也有虚构，在真实与虚构之间我们要学会把握这个度。满珍老师以高晓声的《陈奂生上城》为例，向我们展示了高晓声如何通过一个普通农民陈奂生上城卖油绳、买帽子、住招待所的情节描写以及穿插其中的语言、动作描写，人物与人物之间的沟通来往，精妙地呈现陈奂生微妙的心理变化，刻画出背负历史重荷的农民在跨入新时期变革门槛时的精神状态。

明白了文学作品的构成要素，我们相当于拿到了打开作品赏析的第一把钥匙，此时的文本不再是一个笼统模糊的整体，而是如同一个有着清晰结构的建筑，其中的衔接与转折都是我们可以解读的空间。由于读者个人本身的经历的不同，个体的思维也有差异，所以对文学作品的解读也是多元化的。多元让文学作品有多层次的含义而更加丰满，但也易陷入碎片化的危机，所以必须要学会正确理解作品的主题。满珍老师认为把握主题有以下几个途径：一是题材，二是人物，三是抓主要矛盾，四是知人论世。此外，不同体裁的作品也有不同的解读法。对于诗歌，我们要反复吟诵；对于小说，我们要了解故事；对于戏剧，我们要明晓矛盾冲突；对于散文，我们要明了形散神聚的精髓。我个人是比较喜欢读小说的，我认为小说更具故事性、情境性，也更有代入感，我喜欢沉浸式阅读，但是此前我的阅读囿限于专业书籍，其实功利性比较强，从研究问题出发选择书籍，目的性很强，灰尘扑鼻地翻阅旧书籍杂志。不管你是否喜欢，为了写论文，不读不行，硬着头皮也要读，如此下来写出来的文章还是感情不够，没有温情，没有体验。而在上这门课时，我终于可以放下先入为主的问题，来一场真正的人生体验。

左拉的《陪衬人》揭露了在资本主义社会里，一切都可以商业的形式贴上标签加以买卖的社会现实。而拉夫列尼约夫的《第四十一个》是一部以苏联国内战争为题材的作品，它没有去展示群众斗争那种史诗般的画卷，而是描写在人迹罕至的小岛上，两个阶级不同、信仰不同、文化修养不同、追求不同的青年男女的爱情悲剧。尽管没有大场面，我们还是从那寂静的小岛上的一声枪响中，感受到那个时代里两个阶级搏斗的剧烈。凌濛初《初刻拍案惊奇》的第一卷《转运汉巧遇洞庭红　波斯胡指破鼍龙壳》，乍看倒运汉文若虚的转运充满了偶然性，其实他的转运是明中后期商品经济发展的必然。作品充满发财幻想，讴歌冒险和投机。鲁迅的《伤逝》以主人公涓生哀婉悲愤的内心独白的方式，讲述了他和子君冲破封建势力的重重阻碍，追求婚姻自主建立起了一个温馨的家庭，但不久爱情归于失败，最终以一“伤”一“逝”结局，小说通过涓生、子君始以争取个性解放、婚姻自主，终却落到悲剧结局的描写，反映了个人和社会的冲突：离开整个社会的解放，个性的解放和婚姻自主是无法实现的。两首《钗头凤》的对比阅读让我们体味到陆游与唐婉之间的伉俪情深，但在封建社会，父母之命不可违。陆游是饱读诗书之人，对于父母之命也是言听计从，只得休了唐婉。他们夫妻本就情意深重，一旦分离，便有那许多的思念。情之所钟不可解，那许多的惆怅，最后也只化了伤心泪，两首词主题思想一致，但是男性与女性的表达却有着耐人寻味的差异。

满珍老师的选文既有传统的经典篇目，也有近现代国内外的优秀之作，内容丰富，文体齐全，诗词曲赋、散文小说兼而有之，以知识性和实用性为依托，关注社会，拓宽视野，融开放性与时代性于一体，注重文学性和人文性。满珍老师摆脱传统的说教，鼓励我们自我探索，自我思辨，自我发言，在阅读中体味。不管有没有意识到，我们在读一本书的时候，都会跟这本书建立起一种特殊的关系，在书中回溯时代，体验人生，思考人性，学会做人，达到不惑、不忧、不惧之境界，养足根本智慧，体验出自己的人格、人生观，保护好自我的自由意志，修养磨炼自我的知、情、意。

现在是书籍拥有人的时代，而不是人渴望拥有书籍的时代。当人被书拥有的时候，就没有了那种非常渴望读书的心情。满珍老师告诉我们，阅读就是帮助我们了解自己，帮助我们了解他人，希望我们能够多读一点书，学会做人。最可贵的是要获得一种比较平静的心情，静下来去读一本书，从里头去体会他人表达的道理，温习自己的体验，提升自己的境界。

克莱尔·麦克福尔在她的《摆渡人》中描述了这样一群人，他们将死亡的灵魂从现实世界带到未来世界，摆渡人要做的就是引导灵魂穿过荒原，保护他们免遭荒原上的恶魔毒手，并把他们送到要去的地方。满珍老师是我在大学里遇到的一个重要的“摆渡人”，满珍老师是个优雅的会学习、会生活、会做人的老师。我很高兴与满珍老师相遇于这门课，在这门课当中收获的不仅仅是干货满满的专业知识，更是难以忘怀的温情与感动，很幸运能遇见您，可爱的满珍老师。

和蓝贻茜的相遇真正是叫作有缘！退休了 4 年的我，由华师桂岳计划聘请为主讲教授，2019 年秋季又重返讲台为全校开设通识教育核心课“文学名篇解读”，贻茜同学便是我在这个课堂上认识的，而且是第一个认识的。她在课堂上表现很优秀，不仅智商高，而且情商也很高。

真情可以动人，可以感人

历史文化学院17级　高天雨

“上课！”“起立！”“同学们好！”“老师好！”

上了中学、大学，师生之间如此的问候渐渐淡化，消弭了。但吴老师在每次课都会向学生问候。

“我为我心爱的人儿燃到了这般模样！”

“你可知‘妈港’不是我的真名姓？我离开你的襁褓太久了，母亲！”

“‘漏斗户主’陈奂生，今日悠悠上城来。”

吴老师的每次课都像富有激情的演讲，每次课都会有真情的朗诵。上课时从来不会犯困，因为吴老师上课时始终声音洪亮，情感充沛。听讲时从来不会走神，因为吴老师始终用眼神与学生交流。课堂结束后，我的心中总是充满暖意，因为吴老师上课总以真情打开学生的心扉。是啊，吴老师的课堂从来不缺少激情和真情。吴老师对文学作品的解读，总能透过文本，将人物、情节最生动的一面展示在学生面前，加深学生对作品的理解。在吴老师的课堂上，有陈奂生上城的自豪和局限，有上海滩上个体户对钱的疯狂，有海子对故土深厚的热爱，有马柳特卡对“蓝眼睛”那超越阶级的“爱”，也有郭沫若对祖国似恋人般的爱，更有毛泽东那可以冲破乾坤的万般豪情……

“授人以鱼不如授人以渔”，吴老师在课堂上教会我们解读文学作品的方法。吴老师在课堂上教给了我们很多东西，其中有两点对我来说十分重要。

一是不同体裁作品的解读法存在不同。诗歌需要反复吟诵，小说需要了解故事，戏剧需要知晓矛盾冲突，散文则是形散神聚。这一点主要体现在诗歌上。记得那次课，吴老师让同学们自备诗歌，为朗诵做准备。因我喜欢毛主席，便准备了王怀让为纪念毛泽东一百周年诞辰所作的《人民万岁》。我虽早已将此诗背过，但对于朗诵却一窍不通，水平仍然停留在将诗一字不差背出的状态。但是，吴老师却鼓励并指导我朗诵。首先，该诗全部是以第二人称视角对毛主席的事迹进行叙述。“你从韶山水田的黄色的阡陌上走来，你从安源煤矿的黑色的巷道里走来。”朗诵时，应在“你”字上加重，着重突出“你”。虽然我最终朗诵得并不是特别理想，但在吴老师的指导之下我感受到了朗诵的魅力。其次，吴老师说，理解诗歌的最重要的途径是反复吟诵。所以，在课堂结束后，我又反复地吟诵，从而加深了对毛主席之伟大的理解。比如，我认为此诗最大的妙处在于，将毛泽东伟大的一生浓缩进短短诗中。从某种角度讲，此诗不仅是在讲述毛泽东的一生，也是在叙述中国共产党领导下的民主革命斗争。

二是在解读文学作品时，一定要把作品放在一定时期的社会背景下去考察，看是否符合那个时代的真实，并且不要以自己的主观意见去任意解读和评价。在上吴老师的课之前，我对文学作品的评价是带有感情色彩的。在上吴老师的第一堂课时，我就曾对老师说：“老师，我不喜欢《水浒传》，我最喜欢《红楼梦》。因为《水浒传》中有太多有关残暴的描写。”吴老师马上对我说：“评价文学作品不能因个人喜好。”之后，我便尝试驱除之前的偏见，重新理解《水浒传》。我现在虽然还不能完全理解《水浒传》，但我深知我之前的观念是多么错误。我喜欢《红楼梦》的原因有二：一是此书常读常新；二是此书对人性存有一种关怀。我认为关怀在于，作者虽然揭露了当时统治阶级的黑暗，但同时又给出了这些黑暗出现的原因。作者对贾敬、贾政、贾蓉、贾瑞这些人并不是一味的批评，而是有一定的同情。比如，在写贾瑞的贪婪、不自量力之时，作者还提到贾瑞的家庭状况——贾代儒对其教育的过于严苛。可见，贾瑞之所以恶，并不是天生恶人，其中家庭教育的缺失占很大一部分。再比如，写贾蓉种种不堪行为的同时，作者还写到贾珍对贾蓉的种种精神迫害。这一点最显著的体现是清虚观打醮。可知，贾蓉之恶乃是因贾珍之恶。恶不是无中生有，乃是有因之恶。所以，《红楼梦》不是对旧社会的彻底批判，而是有所反思。我之前对《水浒传》评价不高的原因正是在这一点。当时，我只看到了《水浒传》中一些较为黑暗的描写，而没有注意到《水浒传》在描写这些黑暗之时也交代了这些黑暗产生的原因——官府的压榨。可以说，《红楼梦》是上层人士的忏悔和反思，《水浒传》则是下层民众的反抗和斗争。一个从上而思，一个从下而斗。两者同样伟大。

吴老师的课除了能让我加深对文学的理解，还可以帮助我更好地体察历史人物的情感。我的专业是历史学。研究历史要求客观、理性，对于个人情感之类的东西相对排斥。但是，从历史专业的角度讲，我认为自己的最大收获并不是知晓如何欣赏文学名篇（虽然这也很重要），而是应带着感情去品味历史。人是浩大历史中的组成部分，但人不是简单的机器，人是有情感的，因此由人民群众创造的历史也应是有情感的。对此，古希腊的哲人亚里士多德早有察觉，他认为，文学比历史更可信（出自亚里士多德的《诗学》）。但是，现在的历史学却受近现代科学思维的影响，渐渐不重视人的情感，人逐渐沦为历史进程中的机器。其实，历史与文学的连接处或许就应是人的情感。人的情感在古代和今天都应没有太大的变化，这也是我们今天能够读懂古人所著之书的重要原因。同样是解读《郑伯克段于鄢》，在没上吴老师课前，我对《郑伯克段于鄢》的解读就是从没有情感的史学角度出发，认为这一段不过是记载了春秋时郑国的一次内乱。但是从文学的角度去品味，这些历史人物（郑庄公的老谋深算、武姜的自私自利和昏庸、共叔段的不自量力、祭仲的老成持重、公子吕的直率、颍考叔的聪敏）都具有了人性，而这或许更加符合当时的历史。

此外，吴老师除了教给我们文学知识，还教我们处世之道。“学知识先学做人，机会给有准备的人，开心过好每一天”，这是吴老师第一堂课就告诉我们的话。“做人之本，成功之本，健康之本”，这三句话永远都适用。我并不是个十分乐观的人，有时总是处理不好自己的情绪。上了吴老师的课，我知道无论情况怎样，始终要保持乐观的心态。而且吴老师不只是口头说说，她会说到做到。每次上课，吴老师总是会向你微笑，让你知道她就是这样做的！怎样开心过好每一天呢？一方面要心态平和，保持乐观；另一方面要品味文学作品，这本身就是一种莫大的快乐！

总之，吴老师的课堂不仅让我可以更好地理解文学作品，而且让我看到了文史贯通的一面，对我的专业学习十分有帮助，甚至让我体验到了寻找快乐、保持快乐的方法。感谢吴老师！

天雨和贻茜一样，都是我2019年秋季重返讲台后的“文学名篇解读”课堂上的学生。他听课认真，发言积极，尤其是上讲台演示PPT时慷慨激昂的情景给我留下美好的印象。

14级“满珍班”篇

2015年退休后的吴满珍教授被华师文学院返聘为师范1406班班主任，成了全校范围内年龄最大的班主任。在吴老师的带领下，这个充满凝聚力的班集体，渐渐成长：每学年有四分之一的同学被评为校“三好学生”，该班连续三年被评为校“优秀团支部”，并在2015年获全国高校践行社会主义核心价值观“示范团支部”的荣誉称号。辅导员汪青老师说，这是她带过的最让人省心的班级，“特别温暖，充满正能量”。

2015年班歌大赛中师生共同演绎《光阴的故事》，“满珍班”爱的历程自此开始；“孝心不能等待”讲座使多少人声泪俱下，学生们开始大胆地表达他们的孝心；2015年端午节学生们在吴老师精心准备的粽子和咸鸭蛋中感受到妈妈的温暖，《武汉晨报》报道，《退休教师带出最暖示范班》；2016年元宵节“满珍班”相聚，自己动手包饺子；2016年吴老师带来月饼等礼物，又请客让“满珍班”相聚欢庆教师节和中秋佳节；2017年吴老师请“满珍班”

到家里做客，盛情招待庆祝大家顺利找到工作。三年来不仅有每一个节日或重要时刻的陪伴，更有日常的问候、关怀、帮助，点滴浸润，“满珍班”在爱的灌溉下长得郁郁葱葱。临近毕业，“儿女们”即将四散天涯，各地生根、发芽，“长大后，我就成了你”，光阴的故事从不停歇。

附：每个人都是一颗隐秘的种子

阳光灿烂
您笑靥如花
我们在这里相遇
书写一段时光
种子发芽
终有一天
会长成参天模样

——中文 1406 班全体同学

愿您的眼中，流淌着诗句永恒

年级辅导员　汪青

2018年2月15日，王菲和那英时隔20年后再一次在春晚相逢。一句“且听岁月像旋律永恒，一直陪伴不断聚散的旅程”勾起了我关于过去太多的心绪，猛然想起满珍老师的嘱咐，急忙拿出电脑敲击起键盘来。

在我的印象里，满珍老师一直是微笑着的，没有一点教授的架子，见到谁都微笑着迎上去。我在桂子山上学习、工作已经14年了，自大一第一次大学语文的课堂上有幸认识了满珍老师开始。那堂大学语文课究竟上了些什么，我大概都忘记了，却清楚地记得满珍老师在板书，然后回过头与我们交谈的样子。后来每一次大学语文课，教室里都座无虚席，当时有同学笑谈：“每一节课都有惊喜。”那时我就在心里暗暗说，一定要成为像满珍老师那样知性、温柔、善良的好老师。想起14级的弟弟妹妹也即将要走上工作岗位，他们也一定像当时的我一样，有着对工作的期许和盼望，突然想到的一个词，叫传承。在满珍老师的关心、教导下，我完成自己从学生到老师的转变，这又该是一份多么美好的传承呢？

2014年起，我担任2014级汉语言文学（师范）专业辅导员，院里要给每个班挑选一名班主任，满珍老师的名字一下子就出现在我脑海里。起初我还担心满珍老师因为家住得比较远，会拒绝，可想不到满珍老师立刻就答应了。从那之后，“满珍班”成了师范二班的新名字，班歌大赛上，满珍老师的参与让《光阴的故事》的班歌展示熠熠生辉；后来，满珍老师又给年级举办了母亲节专题讲座，至今，“孝心不能等待”的活动主题仍令2014级汉语言文学（师范）班的每一个学生印象深刻。

是啊，这个世界上，有太多的事情经不起等待。阳光恰好的午后，桂子飘香的深秋……这一路上，从学生到老师，从懵懂到自如，我见证了从中文10级我们自己的成长到2014级汉语言文学（师范）班每一位弟弟妹妹的成长，能有可敬可亲可爱的满珍老师陪伴，是我和我们的幸运。

遇见您，何其有幸

曹　珂

第一次遇见吴老师，是大一在辅导员的办公室里。那时的我还是非师范生的一名学生干部，当时正在辅导员办公室值班。恰逢新一届的班主任选聘，吴老师到汪老师的办公室进行沟通，我就在那里遇见了吴老师。第一眼看见吴老师的时候，吴老师的脸上正洋溢着热情的笑容，慈祥、开朗、可亲，这是吴老师在我心中投下的第一印象。因为那时的我是非师范生，而吴老师担任师范二班的班主任，本以为从那以后与吴老师很难再有交集，然而缘分却让我和吴老师再次相遇。大二年级，因为种种缘故，我转专业来到师范，恰巧就被分在吴老师任班主任的师范二班。当我得知自己的新班主任正是一年前在办公室遇到的那位和蔼的老师时，我的心里除了喜悦，更多的是庆幸，庆幸能有缘与您相遇。

作为一名转专业的学生，来到新的专业、新的班级，难免会有陌生与担忧、寂寞与紧张，然而吴老师却让我感到前所未有的温暖。第一次和吴老师聚餐，是在去年的中秋，也就是我刚转到师范专业度过的第一个中秋节。我本打算独自去食堂过一个中秋，但吴老师却非常热情而坚决地请全班同学一起聚餐，那一次，也是我第一次参加新班级的聚会。刚进饭店，就看到吴老师热情地和同学们聊着天，我和吴老师坐在一桌，惊讶地发现吴老师居然可以喊出班上每一位同学的名字，甚至还知道大部分同学的籍贯，这让我感到十分震惊。在大学里，我从来没有遇到过一位老师可以清楚地喊出全班同学的名字，这样的熟悉与亲近让我感到久违的亲切与温暖。在饭桌上，吴老师贴心地为每一位同学准备了月饼，还给我们夹菜盛汤，询问我们每个人的近况，并解答着大家的疑惑。自那次以后，我感觉自己与这个班级的距离更近了一步，对吴老师的尊敬也更深了几分。

在之后的相处中，我时常感叹我遇到了一位多么好的老师。每当班里的同学遇到麻烦，冲到前面想方设法帮助我们的都是吴老师。她会为我们晒出的每一张奖状鼓掌，会为我们取得的每一点进步高兴，会为了让我们有一次听课的机会而去水果湖二中拜托校长和优秀的教师为我们讲课。过年的时候，一句“只要有一位同学留在华师，我都会赶过去陪你”不知使多少人流泪。对于吴老师而言，班主任已经不再是一项工作，而是一种责任；我们也不只是她的学生，更是她的孩子。大学路上，因为有您，我们的前行就多了一分底气，我们的回首也多了一份牵挂。桂子山，感恩有您的日子，即使毕业的脚步即将临近，我们的回忆和故事也将继续下去。永远爱您！

曹珂是一个有大将风范的女孩子，小小的身板中蕴含着大大的能量，炯炯有神的目光中透露出她干练的气场。虽然她只是中途转入“满珍班”，但是每次与她的接触都让人如沐清风。期待与她的再会。

与您相遇，与爱相伴

曾莉莎

吴老师：

您好！

冬尽夏来，转眼间三年大学时光也已悄然流逝，在这一片蓝天下所度过的这些时光将会存于我的记忆直到永远。无论是那些彼此相依却又没心没肺的死党同学，还是那些资深博学却又风趣幽默的老师，都是这一幸福时段的重要组成部分。我也真真实实在这几年感受到我们的班主任吴老师的爱。

以往在中小学，心里最崇拜的是班主任，无论是严厉还是慈祥都会不厌其烦地关心、教导学生。步入大学，从最初的兴奋、激动，觉得一切都是那么新鲜，到慢慢地习惯了这种不一样的生活之后的失落。这时，您成了我们的“万能老师”，无论是生活上的点点滴滴还是学习上的困惑失落，您都会耐心地给我们分析排解，不是那种形式上的敷衍了事，而是心与心的真挚交流，或许您会认为这是您分内的事，但是您却因此成了学生最愿接近的最亲的人之一。

“外界事情再乱，心不要乱，让心静下来思考下一步，订好计划，就会有目标。”这是您对我们的教导。马上就要毕业了，越来越多的同学对下一步怎么走充满困惑，就像我们刚进入大学对这四年的学习计划有所迷茫一样，不知所措。作为班主任的您，还是像当初一样几乎一有空闲就会找同学谈心解惑，嘘寒问暖，您像妈妈一样始终如一地爱护着我们，也给了我们妈妈一般的温暖。

回望过去，我们从一个个兴奋不已却又懵懵懂懂的大小孩，到现在经历过成功、失败、伤心、快乐的小大人，太多的事已然不是我们所能忘怀的了，特别是那种温馨的感觉将是我们最值得回忆的美好。

感恩大学您能做我们的班主任，感恩您给予了我们众多学习的机会，感恩您无私的关心和爱。与您相遇，与爱相伴！

曾莉莎，重庆女孩，没有重庆妹子的火辣性格，却展现出山城妹子柔美的一面。大学四年，她一直默默地修炼自己的内功，毕业后以出色的教学经验扎根于小学教育之中，成了一名深受师生欢迎的“孩子王”。

满珍“妈妈”二三事

陈悠然

说起满珍老师，其实要用满珍“妈妈”来称呼更为合适。从大一到现在，虽然我们没有一起学习，但在您的盛情邀请下我们会频频见面，您已然是我们大学生活中非常重要的一个角色，满珍“妈妈”总是能够温暖我们的心。

先来说一说满珍“妈妈”这个称呼的由来吧。早在我们还不认识满珍老师的时候，满珍老师的学生就因为她对学生的热情与关爱而称呼她为“吴妈妈”。担任我们的班主任以来，虽然满珍老师很忙，但是再忙，不管什么节日她都会和我们“满珍班”一起过。特别是中秋节、端午节这样的中国传统节日，满珍老师总是能把我们这些从五湖四海来到武汉求学的孩子们聚在一块，一起吃月饼，一起包饺子，一起吃汤圆，让我们感受到家的温暖，觉得此时此刻也是在与家人一起团圆。正是因为满珍老师的这种“妈妈”气质，所以满珍“妈妈”这个称呼也就叫开了。

满珍“妈妈”是一个特别重情的人。记得大一参加“孝心不能等待”的讲座，听她给我们讲《祭十二郎文》和《陈情表》，她自己读得全情投入，不禁流下泪来，我们听得也是非常感动，不禁潸然泪下。之前我对于这几篇文章并没有如此深的认识，但是通过满珍“妈妈”的演讲，让我明白了孝的重要性。听完讲座，我马上就给我的爸爸妈妈打了一个电话。

满珍“妈妈”对于我们班的大小事务也都非常的上心。小到她能够清楚地记住班上每位同学的样子和准确地叫出他们的名字，大到参与我们的班歌大赛和“最佳师范生集体”比赛。凡是能够来的活动，满珍“妈妈”都尽量抽出空来参加。还记得大一参加的班歌大赛，满珍“妈妈”亲自参加了我们情景剧的演出，她出场的一瞬间，全场的同学都特别激动，因为只有我们“满珍班”有老师来给我们助威！那一刻，我感觉我们班的凝聚力空前的强大！

虽然没能和满珍“妈妈”朝夕相处，但是我们相识也已经整整三年了。从一开始的吴老师到现在的满珍“妈妈”，我觉得我们之间的关系越来越亲近，我们“满珍班”也因为满珍“妈妈”的加入变得特别团结，特别有爱。最后，我想对满珍“妈妈”说一声：“妈妈”，谢谢您！

陈悠然来自温州，活泼开朗，“满珍班”的每次活动都有她的身影。毕业后她回到母校成为一名初中语文教师，获得温州市鹿城区命题作文比赛三等奖、温州市班会优质课一等奖等荣誉。

“扎西德勒”，一份来自西藏的感恩

次仁措吉

亲爱的满珍老师，这几年里都非常感谢您。虽然平时见面次数不算很多，但是每次来看我们，您都是那样的充满热情，带着温暖。您坚持在一些重要的节日里给我们送来您的祝福和温暖，会时不时地请班级同学聚餐。忘不了大一中秋节那天老师组织我们一起去学子餐厅包饺子吃，也忘不了您总会给我带来特殊的问候，会问我的近况、我的学习，关心我的身体，关心我在这边生活得习不习惯。这些都让我很感动。您对我们的尽心尽责让其他班的同学产生羡慕之情，是的，他们都懂您的好、您的慈爱，何况我们这些被您呵护的人呢？

总之，很感谢您是我的班主任，同时也更庆幸我是被您爱护的人当中的一员。最后祝亲爱的满珍老师身体健康，万事如意，永远开心，扎西德勒！您永远是最美丽的满珍老师！

次仁措吉，藏族女孩，也许是从小外出求学的经历让她养成了腼腆却又坚韧的性格。正是那些年的努力，才成就了她现在喜欢的生活。老师会一直关注你并永远祝福你。

美好的回忆太多太多

丁怡曼

我已经忘了吴满珍老师是什么时候成为我们班的班主任，一开始我对班主任这个职位的印象很淡漠，觉得一个班主任对大学生活来说可有可无。但在后来的相处之中，我才感受到，吴老师作为我们的班主任，对我们倾注了多少的爱。

不知道其他班的学生是否有幸听到自己的班主任亲自给自己上课，反正我是有幸了。那一天正是母亲节，吴老师专门抽出时间把大家聚到一起，声情并茂地给我们讲了《祭十二郎文》这篇课文。在此之前，我不敢想象会有一个语文老师能在讲课时投入如此充沛的感情，自己声泪俱下，打动了在场的所有学生。而且在母亲节那个特殊的日子里，吴老师还在讲课中穿插了自己的经历，让我想到了很多——伟大的母亲，无情的岁月，有限的生命，哀伤的死亡……

吴老师真的太忙了，她不仅仅是我们班的班主任，还肩负着许多其他的责任。所以我们每次见到她，她都是风尘仆仆的，只为了在百忙之中抽出一点时间来看望我们。尤其是在每个节假日，她都不忘给我们送上温馨的祝福和一些小礼物。比如有一年端午节的时候，她赶来班上看望我们大家，还特意去买了很好吃的皮蛋和粽子送给我们，让我们在学校感受到了家一般的温暖。她还请我们全班聚餐，大家欢聚一堂，这份欢乐也是吴老师带给我们的无与伦比的回忆。即使有特殊情况，吴老师因为有事情不能和我们共同庆祝，她也会在群里面发红包，并送上最诚挚的祝福。

吴老师除了在生活上关爱我们，她也实实在在地把自己当成我们这个班集体中荣辱与共的一个成员，为整个班级的荣誉做出了贡献。比如之前我们班级参加班歌大赛时，吴老师就在百忙之中加入我们的情景剧演出，最后我们班勇夺第一。这件事也成为我们师生之间的美好回忆。

最难能可贵的是，吴老师不仅对我们这个集体关爱有加，还毫不吝啬地对集体中的每一个人投以关切的目光。每一次聚会，吴老师都会轻松地叫出每个人的名字。有一次期末考试后，我恰好和室友在路上遇到了吴老师。我因为考试过后很疲惫，脸色不太好，吴老师就关心地问我考得怎么样，要放宽心。甚至在后来出成绩后，她还在微信上问我考得如何，过关了吗。她对每一个学生长久的关注和爱护，实在是让我感动。

短短几年的相处，吴老师已经给我们留下了太多美好的回忆。祝福吴老师在以后的每一天中，都快乐、健康、幸福！

怡曼作为一个土生土长的武汉姑娘，有着独属于江城的温婉性格。毕业后，她留在武汉当了一名语文老师。她钟情于基础语文教育，工作稳健扎实，非常出色。

关爱永不缺席

范心仪

满珍“妈妈”：

您好！

时光如梭，转眼间我们已在华师度过了三个春秋，即将带着在桂子山上收获的累累硕果走出校门，走向实习学校，走上讲台，成为我们三年前走进华师时所期待的人民教师。

可是我知道，从您从不缺席的关怀、从不间断的嘱托、从不止于言语的身体力行中，满珍老师您对我们一定寄予了更高的期望。

我虽然是本地的孩子，比起其他外地的同学来说回家要方便许多，但也并非每个节日都能同家人一起度过。考虑到这一点，满珍“妈妈”总在节假日赶来学校看望我们，还给我们送来很多好吃的节日食物，随之而来的，还有老师温馨的问候。我相信这些的意义，已经远远超过了庆祝节日，更为我们远在他乡思念家人的同学们带来了慰藉，让我们感受到了集体的凝聚力和来自老师的关注，从而更好地放下乡愁，专心完成学业。

当然，满珍老师在我们的生活中不仅仅是一个亲切的长辈，您更是时刻把教书育人的职责铭记心间，并且身体力行，为我们这群即将握着接力棒的准教师上了一课又一课。我仍清晰地记得您在繁忙的工作中抽空给我们进行讲课点评，老师仔细地查看了我的教案，还在上面做了修改。老师先表扬了我的课前准备，而后指出了我在情感把控和时间安排上的不足，使得我对站上讲台授课有了一个全新的认识，也为我后期快速适应教学实训课程奠定了一定基础。

印象最深刻的，当属大三学年满珍老师陪同我们前去水果湖中学听课的那次团日活动。当时我们在班长、团支书的带领下来到学校，略显局促地就座并等待上课。这个时候您突然从后面走进来，脸上的微笑慢慢抚平了我们的不知所措。您先跟同学们叮嘱了几句，然后便上前为我们介绍校长，原来是您主动联系女儿的班主任，为我们争取了这次宝贵的学习机会，内心十分感激。同时，从您和校长的对话中，我们也感受到了校长对您的敬意，这也使作为您学生的我们倍感自豪。

不论是在您的照片里，还是日常见到您，您的脸上总是洋溢着一种温暖的微笑，那是一种能感染人的能量，带我们走出阴霾，积极面对学习和生活中的坎坷。您在中秋见面会上嘱托我们“先做人”的谆谆教诲，与这微笑一起，深深地印在了我的脑海中。我由衷希望将来待我走上讲台，走到学生身旁，我也能拥有这种微笑面对生活的力量，能言传身教，能完成教书且育人的光荣使命。

最后，真的很感谢您陪伴我们走过这段难忘的岁月，我会铭记您的教诲，珍惜您的关切，积极修炼自己，成为像您一样教书育人、桃李满天下的名师，成为像您一般关心学生、受人爱戴的妈妈般的指路人。谢谢您，满珍“妈妈”！

范心仪生于江城，长在武汉，大学四年，以优异的成绩毕业。在她看来，是“满珍班”这个大家庭的集体温暖、呵护着她，让她远离迷惘，引领着她在成为合格教育人的路上奋进。带着这份希望，心仪走进了武汉市江岸区育才高中，开启了她的教书育人之路，成为一名优秀的高中语文教师和班主任，获得省级德育论文、区“青年突击手”、区优秀班集体等荣誉。

与您一起走过

戈瑞雪

说起我们的吴老师，我们都亲切地称“吴妈妈”。说实话，进入大学，觉得老师和学生的关系远了，因为每次选课都不能连续地上一位老师的课，感情刚刚积蓄，就被时间割断。我们的吴妈妈其实并不是从大一就带我们班，但是见到吴妈妈的第一眼，就觉得这位笑脸盈盈的班主任非常亲切。

吴老师因为平时工作太忙，见我们并不容易，但还是尽力从有限的时间里抽出空隙。端午节，本应该与家人待在一起，她却在炎热的中午开车送粽子和咸鸭蛋给我们。粽子不是在超市随便买的，而是请熟人包的，大老远地送来，好几大包，一来到教室，就向我们这一群孩子表示歉意，说来迟了。急忙给我们分发粽子，让我们趁热吃，在我们乐呵呵地吃着的时候，还一直站着和我们亲切地谈话，问我们最近的状况，生病的西藏的同学还好吗，细心地为没来的同学留下几个粽子。这个时候，我们这群不懂事的孩子后知后觉，方才知道了吴妈妈的腿不太好，不能过度劳累，但是吴妈妈为了让后排的同学看见她，吴妈妈坚持站着和我们说话，满脸微笑地看着我们吃着，走之前，还努力地记住每一位同学的脸和名字。

这样的事情还有很多很多，中秋节给我们分发月饼，元宵节请我们吃热乎乎的饺子和元宵，和我们留下一张张珍贵的大合照，诚心邀请我们去家里玩，班歌比赛上台加入演出……吴妈妈真的把我们当作自己的孩子一样，和我们一起共度一个个节日，如今三年过去了。

我们不会忘记在青春岁月给予我们温暖和关爱的吴妈妈，也希望吴妈妈不要忘记“满珍班”这群不够懂事的傻乎乎的孩子们，最后祝愿我们的吴妈妈身体健康，工作顺利，要一直把笑容挂在嘴边哦！

在我印象中，戈瑞雪是个很乖巧、极上进的学生。她做事认真，为人善良，同学们都很喜欢她。记得2017年冬至吃饺子、汤圆那晚，她的笑容是那么的甜美，留在了我的心间。成为人民教师后，她多了一份成熟稳重，却依然保持着那份纯真。

陪伴是最长情的告白

苟晓晓

桂子山很好。我秋日到华师时正逢桂香灵动带来芬芳，心情愉悦；渐至冬日，偶尔逢着小雪，那雪花未及相遇便已化无形，也别有一番风味；春日里更是洋溢着万物复苏的青春气息；夏日里荷尔蒙萌动。这一切都是桂子山上美丽而真实的风景。但是桂子山最美的，还是那一群一直与我相伴的人，有暖心的室友，有可爱的队友，还有那个如亲人一般，每个节日都与我们一起度过的满珍老师。满珍老师在我快乐或失意的时光里，用行动诠释了什么叫作“陪伴是最长情的告白”。

陪伴你，度过每一个异乡的节日

“独在异乡为异客，每逢佳节倍思亲”大概是每一个外出求学的学子内心最深的感触。平日里忙忙碌碌，或好奇地打量着新的世界，或醉心于热闹的社团活动，或投身心于浩瀚无垠的知识海洋。可是每到团圆的节日，停下匆匆忙忙的脚步时总会感到分外孤独。想起往日里在父母身边的嬉闹，只身处于异地的落寞之情愈加弥漫。没有想到的是，大学里几乎每一个团圆的节日都有满珍老师的陪伴。从端午节甜甜糯糯的粽子、又大又香的咸鸭蛋和小巧玲珑的酸奶到元宵节白白嫩嫩的饺子、晶莹剔透的汤圆，再到中秋节五花八门的月饼和春节期间的关怀和红包，大学期间的这些节日里我可能没有父母的陪伴，可是我时刻感受着来自吴老师的最真诚的陪伴。我不再因孤独而彷徨，我感受到了新的家一般的温度。

陪伴你，懂得孝心与感恩的真谛

对吴老师印象最深刻的是那一次感恩分享活动，吴老师带领我们一起去用心感受“孝心不能等待”的含义。从分享自己与父亲往事中的真情流露到《祭十二郎文》中的慷慨悲歌，满珍老师始终用一颗真诚的心与我们稚嫩的心交流，用故事，用语言，引领我们进入一个充满真情的世界。也是那一次的分享活动，让我开始真正地思考什么是感恩、什么是孝，而不是如往常一般停留在纸上的文字。及至今日，想起当时满珍老师朗诵的《祭十二郎文》，我仍旧忍不住红了眼眶，想起皱纹爬满脸庞、花发凌乱的母亲和双鬓斑白、面严心软的父亲。所谓的孝心与感恩大概不是你嘴上说出来的话，而是你看到《祭十二郎文》时能感念到自己父母的不易而忍不住打电话问候，读完《陈情表》后能回忆起母亲养育自己时的含辛茹苦而反省自己的所作所为。时至今日，每每回想起当时满珍老师的分享，我都不由反复咀嚼“孝心不能等待”的含义，念至深处，潸然泪下。

陪伴你，成长为一名优秀的人民教师

满珍老师在我们大二的时候就提醒我们教学技能训练的重要性，并且常常参与我们的教学技能训练活动，对我们平时的训练做出耐心细致的点评，提出具体详尽的修改意见，这些点评与意见总能令当时的我们茅塞顿开。大三上学期的教师节，我们与满珍老师一起度过，满珍老师当时再三嘱托我们照顾好自己，要珍惜宝贵的时间，努力提高师范生教学技能。满珍老师对我们的关怀从来都不是停留在话语上，总是化为实际行动。

到了大三下学期，在我们关注实习、心忧未来事业的时候，又是吴老师为我们联系了水果湖第二中学，带我们走进中学语文课堂。走近名师，我领略了“斜阳脉脉水悠悠”的思念悠长，也体悟到了老兵“十五从军征，八十始得归”的凄凉与“羹饭一时熟，不知贻阿谁”的悲泣。在那里，有一线教师和我们分享教学经验，解答疑难；有水果湖第二中学的校长和我们分享办学的新理念，开阔视野。望及满珍老师温暖的微笑，总想对她说，感谢您，陪伴我成长！

我始终记得，吴老师多次对我们说的三句话：做人之本——学知识首先要学做人；成功之本——机会总是留给有准备的人；健康之本——开心快乐地度过每一天。大学三年，每当面临抉择时，我总会仔细咀嚼满珍老师送给我们的这三句宝贵的话。她陪伴我从稚嫩懵懂的大一新生成长为一个独立坚强、懂得感恩的优秀的人，这陪伴演绎成最长情的告白；现在的我一无所有，不能带给她什么，但我愿意送给她最真诚的祝愿：愿您年年安乐，岁岁无忧。

苟晓晓属于开朗、积极的女孩，学霸一个，品学兼优，年年都得奖学金。她热爱辩论，喜欢在舞台上闪闪发光的样子。毕业后她去了青岛当了一名教师，在讲台上点燃激情。她说，在“满珍班”，她收获了同窗给予的最真挚的友情，也收获了满珍老师赠予的最珍贵的良言，好样的，晓晓！韶华光阴，难忘珍存。不忘初心，砥砺前行！

像妈妈一样的吴老师

何昉熹

以前总听到这么一句话："我的老师，她就像妈妈一样。"虽然这句话时常出现在耳边，可是直到上了大学，遇到了我们的班主任，我才真正体会到了这句话的内涵。

这是一个慈祥和善的像妈妈一样的人——这是我见到吴满珍老师时脑海里冒出来的第一个念头。吴老师虽然已经到了退休年龄，可是身上却有年轻的活力，总是笑脸盈盈，和她在一起的人，总是会不知不觉受到感染，心情都跟着明朗起来。

上大学之前，听身边已经上大学的小伙伴描述他们的大学生活。在他们的口中，大学的班主任很多时候就是一个锦上添花的存在，他们不再像高中班主任一样事事引导着学生，一个学期与学生见不到几次面，甚至连班里同学的名字都认不清……可是吴老师，不仅经常看望我们，还给了我们许多关爱和帮助。

刚刚成为我们的班主任时，吴老师便和班干部来寝室看望同学们。我们班的同学住在好几个楼层，吴老师硬是一个寝室没落。到我们寝室时，大家都有点拘束和慌乱，不好意思说话，也有点手足无措。吴老师十分慈爱地询问我们的情况，还时不时开个玩笑，不知不觉，紧张的气氛消失了。我们都放松下来，和老师谈了好久。寝室的空气中充满了欢乐，笑声飘荡在室内。吃着老师带来的小点心，听着老师的教导，心里涌起了阵阵暖流。

刚进大学的第一个端午节，我们全班同学和吴老师一起度过。这个端午节在我的脑海里留下了十分深刻的印象，让我在异乡体会到了家一般的温暖。那天我们提早到了文学院报告厅，没过多久吴老师便风尘仆仆地赶来了。她带着大包小包的东西，一进教室便安排班干部分发。当班干部把粽子和咸鸭蛋发到我们手上时，大家都发出了惊呼声，因为没想到老师给大家带了这些温暖的礼物。我们在报告厅一边吃粽子和咸鸭蛋，一边和老师闲聊，整个报告厅都笼罩在一片家的温馨氛围里。其他班的同学看到了我们发的照片，都十分羡慕地说道：“天呐，你们好幸福啊！你们班主任对你们真好！”

吴老师还经常去学校听课，并且一直鼓励我们要好好学习，认真听讲，而且还给我们创造和争取了很多提升师范生技能的机会。大二的时候我们班组织了讲课比赛，吴老师在周末的时候放弃休息时间，从家里来学校给我们做点评。因为当时还没有上过关于师范生技能的课，所以对于写教案和讲课都十分生疏，也很紧张，讲课效果自然也不尽如人意，但是吴老师一直在鼓励我们，给了我们很多信心，也给了很多建议，虽然那次讲得不好，但是我学到了很多东西。大三下学期，吴老师更是为我们争取到了去水果湖二中听课的机会。那天早上吴老师陪我们一起到水果湖二中听了三个老师精彩的讲课，同学们还提出了许多疑惑，与老师们进行交流，我们就在这一次次的训练与交流中成长。

我何其幸运，能在大学里遇到吴满珍老师。她用积极的态度鼓励我们，用慈爱的内心温暖我们，用耐心与热心帮助我们，让我们在大学里一天天成长，成为更好的自己。

何昉熹，一个活泼真诚、心思细腻的云南女孩。在华师的四年，她积极参与学校的各项活动，与同学建立了深厚的友情。毕业后，她回到了家乡昆明，成为一名高中老师。希望她能一如既往地热情真诚，在教书育人的道路上继续发光发热，砥砺前行。

满心“珍”意

侯媛媛

吴满珍老师，是一位德高望重又亲切和蔼的大学教授。正如老师的昵称“满心真意”，吴老师用满满的真情实意对待每个学生。当辅导员说为我们班安排了一位班主任的时候，全班同学都热切地期待着，不承想，班主任竟是这样一位优雅、亲切的女士。

初见吴老师，我们的内心充满敬重之情。远远的，一位妆容精致、服饰得体、脸上带着微笑的优雅女士走到我们面前，吴老师那通身的气质由内散发出来，让人移不开眼睛。就是这样一位永远带着微笑的女士给我们的大学生活带来了无数的温暖和感动。

那一年的端午节，吴老师给了我们一个终生难忘的惊喜。没有家人在身边的节日总是缺少点味道，吴老师为了让我们在学校也能体会到家的温暖，一大早就去挑选了各种口味的粽子和鸭蛋，亲自带来学校，和我们一起过端午节。看着吴老师提着重重的装满粽子的袋子赶到学校，额头上还有依稀可见的汗珠，这一幕不禁让同学们都湿了眼眶。尤记得，那些粽子特别香，特别好吃，里面装的是吴老师对我们浓浓的爱。第一次，我们真真切切地感受到了吴老师对我们的关心和爱护。

自从吴老师成为我们的班主任，这样的惊喜便接连不断。中秋节，吴老师为我们送来了各式各样的月饼，在这个家人团圆的节日陪伴着我们，让我们觉得我们都是有家人关爱和陪伴的孩子。除了节日，在开学初，吴老师也会请全班同学吃饭，大家坐在一起分享假期的趣事，一起为新学期的学习加油鼓劲。平时，吴老师始终与我们保持紧密的联系，老师想我们了就会亲自来宿舍看我们。吴老师从不怕在我们身上“浪费”时间，挨个寝室与同学们谈心，关注我们一切细小的变化，给予我们指导和帮助。在学习上，吴老师也是尽自己所能地给我们提供更多见习的机会。

吴老师对我们而言是老师，她教导我们如何做一个正直善良的人，教导我们如何成为一名合格的教师；吴老师对我们而言亦是朋友，我们会向她倾诉内心的困惑，与她分享生活的喜乐；吴老师对我们而言更是家人，她用满腔的爱陪伴我们，温暖我们，是我们成长道路上最为坚强的后盾。

侯媛媛，一位长相甜美的山东姑娘，是 1406 班的生活委员，她关心每一位同学的健康和情感，是一位出色的"班级小管家"。毕业后，她回到了自己的家乡潍坊，成为一名高中语文教师。她工作成绩优秀，多次被评为"优秀教师"。每到教师节，她总是一遍遍地播放华师的校歌，一张张地翻看 1406 班的师生合影，她说那是人生中最美好、最珍贵的记忆之一。

人生路上的明灯

胡思晗

吴满珍老师，一个多么亲切的称呼。

第一次遇到吴老师，是在大一下学期的班主任见面会上。她总是笑眯眯的，一副和蔼可亲的模样，让人忍不住去亲近。她总是耐心地倾听学生们的困惑，竭尽所能地帮助我们。在她那里，我知道了一个好老师该是什么样子。

处在大三学年的我们，既有对过去时光的感叹，也有对未来的迷茫与无奈。我们一边希望时光停驻在此刻，又迫切地想知道脱离了象牙塔的我们会处在怎样一番境遇。幸运的是，涉世未深的我遇到了经验丰富又时刻把学生记挂在心上的吴老师，她为我们提供了一次去高中实习的机会，在那里，我第一次以未来老师的身份进入了一个学校，第一次有学生跟我打招呼说："老师好。"

有了吴老师的帮助，我才有这么宝贵的一次机会。我终于体会到了作为一位老师的责任感与幸福感，对于老师这个职业也有了更加深刻的理解。如果说刚进入大学的我对于老师这个职业还有着疑惑与不确定，那么，吴老师的指导与帮助则让我真正明确了成为一名受学生爱戴的老师正是我想要的。

最让我印象深刻的，除了吴老师面对面的帮助，还有吴老师丰富多彩的微信朋友圈。在那里，我看到了一个对生活充满热情又桃李满天下的吴老师。每当我看到有那么多毕业的学长学姐回到母校来看望吴老师，他们那一张张热情洋溢的笑脸都深深地印刻在了我的脑海里。我常想，将心比心，只有你真心待人，才会收获他人的真心回报。吴老师的成功之处也就在这里，她总是真诚而又热情地关爱着她的每一个学生，无论是学业还是生活，她总能给我们最宝贵的指导和恰到好处的帮助。与此相应的，作为学生的我们，也始终爱戴并尊敬着吴老师。我们认真聆听吴老师的教诲，并时刻践行着吴老师教给我们的为人处世之道。

有这样一个爱学生的老师，我们无疑是幸运的。我始终感激着，感激华师，感激遇到一个如妈妈般的吴满珍老师。

胡思晗，一位性格温婉的湖南长沙姑娘。她不仅学习成绩好，而且外表的漂亮和内在的美在她身上得到了完美的统一。大学毕业后她回到长沙担任初中语文教师兼班主任。

那样的笑容，那样的教师

蒋仁玉

作为太阳，最幸福的是能够普照大地；作为雨露，最幸福的是能够润泽四方；作为鲜花，最幸福的是能够芬芳满园；而作为教师，最幸福的就是能够成为学生成长路上的指引者。我想吴老师便是这样一位幸福的教师。

初见吴老师，最先映入眼帘的是她的笑容，那般亲切，那般慈祥。之后无论何时再见到她，总能看见那样暖人心的笑容挂在她脸上。无论何时想起她，最先想起的也是她的笑容。

有时候觉得她像一个慈祥的关怀小辈的长辈。一年端午节又至，我们依旧留在校园里，不能回家欢度节日，如此阖家团圆的日子不禁多了一层伤感。室外的温度看起来很高，又闷又热，我不愿出门，因了这样的天气，也因想赶快跳过这个节日，或者忘却这是一个节日，但是班长传来消息，说吴老师要与我们一起过端午节，让我们都到文学院去。看到消息的时候，我有些出神，过了几秒才意识到发生了什么，那时，心头好似有什么东西淙淙流过。我回头再看室外忽然觉得这样一个万里无云的天气，真好。端午节到了，我们到了，吴老师到了，笑容到了，家的味道，也到了。那时我看着吴老师的笑容，觉得她就像一个慈祥而又亲切的长辈，她想到了我们，想到了我们不能回家，想到了我们需要她。那一刻，我分不清她是我的老师还是我的长辈。

有时候又觉得她像一颗永远闪耀着的启明星。作为免费师范生的我们，随着年级越来越高，走上教师岗位的时间越来越短，不免有些焦虑。每次翻开高中的语文课文，莫名的烦躁便涌上我的心头，我该怎么做？我能做好吗？而此时，吴老师却带来了一个让我无比高兴的消息，她联系了水果湖二中，让我们去切身听一听一线优秀教师的课！听课前一天晚上，我激动得有些睡不着，以学习者、未来教师的身份走进一所中学，以教师的角度去看一堂真实的课，这是多么珍贵的机会啊！而两位一线教师的讲课，真能称得上精彩绝伦，帮我打开了一片新天地。满载而归的途中，我看着吴老师的笑容，想起了那能指引方向的启明星，在我们困惑，在我们焦虑，在我们需要指引的时候，吴老师那样微笑着轻轻伸出了她的手。那一刻，我分不清她是我的老师还是我的指引者。

吴老师给我带来了许多许多感动，在大学里能遇到她，我想，这是我的幸福。能够成为吴老师的学生，我想这是每一个学生的幸福。而看着吴老师，我好像也知道了将来的我应该成为什么样的教师。吴老师在教师岗位几十年，我不知道多少人曾经像我一样是她的学生，但我相信每一个曾是她学生的人都会记得她温暖人心的笑容，那是一种慈祥，更是一种力量。

蒋仁玉性格开朗，多才多艺，一次文学院举办的话剧大赛，仁玉担任了导演的角色，她精心编排节目，让班级在大赛中获得很好的名次，仁玉也成为公认的好导演。现在她回到了家乡，继续书写她的快乐人生。

与吴老师的小故事

景伟哲

自己的拖延症真是该改改了，拖到现在才把和吴老师的故事写出来。其实我进入大学之后没有想到在大学期间会有像吴老师一样亲近可亲的老师。我就来说一说和吴老师的一些小故事吧。

文学院的男生因为人数少，所以老师很容易认识男生。吴老师在见面第一天就认识了我，当时一个大的活动是端午节班级聚会，老师不辞辛苦给我们买了咸鸭蛋和粽子。那时候刚刚大一，吴老师是第一个和我们过节的大学老师。之后每逢中秋或者重要的传统节日老师都会带很多的小礼物来看大家，大家聚在一起聊聊天，我感觉真的很温暖。

在 2015 年底的时候，我和年级的几位同学想策划一个暑期社会实践活动，当时向吴老师询问了意见。老师很热心地给我们了很多建议，并且还联系了自己的学生——已经在水果湖二中工作的杨启金老师，为我们的社会实践提供帮助和支持。之后我们也和杨老师联系了很多次，虽然由于一些外部因素，社会实践活动没有开展，但是我们以社会实践为基础建立了华中师范大学师英教育协会。可以说吴老师为我们社团的创立提供了很多的建议和指导。之后，老师也多次询问我社团的发展，也很关心社团的建设。这里再和吴老师汇报一下，师英教育协会现在有社员 200 余人，涵盖华师十余院系，开展了百余次教学活动，取得了非常不错的成效。

我记得去年 4 月参加学校的演讲比赛，正好吴老师担任评委，当时很紧张，因为台下坐着吴老师。但是老师一见到我很热情地和我打招呼，并且也很开心地和其他老师说："这是我的学生。"我当时就想，作为老师的学生一定也不能丢脸，所以我鼓足勇气登台演讲并取得了一等奖的好成绩。在今年的朗诵比赛中，由于准备不足一度想要弃赛，也是吴老师第一时间找到我给我鼓励，我才有信心坚持比完了全程，虽然成绩不理想，但是自己也坚持了下来，没有放弃。

其实很感谢吴老师对我大学几年的帮助，她真的像我的亲人一样，在我困难的时候帮助我，和我分享成功的快乐和喜悦。在大学期间遇到吴老师，何其幸运。

景伟哲好学上进，热情开朗，团结同学，热爱教育。他曾经与班级同学一同创办了师范生社团，大学期间在各方面都取得了优异的成绩。目前，他在厦门市第十一中学担任语文教师，获得过校“优秀教师”等荣誉。

我们的“吴妈妈”

柯凡凡

经常能在校园里见到风风火火的吴满珍教授，她刚刚退休，但被学校教务处聘回学校当教学巡视员。还不曾谋面，我就不断在网上看到学姐学长写文章回忆与吴老师的师生情缘，有 2014 级的研究生，也有 2003 级的本科生，更有已成为华师教授的老师。据说在吴老师讲授大学语文的三十几年间，她赢得了全校各专业学生的尊敬和爱戴。开始我还不那么相信，直到我亲身经历了所有的故事。

万分荣幸，在刚踏进大学校园之时就遇到了吴老师。那是 2015 年的春天，在辅导员汪青老师的引荐下，吴老师成为我们的班主任，美丽的故事也由此开始。我们第一次与吴老师亲密接触，是在文学院第二届班歌大赛中。吴老师接受我们班级的邀请，和大家一起表演歌舞剧《光阴的故事》。那时吴老师已是花甲之年，腿脚有些不便，但她仍然非常积极地与我们一起排练表演，她灿烂的笑容感染了我们所有人。老师以她洋溢的热情征服了我们，也征服了当时在场的所有评委和观众，那一晚在吴老师的带领下，我们班一举夺冠。自此，“满珍班”成为我们 1406 班的昵称，而我们也和吴老师更加亲密，渐渐变成有爱的一家人。

吴老师满心真意地关心和爱护每一个同学，总能从日常的点点滴滴了解我们每个人的需求。我们班级是师范班级，大家今后都想成为教师。“学为人师，行为世范。”吴老师为我们准备了一场“孝心不能等待”的讲座，用她那感人肺腑的言语和真挚浓烈的情感深深打动了在场每一个人，用她的亲身经历教我们珍惜亲情、学会感恩，同时也充分展现了语文教师的魅力。从这之后，我们都亲切地称呼满珍老师“吴妈妈”。

2015 年，为了让大家过一个快乐的端午节，吴老师精心准备了一份特殊的节日礼物，由叔叔开车亲自将其送到华师，那天我们五十多位同学人手三个粽子、两个咸鸭蛋和一盒酸奶。吴老师的用心深深地打动了我们，也引起了社会上多家媒体的关注，中国新闻网以“校园里过端午：粽子里有妈妈的味道”为题对此事进行了报道。人们常说，“每逢佳节倍思亲”，就因为有这样一位时时刻刻惦念我们的吴妈妈在身边，我们从来不觉得孤单。每年的中秋佳节，老师也总会给我们买来好吃的月饼，我们拿在手上，甜在口中，暖在心里。

今年教师节，我们班级想请老师吃饭，但吴妈妈却偷偷去把单买了，反而让吴妈妈请我们大家吃了饭。我们非常过意不去，吴妈妈却爽朗地笑了：“我也很感谢这种相聚的缘分，等你们有能力自己赚钱了再请不迟。我希望你们能够一如既往地继续努力、愉快学习并坚持下去，毕业后，终会找到理想的工作与适合自己的平台。”这不正是一个母亲对儿女的真情流露吗？

润物细无声，但真情需有言。吴老师常常到寝室来看望我们，带着满满爱意的同时还不忘带来大包的零食。无奈于武汉多变的天气，吴老师贴心嘱咐大家：“女孩子不能只要风度不要温度，出门在外要照顾好自己，别让家里人担心。”一次次寝室来访，一次次面对面的交流，传递的，是暖暖温情，见证的，是浓浓深情。

其实，不只是对我们班级，吴老师对她所有的学生，都有着母亲般的柔情和疼爱。她总是能够跟学生建立亦师、亦友、亦亲人的关系，对自己的研究生、实习生非常关心，节日总是和留校的学生一起过，甚至有一年的春节她都是在学校陪学生度过的。学生们找到工作会告诉他，结婚会邀请她，有了小孩会带回武汉给她看，一切都那么自然。

爱是可以燎原的星星之火，诚然星火易灭，但只要传递下去就能形成壮阔的风景。吴老师曾说：“很高兴我拥有了一大批热爱教学的学生，他们会将我的那份教学激情不断地传递下去，将来我的学生也会和我一样桃李满天下。”从吴妈妈这里得到的爱和力量，我们不仅会无限放大，还会努力传播，不断扩散。所谓“桃李不言，下自成蹊”，可亲可敬的“吴妈妈”就是这样的人，她用自己的亲身经历告诉我们，教师这样一个传递爱的职业，是如此的伟大、神圣与崇高！

柯凡凡，一个乖巧、可爱、极聪明的福建女孩，为人热情、性情温和。她学习、工作和各项能力超强，大学四年一直担任 1406 班班长，每次组织活动都极有创意并获优秀成绩。她说在华师，遇见 1406 班，遇见班主任，是她人生中最宝贵的财富。如今的凡凡，在福建省晋江市养正中学大显身手，早已经将这一宝贵财富转换成一种能量，获得了教育部“迦陵杯·诗教中国”诗词讲解大赛优秀奖。凡凡，“满珍班”永远的班长，愿你，未来前程似锦！

我们的相见好似久别重逢

李　莹

“世界上所有的相见，都是久别重逢。”起初不是很相信这句话，甚至觉得作者有些无病呻吟的意味，但是从那天早晨与吴老师的第一次会面起，我开始明白有时候缘分确实如此妙不可言，在你的生命中总会遇见一个人，待你如故。

现在我仍记得2015年的那天早上，和全班的同学一样，我也在满怀期待地等待着我们的班主任。这时，忽然听到一阵爽朗的笑声从报告厅门外传来，还没有回过神，我就已经看到吴老师站在我们面前，亲切地向我们打招呼：“同学们好啊，早饭吃过了没有?”身为教授的吴老师没有一点架子，看向你时永远是笑吟吟的模样。当时不知怎么竟然有点害羞，只是猛地点头。后来在宿舍和室友聊天，发现她们也有同样的反应，或许外出求学本身就让人感到寒冷，以至于在陌生的城市猛然接触到类似千里之外的亲人般的温暖时，竟然心生胆怯，不敢大胆拥抱那温暖的阳光。但我们都知道，从那时起，有一个人会用最温柔的目光看着我们成长，为我们欢喜，给我们鼓励。

每当节日来临，万家灯火欢庆，吴老师也总是念着我们。虽然事务缠身，但是在百忙之中吴老师都会风尘仆仆地从远方赶来，和我们一起过节，无论多么疲惫，每一次也都会充满能量和我们热情地交谈，更可亲可爱的是老师每次都会带来一些特色食品，还会反复提醒我们要好好吃饭。其实上了大学，我们早已满18岁，是成年人了，但从老师的举动中，我知道她依然把我们当作自家小孩一样疼着。

除了关心我们的身体健康，吴老师也希望我们能学会感恩，尤其是对父母之恩的珍重。在一次讲座上，老师给我们讲授了《陈情表》，讲到这篇文章为何能够流传千古并感动不同时代的人时，吴老师以父亲与自己的故事为例告诉了我们一定要珍惜与亲人相处的时光，时刻感恩父母对我们的培育。当吴老师用动情的语调为我们朗诵文章时，我就已经湿了眼眶，她后面的讲述更让我想起自己的父亲，想到虽然自己在外地是孤身一人，但一直有他在我背后默默支持着我的前行。

其实很多时候人与人的相遇不过是浮萍间的轻触，相碰，倏忽即相离，在过去的岁月中我们的生命中便有无数人来来往往。然而此刻我想我是幸运的，因为我的班主任，我的吴老师，让我知道原来会有这么一个人，会像家人一样在最开始的时候给予温暖，其后更是时时刻刻惦记着我，陪伴我成长。

李莹，广西女孩，活泼开朗、待人真诚。从一个炎热的小城市来到冬天会有雪花的江城，她说，在大学四年的时光里，最难忘记的是满珍老师那双充满爱与关怀的眼睛，在迷惘彷徨时，总能给予她力量，继续前行。相信她会不负韶华，满怀真心与斗志，在人生路上奋勇向前！

可亲可爱的吴老师

林声梅

满珍老师是我们的班主任，我觉得很幸运，能遇上一个这么温柔的像妈妈一样关心我们的老师。在吴老师的身上，我能感受到一位老师对学生真诚无私的爱。

记得过端午节的时候，满珍老师专门从外面请人包好了粽子，一份份装好，然后发给我们过端午节。一盒酸奶、咸鸭蛋、粽子，异乡的我收到来自满珍老师的端午大礼包时感到莫大的幸福。中秋节也是如此，满珍老师大老远专门赶过来，给我们发月饼，和我们一起过中秋节。独自在外上学，满珍老师让我感受到了家人般的关爱。在一些重要的日子，比如元宵节，满珍老师会专门组织我们一起吃饭，准备汤圆、饺子，照顾我们不同地方学生的口味，希望大家可以一起过热闹的节日。印象最深的，就是教师节时，满珍老师专门请我们全班一起吃饭，给我们过教师节。那是我过的人生中第一个教师节，以一个准老师的身份，庆祝属于我们的节日。那天的菜很好吃，那天的我也很开心。能遇上一个这么有爱的老师，我是幸福的。

印象最深的，还有满珍老师专门给我们讲过一次关于母亲节的讲座。我记得那天好多人都哭了，真的特别感动，子欲养而亲不待，希望时间可以慢一些，多一点时间陪陪父母。父母真的是世界上那两个最无私的、最关爱你的人，可能他们不善于表达，但是他们一定是最爱你的人。平时有时间一定要多回家看看，多陪陪父母。当时满珍老师还给我们朗诵了一首诗，听了真的非常震撼，朗读声里包含了深深的感情，真的让我非常感动。同时我也知道，作为一名语文教师，我要学习的东西还有很多，光是朗诵，我真的还需要多努力，满珍老师就是一个榜样。

满珍老师还是一个非常可爱的老师。因为班级人数比较多，老师会有心地记住每个同学的名字。有一次我和佳佳在路上遇到老师，她拉着我们的手问我们的名字，然后还要给我们拍照，说这样她就可以记住我们了。最后，我们真的一起拍了照片，老师还发给我了，真的非常可爱。

大学里会遇到很多的老师，不同的老师其实有不同的魅力。满珍老师是那个像妈妈一样慈爱的老师。很想说一句，满珍老师，与您相遇，好幸运。

林声梅是温暖、友爱的元宝山332寝室的室长，在她的带领下，整个宿舍团结友爱，积极向上，彼此间结下了深厚的友谊，也明确了各自的人生目标。爱笑的姑娘运气都很好，说的正是声梅。毕业后她去了海口市海瑞学校，成了一名人类灵魂的工程师，工作很出色。

愿以成绩回馈老师妈妈的爱

刘舒文

真的感到很幸运，能够在大学期间遇到吴老师这样一位班主任，在老师的陪伴和关心下我们顺利地进入大学最后一年的学习。其实在上大学之前，偶尔听一些学长学姐说过，在大学是基本见不到班主任的，基本上是处于“放养”的状态。但是在转专业之后，在新的班级、新的环境，却改变了我的最初看法。您从第一天成为我们的班主任开始，就一直在关心、帮助我们，给了我很大的动力。每次见面的时候，您都会一个一个认清我们的脸，和我们说上几句话，了解我们的最新情况，让人心里特别暖。并且，考虑到当时咱们班转来的很多同学，您每次还会在班级见面会里特别问到我们，让我感觉和班级的距离进一步拉近了。

像这样的细节还有很多很多，每一个都让我对集体生活和未来有了更加积极的态度，也因为这些暖心的细节让我在生活中努力做到关心他人，从而让自己收获满满的爱。我想老师的这些数不清的关怀，是从心底来的，从多少年不变的习惯来的，是真诚和热情的。

其中，让我印象最深刻的是大二那年的端午节，老师考虑到我们很多人都是外地的，还专门大老远地送来粽子和咸鸭蛋，咸鸭蛋还是很久之前就跟人订好的。天气热、路程远，记得老师的腿也有些不方便，还坚持要来学校看我们，当时就被老师感动到了。像妈妈一样关怀我们的老师，我却没有办法用同等的行为来报答，始终感到非常惭愧。粽子的香甜和咸鸭蛋的醇香，似乎还停留在记忆里，而这些味道中，因为多了关怀与爱才让我记忆如此深刻。

当然，老师为我们做的事远远不止这些，对我们的关怀也远远不止这些。在考试的时候，因为怕打扰到我们，老师就发信息为我们加油鼓劲；得知我们的状况，老师第一时间关心我们，真的是像对待儿女一样对待学生。老师的行为真的是楷模，我以后也要走上教师岗位，因此，要学习老师对待学生的态度，才能真的让学生成长，让学生感受爱和关怀。

在大学期间，能够遇到您，是我们的幸运；能够拥有您的关怀，是我们的福气。然而，在这里却只能用短短的留言表达自己的感谢，真的是非常的惭愧，今后会以更好的成绩回馈老师的用心。

舒文具有东北女孩特有的热情、活泼，难忘与她在一起的欢乐时光。毕业后她回到了佳木斯，担任语文老师和班主任，在平凡的教师岗位中默默耕耘着。

给吴满珍老师的一封信

卢金迎

敬爱的满珍老师：

见信如晤，展信欢颜！

一眨眼，大三的第三学期也将要告一段落了。一直拖着没有动笔，加之最近大四的师兄师姐陆陆续续地离开校园，奔向他们的工作岗位，想到明年这时候我也将离开华师、离开武汉，离别的伤感使得我并不知道该怎样记录与您的许多故事。其实我们大家都没有想到时光流逝得那么快吧，从刚开始您担任我们班的班主任，到我晚上跟您发大段大段的消息告知您我和男朋友分手您开导我，再到端午节您给我们带了粽子……这近三年的时光，谢谢您的陪伴！

在这几年时光里，我感触最深的应该是大一时您的讲座。那次讲座的主题是“孝心不能等待”。您从李密的《陈情表》讲起，然后谈到了您的经历，谈及了您和您的父亲。讲到动情处，您竟痛哭不能自已，那满座的听讲人也泪下沾襟了。还记得那时听完您的讲座，我有很大的触动，讲座结束临出门时，还能瞥见很多同学眼眶红红的，或者就干脆伏在位置上，调整好了才出门。我们都是倔强的人儿啊，总是把目光看着远远的地方，忽视了陪伴在我们周围的父母、师长。走过了这几个年头我开始越发明白您那时候的讲座上的话，就像这学期伊始您为我们奔波，带我们去水果湖二中听那里的老师的两堂课，您时不时在群里问我们的近况。我就明白了，这份爱一直都在，就像港湾一样，不管我们怎么闯，迷路过、搁浅过，可我们知道终究有那么一个地方可以让我们停靠，让我们重新扬帆起航。

其实我过得很好，虽然最近为了实习，为了以后的就业而不时迷茫和焦虑，可是回头看前面的日子，就觉得自己收获很多，也进步很大。或许我的进步与其他同学相比会相形见绌，但我还是可以很骄傲地告诉您，在这段时光里，我就像石子一样慢慢被岁月的流水打磨，磨去尖锐的棱角，变得更加成熟。从大一和男朋友分手后，虽然没有再谈朋友，但是却懂得如何去爱护自己，似乎也更懂得，也更有资格去爱一个人。懂得身体和灵魂总得有一个在路上，也懂得不开心就逛街，去找娃娃机夹娃娃，在忙碌一阵子后买一支口红或一件漂亮衣服犒劳自己……现在想想，当初那个哭哭啼啼跟您发消息的女孩子真的是太幼稚了。我爱现在日渐成熟的自己，也期待着将来的变化。就像小时候我总想着快点长大，现在算是长大了，成年了，却也还想着要长大，长大了我就会成为您，也能像您一样关心着喊我“老师”的那些小男孩、小女孩，也能在他们需要我时给他们强大的支撑……那，老师您也期待吧？

最近武汉天气变化很大，希望老师注意身体。祝老师身体健康，万事顺意！

2007 年 6 月 28 日

卢金迎，一个活泼可爱的广西苗族女孩，喜怒哀乐溢于言表。在她看来，教育的本质是一个灵魂触碰另一个灵魂。求学鄂楚，回到南宁市第三中学教高中的她，经常以自己在“满珍班”所受到的温暖，去温暖她带的班级。我欣喜地了解到：她指导学生参加的教师节征文比赛获得一等奖。金迎，好样的！不负韶华，砥砺前行。

永不缺席的“吴妈妈”

鲁维佳

吴老师，被我们亲切地称为“吴妈妈”，是因为她真的就像妈妈一样给我们家的感觉。

每次传统佳节，不能与家人团圆，只能在学校过节的我们，总是会收到“吴妈妈”各种形式的关爱。端午节的粽子、咸鸭蛋和酸奶，元宵节食堂的饺子宴，中秋节的月饼，等等，这些承载的都是吴老师对我们的体贴照顾。要知道，我们全班50多个人，而吴老师会为我们每个人都准备礼物，还特意叮嘱班委照顾到没有到场或者暂时没有拿到礼物的同学，一一落实，分发到位。

吴老师并不住在华师，而且腿有旧疾，长时间地走路并不是很方便。但每次老师都拿着给我们的节日礼物，准时地出现在每一个传统佳节。记得有一次，我们班参加“最佳师范生集体”的比赛，老师本来在校外，却特意赶来观看我们比赛，还登台为我们加油。老师来现场的鼓励，使我们感动的同时，士气大增。最后，我们也没有辜负老师的期望，在比赛中取得了好成绩。

当然，印象最深的是有一年的母亲节，老师给我们讲的一场讲座。老师分享了自己和母亲的故事，朗诵了一首关于母亲的诗歌，全场静默，潸然泪下。朗诵功底是一方面，但真正打动我的是老师真挚感人的情感。可能我听到的并不只是一首诗朗诵，而是老师对她母亲的思念。是老师让我知道了，“感恩”两个字没有多么的伟大和遥不可及，只是一句远在外地读书的孩子对母亲的一句问候，对母亲来说，就已经足够了。可是作为孩子的我们意识不到，暂时也理解不了这一点。

一句“吴妈妈”不是心血来潮的标新立异，而是实实在在蕴含着吴老师教给我们的“母亲”两个字的分量，无论是她对我们的母亲般的关怀，还是她在那个母亲节所传达给我们的感恩，都包含在“吴妈妈”这个爱称里。

在学校里遇到您，您总是热情地拉我们去吃饭。下次遇到您，一定热情地拉您去吃饭！

鲁维佳，一个活泼开朗的阳光女孩，大学四年快乐而自由，做自己喜欢的事：看书、写作、旅游、结交志同道合的朋友。她毕业后在武汉市育才行知小学工作，担任班主任和语文老师，在平凡的岗位上书写着自己的人生。

日思日念，难忘师恩

马海鹏

从小学到高中的求学生涯中，每一位班主任都深深地影响着我，有严如父者，有慈如母者，有宽如友者，有达如长者。来到大学，吴老师成了我的班主任。其实在此之前，我知道吴老师已经从文学院退休，这次是应了我们辅导员的强烈恳求，才不辞辛劳当我们的班主任。近三年的相处，让我感到吴老师对大家的爱护和关心。作为班主任，吴老师正是慈如母者。

大学不同于中小学，它是诸多学子求学深造的学园。来自五湖四海的同学聚在这里，他们远离故土、亲朋，每逢佳节，自然有着深深的寂寞和愁思。我为吴老师深深感动的地方，就是她总能记着这些重要的时刻，总会抽出空来和大家一起过节。就说端午节吧，大家不是都喜欢吃粽子吗，吴老师念在心里，那次班会，她和师父开着车拉了几大袋的粽子过来，不仅是粽子，还有各种小零食。她和班长为大家分发，并一个一个地问大家有没有拿到粽子，人到齐了还问有没有没分到的。如此无微不至，莫过于师。

老师也很关注大家的学习和生活。有一年刚开学，老师自掏腰包在桂香园三楼请全班同学吃大餐，包了有三桌，席上是各式美味佳肴，大家吃得真是幸福满满啊！席间老师一一问候了每位同学，仔细了解大家的学习和生活状况，并叮嘱我们：做好自己的规划，课要上好，能力也得培养好，因为大家都是未来的教师，必须得率先示范。所谓“师也者，教之以事而喻诸德也”，作为一名教师，吴老师无疑就是我们应学习的典范。有一个周末，吴老师给我打电话说她想来看望一下大家，带了一些东西让我帮忙搬一下。我们班男生少，当时就我和余超有空，就赶紧去接吴老师一起去了元宝山。不承想吴老师跟元宝山 3 栋的阿姨也是老相识，吴老师真是与人为善，四海皆朋友。班里大多数人都住五楼，说实话我爬上爬下都有点累，吴老师反倒气定神闲，一个一个寝室去慰问，让我和余超在某个寝室休息。我虽然想作陪，但毕竟在女生寝室久待也不太好。老长时间过去了，老师才一一慰问完，还是那么有精神，我坐了半天都有点打盹。从元宝山3栋回去的路上又遇到一位刚兼职完家教的同学，老师拉着她的手叮嘱了半天。我看着这一幕，老师始终都没有个歇脚的工夫，还是这么想着大家，想着为大家做点儿事。

郑燮有一首诗：“新竹高于旧竹枝，全凭老干为扶持。明年再有新生者，十万龙孙绕凤池。”这首诗送给吴老师，也送给我自己。仰之弥高，钻之弥坚。吴老师的率先示范也将作为我今后教师职业追求的目标和动力。

马海鹏作为班上仅有的几名男生之一，待人热情大方，积极参加班级各项活动。毕业后他回到兰州任省重点高中的语文老师，逐渐成长为一名有担当、有情怀的骨干老师。希望他能乘着理想的风帆，逐梦前行。

一碗藕汤

马开旻

大学的班主任是什么样的？在遇到吴老师之前，我对大学的班主任老师做出过无数设想。记得第一次见吴老师是大一班歌大赛前夕，老师虽然时间宝贵，但还是和我们一起排练，一起演出。“这是位对我们集体非常上心的班主任老师。”看着老师在舞台上的笑容，我心里给自己大学的班主任老师下了这样一个判断。此后的一段日子里，吴老师每逢年、节的问候和礼品，每一次大型活动中出现的身影，每一次群里出现的叮咛，无不在告诉我，我们的这位班主任老师是一位非常有责任感的人，她像爱自己的孩子一样关怀着我们。

与吴老师相识已有将近三年，我们之间的趣事不胜枚举，最让我难忘的要数这学期的亚非文学专题研究课堂上我和班主任的一次“偶遇”。那是一个天气晴朗的周二，我从 7 号楼匆匆赶到 8 号楼准备亚非文学的演讲，看着自己手上以“吉尔伽美什和恩奇都是不是同性恋”为题的讲稿，我的内心有些忐忑。我不知道自己能不能把这样一个充满禁忌的话题说明白，也不清楚老师会给我怎样的评价。我匆忙上台，尽可能地把小组的观点展现给了老师和同学，又紧张地走下讲台，这一节课，我的心情都不平静。

下课之际，我突然发现一个电话打到了我的手机上，是吴老师，她问我：“开旻，吃饭了没？来博雅园一下，我刚刚就在你们亚非文学专题研究课堂上。”

什么？我的心中一激灵，刚刚班主任就在课堂上？那我刚刚讲的问题，会不会让她对我有什么看法……怀着不安的心情，我到了博雅园，正是午饭的时间，食堂里人山人海。吴老师提前占好了位置，正笑盈盈地看着我：“开旻，快，拿我的卡去买午饭吃吧，刚刚下课饿了吧？”老师从手包里掏出一张饭卡，塞到我的手里。我本想推辞，但看着老师和善的微笑，关怀的目光，我就接过了饭卡，给自己打好饭，乖乖地坐到老师跟前。

吴老师把一碗藕汤推给我，慈爱地笑着说：“刚刚你发言的时候我就坐在下面，讲得很不错，很少有女孩子能把这么特殊的话题讲得这么大方，我很骄傲。”

老师的一席话打消了我所有的担忧和恐慌，她的肯定给了我无穷大的力量：原来，老师只是想请我吃一顿午餐；原来，老师觉得我讲得还不错；原来，被人称赞的感觉这样好……那一天，我再一次感受到了信任与鼓励的力量。

这是我和吴老师之间的一个小故事，像这样平凡却又温暖的故事，在我们班同学看来已经是习以为常。吴老师就是这样，在润物细无声之中带给我们感动和力量。很庆幸，我在大学遇到了吴老师，很庆幸，我的大学班主任老师是吴老师。

大学生活剩下最后一年，在这最后的时光里，我希望自己能拿出最好的成绩，来回报这位可爱又可敬的班主任老师。

马开旻，这位来自辽宁的乐观、开朗的女孩，大学期间我总能在班级活动中看见她积极的身影。教育实习，她成绩优秀，收获满满。毕业之后的她去了沈阳，在教育舞台上绽放光彩。她说，她始终记得第一次和吴老师见面时吴老师讲的做人之本，并将其作为成长道路上的座右铭。因此，从科任老师到班主任，一路走来，她渐渐走向成熟。

带着感恩出发

马琳月

还记得第一次和吴老师相遇的场景。那天下午，郝娟霄给我打了一个电话，让我叫上凡凡，要带我们去认识一位将在大学期间接触最亲密的老师。开始，我们还很紧张，想着自己什么都没准备去见老师，老师会不会觉得我们没有礼貌，会不会给老师留下一个很不好的印象。

但当我们看到从文学院外匆匆赶来的吴老师时，心底的担忧一扫而尽。也许是老师刚好看到我们三个人在文学院门口等人，一眼就认定我们就是她接下来四年要带的学生了，满脸笑意地对我们说："让你们久等了吧?"接着还拉着我和凡凡的手亲切地说："我是吴满珍老师，虽然现在退休了，梁书记还是让我来当你们班主任，我觉得和学生在一起是我的福气呀!"就是吴老师的热情，吴老师的亲切，吴老师对学生的那一份真诚的关怀，让我感到"爱在华师"的精神，也让我对武汉这个陌生的城市多了一份留恋。

作为班上的团支书，我时常要去年级、院里开支部大会，在开会时各位同学总会谈到班主任，认为各位班主任太忙了，没有太多时间来管理学生，参加学生的活动。每当谈到这里，我的幸福感总是油然而生，大家也总会投来艳羡的眼光："吴满珍老师当你们班主任，你们班是修几辈子才得到的福气!"满珍老师当我们班主任确实是我们班同学的福气。

吴老师当我们班主任以后，就急切地想了解每位同学，想多与同学们一起参加活动。班歌大赛、"孝心不能等待"讲座、节假日的问候、日常的关怀……点点滴滴都是老师给"满珍班"满满的爱。

让我感触最深的，就是吴老师在我迷茫的时候给我的支持。记得在大三下学期开学期间，我关于就业问题与家里闹了很大的矛盾。我想趁着年轻去深圳闯一闯，而我的父母认为女孩就应该待在父母身边。满心的疲惫感、困惑感无从发泄，我首先想到的就是吴老师。那天我约了吴老师，想向她倾诉。老师耐心地听了我的讲述后，她紧紧握住我的手，目光恳切地对我说，年轻人既然有想去闯荡的心就应该顺着自己的本心去闯一闯，别让自己留下遗憾。接着，老师还拿她女儿的例子来宽慰我：“做父母的，肯定是不希望自己的女儿活得太辛苦了，父母努力创造一个好的环境是为了什么？最终还是为了自己的孩子。你的父母不想让你去深圳，是怕你离开了家后，担心你万一有什么意外。但是，只要你对自己有信心，能让自己过得好，父母也会把一切都看开的，终究天下父母都希望自己的子女有一个好的未来。”

听了吴老师的话后，我冷静了几天，最终拨通了母亲的电话，不再是之前的剑拔弩张，而是心平气和地分析自己的目前状况与发展前景，讲自己的抱负，父母也就慢慢地理解了我，而我也理解了他们。

满珍老师曾说，我们要学会感恩。所谓“成于中，行于外”，你只有怀着真诚的感恩之心的时候，你才会把这份心付诸行动，接着一切的一切就顺理成章了！

马琳月大学四年一直担任班团支部书记，认真组织好班上的各项活动，冬至日的包饺子、春日的博雅广场读书、端午的师生庆祝……都成为师生大学中的美好回忆。毕业后，她回到重庆，在西南大学附中任语文教师兼班主任，被学校评为优秀班主任和“三八红旗手”。

回忆太重，我会十分珍藏

马　娜

尊敬的满珍老师：

您好！

时光如白驹过隙，一转眼，大学四年的生活已经过完了四分之三。在这三年的时光里，自己遇到了很多值得纪念的人和事，其中最让我感到庆幸的是遇到了您。

三年的时间虽然短暂，但是我们之间却有着很多难以忘却的回忆。还记得第一次见到您时，慈祥而亲切的您让我记忆深刻。第一次见面，您不仅以长者的身份对我们表达了很多期望，而且您鼓励我们，让每一个人都能够对自己的大学生活充满信心。大一时的自己像一只在森林里迷了路的小鹿，懵懂又无知，但是十分幸运地遇到了您，您的谆谆教诲及时地为我指明了前进的方向。之后，您便每次都抽空来看我们，不管是教室，还是宿舍，这些地方都留下了您亲切的身影。您一边细心地询问我们生活中的小事，一边不断地叮嘱我们要好好照顾自己。那是我第一次体会到老师与学生之间的关系可以这么近。最开心的是每个节日的来临，即使是一两句简短的节日问候，也让我们每一个人的内心暖暖的。印象最深刻的是那次您给我们讲解《陈情表》，您声情并茂，我们每一个人都不由自主地被您带入这篇文章中去，想起自己的父母，潸然泪下。“羊有跪乳之恩，鸦有反哺之义”，您不断地教导我们要时刻把孝放在心上。老师，谢谢您，让我们学会感恩，让我们学会爱与做人的道理。

时钟像是被人拨快了一样，大学的四年时光便转瞬即逝。现在自己即将走上教师岗位，内心偶尔还是会胆怯与担忧。每每这时，我总会想起大一的班歌大赛。那一次，当优雅、慈祥的您站在舞台上时，一首《长大后，我就成了你》，足以代表我们每一个学生的心声，“写下的是真理，擦去的是功利”，这是您教给我们的道理；“举起的是别人，奉献的是自己”，这是您对我们的期望。正是有了您的这些期望，自己内心的恐惧才被打败。我深深地知道自己应该像您一样，勇敢而又持之以恒地走下去，教师这条路注定是不平坦的，中途肯定会有数不清的荆棘与绊脚石，但是有了您的教导，我相信自己会努力地克服这些困难，在这条路上坚定地走下去，努力地让自己成为像您一样优秀的好老师。

人生像是一辆绿皮火车，我们搭乘着它走向各个地方，中途不断有人上车，也必定有人下车，深情满怀却不得不离别。兴许他们所不舍的并不是路途中多耀眼的风景，也不是某个神奇的尤物，而是那个五味杂陈的过程，是那些像彩虹一样住进心里的人和事。我们每一个人最终都要面临离别，虽然很不舍，但是与老师的这一段相识让我的大学生活有了不一样的色彩。这些回忆太重，我会十分认真地珍藏。有人说老师似春蚕，将缕缕银丝奉献；有人说老师是蜡烛，将滴滴蜡油燃尽，正所谓“春蚕到死丝方尽，蜡炬成灰泪始干”。我们忘不了老师的谆谆教导，忘不了老师风霜渐显的鬓发，也忘不了老师饱含期待的眼神。在未来的教师这条路上，我们一定会更加努力地走下去。老师，谢谢您，陪我们走过大学这一段美好时光。老师，您辛苦了！祝您身体健康，事事如意！

2017年6月10日

马娜性格文静，学习认真，办事踏实，经常默默帮助同学，积极参加各项活动，表现很不错。现在她也是一名优秀的人民教师，在平凡的岗位上为党的教育事业奉献青春。

感谢您的陪伴与关爱

马　茜

亲爱的满珍老师，从您成为我们师范二班的班主任到现在，已经有将近三个年头了，时间一天天过去，我们已不是当初懵懂稚嫩的新生，甚至即将步入中学校园实习，开始适应教师的新身份。回想起这成长的三年，除了寒暑假与父母的团聚，在平时的生活中，一直都有您的陪伴与关爱，这是我感到最为幸运的地方。

还记得当初您被任命为我们的班主任，虽然接触不多，但是我们早已从学姐学长那里听闻您有热情、活泼的教学魅力与平易近人的性格。我们都知道您平时有繁重的教学任务和各种工作安排，但是您总是尽全力赶到我们的活动现场，无论是学期总结、团日活动、班歌大赛，还是各种大大小小的传统节日，我们总能看到充满活力与热情的您。您不必因为偶尔的延误感到抱歉，因为在我们眼里，您已经做得足够好了，在没有父母陪伴的异地，您的关怀与照顾永远是我们心里最温暖的烛火，散发着沉静而动人的光。

仍记得班歌大赛，您积极支持我们班级的节目，同我们一起演出；在端午节，您带着沉甸甸的咸鸭蛋和粽子，匆忙赶到我们的聚会现场，加入我们的粽子咸甜之争；在中秋节，您总不忘为大家准备月饼，关注着缺席同学的情况，叮嘱班干部为他们留一份；在元宵节，您邀请大家一起品尝饺子和汤圆，感受集体的温暖；在朗诵比赛时，您特意抽时间为我们这些参赛选手把关，帮我指出声调、情感上的不足，一遍又一遍听我们练习，鼓励我们要更加自信；这学期，您特意帮大家组织了水果湖二中的听课活动，让大家亲身体验真实的课堂；在平时，您密切地关注着大家的动态，一次次在群里问大家最近有什么安排，是否遇到了学习、生活上的问题，询问大家的小学期安排，抽出宝贵的休息时间为大家听课、评课……惭愧的是，您为我们做了这么多，付出了这么多，我们并没有为您做些什么，只能用我们取得的一次次荣誉和优秀的成绩来回报您，希望您能以我们为荣。

作为我们班新任的宣传委员，我其实很不成熟，总是害怕自己做不好，不够自信大方。在这学期进行水果湖二中听课宣传活动时，我也出了一些纰漏，当时我特别自责，觉得对不住您，但是您一方面指出我的问题，另一方面又很温和地告诉我做事情要更加细致、周全，要多锻炼自己，我心里的石头落下来了，也为之前自己的胡思乱想脸红。您怎么可能因为这么一件小事而责怪我呢？您对学生的出发点都是帮助与指导呀。您后来也肯定了我写的新闻稿和整理的材料，给了我很大的鼓励，让我对自己更有信心了。令人高兴的是，我现在已经可以很好地完成我的宣传工作了，无论是拍照、写稿还是做微信公众号，我都得心应手，非常感谢您当时的指导和鼓励。

这么多年来，您教了许许多多的学生，现在仍活跃在讲台上，我们也不止一次听到其他班级同学或者学姐学长们对我们的羡慕之言，我的高中同学正好是您大学语文课堂的学生，她听闻您是我的班主任，不由得惊呼羡慕，觉得我们真的是太幸运了。“满珍班”作为我们班的昵称，承载了太多您的关爱与真情，我也因为是您的学生而自豪，因为我属于独一无二的“满珍班”，有这样一位可亲可敬的满珍老师、满珍妈妈每时每刻关心着我们，让我们在爱与感动中成长。我也想以后成为像您一样，做个可亲可敬的好老师，既教学生知识，又教学生做人，用爱促进学生成长，用关怀帮助孩子们成人、成才。满珍妈妈，我们爱您！

马茜来自湖北，待人真诚，自信乐观，大一时，刚转专业的她胆怯而忐忑，后来在“满珍班”这个大家庭的鼓励与影响下，担任了 1406 班的宣传委员，成长为一名自信、积极的班干部。现在的她回到母校——湖北省麻城一中，成为一名青年教师，多次获得“优胜教师”“先进工作者”等称号，她将把“满珍班”的爱与温情继续传递给学生，上下求索，且歌且行！

贴心的吴老师

孟　园

吴满珍老师是我们班级的班主任，和蔼可亲，总是笑着面对我们，我很幸运能成为她的学生。

和老师的交往始于老师给我们送来端午咸鸭蛋和粽子，和老师一起吃饭时，老师关心地询问我的学习和生活的种种，吴老师总是让人有一种妈妈的感觉，让人心安，让学生们感到在异乡也有一个关心自己的亲人。

这个学期，吴老师为我们班级争取来了去水果湖二中听课的机会，听完课回学校时，遇到吴老师，记得那天我穿了一条及膝的裙子，吴老师看见便关心地问我冷不冷。后来上完厕所后没有整理好裙子，我和同学一直只顾着往前走，没有察觉，直到吴老师突然从后面跑过来，帮我挡着后面的同学，一边帮我整理裙子，一边让周围同学帮我挡一下过往的人。我有些尴尬，不停地谢着吴老师，吴老师应该是看出来我的尴尬了，帮我整理好裙子之后，就快步走开了，看着吴老师的背影，心里暖暖的。

孟园是一个来自山东海边小城的女孩，为人热情、性情活泼，在华师度过快乐的四年大学时光。毕业后她回到了山东青岛，在崂山区育才学校担任语文老师和班主任，努力实践自己教书育人的理想。

恩师难忘

潘　聪

总说毕业遥遥无期，转眼就各奔东西。对于百岁之年而言，四年不过是转眼而逝的瞬间。但对于我们而言，这四年却是整个人生中最宝贵的青春时代，而最幸运的是这四年一直有吴妈妈这样的恩师陪伴我们成长，留下了无数值得珍藏的回忆。

书本翻到第一页，回想与吴老师的第一次见面。吴老师的脸上一直洋溢着热情的微笑，询问着每一个同学的名字，没有漏下任何一个人。班里50多个同学，没想到第二次跟吴老师见面的时候，老师几乎能记住全部人的名字。在大学里，老师不记得同学的名字是再正常不过的事情，正当我准备第二次向吴老师自我介绍的时候，吴老师竟然一下子叫出了我的名字，我受宠若惊，那一刻我开始感受到吴老师对我们的用心、关心。就像吴老师的微信名字，真的是“满心珍意”，老师把我们当成她自己的孩子，我们便亲切地称她为“吴妈妈”，中文1406班从此改名为“满珍班”，与吴老师的感情一下子就拉近了。

每逢佳节倍思亲的各个节日里，也一定少不了吴老师的问候。元宵节、端午节、中秋节……这些节日我们成了学校里最幸福的孩子，虽然不在家人身边，但是吴妈妈一定带着各种好吃的准时来看我们。每年寒假开学都比较早，年味还没散去，我们便已经到了学校，正月十五的晚上，吴老师出现在学子食堂陪我们包饺子，话家常。端午节老师送来专门订制的粽子，中秋节也有各种口味的月饼……一个节日都不落地送来祝福，让我们在忙碌的学习和生活中倍感温暖。

吴老师住得离学校并不近，体力也不胜从前，却常常看到老师迎着清晨的阳光，陪我们听早上的第一堂课。下课后，偶遇老师，老师也一定会热情地邀请大家一起吃饭，我们一起与吴老师吃过好多次饭，老师在餐桌上侃侃而谈，分享着她的经验，教给我们许多道理，帮我们解决苦恼。大家遇到困难也会主动向老师求助，吴老师绝不会推脱，反倒是尽自己的全力来帮助我们。怕我们不好意思开口，老师还到每个寝室去走访，与我们交心。我们班准备“最佳师范生集体”比赛的时候，吴老师不管多忙都会亲自赶到现场，和我们一起训练，一起登台演出。老师说，我们需要她的时候，她一定会给我们加油打气！

非常荣幸能在“满珍班”度过大学四年，我们班，我们每个人取得的大大小小的荣誉都离不开吴老师的培育，但吴老师却总觉得还做得不够。纸短情长，道不尽对吴老师的感恩之情。大学四年，感谢您的陪伴，您一定要身体安康，我们会带着您的期望，努力成为像您一样优秀、温暖的老师。

潘聪，一个爽朗可爱的山东女孩，“满珍班”的学习委员，工作认真负责，办事能力强，总能高效地完成学习部的各项工作。现在她是潍坊广文中学的一名优秀青年教师，入职以来被评选为“优秀班主任”。她说工作后常常回忆起华师校园，回忆起满心真意的1406班，愿我们的师生情谊长存！

记录和吴老师的有爱日常

潘　玥

还记得第一次说要见班主任的时候我的内心其实是拒绝的，我是一个很怕老师的人，尤其是班主任，可能是上中学的时候被我们班主任在窗户后面时隐时现的身影给吓着了。但是没承想进来的是一个笑容满面的“苏珊大妈”，这么温柔的“妈妈”来给我们当班主任？大学的班主任要怎么当？各种疑问在我的脑海里盘旋萦绕着，后来这位吴妈妈用自己的行动告诉我她是怎么来诠释班主任这个角色的。

第一次介绍我们名字的时候，我说：“老师好，我叫潘玥。”吴老师笑着说：“啊，你和我的孩子是一样的名字，都是一个玥字。”顿时我就感觉我和这位老师的距离就拉近了，好像我真的是她家庭中的一分子一样，这句话到现在我还记忆犹新。让我印象深刻的第二件事就是放寒假回来，因为华师寒假比较短，回学校的时候元宵节还没到，一想到我的同学们还喜气洋洋地在家里过春节，我却从冰天雪地的东北回到四季常青的南方，好几千公里的距离让我的鼻子在元宵节那天都酸酸的，也不知道去哪里吃饺子，吃汤圆。后来班级群里通知说，晚上点名去学子食堂，吴老师承包了整个食堂给我们包饺子，煮汤圆。什么？我当时脑子里顿时一片蒙，在这种举家团圆的日子，吴老师竟然可以放弃与家人团聚而选择坐很久的车来跟一帮非亲非故的孩子们包饺子，煮汤圆！虽然外面是寒气逼人，但我的心里却是满满的暖意，在异乡，没有什么比得上用心为你准备的一盘饺子、一碗汤圆更让人开心的了，这里面的心意，是你用金钱、用权力换不来的。

从那以后，在学校里过的所有节日都有吴老师的身影，端午节的粽子和咸鸭蛋，班歌比赛时吴老师在台下呐喊助威的场景，中秋节各种味道的月饼，多得数都数不清。也不知从何时起，我们的称呼也从吴老师改成了吴妈妈，可能真的是感受到了其中的温情，心和心才真正靠在一起。

因为吴妈妈，我感受到了大学集体的温暖；因为吴妈妈，我知道了身处异乡也可以有家的感觉；也是因为她，我坚定了以后当老师，甚至一个班主任的决心。希望以后我也可以像吴老师那样，成为一个合格、暖心的班主任。

潘玥，一个来自哈尔滨的女生，活泼开朗，在校期间积极参加学校的各项活动，每一次聚会的欢声笑语都为每个人的心里增添了很多温暖。毕业后她回家乡工作，在哈尔滨的德强学校担任两个班的语文老师，多次获得“最受欢迎教师”“小课题”一等奖等荣誉。

最是暖心吴老师

裘立渤

人的一生会遇到许许多多的老师，我们的成长绝对离不开老师的教诲。小学到高中，老师一直是指引我们取得更好成绩的引路人，带我们走进更高的学府求学。一度以为，和老师的关系仅仅是师生，没想到，却在大学生涯遇到了一位特殊的老师：她不仅仅是我大学生涯的引路人，更是我在异地他乡生活的温暖“妈妈”。

这位老师便是我大学班级的班主任——华中师范大学2014级汉语言文学（师范）班的班主任吴满珍老师。老师和蔼可亲，永远微笑着，那种笑是发自内心的笑，像阳光，像五月的花海。还记得第一次见面的时候，吴老师说我们班级所有的孩子都是她的孩子，不管大事小事都可以找她，她永远会在第一时间给我们最及时的帮助。老师是这样说的，更是这样做的。吴老师年逾六十，但比我们还要忙碌，她十分热爱教师这个职业，真心对待同学们，每天为学校的事情操心，却不忘记陪伴我们过每个节日。

还记得是一个元宵节，离家在外过节不免心中伤感，吴老师在这时组织大家一起吃元宵，还给每个同学发特产，我们开心之余心里更是满满的感动！还有一次中秋节，吴老师带领班级所有的同学聚餐，请我们吃武汉最有名的武昌鱼，她到每个同学的跟前，和我们聊天，询问我们的学习情况、生活情况。这只是吴老师悉心爱护我们的冰山一角，在一次次期末考试之前，吴老师担心我们学习负担重，压力大，她甚至会在百忙之中抽出时间到我们每个同学的寝室来看望我们，和我们聊聊贴心话，带给我们小零食吃，真心觉得，吴老师对我们的爱是发自内心的，她将心比心地对待我们，让爱的种子在我们心里生根发芽。

吴老师不仅仅在生活上是知心的“妈妈”，在我们的学习中她也给予了无限的关心和帮助。记得在我们班集体争创“最佳师范生集体”的时候，吴老师特意从外地赶回学校到现场给我们班级加油助威，她的关心使台上展示的同学充满了动力，最终我们班取得了最好的成绩！还有班歌大赛，吴老师也积极参与进来，我们班级的每一次排练她都会到场观看，给我们提供思路，甚至亲自上场表演。大三时我们集中进行师范生技能训练，吴老师不辞辛苦给我们联系听课的学校，她带领我们去听课，并且给我们传授教书育人的技巧。可以说，吴老师对我们的关心是面面俱到、无微不至的。

还记得一次在食堂里见到吴老师，她拉着我的手和我共进午餐，对我说了很多很多温暖的话，给我无限向上的动力。我永远会记得她暖暖的微笑，记得她对我们的关怀。希望吴老师永远保持最好的心态，身体健康，不管毕业多少年我们也是您的孩子，爱您。

裘立渤，一个大方可爱的东北女孩，积极参加年级各项活动，在文艺表演方面极具天赋，与同学关系融洽。毕业后她去了浙江工作，成为一名初中语文教师，获得区优质课大赛二等奖、读书征文比赛一等奖等荣誉。

满心珍意，爱洒“十里桃林”

任　鸽

转眼间，大三下学期的生活快要结束了，我们即将迎来大四生活，也即将迎来毕业，在匆匆而逝的大学生活中，我很感谢有班主任吴老师的陪伴，她用自己的真心和爱心温暖学生的心，她用爱造“十里桃林”，而我，便是这“十里桃林”中的一员。

作为文学院的一名教授，吴满珍老师用自己的激情来传递知识，带领学生感知文学的审美世界。她所教授的大学语文课程，在学生中知名度很高。由于文学院的学生是不上这门课程的，很遗憾在老师退休前没能去蹭一节课，却有幸听到了吴老师的“孝心不能等待”主题讲座。当时正值母亲节将要来临，这个讲座也是为了献礼母亲节。吴老师在讲座中讲了很多文学作品中的感人故事，也分享了她自己亲身经历的故事，有时讲到动情之处，吴老师会流下眼泪，伴着哽咽声继续讲述。我印象最深刻的是吴老师朗读《祭十二郎文》时的情景，平凡的文字在吴老师的激情朗读下，仿佛充满了生命力。在老师的朗读中，我回想起了父母养育我的辛苦，不禁潸然泪下。“孝心”与“亲情”是我们很熟悉的字眼，却又是我们很容易忽视的，很感谢吴老师为我们上的这一“课”，相信我们会用一颗感恩的心去报答父母的恩情。

我所在的师范二班还有一个名字，叫作“满珍班”，一个充满诗意而又爱意的名字，吴老师为我们这个班付出了很多，经常挂念着我们。当时我们班要参加班歌大赛，想要让班主任吴老师参与，但又怕吴老师因参与排练会劳累，当我们给吴老师说了我们的想法之后，吴老师没有犹豫便答应了，无论多忙，她都会来参与我们的排练。在正式比赛时，由于有了吴老师的加入，我们的班歌表演引来了更多的喝彩，最后获得了文学院班歌大赛的一等奖。吴老师总说我们取得一等奖是我们自己的努力应得，但是我们明白没有吴老师的参与，班歌表演便会少了很多的精彩。凡是我们班级的活动想要邀请到吴老师，吴老师总是会热心地答应。

我的家在北方的山西，离武汉还是有些远的，我们班还有同学的家在西藏、东北等地，很多节日都没办法和父母在家里过，但是吴老师会和我们一起过。端午节，吴老师会给我们带粽子、咸鸭蛋；中秋节，吴老师会给我们带月饼吃；元旦，吴老师会和我们一起包饺子。我感觉我们师范二班就是一个大家庭，而吴老师就是我们的吴妈妈。每逢佳节倍思亲，吴老师的陪伴让在异乡的我们感受到了家庭的温暖。吴老师还记下了班里每一位同学的名字，每一次相聚总要挨个地问候同学们。记得有一次，我和吴老师用手机通话，聊着聊着吴老师就开始说班级同学的名字，想了解他们的近况，要是遗漏了谁或者忘记了谁，就让我专门提示她，当时觉得吴老师可爱中透露着温情，很是让我感动。

于我而言，吴老师与其说是老师，不如说是我贴心的朋友，我微信里添加了吴老师为好友。有一次因为一些不愉快的事情心情有些低落，在微信朋友圈里发了一个情绪低落的表情，吴老师看到之后，便在微信里和我谈心，询问我缘由。刚开始鉴于吴老师的老师身份，我还有些拘谨，但是吴老师对我说："鸽子，有什么事情别压在心里，一定要记得来找我说说哦!"这让我低落的心情有些好转，和吴老师谈话也没有那么拘谨了，更像是在和一个朋友说心里话，吴老师乐观的心态在无形中会对我有所感染，让我想努力去做一个积极向上、充满正能量的人。如果有很长时间没见到我们了，吴老师还会找我们吃饭、聊天，让我们说说最近在生活和学习上遇到的一些事情，这更是拉近了我们与吴老师的距离。不久前，吴老师的朋友想找一个人帮忙做一些宣传的事，我刚好大一、大二时做过班级的宣传委员，对于宣传的事情有一定的了解，这是一个可以锻炼自己的机会，也可以让我有机会做个兼职，很感谢吴老师能先想到我，虽然最后由于我个人的一些原因没能去成，还是感到有些遗憾的。吴老师知道我那段时间比较忙，还在微信上鼓励我说："加油！你是最棒的。"很感谢吴老师的信任和鼓励，给我朋友似的陪伴。

吴老师就是这样用爱浇灌着她的"十里桃林"，我很有幸地成为"十里桃林"中一株正盛放的桃花。大学四年，因为有您，也正幸好有您，让我在异地求学的路上少了许多孤单。

任鸽是一个活泼可爱、才思敏捷的山西女孩。她工作热情高，学习成绩好，办事踏实认真，担任1406班团支部宣传委员。她喜欢用图片和文字记录生活中的点点滴滴。毕业后她在晋中市经纬中学担任高中语文教师和班主任，被学校评为"优秀教师"。

感谢师恩

王桂林

往日如昨，岁月不经意间已从身边悄然流过。很庆幸在这如花般璀璨的岁月里可以在师范二班这个大家庭里遇到“吴妈妈”。在这三年的相处中，我们都真切地感受到吴老师对班级同学无微不至的爱与关怀。而吴老师不仅给予我爱和关怀，同时也深深地影响了我。都说教师是太阳底下最光辉的职业，而吴老师就是我教师职业的领路人与标杆。

还记得大一与吴老师见面时，她给我们开展了“孝心不能等待”的主题讲座。在讲座上，吴老师声情并茂地为我们讲授了《祭十二郎文》和《陈情表》，可谓是感人至深。在座的同学都潸然泪下，我也不禁泪目。在讲座中，我从吴老师的分享中看到了老师的多面人生。她既是一位孝顺的好女儿，又是一位爱护女儿的好妈妈，更是以身作则来教育学生的好老师，这些都是我们值得学习的。所以即使讲座已经是三年前的事情了，可是我却依旧清晰地记得讲座的情景，并认识到，一位好的老师，不仅要课讲得好，更要能授“道”，对学生进行德育教育，引导学生感悟真切的人生，永怀一颗善与爱的赤子之心。

我还记得吴老师每逢节日都会惦念着我们。她在端午节记挂着我们，担心我们在节日里想家，就带了很多的粽子、咸鸭蛋、酸奶来看望我们，祝福我们端午幸福安康。在中秋佳节之际，吴老师担心学生吃不到月饼，就买了各式各样的月饼来照顾有着不同口味偏好的学生，可谓用心良苦。吴老师还陪我们一起跨年，一起吃饺子，现在回想起来，心里也是暖暖的。还记得有一次刚回宿舍，就看到了满桌子的零食，一问才知道这是吴老师送来的。新年时，也会收到吴老师真挚的祝福。吴老师总是把学生放到第一位，让我们虽离家千里却也同样觉得温暖。她真切地关怀着学生，可谓是身体力行，这是多少老师能说到但是做不到的事啊，可是吴老师却用她无私的爱践行着。

还记得一次班歌大赛，吴老师亲临现场，为我们加油鼓劲，让我们充满斗志，拿下奖杯。她还为我们联系武汉市水果湖二中，让我们到水果湖二中去观摩听课，为我们提供了良好的学习机会，让我们很好地拓展眼界。吴老师总是在学生最需要的时候挺身而出，施以援手，真是像极了超级英雄。

虽然只听过吴老师的一次讲座，却也领略到了吴老师在上课时的无尽风采。而吴老师以生为本、无私奉献的精神，则更让学生敬佩，难以忘怀。在这里既祝福吴老师幸福安康，也希望我们2014级师范二班能够以吴老师为目标，铭记师恩，常回家看看我们的“吴妈妈”。

王桂林，一个文静、内向的内蒙古女孩，跨越千里求学华师。你说四年时光最难忘的是红墙绿瓦和百年历史的文学院，最不舍的是1406“满珍班”的温暖，最大的感受就是班主任带着爱走近学生！

你告诉我将来也要做一个这样的老师。你做到了，你在内蒙古呼和浩特市一中任高中语文老师，谢谢你让我分享了你光荣地获得校级青年教师大赛基本功奖的好消息。

师恩难忘

王　珏

提起笔来，满腹的话像潮水般涌上心头，不知从何下笔，您是给我印象最深的一位老师，您的言行给我留下了最美好的回忆。当年我们告别家人，离开熟悉的环境，来到一个陌生城市，没有朋友的陪伴，没有家人的照顾，就像蓬草一样漂泊无依。然而因为遇见了您，有了您对我们的关心和鼓励，我们在异乡的日子开始变得温暖明媚。亲爱的吴老师，您就像春天的细雨，滋润着我们的心田。您给予我们的爱和关怀鼓舞着我们克服艰难困苦。

转眼间，我们已经是大三的学生了，马上要走上讲台，开启人生中新的篇章。还记得那年初次见到您，正是大一的时候，听说每个班都有一个班主任，我便迫不及待地想见到您。结果，我一抬头，就看见了您那充满慈爱的眼神，像一波悠悠的清水，浇灌着我的心田。当我们在比赛中有了小小的成就，当我们逐渐成长更加懂事，您每每会脸上绽放着笑，是幸福的、骄傲的笑容。这些年来，我们一起携手走过，也许有过挫折，此时却已云淡风轻。您的笑，是疲惫的小舟最好的避风港湾。

一支粉笔两袖清风，三尺讲台四季晴雨，加上五脏六腑，七嘴八舌九思十分用心，滴滴汗水诚滋桃李满天下。“老师”，这是多么温馨的字眼。“老师”，这是多么神圣的字眼。老师，您的奉献精神让我崇敬，您的话语使我成长。有人说，师恩如山，因为高山巍巍，使人崇敬。我还要说，师恩似海，因为大海浩瀚，无法估量。您像一支蜡烛，虽然细弱，但有一分热，发一分光，照亮了别人，耗尽了自己。这无私的奉献，令人永志不忘。您的语言，悦耳像叮咚的山泉，亲切似潺潺的小溪，激越如奔泻的江流。您是大桥，为我们连接被割断的山峦，让我们走向收获的峰巅；您是青藤，坚韧而修长，指引我们采撷崖顶的灵芝。不计辛勤一砚寒，桃熟流丹，李熟枝残，种花容易树人难。幽谷飞香不一般，诗满人间，画满人间，英才济济笑开颜。您就像一位辛勤的园丁，我们就像您培植的小树，我们愿在冬天为您抵挡寒冷，春天带给您绿意，夏天带给您凉爽，秋天带给您硕果！

生命就像一列长长的列车，我们是车上的乘客，终究会在某一站分离，我会一直把您的笑容珍藏在心底。师恩难忘，我没有什么华丽词语来形容您，只能用我最真挚的心对您说："吴老师，谢谢您！"愿我这小溪的乐音，永远在您那深邃的山谷中回响。

王珏，一个清纯可爱的女孩，我和她最初相识是院里举办的一次活动，她教我跳舞，对每一个舞蹈动作她都耐心细致地演示指导。毕业后她回到家乡当老师，工作积极、虚心求教、传承华师精神。

感　恩

魏　微

首先很感谢老师在大学期间的照顾，虽然我们不能朝夕相处，但是老师依然让我感受到了家人一样的温暖。要说让我印象最深刻的，大概就是老师关于“孝心不能等待”的讲座了。在讲座中，老师提到了自己的父亲和韩愈的《祭十二郎文》时一度泣不成声，那一段演讲深深地打动了我，因为我和父母的关系并不十分融洽，叛逆期时和父母之间的隔阂至今依然存在。老师的讲座让我意识到父母的陪伴是十分宝贵的，所以我们不能只考虑自己而缺乏对父母的理解。讲座中我看到很多同学都感动得落泪。看着年过半百的吴老师在讲台上回忆与父亲的故事时的遗憾和伤心，我想她一定不希望我们和父母之间留下遗憾。那次讲座带给我的影响是巨大的，虽然吴老师没有给我们上过大学语文课，但是那次讲座确是我们人生中重要的一课。我一定会记得老师的教诲，珍惜与父母之间的感情。

每当过节的时候老师都会如约来看望我们，这让我这个在外求学的学子感受到了在异乡的关怀。端午节的粽子、中秋节的月饼，这些看似很小的东西在不能和家人一起过节的我的眼里是十分可贵的。有一次吴老师来到宿舍看望了我们，我当时因为有课不在寝室，但是回来后就看到老师带给我们的小包零食，我倍感温暖。

在大学期间让我印象深刻的老师有很多，吴老师也让我学会了很多东西。我知道吴老师平时很忙，但她总是排除万难尽可能帮助我们，无论是在我们上课时旁听还是为我们争取机会去实地听课，这些看似小事，但其中包含着吴老师给予我们的一份关怀。现在，马上大四的我也要开始出去实习，之后也将成为一名老师，希望我以后走上工作岗位时，也可以成为像吴老师这样受学生敬重爱戴的老师。最后，还是要再次感谢吴老师在大学期间给予我们的帮助和照顾，希望老师身体健康，再带出更多好的学生。

魏微喜欢文学，颇具灵性。本来以为她会走上专职写作的道路，没想到最后她选择扎根在语文教育之中。真心希望她能够在未来的教育岗位上硕果累累，桃李芬芳。

爱心端午

吴　琴

我已忘了初次和满珍老师见面的情景，大抵是寒暄问好，但是如果有人问我满珍老师怎么样，一个“好”字必然会脱口而出。与吴老师初次见面的情景已然忘却，之后与老师的数次相处却记忆犹新。

在我的记忆里，基本上每次重要节日满珍老师都会带上小礼物来看我们。记得一年端午，很多同学都没离校，那天早晨她便带着粽子来和我们见面。几十个同学簇拥着她，一边吃着粽子喝着酸奶，一边讨论起了各地的端午习俗。有趣的是，满珍老师给每人带了咸鸭蛋，据说这是武汉的端午习俗。我们这些外地来的学生，有些从来没见过咸鸭蛋，像我就只知道鸭蛋有松花蛋，却不知还可以将鸭蛋这样做。初次吃的时候还有点不习惯，吃到里面蛋黄的时候，却完全沉迷了，咸味将腥味去除，只留下淡淡的清香……端午有祭祖的习俗，我们因为离家太远不便回家，思乡也是难免的，人一思乡就只能独自品味着孤独与无助，这时满珍老师的关怀就显得格外暖心。

除了生活上的关心，满珍老师在学业上对我们也十分上心。大三下学期开学不久，为了让我们早日明确自己的教师身份定位，她特地联系了一所中学，让我们班以及学院其他有兴趣参与的同学到该校听课。尽管我之前已经看了无数次优秀讲师的讲课视频，却永远都只是以一个局外人的身份去听别人讲，这次能够重新回到教室，以一个听课者的身份融入课堂，真切地去感受现实课堂，这和以往看视频完全是两种不同的体验，更有代入感，还能让我们学会教师活跃课堂气氛的小技巧。谢谢满珍老师给了我们这样一个不可多得的机会，让我们身临其境感受课堂。

满珍老师对我们班同学可谓是用心良苦，不论是从生活上还是从学业上，老师都给予了我们最大的关怀与支持。每次给同学们的小礼物积累起来就是很高的费用，更不用提老师的情谊了！如此盛情，无以为报，愿满珍老师身体安康！

吴琴生于雾都，长于雾都。从重庆到华师，她曾迷茫困惑过，因为1406班这个大集体的温暖与关爱而释怀。毕业之后，她在三尺讲台上不忘初心，坚定不移地向优秀教师的目标迈进。

太阳女神“吴妈妈”

吴运思

现在提笔，内心激动不已，想来一两个月都没见吴老师了，十分想念！但我知道您的脸上依旧每天都洋溢着那样温暖的笑容，心中甚感美好，自己最近的疲惫也被一扫而去了！

我们叫您“吴妈妈”，在大学里，您的满满真情让我感到何其幸运，伴我克服困难，与我分享喜悦。在我们第一次一起欢度中秋节时，我感受到了来自异乡的亲人般的爱，我便将您视为自己的榜样，我也想做一个这样太阳女神般的老师，永远都温暖，洒下阳光，照耀身边每个人——首先是爱的感染，然后是爱的教育。您为我们上的第一课便是“爱”，读到“庭有枇杷，而今已亭亭如盖矣”时，您已泣不成声，满座皆黯然泣下，还记得我在讲座后与父母交流了很多，时至今日我仍心有感念并如您所教导的一样，去表达爱和孝心。每次都是您大老远抽空来看望我们，端午节给我们送来粽子、咸鸭蛋，教师节陪我们一起庆祝，还有日常的群红包。您的和蔼和热心真使我感动，曾很多次和其他同学提到您，他们也非常感激您。我想，您的爱会感染一代又一代学子，我们将它散播四海。

平日里的往来，您的和蔼与热心已使我感动，尤其有一件事会让我铭记一辈子，从这里我真切而深刻地体会到您是这般把学生当女儿似的疼爱。

就在大三上学期，我的一节通识选修课“经济社会新发展观”期末成绩有误，任课老师给我打了 35 分。当查到成绩时我就肯定其中一定有误会，及时联系了任课老师，但他坚持自己的教学原则，不愿意给我解释和解除误会的机会。我感到很无助、很失望，第一时间想到了您，倒不是觉得您可以帮忙，而是像女儿遇到困难向妈妈倾诉。我给您打了电话，没想到您在我还没有描述完情况时，就开始安慰我，并且第一时间选择完全相信我。从此，您便亲力亲为与我并肩，成为我坚强的唯一的依靠，精神上最大的慰藉！那是期末考试周，您跑前跑后联系院长，为了帮我争取一个解释的机会。为了鼓励我，您忙完自己的工作还亲自送我到院长办公室，然而事情还是没能那么轻易解决。我们一边算着日子处理成绩问题，您一边忙着期末教学工作，我则在期末备考，两周后便放了寒假。假期里，您一直惦记着我成绩的事，开学伊始又替我想各种方法积极地处理，这样又不间断处理了一个月。开学一个月后，任课老师终于肯给我机会，我和他沟通后得知误会存在于此：在老师打分的名单中，我的学号和姓名出现了两次。由于老师检查期末作业时采用一份作业对应一个姓名的方式，老师在前一次出现的我的姓名后给了成绩，但第二次出现的名字没有与之相对应的第二份作业（每个学生只交一份作业），老师给此姓名打了不及格。实际上，前后相同的学号和姓名是同一学生，只是出现了两次。录入成绩时，老师在系统中先给我录入了成绩，又对照名单中第二次出现的我的名字，误以为我没交期末作业，将成绩删去，所以，最后系统里我该课的成绩单里没有我本应该得的成绩。在将成绩改过来后的第一时间，我兴奋不已地给您打电话，您声音里传来的欣慰、放松和由衷地为我而快乐、感叹的语气，恭喜的话语，像两年多前妈妈得知我被华师录取一样，当时真的很想拥抱您，叫您一声“吴妈妈”！在平日里的来往，我已被您的热情、温暖所感动，而这一次，我更加切身地感受到您是如何把学生当女儿似的疼！我敬您，爱您！

在后来谈到这件事时，您说您之所以这么生气，是因为教育学生如何为人的老师一定要以身作则，维护真理，老师小小的一种处理方法可能会对学生产生难以预料的长远的影响，身为人师，我们要给学生积极的影响。我想这就是细节处的“学为人师，行为世范”吧，这就是吴老师认真处事、真诚待人的态度吧！

感动流涕，不知所言。“太阳女神”吴妈妈，我敬您，爱您，更会记住您的言传身教，身为人师，谨记责任。愿您每一天都阳光灿烂，春暖花开！

吴运思，典型的四川女孩，为人热情似火，性格温和阳光，皮肤白里透红，不仅长得漂亮，而且学习优秀。她担任班级文体委员，每次组织活动总会人气特旺。她说来到华师，遇见了最难忘的班主任，开启了一段人生最宝贵的旅程：欢快的节日有人共度，胜利的喜悦有人分享，遇见难熬的挫折有人并肩……现在的运思带着对满珍老师的思念回到家乡，在德阳五中任教，她工作积极上进，入职以来每年获得学校教学比赛一等奖，多次获得市级一等奖。

记我与满珍老师“吃”出来的师生情

许雅倩

满珍老师是我们的班主任，平常我们也上不到老师的课，所以满珍老师多是在生活上关心我们。作为一个吃货，说到我与满珍老师的故事，可能更多的与食物有关。

记得全班第一次和满珍老师见面是在端午节。那天中午，接到通知的我们准时在文学院一楼的报告厅等着老师，等啊等啊就是不见满珍老师的身影。结果班委一打电话才得知，满珍老师自己一个人背了两大袋子粽子、咸鸭蛋和酸奶过来。一位老人，路程不短，还要手提着全班人数的端午节礼物。说真的，在还没有见到老师前，我就已经被满珍老师的这种对学生的关爱感动了。因为她对学生的爱不是一句停在口头上的问候，而是真正地用实际行动去证实与表达。

还有一次，满珍老师请我们全班同学在桂香园三楼吃饭，我们宿舍 4 人去得比较晚，所以 4 张圆桌子都坐得差不多了。宿舍其他 3 人都是班委，自然是要跟满珍老师坐一起，那我的处境就比较尴尬了，一方面我想跟宿舍其他 3 人坐一起，但一整张桌子上只有我一个人是“平民”身份，不然我只得去旁边桌子上加把椅子，但周围又不是特别熟的人。我不知满珍老师是不是看出了我的尴尬，她非常自然地邀请我坐他们那一桌，我瞬间有种被老师重视的感觉。作为一名普通学生，我能凭直觉判断一位老师是否真正地关爱学生，这种被重视的感觉是使学生树立自信、勇敢前进的重要动力。作为一名师范生，我更要好好向老师学习这一点。

许雅倩被同学们昵称为“大雅”，因为她是一个大气、高雅的山东女孩，单纯可爱，聪明至极。在同学们眼中她是个大学霸，国家奖学金总是被她夺得。毕业前，雅倩和运思帮我整理书稿，在我家还能豪爽地喝几口白酒呢！回到青岛当初中老师的雅倩，没有停下脚步，屡屡获奖，愿她开心快乐每一天！

时光时光慢慢走

余　超

亲爱的吴老师：

您好！

时光荏苒，大学里的美好时光真的过得太快太快了！感觉和您认识没多久，自己就要大学毕业了。每当一想到要离开桂子山，离开您，离开我们二班这个大家庭的时候，心中就会有万分不舍，有些话如果现在不对您说，我怕自己毕业以后就真的没有机会说了。

真的觉得自己非常的幸运能够在大学遇到您这么好的老师，您就像母亲一样温暖，与您相识相知一改大学教授在我心中原本的高冷刻板印象。您总是时时刻刻惦记着我们：中秋节、端午节、国庆节……在大学里的无数个传统节日您都陪伴在我们身边，即使有时候太忙了您不能赶过来，也一定会让班干部买一大堆好吃的给我们送过来，这所有的一切我觉得已经超过了一位老师对学生的爱了，真的觉得您就像我们的母亲一样深深地关爱着班里的每一位同学。

尤其让我感动的是您对我们的爱是那么的真，又是那么的广，您并不是那种只是说说却很少有行动的老师，您的一个又一个行动让我明白您的心里是真的有我们的！最让我感动的事情是那年端午节，您买了满满两大包粽子来看望我们，还有好吃的咸鸭蛋。我还记得是我和海鹏去接您，因为那天您要送您的硕士研究生去车站，所以不能逗留太久特意让师公李老师开车送你过来的。还记得我们班在文学院一楼报告厅相聚，大家吃着粽子聊着天，特别开心，我自己都没有注意到有几位藏族同学没有来，您却发现了，最后还特意让班干部将粽子、咸鸭蛋带给他们。那一刻我又被您打动了，您真的把我们每一位学生都放在了心中啊，您对我们的爱是如此的干净澄澈，又是如此的平等真诚！

您为我们做的事情真的太多太多了，包括我在内的很多同学想提前为实习做准备，只要和您打过电话，您就帮我们找学校，联系老师，真的很难想象如果没有您，我们怎么可能会有这么多锻炼自己的好机会呢。由于班上很多人想要去学校锻炼自己，您亲自出面，帮我们联系到了水果湖二中，让整个班都过去听课，我们见识到了优秀的老师，也从校长那里学习到了宝贵的经验。这一切的一切，都要感谢您呀！

我真的希望时光可以过得再慢一点，真的很舍不得离开您，也舍不得我们二班这个温暖的大家庭！马上大家就要各奔东西回到各自的家乡实习去了，下次完整的相聚也不知道会是什么时候，但是我相信无论大家在哪里、做什么工作，我们永远都不会忘记您的，不会忘记曾经在桂子山上，在我们最美好的岁月里，有一位大学教师，待我们如妈妈一般温暖。

吴老师，祝愿你永远健康、美丽，家庭幸福，开心每一天！

余超是一个阳光开朗、心地善良的大男孩，他为人热情、孝顺父母、乐于助人，曾任文学院团委学生会外联部部长，每次院系、班级活动他总会第一时间出现。在桂子山上，他开启了一段人生最宝贵的旅程，让他终生难忘。毕业后的他在武汉某中学任教。

相伴四年

运　磊

2015 年吴老师接受学校邀请，担任我们班的班主任。见面的那天，我们班正在准备年级的班歌大赛。见到吴老师，我们班的同学都很开心，她看起来特别平易近人，当时吴老师没有打断我们的排练，她在一旁认真地观看，还给我们提出了中肯的意见。班里的同学想让吴老师也参与到我们的节目中来，当我们把这个想法告诉吴老师时，没想到她一下子就答应了。比赛那天，我们的节目将班歌与情景剧结合起来，吴老师饰演一位老师，让观众们觉得眼前一亮。那次比赛我们最终获得了第一名。

那次美好的相识后，我们班在各方面的表现都有了显著的提升，后来我们以吴老师的名字命名班级。“满珍班”逐渐在华师崭露头角：大一学年我们班出了 10 个“校三好生”，我们班被评为“最佳师范生班集体”，我们支部被评为校级“优秀团支部”。辅导员汪老师在点名时多次说“满珍班”是最让人省心的班级，“学风良好，积极乐观”。这些成绩的取得，离不开吴老师平时的督促。

听学长学姐讲，吴老师开设的本科公共课大学语文经常是座无虚席的，旁听生众多。我没有上过吴老师的课，但曾经有机会听过老师的“孝心不能等待”的讲座。那次讲座老师讲了韩愈的《祭十二郎文》，读到情真意切处，吴老师就会潸然泪下。之前我在《古文观止》中读过这篇文章，虽然很熟悉，但我对其中蕴含的感情体会不多。吴老师是性情中人，她联系自身经历来讲述文章，我们跟着她的讲述，感受到了亲人之间情感的真挚与可贵。文字和个人实际生活的共鸣，使我们都陷入了沉思，课堂上先是鸦雀无声，接着渐渐有抽泣声，讲座结束时掌声经久不息。后来，很多学生在讲座结束后还写信给吴老师，那句“孝心不能等待”不仅仅回响在当时的讲座上，也影响着之后我们对亲情的理解。

吴老师对我们的关怀无微不至，她经常抽时间和我们班聚会，每次相聚都热心帮我们解答学业上的困惑。我们班的学生都喜欢去吴老师家聚会，老师十分热情，不嫌麻烦，不怕被打扰。每次学生去时，吴老师都会做出拿手菜来招待大家。而吴老师的眼神也告诉我们，她是全心全意地关爱学生。对那些选修她课程的非文学院的学生，她也是关爱有加，她能记住他们的名字，毕业后也关注他们的去向和状况。大四时由于找工作，我们和吴老师聚会的次数减少了，但我经常在一些课堂上见到她的身影。吴老师虽然已经不再承担教学任务，但她秉持着学无止境的信念，不断从各个学科汲取营养。这些都在潜移默化地影响她的学生。

即将走上教师岗位的我，开始工作时肯定会遇到诸多困难，但一想到吴老师对待学生的态度，我就更加明白了真正意义上的“桃李满天下”。从她身上我不仅明白了要对真理和知识孜孜不倦地追求，更明白了要对生活充满热爱。

运磊是转专业到文学院1406班来的，在我的印象中，他不善言辞，很讲义气，学习积极，成绩优秀。毕业后他在深圳工作。

大学有幸有您

余　晓

吴老师，正如您的名字一样，满心真意，您对生活满心真意，对学生满心真意。从小到大我遇到过很多老师，能够让如此多的学生喜爱和惦记的老师，大概只有吴老师一人。

我们班有一群幸福的孩子，我们亲切地喊您吴妈妈。您很关心我们，班级有活动您都会到场，像是班歌大赛，端午、中秋、元宵这些重要的节日您也会抽出时间来陪我们，给每个人都准备爱心礼物，让我们这些从五湖四海来求学的“远行客”倍感温暖。您每次来看我们，问候的话语会落到每一个人身上，最初您是走到每一个人面前笑着问我们的名字，虽然见面的次数有限，但慢慢地您能够走到每一个人的身边亲切地叫出每一个人的名字，被记住就是一种幸福。

我刚刚转专业那会儿，跟班上同学不熟，冬季的一天，您和全班学生一起在餐厅吃饺子，您特地跟转专业的几位同学坐在一起，您坐在我旁边，问我叫什么名字。跟老师单独讲话我就会不自觉地紧张起来，但看到您真诚的笑脸，慢慢地我觉得很放松。我们一边吃着热腾腾的饺子、汤圆，一边开心地交谈，最后，大伙儿在餐厅的楼梯上拍照留影，餐厅里来来往往的学生都为我们这一大群人驻足。有一次端午节，您来看望我们，给我们带来了粽子和咸鸭蛋，学生们感受着老师的爱，脸上都绽放出幸福的笑容，您知道其中有一个学生生病没来，在聚会上不停地向班长询问那个学生的情况，还让同宿舍的学生将粽子和咸鸭蛋带回去给那个学生。期末后，过年前，吴老师也会特地来看望我们，关心班级进展，提前给我们送上新年祝福。您的细心周到让我感动，您会想到有特殊情况不回家过年的学生，承诺到时候陪学生一起吃年饭。

时光荏苒，大学已走过几个春夏，我们马上要面临实习和找工作了，您也为我们劳神费心，为我们创造学习的机会，最近的一次是您带着我们到中学听课，这是我上大学以来第一次到中学听课。那天您也给我上了宝贵的一课，没上课之前，我们一行来听课的学生坐在教室后面，教室前面和中间都是中学生，当时学生们很活跃，欢声笑语不断，我旁边的同学对我说：“吴老师真厉害，她一来就和学生打成一片了。”我看过去时，您正俯着身子和几个学生热烈地交流，学生们都热情地回应着您。当时我有一个感触，老师应该发自内心地爱学生，主动地走近学生，作为一名女老师更应该像母亲一样去呵护自己的学生，我在您身上看到了。您的笑脸给人一种温暖向上的感觉。您经常分享与学生的合照以及学生写给您的文字，我记得其中有一个学生写到她和您的故事，在大学语文课上，您给学生们讲《陈情表》，讲到动情处声音哽咽了，那个学生为这样感情细腻、上课走心的老师所打动，一门公共课成就了一段师生情。那些已经毕业的甚至出了国的学生们都惦记着您，过年过节都会亲自登门问候，老师您亲自下厨，家常便饭，举杯投箸，欢声笑语，十分温馨。您也经常分享生活照：摘桃子，捉鱼……那幸福的模样让人感觉到生活的丰富与美好。希望您能够一直这样幸福，用这幸福去回应学生们对您的爱与牵挂。

余晓积极乐观，待人真诚。在“满珍班”这个温暖向上的集体，她努力学习，取得了优异的成绩。毕业后她回家乡孝感市文昌中学，担任初中语文教师兼班主任，在教书育人的道路上不断探索，被学校评为“十佳青年教师”。

您的关心无微不至

玉吉拉姆

又是一个收获的季节，借此机会向老师致以最诚挚的祝福！希望老师越来越年轻，天天开心，身体健康！

时间穿梭，岁月流逝，转眼间我们从一个个顽皮稚童变成了懂事青年。3 年前是老师您把我们领进大学的校门，感受着老师至亲的关怀。感谢老师时时刻刻的关心和关怀。

“师者，所以传道受业解惑也”，在课堂上老师忙碌的身影历历在目，她把毕生知识都毫无保留地传授给我们并耐心教导我们。

在生活上，老师无微不至地关心、照顾着我们。刚进入大学我们还不适应大学生活，老师经常来寝室看望我们，和我们聊天。每逢节日，老师都会过来看我们，还带给我们零食吃。在我们感谢时，老师却说这是她应该做的，让我们不用感谢。

回顾过去几年的点点滴滴，校园往事如昨。感恩之心，展文学院风采；不忘老师辛勤耕耘，不负老师谆谆教诲。

“春蚕到死丝方尽，蜡炬成灰泪始干。”回首昨日，展望明朝，我们感谢老师为我们所做的奉献。最后向老师真诚地道一声：“辛苦了，老师！”并向您表示最崇高的敬意！

玉吉拉姆是一个藏族女孩，从初中开始就独自一人异地求学。正是这段特殊的成长经历塑造了她独立、倔强、不服输的性格。毕业之后，她投身于家乡的教育事业，用自己的绵薄之力，回报家乡对她的培养。

粽香芬芳

张文静

大学四年，能有满珍老师这样的班主任，是我最大的幸运之一。

与满珍老师的缘分开始于我们的班级——师范二班，我们有满珍老师这样认真又负责的老师的教导，真是最大的幸运了！还记得在晚点名上，汪老师说出二班班主任是满珍老师时的大力赞颂，我不禁期待着这次见面。满珍老师总是微笑着，唤我们为“孩子们”，在过年过节的时候大包小包地给我们带各种好吃的，托老师的福，我吃到了地道的武汉风味：端午的粽子、中秋的月饼、元旦的饺子……这边的粽子，不像家乡的蜜枣粽子那般甜，而是清淡的，带着糯米的香味；咸鸭蛋不像之前买的那样咸得发腻，入口的新鲜略带咸的味道让人着迷。这丝丝点点的关心，填满了我每逢佳节的思亲之感，满珍老师就像我的亲人，时刻关心着我。

在生活之外的学习上，满珍老师也给我们提供了很多的帮助和鼓励。记得有一次我们在上专业课，那一天满珍老师超级有活力地在群里问我们班里的同学在哪个教室上课，我们很开心地告知了老师教室号，老师走进教室，亲切地拍了拍我们的背，和我们一起上了一节课。真的觉得很亲切，而且和老师在一起听课，感觉很奇妙。说到上课，不得不说满珍老师给我们上的关于孝心的课，老师的声音和情绪真的非常富有感染力，让刚刚离家的我泪流满面，也让我树立了想要成为一位像满珍老师一样优秀的语文老师的信念。

步入大三，教学技能对于我们来说是重中之重，我们马上就要结束自己的大学生活步入社会，也要由一个学生变成一个真正的老师了。满珍老师在这个时期给我们提供了非常多的帮助——我们的团日活动中，满珍老师特意为我们安排了去水果湖二中听课的机会，并且全程陪同。为我们讲课的老师都是非常优秀的一线老师，真实的学生的学习场景，让我们提前体验了中学里真实的环境和教学。满珍老师还请校长为我们做了讲话，校长的一句话让我至今记忆犹新：“要当一个好老师，最基础的事情就是要爱这一行，爱这些学生。”我想这句话不仅是校长对我们的教诲，更是像满珍老师、校长一样的好老师这一生教学生涯的写照。

能遇到满珍老师，是我的幸运。

张文静，人如其名，是一个文静、可爱、踏实、认真的山西女孩，从北方来到热情的华中师范大学，在二班度过她最青春、最快乐的时光。在这里，她锻炼了师范技能，提高了自身素质。毕业后她回到了山西，在太原市第三实验中学担任语文教师，在自己热爱的岗位上贡献自己的一份力量。

点点滴滴皆是情

张许瑶

一个端午的粽子，一个中秋的月饼，一场师生的聚餐，一次难忘的听课，这些无论是学习还是生活中的点点滴滴尽显吴老师的真心。

尤记得端午佳节的中午，我和很多同学都在为没能回家，没能吃上心心念念的粽子而感到遗憾。吴老师让班委组织我们聚集在文学院一楼的报告厅，气喘吁吁赶来的她还带着一大袋粽子，她亲切和蔼地跟我们唠着家常，说某家粽子好吃，特意在某家买的。我们每个人分得粽子，都沉浸在粽子带来的感动中。粽子本身的个头不大，可我吃在嘴里，感受到蕴藏其中深深的关切。中秋节的时候也是如此，吴老师给每个同学都发了两个月饼，这其中又包含多少关爱，大概收到月饼的我们是体会最为真切的了。

吴老师不仅在生活上关心我们，还在学习上尽力地帮助我们，为我们提供了一次宝贵的听课机会。周三，大家集合在校门口，兴奋地前往要听课的中学。我们在报告厅坐下没多久，吴老师就赶了过来，她担心有同学因为时间原因没来得及吃早饭，给我们每人发了两块饼干。在那天，我们听了两节各具特色的初中语文课。无论是分析诗歌的经典意象，还是从朗读中体会和品味诗歌所流露的情感，都让我们领略了名师课堂。听完两节精彩的语文课之后，在吴老师的邀请下，中学的校长和两位语文老师还为我们传授了不少知识和教学经验。这次非常有意义的听课活动，得益于吴老师费心地联系和组织，非常感谢吴老师，让我见识到上大学以来难得遇到的真实的教学课堂。

虽然我们没能听过吴老师讲课，但是在与吴老师的相处中学习到的道理和经验却比课堂更加珍贵。在学习上，吴老师组织有利于师范生发展的听课活动，还时常与同学一起听课，与同学一起交流；在生活上，她细致入微的关怀让我们感受到了温暖，节日物品的发放体现着她的关心，到寝室来看我们体现着她的用心。

我们大家都很喜欢吴老师，吴老师在我们学习、生活中的点点滴滴用心，都显示了她一颗爱学生的心。

我的记忆中张许瑶是一个来自安徽、不善言辞、待人朴实真诚的女孩，有一颗感恩之心，毕业后她回到家乡合肥市五十中任初中语文教师。欣喜地看到她的成长，我真心祝福她在教学的道路上越走越扎实，越来越成熟！

道一句“感恩”，谢谢您的一路陪伴

张云凤

从吴老师刚开始担任我们1406班的班主任到现在，时间不长也不短。说长的话，两年多的时间不过是我们所有过往岁月中的沧海一粟，实在经不起推算；说短的话，这两年甚至接下来的所有和她相处的时间都会铭刻进我的心里，我的人生多长它就有多长，如何加以推算？

和吴老师的第一次见面、第二次见面、每三次见面……我记得的，我总是记得的。她从来没有路途奔波的疲累和抱怨，有的只是最饱满的精神状态、最美的笑容和最温柔的话语。记得她为懵懂迷茫的我们指明方向时的谆谆教诲和苦口婆心，如果说我们是向日葵的话，吴老师就是那给予我们方向的最灿烂的太阳吧，我想我不会忘。记得她支持我们每次班级活动时的热情满满和四处奔波，如果说是谁总为我们的班级活动锦上添花的话，一定是她啊，我想我不会忘。记得她给我们讲“感恩”时的情动于中，她对“感恩”的身体力行让经常对爸妈不够耐心的我心生羞愧，而她的声声泪下更让我将“感恩”二字铭刻于心，我想我一定不会忘。记得她多次不辞辛苦一定要赶在晚点名时间来看望我们时的热切期盼和暖心问候，我以为自己从来不是一个容易被感动的人，可吴老师的一句“同学们，我们好久没见了，我想来看看你们”却猝不及防地触动了我内心最柔软的地方。我以为大学的班主任其实不用做到这个地步的，可是她不一样啊，吴老师对我们的挂念不是责任而是真心，这份想念跨过时间和距离还是由她亲自传达给了我们，我想我一定不会忘。

时间过得真的很快，眨眼三年就过去了，而这不长不短的三年，让我有幸遇见了这样一位班主任，真好。也许是由于自身个性的原因吧，我很少主动找到老师跟她单独交流，但跟吴老师也说过几句话，距离那次单独说话已经过去很久了，短短的一次交流，可我还是记得的。记得是在一节外国文学课上吧，当时老师悄悄地坐到了我旁边，问了一些关于我们班的情况，一如既往地默默关怀，最后还送了我一个崭新的本子，她可能不知道，虽然是一个草稿本，但是我很喜欢，我从大二用到了现在。

三年了，虽然跟满珍老师单独交流很少，但是太阳的存在从来就不是为了单独照耀某个人的，她温暖的是我们整个二班，而我也是其中一员，如此便好。即使我以后毕业了，离开了武汉，与满珍老师相隔于远山长河之外，我依然会记得那位一提起她的名字就让人想到“温暖”二字的班主任。

最后我想说，感恩，谢谢您的一路陪伴。

张云凤是一个性格腼腆的重庆姑娘，在班上虽然表现得默默无闻，但是心思极为细腻，总能在不经意中给人留下温暖。毕业后她回到自己的家乡重庆，担任高中语文教师，工作很出色。

与您相处的四年时光

赵佳敏

在人生的每一个阶段，总会有一些人、一些事令人感动，他们虽然只停留一段时光，但也足以让人觉得这是一个美好的存在。吴满珍老师就是我大学几年的美好记忆。

“师者，传道受业解惑也。”吴老师与我们可能没有学习上的直接接触，但这丝毫不影响她的人格魅力。大学里唯一一次听吴老师讲课是在“孝心不能等待”的讲座上，丝毫不夸张地说，那是我学习语文以来，第一次对朗诵、对人的情感的投入有如此深刻的感受。吴老师为我们朗诵了《祭十二郎文》，虽然早已有“读韩退之《祭十二郎文》而不堕泪者，其人必不友”的说法，但老实说，我虽然也为其中的情感所感动，但还远远没有到达“堕泪”的地步，也不免认为苏轼的说法过于夸张了，直到遇到吴老师才改变了这种想法。没有任何的音乐背景，仅仅是依靠充沛的感情和神奇的语言魅力，就将在场的每一位观众带入了其中，为文章中深厚的情感所感动，不免低泣落泪。那一次讲座是真真切切地让我感受到了语文所具有的情感魅力，也让我想去探索文学的阅读和朗诵。

有人说大学注定会有一些遗憾，因为大部分象征团圆的节日，都必须自己度过；而好消息也只能自己为自己庆祝。幸运者有好友相伴，而不幸者只能享受孤独。但其实，我的大学生活不仅有好友，还有吴老师的关心。过节时，全班会聚在一起，吴老师为我们带来粽子、月饼，和我们一起度过一个又一个的节日；比赛时，我们也并不孤单，吴老师总是到场为我们加油打气。记得有一年寒假，我申请了十天的留宿时间，当吴老师知道后，当晚给我打电话，让我去她的家里。这样无私的付出我永远深藏在心，感动不已。

时光飞逝，我们走向工作岗位的一天也是我们离开校园的一天，有一天，我们也不得不转变角色，从一个纯洁的学生到逐渐脱去稚气，成为一名教师。和吴老师的相处有限，但从吴老师身上我学到的最重要的也许就是对语文、对文学要永远葆有一份热情，对学生更要永远保持一份慈爱。这对于我来说意义很大，我们也许不能为这个社会做出什么大的贡献，但能在自己的岗位上，向自己所崇拜、所认可的榜样不断学习，向那个自己曾经羡慕的境界不断努力，就足够了。

感谢吴老师在我大学生活中的陪伴。

赵佳敏真诚、善良、坦率、热情。从内蒙古来到武汉，她克服了气候、生活习惯带来的不适，她说那是因为有1406班的集体温暖和满珍老师的关爱。她懂得感恩，毕业后的她，在包头市第九中学任高中语文老师，2019年获得了校级版式设计大赛一等奖，2020年获得了校级“优秀教师奖”。

温暖大家长

郑兰艳

很幸运，能够进入 1406 班这个温暖的大家庭，更幸运，在这个大家庭中能够有吴老师陪伴。虽然和老师相处的时间比较少，但每一次见面您都会给我们带来温暖；即使是时间不允许，无法和我们见面，您也会在远方给我们送来问候，让我们知道还有一个时常挂念我们的人，就像妈妈一样，让离家求学的我们内心多了一股暖意。回顾过去的两年，您和我们相处的点点滴滴仍然历历在目，每每想起就会心生眷恋和温暖。

生活中，您总是时刻惦记着我们。过节的时候，您挂念着我们，少不了美好的祝福。犹记端午节的时候，您即使很忙也会赶来和我们一起过节，还送给我们美味的粽子和咸鸭蛋，我们吃在嘴里，暖在心中；中秋节的时候，您会给我们送月饼；元宵节的时候，您会和我们一起吃汤圆。每个节日，您都会尽量抽时间陪伴我们。我却感到很惭愧，您为我们做了那么多，我却只是享受着，没能做些什么来表达我的感激。另外，我记忆非常深刻的一点就是，您会记住我们每个人的名字。每次见到我们，和我们交谈的时候，都会一一说出我们的名字。每每听到您说出我的名字的时候，我都会很开心，即使相处的时间很短，您都已经深深地记住了我们，我们内心是非常感动和激动的。此外，在生活中，您还会默默地关心我们。有时候我在微信朋友圈中展现我开心的心情时，您会为我开心；展现我沮丧的一面时，您会为我加油打气。每次看见您的回复，我就会非常开心，您有那么多的学生，却还记得我这个很少出现在您面前的学生，我觉得很幸运，很满足。

在学习中，您也时时关注着我们。您会在我们班级内组织讲课训练的时候到达现场，指出我们的优点和不足，激励我们继续前进；您会去听我们的专业课，关注我们的学习情况；您还会贴心地为我们提供学习机会。记得上一次您为我们提供了去水果湖二中听课的机会，我们不仅能够进入真实的课堂，听优秀教师真实的授课，还能够在听完课后提出问题，与名师共同探讨。那一次我真的收获颇多，对自己、对学生、对教师这个职业等都有了新的认识。我知道，组织一次这样的活动是很不容易的，一方面要和校方进行协商，另一方面还要和我们的专业课老师协商，此外还有安全问题、纪律问题等一系列问题需要考虑。但是您觉得只要我们学有所得，一切都是值得的，在此，我想真诚地对您说：“吴老师，辛苦您了，谢谢您为我们做的一切。”

您就是母亲一般的存在，能够成为您的学生是我们所有人的幸运。我是一个不善表达的人，面对面的感恩、面对面的谈心、面对面的祝福，对于我来说都是很难做到的，所以在此，我仅记述一些对您难忘的记忆来表达我对您浓浓的感恩之情。

郑兰艳来自恩施建始，性格开朗，爱笑。还记得2017年暑假我作为华中师范大学百名班主任之一走访学生家长时，曾到过她家，三间高大瓦房的一面墙上全部贴满了兰艳从小学到高中、大学所获得的各种类型的奖状。毕业后，她回到家乡成了一名人民教师，经常听到她的好消息，我很是开心。

老师情，慈母心

郑　爽

大学三年倏忽而过，不知不觉中只剩最后一年。这三年里，于我而言最幸运的事，就是遇到了一批学识渊博却又慈爱可亲的老师。除了专业课的老师外，还有这么一位老师，虽然没有在课堂上给我讲过课，却最慈祥、可亲、温暖，像妈妈一般，她就是我们1406班的班主任——吴满珍老师。

上大学前，没想过大学还会有班主任。所以第一次听到学院给我们班派了一位班主任时，我还是有点紧张的。然而，与吴满珍老师的第一次见面就打消了我的紧张和顾虑。一进教室，首先映入眼帘的便是吴满珍老师满面的笑容，眼睛笑得弯弯的，满是藏不住的慈祥。接着，吴老师用充满激情的话语介绍了自己，我们也一一向吴老师介绍了自己。在这个过程中，每当一个人报出自己的名字的时候，吴老师都会非常认真重复一遍。看得出来，虽然是第一次见面，但她就已经开始努力地记住我们每一个人的脸和姓名。当时的我，满心都是无法言表的感动。吴老师认真的眼神，慈爱的话语，更是让我的心温暖了起来。

“每逢佳节倍思亲”是每个游子共有的情愫，身在异乡上学的我们，也总是在节日之际异常地思念亲人。但自从有了吴老师，大学里的节日我们再也不孤单了。端午节的粽子、中秋节的月饼、元宵节的汤圆……每一个佳节，吴老师总是会抽出时间，来到学校，为我们带来各种节日的礼物。文学院一楼报告厅、2201大阶梯教室、学子餐厅二楼、桂香园三楼，留下了太多吴老师和我们的欢声笑语。小小的吃食或许常见，但吴老师这种拿出自己的假期时间，陪学生们过节的慈母般的爱心却是令人钦佩的。吴老师是我们的班主任，但她对我们的关心，早已超出了学习的范畴。在校园生活中，吴老师也总是会在微信上发来她的关心问候。她从不吝啬向我们表达她对我们的爱，在华师的八百多天里，1406班的每一个同学都被吴老师的关爱之情沐浴着，温暖着。

作为我们的班主任，吴老师不仅在生活上对我们极为关心，她也非常重视我们师范生能力的培养。大二时我曾参加一个教学技能的比赛，考虑到自己水平不高，我将写好的教学设计发给了吴老师，请她帮我指导修改一下。原本想着吴老师很忙，应该没有时间给我指导。谁知吴老师很快就回复了我，并对我的教学设计进行了详细的指导，给出了许多切实中肯的意见。虽然最后比赛没能取得太好的成绩，但吴老师的这份热情、认真、关爱不禁让我红了眼睛。我会永远记得那个站在走廊里，长达一小时和吴老师的通话。吴老师给我的条条意见、谆谆教诲，也会永远镌刻在我的心头。

大三下学期，一方面，院里的微格等教学技能课程开始；另一方面，吴老师也在为我们创造机会，培养教学技能。4月，吴老师出面为我们1406班争取到了去水果湖二中实地听课和学习的机会。在那次活动中，水果湖中学两位老师精彩的讲课让全班同学都收获颇丰，校长最后的讲话更是让我们坚定了从事基础教育工作的决心。我们并不会忘记，这一切的收获，所有的进步，都是吴老师为我们创造的。

每次见到吴老师，她总会拉着我的手，笑着，温柔地和我聊天。看着吴老师温暖的笑容，拉着吴老师慈爱的手，听着她充满活力的话语，我仿佛回到家，回到了母亲的怀抱。吴满珍老师在文学院素有“妈妈老师”之称。我认为，这真的是对吴老师最恰当、最妥帖、最合适的形容。都说教育是良心活，但吴满珍老师对我们这群学生，又哪里只是良心？正如她的微信昵称“满心真意”一样，吴老师将她的爱心、真心都奉献给了我们。剩下的大学时光已经不多，能与吴老师相伴的时间越来越短了。有这样一位母亲般的老师陪我走过这人生最美好的四年，大概也是我上辈子修来的福气吧。最后，真心地祝福吴满珍老师身体健康，生活愉快，永葆年轻的心态。

郑爽，一个积极开朗、文静秀气的湖北女孩。她说来到华师是一场意外，但是进入文学院，进入“满珍班”，却是青春岁月里最幸运的事。毕业之后，她“打包”好四年的收获，站在了高中的讲台上。日复一日地工作，她渐渐有了语文老师的亲切与温柔，也有了班主任的严格与坚韧。

你们班主任真好！

朱瑞云

“你们班主任真好，那么关心你们！”这是我常常能听到的带着羡慕语气的评价。

满珍老师是一个特别有亲和力的老师，每一次相见，她的脸上都洋溢着笑容，如同驱散冬日雾霾的阳光，温暖、明亮；如同山间早晨的清风，沁人心脾。她真心的关怀、热心的话语，让在异乡求学的我们感受到了如同家中长辈般的关怀。端午的清水粽和咸鸭蛋，新年的饺子和汤圆，桂香园大圆桌上丰盛的午餐……团聚一堂的中文1406班，和满珍老师一起分享过的美食与爱，一定是我日后想起在桂子山上度过的岁月中最触动心房的一页。老师很忙，却依然隔三岔五就在班级群里对大家嘘寒问暖。每学期一定会来听班上同学的课，一定会抓住和大家见面的机会，一定会把她的笑容和关怀送到我们身旁。我的满珍老师，我想对她说：“您是多么的让人温暖啊！”

满珍老师是一个心态非常年轻的人。我曾想过：难道生活从来没有给满珍老师带来过磨难吗？为什么她每一天看起来都是那么的快乐、无忧、自在？记得那一次满珍老师办了一个小小的讲座，本来只是面对我们班，但年级不少同学也慕名而来。满珍老师给我们讲了韩愈的《祭十二郎文》，情到深处泪水涟涟。披文入情，这就是语文老师最好的讲课方式吧！她更是将年轻时经历的苦难与我们分享，我才知晓，不是生活从来不苛待满珍老师，而是满珍老师的坚韧和乐观让她活成了如今令人羡慕的模样。我的满珍老师，我想对她说：“您是多么的让人敬佩！”

满珍老师是一个爱分享生活的人，看她的微信朋友圈，我发现了一个小秘密：无论走到哪儿，遥远的黔东南抑或香港，最熟悉的武汉和桂子山，都能游历有怀；无论是和朋友小聚，感受山水田园之乐，还是学生来访，共话师生情，她都能创作出一篇篇歌颂生活的诗篇来。下面分享一首：

十五月亮圆又圆，

天上人间共婵娟。

吴刚捧的什么酒，

引得嫦娥舞蹁跹。

我想正是因为满珍老师如此热爱生活，生活才给了她那么多美好。我的满珍老师，我想对她说："您是多么的可爱！"

桃李满天下是人生赐予满珍老师最好的礼物，而这又何尝不是她种下的因而得出的果？几十年如一日地关心爱护她的每一个学生，让每一个学生都记住了她。记住了她给予我们的爱与关怀，更记住了她以身为范教我们如何去爱我们的学生！我的满珍老师，我想对她说："谢谢您！"

朱瑞云，一个热情诚恳、脚踏实地、聪明好学的云南女孩，她给"满珍班"的同学留下了美好的印象。毕业后她在昆明市三中西山学校担任初中语文教师兼班主任，被学校评为优秀班主任，在西山区"启航杯"教师技能评比中获二等奖。

难忘的吴老师

朱显翌

初见吴老师，就被她爽朗的性格所吸引。第一次班级见面，我坐在教室的后排，忽听到一句中气十足的“同学们，堵车了，不好意思来晚了”。抬头一看，一个精神饱满、面带笑容的中年女士从门口踏了进来。她进行了简短的自我介绍后，同学就开始一个一个自我介绍了。之后，一个班学生的名字、相貌，她已了然于心了。吴老师来也匆匆，去也匆匆，可是却给我留下了深刻的印象。第二次听闻她要来，是在端午佳节，刚进教室，我们就看到每个人的桌上都放了粽子。原来，吴老师是提前特意去买了粽子带来，与我们这些没有回家的同学们共度佳节。第三次，她直接来到宿舍，一个个地去看望学生，询问他们的近况，这种认真的态度不禁让我吃了一惊。犹记得她来到504宿舍，得知有同学学业有困难，便恳切地叮嘱我们一定要互帮互助，这种关怀的态度让我们觉得暖暖的。之后，她特意去不同的教室听课，只为了看看我们真实的学习情况。再后来，是她自费请全班同学去餐厅就餐，让我们与她多说说话。

吴老师虽然和我们见面次数不多，但我们仍旧可以感觉到她的和善。她为我们做的事情，不仅仅出于班主任的责任，更是出于真切的关心。就算毕业了，我也不会忘记她。

朱显翌是湖北女孩，白白净净、爽朗、乐观，是一个善良、懂得感恩的好学生。她现在在武汉任教，与小朋友们过着快乐的时光，愿她永远是那样阳光灿烂！

真情相伴永不忘

陈祎祈

亲爱的满珍老师：

您好！

此时我已在受聘单位代课，这段时间很遗憾不能在华师校园与您相见。铺开纸笔，如同展开了万千思绪。

时光如梭，转眼间我们已在华师度过了三个春秋。还记得当初刚听说班主任这个名词的时候，我还误以为是更严格的生管降临了，没想到有幸做了满面笑容、情深意切的您的学生。

那时的我初出茅庐，在学校师范生素质大赛粉笔字书写中凭运气崭露了一些头脚。您把我偶然获得的荣誉牢牢记在心中，不断地鼓励我稳扎稳打师范生基本技能，让我倍感温暖。您对我，对我们每一个孩子都寄予了很高的期望。

我从高中开始寄校，您是最在意陪我们过节的一位老师。每到节假日，您总是早早地计划着给我们送节日礼物，并在当天撇下家人和我们一起。那时您的腿还痛着，却仍赶来学校看望我们。异乡学子是多么渴望家的温情！林林总总，用心真挚的粽子、咸鸭蛋、汤圆、酸奶等，还有您温馨的祝福、关切的问候，让我对在华师的每一个佳节充满期待。因为我知道，总有您，像母亲一样惦记着我们。每每看着您的微信朋友圈，总能感受到您透过屏幕的开朗与洒脱，被您一颦一笑中温情的能量打动。在教师这条道路上，我愿以您为榜样，做您一辈子的学生！

陈祎祈现任教于福州屏东中学。大学四年她担任班级宣传委员等职务，在QQ空间、微信朋友圈，她叙述了很多关于“满珍班”温暖集体的情谊和老师们的关爱呵护。她带着对教育事业的期许与热爱走入课堂，成为一名优秀的初中语文教师和班主任，获得“福州市直系统优秀共青团员”“福州市优秀青年教育人才”等荣誉称号。相信她能实现更远大的目标！

温暖与爱的教育

刘谢舟

初到桂子山，心中是莫名的熟悉与亲切，因为父亲也是华师的校友，所以从小便对它有一种特别的感情。带着这份憧憬与期待，走进了华师的大门，走进了我的大学时代。

没有想到的是，大学生活会给我带来如此多的温暖与惊喜，走进1406这个温暖的班集体，遇到温暖如亲人的满珍老师，是大学生活中最幸运的事之一。

还记得第一次和满珍老师见面，是在一次晚点名的集会上。辅导员说我们每个班级今后都将有一位班主任。“班主任”？我当时心里其实有些讶异，因为我一直以为到了大学，就是自由发展的状态，不会有人再领着我们前进，所以刚刚得知我们会有一位班主任时，我心中有些按捺不住的惊喜。紧接着，班主任们一位接着一位出场，吴老师出场时，背挺得很直，充满了精气神，衣着十分得体，看得出来她十分重视这第一次会面。更让人难忘的是，她的脸上始终带着如春风般温暖的笑容，眼角眉梢都是藏也藏不住的慈爱。只是这第一面，便让我相信，这一定是一位温暖的老师。

与我的料想一样，满珍老师在后来的日子里，带给了我们数不清的温暖与爱。

还记得端午节时，她从家里带着粽子、酸奶和咸鸭蛋来到学校里，分发给每个同学，我们边吃，她边笑着询问我们的情况，努力记住我们每个人的名字、样子和生活的大致情况。满珍老师走到我的面前，看着我说：“你是谢舟吧？”我惊喜地点点头，惊讶于满珍老师竟然认识我，一股暖流从心底涌起。是啊，有什么比被人记得、被人牵挂着更幸福呢？

满珍老师虽然工作很忙，但只要一有机会，就会和同学们见面，和同学们聊聊最近的状况，无论是工作上还是生活上，都会给予我们关心，并给我们一些很有指导意义的建议，让我们少走许多弯路。还记得有一次，我和我的海南舍友第一次普通话等级考试均没有顺利通过，不由得有些沮丧和着急。满珍老师正好来宿舍和同学们聊天，得知我们的情况，先是安慰了我们一番，再告诉我们一些切实有用的方法，最后鼓励我们要相信自己，只要勤加练习，一定可以顺利通过考试的。我记得那时，满珍老师拉着我的手，眼里饱含关切，说出来的每一个字都轻轻抚慰着我失意的心。在满珍老师的鼓励下，我和舍友也都在下一次测试中顺利通过了。

如今，大学时光已经接近尾声，回顾这段时光，满珍老师给予我们的温暖与爱，是我们前行路上最珍贵的行囊。

刘谢舟为人真诚、内敛，性情温和。她说在华师的日子里，最难忘的就是同窗情、师生情，朋友与老师的帮助、关心点亮了她的大学生活，让她心中充满了温暖与爱，她要让这份温暖与爱传递下去，照亮更多人。毕业后，她在深圳外国语学校龙华高中部任教。

暖心暖情

张慧琼

桂子山上的桂花又开了，可惜今年的我在校外实习，无法赶回“山里”一品桂花之灵韵。仔细一想，大学生活竟也在不知不觉中走过了大半。都说大学生活是孤独的，但在满珍老师的班里，我从不这么觉得。

“以文常会友，唯德自称邻”，师范生最大的兴趣便是聚在一起探讨怎么当好一名老师，而吴老师便是最好的答案。大二，我怀着忐忑的心情转进了师范班，问题也一串串地排着队甚至挤到了梦里。那时一走进昏暗的文学院阶梯教室里，我便想早点逃离。但，那天不一样，打算撤退的我被几句亲切的问候定住了脚：“你是小张吧？我可以叫你慧琼吗？”满脸笑容的吴老师打破了我对大学老师的认识，一瞬间，我放下忐忑与逃避，只剩激动。那样充满爱意与温暖的眼神，在我踏上实习岗位前的一天都在告诉着我：期待每一位学生，迎接每一份不期而遇的美好。

吴老师用她最温情的方式关爱着班里的每一位同学。别看武汉很大，其实武汉非常小，小到我们时不时就会去吴老师的家里坐一坐。吴老师热情地邀请，我们也毫不客气地上门，与她畅谈天南海北。从衣食住行到为人处世，吴老师带给我们的有太多太多。回想上一次遇到这样的老师，已然是初中岁月。逢年过节时，吴老师常让意外的惊喜充满我们的内心，让我在大学也学到许多独特的技能。当有同学因系统故障而导致学分有误时，是吴老师忙前忙后帮同学更正学分。当我们欢聚一堂时，是吴老师适时地告诉我们为人处世的道理。也是吴老师，在我们实习以来的这段日子里，时刻记挂着我们。在群里一声温暖的问候，足以抵消一日奋战的疲惫。因为，我也想成为像吴老师一样的老师。

细数过往，发生的事情历历在目。“与君初相识，犹如故人归。”遇见华师，我不悔；转入师范，我不悔；能成为满珍老师的学生，更是我为之庆幸的事之一。眼看着毕业的日子一天天临近，我心中并不彷徨，不为所遇而惊异，用心去珍惜和对待，那望眼之处皆是美好。满珍老师用三年的言传身教让我看到作为老师可以达到的广度及能拥有的温度。亲爱的满珍老师，谢谢您！谢谢您教会我的一切！我也爱您，爱您温暖的笑容！最后祝满珍老师永远幸福，健康平安！

张慧琼也是中途转专业来到1406班的云南女孩。她说：来到1406班犹如久别重逢，与君初相识，犹如故人归，曾经的点点滴滴依然传递着温暖与力量。毕业后，慧琼就职于云南师范大学附属小学，成了一名小学语文老师。在进入单位后，她多次获得优秀班主任奖、志趣教育教学竞赛一等奖。

我们的满珍老师

邱梦园

那是一个寻常的周末，但又是一个不寻常的周末，辅导员汪老师郑重地宣布，吴满珍老师做我们的班主任。看着这位满面春风、慈祥温和的老师，想到大学四年能跟这样一位老师朝夕相处，我不由满心欢喜。

我们都习惯称吴老师“妈妈”，为什么这么说呢？请听我娓娓道来。

因为每逢节假日她都会心系我们，给我们送来温暖和关心。那是元旦抑或冬至，具体什么日子已经记不大清了，但是满珍老师的那份情我却永远记得。那天，本地的同学都回家过节了，我们外地的学生只能留在学校。正当我一个人在寝室默默看书时，突然看到群里一条消息，原来是满珍老师要带我们去食堂包饺子，这消息似一股暖流涌上我的心头，离家太远的我仿佛又回到了母亲的身边。那天天气很冷，来的同学也挺多，满珍老师一一跟我们打招呼，面带微笑的她多次询问我们的近况，其间好不热闹。

毕业那天，我们进行了最后一次聚餐。席间大家都有点沉闷，想到马上就要分别了，心中很是不舍。这时，大门有一道光出现了，我们知道那是我们心爱的满珍老师来了。果然，满珍老师依旧微笑着，满面春风。她说：“我们这里的都是帅哥美女，马上就要毕业了，在全国各地为我们的祖国服务，为建设我们的国家做贡献，老师为你们自豪。”听了这番话，大家顿觉悲伤全无，更多的是对未来的憧憬和期待。

满珍老师就是这样的一位老师，她永远都是满面春风，把阳光带给我们。在满珍老师那里，我感受到了无限的温暖，感谢满珍老师！

邱梦园，一个南方姑娘，文静、内敛，性情温和。集体活动中很少能看到她发言表态，为人低调。她说她跟华师特别有缘，高考结束后她反复研究高考指南，在填报志愿时最终选择了美丽的华师，有同学风趣地说她在2014年的秋天圆了“华师梦”。毕业后，她在南宁市天桃实验学校任教，工作很出色。

我与满珍老师

王雅辉

吴满珍老师是我的班主任。那年我刚刚转系进文学院师范二班，没多久，吴老师成了我的班主任。班主任是什么概念，我其实并不清楚，也不觉得会对我有什么影响，但吴老师颠覆了我的这一印象和看法。

吴老师不是一个普通的班主任。无论是端午节的粽子、咸鸭蛋，还是一场场聚餐中的嘘寒问暖，又或是一次次盛情地邀请我们去她家里做客，都传递着最真诚的关怀。吴老师与我们亲如一家人，成为"满珍班"的一分子，我觉得自己非常幸运。除了班级活动，我和吴老师并没有太多私下的相处。但有次在桂中路上，我恰好碰见吴老师迎面走来，她微笑着看着我跟我问好，我连忙招呼。彼时我们也才见过两次面。我受宠若惊，她居然认得我。吴老师心里时时装着我们，为我们倾注着爱与关怀。

吴老师不仅是一位慈爱可亲的长辈，更是一位博雅可敬的师者。

我对吴老师印象最深的是一次讲座。吴老师为我们"满珍班"的同学们讲《祭十二郎文》，这本是一篇高中的课文，学也学过，背也背过，感触也有，但我从没听过那样一节动人的课，也从没听过那样一场动人的朗诵。吴老师时而奋发，时而沉郁，时而掩抑，又时而慷慨激昂。她声情并茂地朗诵着，将我们的情绪带入文中的世界。我们跟随吴老师进入这种境界里，虽人生经历有限，甚至不曾目睹生离死别，但作者的情绪、吴老师的情绪和我们自己说不清道不明的情绪，混杂着，交错着，激荡着我们的内心。全场一片肃穆，大家的脸上呈现出庄重的神情。良久，吴老师开始缓缓讲起自身的经历，讲起自己朋友的经历，讲至激动处，声泪俱下。在吴老师的引领之下，我也回忆着与亲人手足之间相处的点点滴滴，更觉人生珍贵，孝心不能等待。

我不是班委，也没有什么机会和老师有更多的接触，但我却在"满珍班”、在满珍老师那里，感受到了无限的温暖。我非常感谢满珍老师，感谢这个在满珍老师带领下越来越温暖向上的集体。

王雅辉是一个积极认真的河北女孩，毕业后在石家庄十五中担任高中语文教师兼班主任，被学校评为教育教学先进个人。希望她今后继续努力，不断超越自己。

满满华师忆　悠悠师生情

徐小妹

又是一年丹桂香，耳边充盈着小朋友们生趣盎然的叽喳声。我站在讲台上，看着他们让人倍生怜爱的笑脸，弹指间，像是突然间回到了华师，又坐在了熟悉的2201教室，和室友们吵吵闹闹地等待着满珍老师和我们齐聚一堂的时光。

回想大学四年，这位我们更愿意称其为“满珍妈妈”的吴老师，正是她将这些来自五湖四海，心中怀揣着不同理想，忙着追求自由，忙着长大的孩子们凝聚在一起，让所有人都能够在班集体中找到自我归属感，能够在每个无法与自家人团聚的节日里感受到亲情的温暖，能够在人前骄傲地说出“我来自师范二班”。我对吴老师之情，有一种自然的感念。

桃李不言，下自成蹊。满珍老师和我们虽非朝夕相伴，但每次相见都足以让她的人格魅力点亮我们成长的瞬间。尤其是在毕业后，自己也在为人师这条漫漫长路上求索之时，脑海中勾勒的理想教师形象总是带着吴老师的影子。还记得那次大一班歌比赛，我是领唱，大学里第一次正式活动，心中难免紧张，上场前反复和搭档排练，生怕出现一点闪失。可当耀眼的灯光打在初次登上舞台的我身上，声如擂鼓般的心跳伴随着一种不可名状的紧张感使我目不能视，口不能言，正万念俱灰时，我看到了台下的吴老师。她仿佛瞬间发觉到了我的窘迫，高高地竖起拇指，脸上洋溢着灿烂热情的笑容，弯弯的笑眼里满是鼓励。那一刻，她成了人群中温暖的光，顷刻间驱散了我心头的阴霾。最后班级比赛成绩斐然，但更重要的，是吴老师的温和善意伴我迈向人生新台阶，为我刚开始的大学生活添上一道和煦的阳光。工作后每当感受到有学生紧张，我总会轻轻地拍拍孩子的肩膀，告诉他，别害怕，有老师在。这大概就是吴老师给予我的力量。

大学校园里最期待的事情之一便是偶遇吴老师，因为她会不假思索地准确叫出每个人的名字，有时我们还会打趣，设想吴老师肯定记不得某个人，但这个设想从未实现。或许在记忆力过人的她的眼中这件事微不足道，但在我们看来，这是一份沉甸甸的尊重和爱护。不仅如此，吴老师对我们的情谊还蕴藏在节日的祝福及礼物中，平日里的嘘寒问暖中和指点迷津的沟通交流中，不胜枚举。因有吴老师的存在，师范二班成了一个坚不可摧、团结一致、求学奋进的班集体。

与华师结缘，我感到终身幸运，因为在此和吴老师相遇。

徐小妹，这位来自东北的女生活泼开朗，清纯可爱。她积极参加学校的各项活动，为班级贡献自己的力量，珍惜在华师校园里的每一分钟。毕业后她在青岛工作，担任两个班的语文老师，曾获“七说”全国说课大赛一等奖、青年教师优质课大赛特等奖等荣誉。希望她能用平凡赢得喝彩，用真诚赢得信任，用博爱赢得欣赏。

用生命所感去读书，用读书所得去生活

——记吴满珍老师

陈慧瑜

“呜呼！言有穷而情不可终，汝其知也邪？其不知也耶？呜呼哀哉！”这并不是我第一次读到《祭十二郎文》这篇文章。但时至今日，我仍然能够记得有一个深情的声音，将她的生命经验热切地、毫无保留地带入这篇令人哀恸的祭文中。即便我的记忆已然随着时光远走，我不记得那天是不是一个冬日的午后，因为我仍然能清晰地感受那种寒冷刺骨的悲凉凄切；我不记得那是不是一个初夏的清晨，因为我依然能从记忆中打捞出那使人动容的热泪盈眶的时刻。是的，母亲节、《祭十二郎文》、文学院的报告厅，以及……吴老师的声音是我对那一天唯一的记忆，也是最令我难以忘怀的一日。因为，吴老师用她的演讲、她的思考、她的激情告诉了我，在未来的日子里应该怎样阅读，怎样生活。

我自小在澳门长大，读书、升学，我几乎从未离开过这座小城。我眷恋这座一半繁华一半静谧的，既张扬又隐秘地在我们的生活中不停变化、流动的岛屿。我们用自己的人生在编织它的未来，它也正用它沉静的目光悦纳此地所有的得与失、喜与忧。因此，当我拿起行李箱走出家门的那一刻，我注视着父亲的背影离开的那一刻，我要开始新生活了。

由于我的个性内敛，普通话也讲得不够好，在大一的上半年，我都只敢围绕着教学楼、图书馆、宿舍打转，三点一线，很少参加集体活动，也不够积极主动地与同学交流。直到有一天，吴老师成了我们的班主任，她的到来让我感到格外的新鲜。对于早已习惯每日辗转于不同的教室，身边坐着不同的同学的我而言，我久违地感受到班集体的概念。或许是被集体氛围所感染，也许是吴老师的亲切让人感到格外放心，以此为契机，我开始慢慢地不再胆怯，也因此在二班收获了友谊：一开始讲得不怎么标准、流利的普通话，在同学们的耐心指导下进步了很多；面对大量前所未见的新知识时，也少了一开始的焦虑不安，因为身边随时都有可以交流、探讨的对象；我变得主动而热衷于集体活动，因为我总能够在各种各样的班级活动中收获到温暖与快乐。

不过，当学习与生活均迈入正轨时，人总是会与乡愁不期而遇。但在华师学习的四年里，每逢过年过节，吴老师都会带着一些应节的食品来看望我们。即便我与同学们并不住在一个宿舍区，吴老师也总不忘让班干部把她的祝福带给我，更会时时发信息，让我们注意身体，劳逸结合。平时在校园内见到吴老师，她总是迈着轻快而沉稳的脚步向前走。她的工作十分忙碌，但即便如此，吴老师也从来没有忘记关心我们生活中的点点滴滴，更时不时抽出时间，与我们交流读书心得，为我们开座谈会。

如果说吴老师的亲切与细心，让我们感到心安，那她充满激情的授课风格，彻底把自身投入文学作品中，在挖掘它们内在精华的同时，又将它们诠释得直抵人心的能力，为我树立了一名教师的楷模形象，也引领着我在教与学的道路不断探索。我在大学期间读了不少文学作品、理论著作，我愿意居住在这令人眼花缭乱的文字世界中。仿佛与每一个深刻的观点和美妙的句子相遇的瞬间，人生就在这不断相遇中被逐渐填满。但很快，我发现，我并不能长久地握住这稍纵即逝的时光，我缺乏一个能够留住这些感悟的“容器”。直到那一天，我听到吴老师声泪俱下地为我们讲读《祭十二郎文》。她用自己的悲伤、苦痛与释然来为我们还原了个能令读者哀其所哀、痛其所痛的韩愈……人类的悲喜在此刻已经相通。我在那一刻明白，我们在阅读过程中所收获的知识、道理都需要以自己的生活为“容器”，用自己的经历与思考，把阅读镌刻在自己的生命中。文学与人的距离，绝不遥远。

杨绛先生曾说：“年轻的时候以为不读书不足以了解人生，直到后来才发现如果不了解人生，是读不懂书的。读书的意义大概就是用生活所感去读书，用读书所得去生活吧。”吴老师的真挚与热诚，让我充分地体会到何谓“用生活所感去读书，用读书所得去生活”。感恩与您相遇！

陈慧瑜来自澳门，她在 1406 班这个温暖、团结的集体中，积极向上，努力地学习着如何成为一名合格的语文老师。现在，她是澳门濠江中学附属英才学校的一名语文老师兼班主任，工作激情满怀，很是开心。

汉口学院篇

吴满珍教授美誉远扬，2017 年秋，汉口学院又聘请她为专职教师。本已退休的吴老师，舍不得一生耕耘的讲坛，也舍不得青春可爱的学生，于是她再次走进了课堂。2017 年至 2018 年，吴老师共教授七个班级，开设了文学概论、马克思主义文艺理论和大学语文三门课程。一学年的教学生活，又培养了她和汉口学院学生珍贵的师生情谊。吴老师以认真、真诚的态度感染了一批又一批的学生，她会在学期前打电话细心了解学情，主动提前认识班里的学生。有时为了指导论文，已过花甲的她不惜工作到凌晨一两点，尽管如此她还是会一声声温柔地呼唤每个学生的昵称。吴老师激情洋溢，让理论课的教室里始终充满着温馨，让自己的爱心，春风化雨般走进每个学子的心房。而汉口学院的学生们，也一定会把老师的谆谆教诲牢记心间，在老师的温暖与激励中奋力前行！

双手扶木千木茂，慈怀灌注万花开

文法学院 14 级　冯路奇

最近一次见到吴老师是在毕业论文答辩会上，吴老师一如我每次见到她那样，笑容满面。老师耐心地为我们说明答辩的事宜："没关系，不用太紧张!"吴老师亲切的话语使原本有些紧张的我内心舒缓了下来。第一个上台的我在介绍论文时有些磕磕巴巴，但吴老师在台下一直用真诚的眼神看着我，鼓励着我，这使我放心大胆起来，后面渐入佳境。虽然老师以饱满的精神面对着我们，但是当时她的身体不舒服，发音都非常艰难。在最后论文定稿的那几天，她时常熬夜处理我们论文小组的问题，每次与老师通电话时，都能感到老师强打精神。在答辩结束时吴老师还拍了拍我的肩膀，说了句"要常联系"。我不是与吴老师最亲近的学生，但是在短短的相处之中，吴老师已把最真的关爱给予了我。

现在经常想起第一次见到老师的场景：如同往常一样去 1301 教室上课，听说今日课程来了位新老师，心里很期待。走进教室，只见一位女老师背对着讲台正与坐在第一排的同学在说着话。快步走到座位上，一位穿着典雅，戴着绿丝巾，面带微笑的老师此时正转过头来了，我对着老师略有些羞涩地笑了笑。在课堂上，老师兢兢业业，讲授知识深入浅出，使我受益匪浅。马克思主义文艺理论这一课程以理论知识为主，较为枯燥，但是吴老师用大量文学作品中的经典范例把课堂变得鲜活起来，每次课上同学们都积极踊跃，思维的火花热烈碰撞，同学们也都乐于同老师交流自己的阅读思考，下课时老师身边围满了提问题的同学。

最近在工作上时常遇到些难题，在想要放弃时，我总是想起吴老师的话：机会总是留给有准备的人，开开心心过好每一天。我想老师最想告诉我的大概就是积淀吧，只有先沉下来才会浮上去，不管遇到任何事情都带着愉悦去面对，事情总是在做当中出现转机。吴老师永远是我学习的榜样，在大学时期能遇见这样一位好老师，我何其幸运！

“喂，路奇！”接到老师电话，如同家人般的亲昵呼唤，我的内心无比温暖。感恩遇见！祝愿吴老师身体康健，桃李更芬芳！

2018年5月12日

路奇同学的毕业论文是我指导的，她勤于思考，学习努力，还是毕业论文小组的组长。她对工作十分认真，与同学关系融洽，是老师的好帮手，是同学的好榜样！

满心真意育学子

文法学院14级　程庆文

2018年5月4日青年节那一天，我们结束了大学的最后一场考核——论文答辩，结束后同学们纷纷与指导老师合影留念，可惜的是，吴老师因为身体原因不能留下来与我们论文小组的成员合影，大家都感到非常的遗憾，因为这一次分别后，同学们可能就各奔前程，再难相聚了。

还记得2017年开学第一节马克思主义文艺理论课程，大家都好奇：今天会是怎样的一位老师给我们上课呢？由于以前一直给我们讲授文学理论课程的刘老师退休了，大家还沉浸在深深的不舍当中。这时吴老师走进教室，声音洪亮地喊出："上课，同学们好！"简短而有力的几句话让大家的精神为之一振。第一堂课上吴老师就赠给我们人生的三大"法宝"：学知识首先学做人——立身之本；机会总会留给有准备的人——成功之本；开开心心过好每一天——健康之本。眼前这位妆容精致、精神饱满的老师，在接下来的一学期里，一直用她对生活、对工作的热情感染、激励着我们。记得吴老师在课堂上满怀激情地朗诵着毛泽东的诗词，昂扬的气魄让我们这些年轻人都自叹不如。记得吴老师在课下关切的贴心问候，我在与老师的沟通过程中比较拘谨，第一次跟吴老师用微信交流，她发过来用自己照片做成的表情包，顿时让我觉得十分亲切，不再那么紧张。后来跟老师交谈得知，我们还是老乡呢！每一次看到吴老师的微信朋友圈，都能感受到生活的诗意，养花种菜、清晨锻炼，是她对生活美的追求。每一次聊天，老师总是主动询问我的学习和生活情况，她虽然已经退休，却始终热切地关注着学生的发展。

每一个相遇都是一种缘分，在大学的最后一个阶段遇见了吴满珍老师，更是一种情缘。虽然只有短短一学期的相处，但是她的笑容与鼓励现在仍然传递给我们无限的能量。吴老师不仅用渊博的学识传授给我们专业知识，更用自己的满心真意教会了我们热爱生活。吴老师的许多学生都亲切地称呼她为“吴妈妈”，我想，一名好老师的身上，除了有教师的责任感，更有着一种母爱或父爱。在这个母亲节即将来临之际，写下自己与吴满珍老师的师生情缘。祝福吴老师身体安康，笑口常开。

2018年5月11日于汉口学院

庆文同学文静、开朗，待人接物总是诚恳、善良，对课堂学习和课外学习都有着极大的热情。她的脸上总是洋溢着微笑，自信、大方、温柔、善良的性格总是可以感染到周围的人，成绩优异的她已顺利考上湖北大学现当代文学研究生。

我的满珍老师

文法学院14级　程曦

寒冬的夜晚，在老师的声声叮嘱下，我们和老师依依惜别，刚从满珍老师家里出来的我们依旧感觉被温暖包围。

思绪被唤起，于是我回忆起和满珍老师的第一次相遇。

那是在大学课堂上，满珍老师进教室之前，我们都充满着好奇。在大家期盼的目光下，满珍老师面带微笑缓缓步入教室。我们的大学教室是十分宽敞的，以至于大多数老师都需要扩音设备才可以让声音清晰传到所有学生耳中。而满珍老师，在没有使用扩音设备的情况下，声音洋溢着激情，给我们上了一节又一节马克思文艺理论课程。永远都对我们充满着热情，热爱着文学，热爱着教育事业，这是满珍老师给我留下的深刻印象。

机缘巧合下，得知了满珍老师的家就在我读研学校附近，心里一直想去拜访这位让我记忆犹新的老师，没想到老师竟也记得我们，并邀请我们去她家里做客。怀着忐忑和敬畏的心情，我们到了满珍老师的家里。首先映入眼帘的是一幅挂历，我们一眼就看到了挂历上的满珍老师。老师说，这是她的学生为她制作的，在她不知晓的情况下，悄悄制作，又悄悄地作为60寿辰礼物寄给她。除了挂历，还有学生给老师画的油画等。老师真心的付出，学生真意的回敬，看了叫人羡慕不已。

在和老师的交谈中，老师又让我见到了她当年的风采。一篇《谏逐客书》，将李斯是如何向秦王进谏，又是如何成功地说服秦王的，都一一说与我们听。时间仿佛插上了翅膀，在和满珍老师的交谈中，我们一面感受着老师对我们的关怀，一面又沉醉于老师绽放的风采之中，如沐春风，不知不觉竟已到了深夜。不忍再打扰老师，这才依依不舍向老师作别。

临走时，老师把家中的水果、食物塞进我们包中让我们带走，还不忘叮嘱，让我们常来，甚至担心我们在学校的生活不好，说要我们随时去她家加餐。感谢满珍老师，我们虽离开了家，仍能感受到家里的温暖，即便是在冬夜，心头也依旧暖暖的。您的满心真意，我们永远珍惜。

2018年11月24日

程曦同学勤奋踏实，不骄不躁，对生活有自己的看法，对未来有自己的规划。本科毕业后，她通过努力考上了湖北大学学科语文研究生。她现入职武汉市江夏区大桥中学，成为一名语文老师。看到她在工作中得到了历练，看到她的成长和进步，真为她高兴！

恩师照我心

文法学院14级　王琳

与尊敬的吴满珍老师的初次相见，是在我本科的学校汉口学院。她学术精湛，在课堂上精神饱满，在生活中为人亲和，因此给我留下了深刻的印象。对于教学，尽心尽力，于三尺讲台绽放光芒；对于学生，奉献一颗赤诚的真心，做我们人生的引路人。老师的课堂自是不必多言，她知识面广，言语中知识的光芒在熠熠生辉。同时，她也善于在课堂上与学生互动，调动课堂的气氛，这在大学的课堂上也是不多见的。

也许是缘分注定，大学毕业后在湖北大学读研时我们的学校竟和吴老师的家相邻，于是让我们有幸再一次与吴老师相聚，在一起畅谈。

交谈甚欢，不仅是佩服老师谈吐之间的风采非凡，更是欣喜于老师的人格魅力，厚德载物。在畅谈李斯的《谏逐客书》的时候，我们仿佛置身文中的场景。老师讲解李斯的逻辑思维、说话技巧，让我们为之折服。也是在这精彩的讲解中，悟到了老师的良苦用心。满珍老师也与我们谈论生活，用心倾听我们尚不成熟的琐碎话语，真诚地帮我们解决疑惑，睿智的交谈方式让人觉得十分亲切。

结识吴老师，实是人生一大幸！有此恩师为榜样，定对我以后的教学道路有着莫大的帮助。她让我深刻明白：为人师，不仅是教书，更在于育人。德先立，而后再传道授业解惑。相逢一见太匆匆，校内繁花几度红。厚谊常存魂梦里，师恩永存我心中。师恩难忘！

王琳同学热情开朗，进取心强，拥有聪明才智又不乏刻苦勤奋、多思善问，一直想成为老师的她在湖北大学读完研究生后顺利进入武汉市某职高任教。

师恩难忘情意浓

文法学院 14 级　郭云莲

第一次与吴老师相见是在 2017 年的 9 月，那一年我们文法学院 2014 级两个本科班的同学有幸成为吴老师的学生。吴老师第一次亮相就以温暖的笑容、洪亮的嗓音、饱满的教学热情俘获了我们的心，同学们心照不宣地对视，用无声的言语交流着对初次见面的老师的肯定与喜爱。

吴老师给我们讲授马克思主义文艺理论这门课，晦涩难懂的知识在吴老师列举了大量鲜活的文学作品例子后变得生动有趣。在吴老师生动的引导下，同学们上课能够保持思维活跃，每一分钟都有收获。而我也非常珍惜吴老师每一次上课的机会，每次上课前我都提前十分钟赶到教室，挑选离老师最近的位子，期待与老师的互动。吴老师不仅知识渊博，善于对学生循循善诱，而且和蔼可亲，对学生关怀备至。

与吴老师接触频繁的日子是在 2017 年末，那时我很幸运地选到了吴老师作为我的论文指导老师，对吴老师的感恩之心迅猛发酵也是在那段时间。当时我忙着选题，撰写论文大纲和开题报告，所以会频繁向吴老师讨教。而吴老师白天忙着上课，只有晚上才有时间一一回复我们论文小组成员的问题。每当早上起来看到手机上显示的凌晨一点的回复，我的内心都无比感恩与自责，感恩老师的付出，自责自己怎么有那么多问题。有时候老师还会打电话指导我们，第一次看到手机上来自吴老师的电话，我非常紧张。但是这种紧张被吴老师温暖的问候“云莲同学，你好”瞬间瓦解了，剩下的只有静静的聆听。这是我第一次被老师这样不带姓亲切地称呼，所以对我的内心触动很大。

最近一次见到吴老师是在 2018 年 5 月份的论文答辩会上，那一天见到老师才知道老师患急性咽炎，声音显得有些嘶哑，每说一句话都很吃力。但我们可爱的、敬爱的吴老师仍然带着嘶哑的嗓音交代我们答辩的注意事项，来了一次亲切的集体点名问候，融化了我们的心。答辩之后再次与吴老师联系是在今天下午，吴老师主动打电话过来关心我毕业后的去向，听到吴老师又恢复了以往洪亮的嗓音，我很开心，心中的担忧终于落下。千言万语道不尽我的感恩，仅将感恩浸润在我真诚的祝福中。在此祝愿吴老师身体健康，祝愿吴老师桃李满天下，春晖遍四方。

2018年5月11日

云莲同学做事认真，待人真诚。在我的课堂上，她思维活跃，表现出色，每堂课都会仔细地听，认真地记，也积极地表达自己的看法。

阳春四月，师恩难忘

文法学院 16 级　代金稳

曾经听到过这样一句话：每个人的一生总会有一个天使来过，当你无助，当你迷茫，当你一时失去正常的行驶方向，而无法给自己正确定位的时候，就会有一位天使悄悄飞到你的身边，给你宽解，给你呵护，给你鼓励和不断奋起的勇气。在很多和我一样的学生心里，满珍老师，那位慈祥温柔、细心体贴、亲切如母亲般的妈妈老师，就是出现在我们生命里的天使。

第一次与吴老师接触，是在 2017 年 9 月 3 日，那是新学期开学的日子。那日下午，我坐在书桌前整理新学期要用的教材，接到了吴老师的电话，我还未来得及开口，电话里就传来吴老师亲切的声音："金稳同学，你好！我是这学期教你们文学理论课的吴满珍老师。"吴老师的头一句话让我倍感亲切，那就是听到"金稳同学"这个称呼时，我竟有种在家被长辈呼唤一样的感觉，丝毫没有距离感。那一次的通话，吴老师仔细地向我了解了我们上学期课程的进度和我们对知识的掌握情况，以便在这学期能够更好地帮助我们学习这门课程。最后，吴老师还特地向我询问了班上一些同学的具体情况，希望可以提前认识他们。虽然素未谋面，但这位新老师的和蔼可亲已经让我迫不及待想见到她。

第二天，新学期的第一堂课，我和班上的同学很幸运地走进了吴老师的课堂，真正意义上成为她的学生。从那一刻起，吴老师便用她渊博的学识、昂扬的热情带领我们遨游文学理论课的海洋。吴老师的课堂上始终是激情洋溢，教室里始终充满着温馨。最值得一提的是，吴老师称呼同学们都不带姓，只喊名，这让原本枯燥乏味的理论课变得深受同学们的喜爱。每节课，大家积极与老师互动，纷纷举手抢着回答问题。

去年圣诞节那天，我在微信朋友圈里看到了满珍老师写的一首小诗："周末休闲到农庄，瓜果蔬菜喷喷香。有谁认识第三种？答对定有奖品偿。"紧接着，老师晒出了一种蔬菜的照片让大家猜。我仔细一看，心想：这不是我家乡的特产泡泡青吗？于是，我在评论区写上了答案。过了不太久，满珍老师给我发了消息："金稳，恭喜你答对了，那种蔬菜就是你们家乡湖北随州的特产泡泡青。那你想要老师送你什么奖品呢？"收到满珍老师消息的那一刻，当然是无比的开心，同时发自内心地对老师产生敬佩之情。作为一个桃李满天下的教授，满珍老师对待每一个像我这样普通的学生就像对待自己的子女一样，眼眸和言语里流露出呵护、关爱。最后，满珍老师将自己主编的《国学三宝一百讲》作为礼物和奖品送给了我。至今，这三本人生"宝典"仍然放在我的床头，我总会经常翻看它们，仔细品读书中的字字句句。每当此时，我仿佛感觉到满珍老师的教导和关爱始终在我身边，从未离去。

满珍老师就是这样一位老师，把教书育人当作自己的一切，把学生当成自己的子女。和满珍老师在一起相处的时光，平凡而真实，珍贵而感人。尽管这学期我们没有满珍老师的课，但每每坐在曾经的教室里上课，每每回想起这一点一滴，我都能感觉到曾站在讲台上的我最爱的满珍老师，我最敬佩的妈妈老师，那个一直停留在我生命里的天使。

千言万语道不尽我心中对满珍老师的感激，寥寥数笔写不完我对妈妈老师的祝福。

满珍老师，最近在微信朋友圈里看到您分享生活的喜悦，看到您脸上洋溢着微笑，甚是怀念课堂上与您相处的点点滴滴，学生不才，谨以此篇小文献给您。

阳春4月，汉口学院的校园里，桃红柳绿，莺歌燕啼。满珍老师，学生希望未来能有机会，还坐在您的课堂上，继续聆听您的教诲。

金稳同学是我教授的文学概论课堂上的班长，人如其名，他性格沉稳，待人热情，经常向我反馈同学们听课后的感受。他在专业学习上主动性强，知道如何去争取机会，努力进步，有着较强的自学能力和自我管理能力。他现以优异的成绩考上华中师范大学文学院研究生。

写给吴老师的心里话

文法学院16级　邓巍

敬爱的吴老师：

您好。许久不见，至以为念。

与您初识是在大二的文学理论课上，这一年您已经退休了，尽管可以不接这门课，但您还是很乐意给我们上课。记得老师曾说过：“我喜欢教书，喜欢和学生相处。”

犹记您第一次给我们上课的场景，叫了我们每一个学生的名字，声音让人倍感亲切，如同家中长辈一般，没有丝毫的距离感。您给我们上课时，充满了热情与活力，原本让学生感到有些枯燥的这门文学理论课，变得格外有趣。听到您的讲解之后，抽象的理论也变得清晰明朗。吴老师上课从来不用扩音设备，但声音依旧很清亮。您为我们吟诵古诗，依格律而吟咏，唱腔优美，余味殊胜。分析文本时，声情并茂，让人置身于情境之中。您经常会给我们分析一些经典的文学作品，以深入浅出的语言逐步引导我们。上您的课，学生们总是会争坐前排。吴老师的课堂，轻松又自由，您上课时会让我们每个人都说出自己的见解，至今记得有一次得到您的肯定和赞赏，这对我来说是莫大的鼓励。最后考试时您给我们出过这样一道题，“本学期文学概论课的收获和体会”，由于答题处的空白有限，很多同学都未能将心中所想全部写出。在您的课上我们学到了太多，对您也有着说不完的话。

“师者，所以传道受业解惑也。”您不仅为我们受业解惑，还像母亲一样贴心关照我们每一位学生，视如己出，学生都称您“吴妈妈”。您不在学校的时候，仍挂念着我们这些学生，无论是学业还是生活，都对我们关怀备至。我们这些在外地上学的学生，感受到了家的温暖。每每想起吴老师爽朗的笑容，温和的神态，都会感到温暖。

学期将至，想到以后的课不再由您来教，学生心中黯然不已，但又希望老师退休之后，能够好好休息。在您几十年的教学中，您把所有的热情和精力都给了讲台。能够成为您的学生，我深感幸运。后来收到了一封来自您的邮件，是您给我发的书单，学生一定会去阅读，感谢您对学生的照顾与关怀，插柳之恩，终生难忘。最近经常去看您发的微信朋友圈，看到您分享生活中的喜悦，学生在此祝愿吴妈妈永远幸福安康！

学生　邓巍

邓巍同学成熟稳重，也很斯文，凡事三思而后行，对自己喜欢的专业课程会投入极大的热情，花费很多精力，也取得了不错的成绩！

知君仙骨无寒暑，千载相逢犹旦暮

文法学院16级　花子健

开学第一节文学理论课，听说来了新老师，我可得提前一点到，给老师留个好印象。听别的班同学说这个老师可不一般，我还特意上百度网搜索了一下老师的名字，果不其然，这个老师非比寻常。怀揣着一颗敬畏的心，我走进了教室，可是，讲台上并没有老师，于是我目光快速环顾四周，在同学座位上，看见了满脸笑容的老师正在座位边上和同学们聊天。老师正好抬起头，看见了我，或许因为我是第一个到的男生，老师走了过来，和蔼可亲地问我的名字。我有些受宠若惊，回答："我叫花子健。"老师仍然面带微笑，但声音似乎提高了一些，似乎更带激情："子健同学好！"我条件反射地回答："吴老师好！"我惊慌失措，或许是因为第一次老师先打招呼，因而很出乎意料吧。上课铃响了，老师昂首阔步走上讲台，然后洪亮地喊了一声："上课！"这声音激情澎湃，让我一直无法忘怀。老师拿起名单，一一点名，逐一认识同学们。平时老师称呼同学们都不带姓，只喊名，脸上始终带着笑意，给同学们一种亲切感，让教室里充满了温馨。吴老师上课很投入，我们也很认真地聆听，举着手，抢着回答问题。老师循循善诱，我到现在保持的每天读书的好习惯，这是吴老师的功劳。

时间过得很快，不知不觉，这几个月就过去了。得知吴老师是被特聘来的退休教师，我一方面觉得很幸运，另一方面也希望可亲的老师能休息休息。吴老师也说过，她早就应该退休了，可是就是因为喜欢学生，就是喜欢学生、爱学习的那股劲，所以才一直站在讲台上，诲人不倦。最后一节课下课后，我与邓巍商议，专门去和吴老师道个别。吴老师依旧用和蔼可亲的笑容迎接我们，似乎和平时一样，吴老师对所有人都很尽心，而对我们，更是亲切有加。她不仅和我们合影留念，甚至还邀请我们有空去她家做客，极力鼓励、帮助我们深造，让我们感激不尽。放寒假的前两天深夜，已经凌晨一点多了，吴老师发来了一封电子邮件，里面是开的一份书单，各专业都有，非常齐全，对我的阅读有非常大的帮助。最让我感动的不是这一封电子邮件，而是老师发电子邮件的时间——凌晨一点多。这个时候，恐怕绝大多数的人都已经进入梦乡了吧。而吴老师仍然没有休息，还在给我整理书单。吴老师如此用心，我结草衔环，也难以回报这份师生情啊。就在前几天，我正在阅读《剑南诗稿》，其中有一首诗《明日复理梦中意作》中的一句我不太理解，百度网上也没有翻译，我突然想到了吴老师。于是，我立马发了全诗，然后询问其中一句"诗到无人爱处工"何解。吴老师看见我发的消息后，不仅回答了我的疑问，还把全诗都给我翻译了一遍。吴老师不愧是从事语文教育的老前辈，翻译做到了信、达、雅。我当时就心悦诚服，抄录了老师的翻译，并放在枕下，小心珍藏。

语言是有限的，可是我和吴老师的感情是无限的。虽说老师只教了我们一个学期的课，但与我们却结下了不解之缘！书不尽言，言不尽意。和吴老师在一起，如沐春风，吴老师对学生的爱如山之高，海之深。古代有个"三不朽"伦理思想，即"立德""立功""立言"为"三不朽"。"立功"，吴老师从事教育多年，应该是天下桃李了。"立德"，吴老师给人的感受可以说是有口皆碑。现在，听说老师想出一本有关师生情缘的书，收集学生写的文章。想必吴老师肯定会写一些高论，置于其间，可以说是"立言"。学生资质愚钝，才疏学浅，博一笑耳，乃成此文。

最后衷心祝愿吴老师身体健康，笑口常开。

子健同学是一个有思想、有目标、有上进心的男生，经常和老师交谈，凡事都很认真，在学有余力的情况下还主动去学习新的知识，给我印象很深。

满心填真意　身教重言传

文法学院 16 级　桂慧

每每回忆起第一次见到满珍老师的时候，心里都充满了温暖与感恩。与满珍老师相处的短短一个学期的时间，我受益终身，我很荣幸能成为满珍老师三千桃李中那一点点红。在此，学生不才，谨以此文纪念我与满珍老师间的师生情谊。

第一次见面是在 2017 年 9 月，满珍老师在我们好奇的眼光中走进教室，她衣着讲究、精致淡雅，精神抖擞、面带微笑，目光炯炯有神。当与她眼神接触的那一秒，我瞬间不由自主地挺起腰背，我觉得她看学生的眼里带着光芒，这种光芒是岁月的沉淀，是满心的真意，更是对教育事业的热爱。

每节课前的一声“上课”，满珍老师嘹亮的声音就响彻整个教室。“起立!”“同学们好!”“老师好!”上大学以来就没有像中学一样在课前跟老师问好了，这满满的仪式感让我的心里一片柔软。随后，满珍老师用渊博的学识、昂扬的精神带领我们一起领略文学的无限魅力。文学理论本来是一门比较理性、枯燥的课，但满珍老师会用理论知识联系具体的文学作品，来给我们讲解每个知识点，让这门课生动活泼起来。无论是“漏斗户”陈奂生、盲目理性的玛柳特加、转运汉文若虚，还是初进大观园的刘姥姥等鲜明的人物，在老师的讲解下都栩栩如生、跃然纸上。

在课堂上满珍老师会跟学生们做很多互动，她不带姓，只叫名，让同学们倍感亲切，在同学们回答问题后，满珍老师都会根据回答情况做详细的记录。每节课，同学们都积极举手回答问题，与满珍老师互动，课堂气氛十分活跃。我本来不太敢在课堂上发言，通过老师的鼓励，我给自己定了个目标，每节满珍老师的课我都要发一次言，这不仅增加了我的勇气和自信，也锻炼了我的语言组织能力和语言表达能力，我很感谢满珍老师给我这样的机会。

满珍老师给我带来的不仅仅是知识上的滋养，更是精神上的洗礼。不论什么时候看见满珍老师，她都是笑脸盈盈、精神饱满。她曾经在课堂上说过："开心是一天，不开心也是一天，为什么不开开心心过好每一天呢?"这种乐观积极的态度很多人说得到但做不到，每当看见满珍老师的笑脸我都会忘记烦恼，身心畅轻，享受当下学习的快乐。满珍老师曾说她其实已经到了退休的年纪了，但还是放不下学生，放不下她的教育事业，她想竭尽自己的全部力量为学生们再做些什么。满珍老师在请假照顾生病的女儿时仍然心系学生，时刻关注我们的学习情况。我既心疼又感动，我心疼满珍老师这段时间的辛劳，又被她的兢兢业业所感动。岁月仅仅在她的面庞上留下淡淡的痕迹，她仍然怀揣着拳拳的赤诚之心教书育人，满珍老师更加坚定了我要做一名像她这样积极乐观、认真负责的人民教师的决心。

和满珍老师相处的每分每秒都是值得纪念的，但纸短情长诉不尽我对满珍老师的敬仰与喜爱之情。王夫之曾说："身教重于言传。"满珍老师的个人典范对于我们的心灵来说，是任何东西都代替不了的最有用的阳光。能受教于满珍老师，我觉得很幸运，也很感恩。最后，我想送给满珍老师一首郑燮的诗《新竹》："新竹高于旧竹枝，全凭老干为扶持。下年再有新生者，十丈龙孙绕凤池。"愿满珍老师桃李满天下，春晖遍四方！

桂慧同学是一名心地善良、是非分明、有责任心的学习委员，对任何事她都能尽职尽责地做好。在我的课堂上，她积极踊跃发言，表现十分突出，由于目标明确、态度认真，她的专业成绩一直名列前茅。

满心真意为学子　一颗淳淳赤子心

文法学院16级　邓泽颖

2017年9月，我遇见了一位让我印象深刻的老师；一个学期过去了，我才明白，满珍老师那一个学期的教学，对于我而言，是多么的意义深远！此刻，我有太多的话想对满珍老师说。

记忆回到初遇的那一天，我像平常一样借了设备提到上课的教室，突然发现有一位气质不凡的女士已然站在走廊上等候着，心底的声音告诉我：这应该就是带我们文学理论的新老师吧。我走进了教室，您果然也跟进了教室，接着，您亲切地与我打招呼，询问我的名字，详细地了解了班上的一些具体情况，我诧异于您对于我们班级的重视。上课了，您洪亮的声音突然响起："上课！"我又诧异了，大学以来，好久没有过像中学课堂那样满满的仪式感了，接着您说出让我们受用终身的话："学知识首先学做人，这是为人之本；机会总留给有准备的人，这是成功之本；开开心心过好每一天，这是健康之本。"我将这段话记在了书本的扉页上。紧接着的授课，我再一次诧异了，您活泼地与我们班级的每一个人互动，不"放过"每一位学生，耐心地引导每一个人解读作品，分析人物。《伤逝》里："人必活着，爱才有所附丽。"《红楼梦》第七十四回中，抄检大观园中每个人物的分析；《百合花》文学作品与电影的对比分析；同一作家不同时期的作品又该如何解读……

之后则是满满的感动，我们这个班级比较难管理。开始，有些同学经常旷课，您要了他们的联系方式，一次次询问他们的情况，课前、课后频繁地找他们谈心。我既自责又感动又心疼，自责于我没能为您分忧，感动于您的职业操守，心疼您若隐若现的白发，岁月虽在您的外表上留下痕迹，却丝毫没能改变您那颗教书育人的赤子之心。您的教育不仅在课上，更在课下，给我巨大影响的不仅在知识方面，更在精神层面。我的愿望也是要当一名人民教师，您就为我树立了一个极好的榜样。转眼，这学期就接近了尾声，最后一节课下，吴老师与我亲切地合影留念……我十分怀念有您授课的那些日子，您洪亮的声音、自信而又和蔼的谈吐、充满热情和活力的课堂，都在我的脑海里无法磨灭，在大学与您这样的老师相遇是我不可多得的幸运！

您的态度、精神感染着我，鼓舞着我，继续为自己的学业而奋斗。您在我青春的路上又点亮了一颗明亮的星，给我指引方向。现在，我的耳畔仿佛又响起您亲切呼唤我的声音“泽颖”！请允许我回答您一声“满珍妈妈”！望您身体健康，阖家欢乐。我也会继续努力，不忘您的教诲，成为您万千桃李中优秀的一员。

2018 年 5 月 14 日

泽颖同学对待老师总是恭恭敬敬，对待学习也是毫不怠慢，一直渴望更上一层楼。

纸短情长，道不尽忠言之赐

文法学院16级　李琰

“琰琰好！”

每当我看见“琰琰”二字时，便感受到了来自吴满珍老师的温暖。除了家人之外，很少有人如此亲切地呼唤我的名字了。即便是在心情不好的时候，想起吴老师，我的嘴角也不禁扬起。俗话说“桃李满天下”是教师的荣耀，而我又是何其有幸成为吴老师这一生荣耀之中的点点星光。当我得知我也能为吴老师写一篇我与您之间的“情”时，开心之余，便还有一些担忧。学生才疏学浅，恐怕道不出心中对您的满满情谊啊！为此，我想唤您一句吴师可好？吴师为吾师。

第一次见吴师，是在2017年的9月，我与室友来到教室外遇见等候上课的吴师。两眼对视，她面带微笑，波浪卷发，中国风式长裙，虽然岁月在脸上留下了痕迹，但是依然遮不住这精致的气质。我想，这老师应该挺好相处的。偌大的教室不一会儿人就坐满了，而我为了不太显眼，坐在了中间一排的位置。教室里很安静，突然响亮的“上课”“起立”，我们莫名其妙地站起来，下意识地脱口而出“老师好”，这听起来参差不齐。接着又是一句有力的“坐下”。下面有同学暗暗发笑，觉得大学居然还这样。在那一瞬间，我也以为回到了中学时期的课堂。吴师解释说，这是一种仪式感。许多人觉得自己的生活平淡无趣，就是因为缺乏了这样的仪式感。

细细想来，确实如此，仪式感让生活多了许多令人动容的瞬间，它提醒我们活在当下。没有正式上课之前，吴师便给我们上了一堂人生之课。正是因为如此，我便更加怀念那时上课时的仪式感。坐下的那一刻，就感到自己打起了十二分的精神，准备接受吴师带来的知识的洗礼。吴师对课堂充满着热情，吴师的课堂既充满着幽默趣味，又无处不暗藏着哲理。可能是我戴着帽子在人群中变得格外显眼，我被点到回答问题。看着吴师充满期待的目光，一种被信任感油然而生，当我回答结束时，吴师看着我点点头满脸笑意。这种感觉真好。在后来的课堂上，吴师用她独特的授课方法，让我们认识到了一个勤劳朴实、善良正直却又愚昧短见的农民陈奂生；《红楼梦》中进大观园的刘姥姥露出的乡下人的坦率真诚……

时光流逝太快，转眼间我们这一学期也就要结束了。最后一节吴师的课，是课堂考试。安静的教室里，笔尖唰唰作响，得益于吴师的课堂和平时的积累，这卷子做得很快。交卷，可以走了，身后响起吴师的声音："李琰同学，你等一下。""你有我的电话号码吗?"我先是诧异，后是惊喜，打开手机发现早已存下了吴师的电话。"那你发个短信给我，我好存一下你的电话号码。"仍是满脸笑意的吴师。后来我发短信以表问候，吴师工作忙到深夜却仍不忘回复我并嘱咐我早点休息、用心学习。

由于时间关系，与吴师相遇的缘分不深也不浅，却是难忘，故而我很羡慕那些曾在吴师羽翼下成长的师哥师姐们。吴师可谓真正的良师益友，她无时无刻不散发着光芒，由内而外。她对待学生不仅仅是传道授业解惑，更多的是关心和无微不至的照顾。我想一生遇见这样一人，也便足矣。片言之赐，亦是我师，更何况吴师予我的不仅仅是只言片语。

站上三尺讲台，用三寸之舌，握三寸之笔，得三千桃李，吴师其然也。

2018 年 5 月 11 日

李琰同学开朗自信，乐观向上，课堂上发言积极，课后经常与我沟通交流。

那一声温暖的问候

管理学院 17 级　肖攀宇

提起吴老师，内心充满了感谢与感恩。

与老师的初识是在大学里第一堂语文课上。那时，老师站在讲台上面带微笑，周围是一些问问题的学生，像很激烈地在讨论着些什么。我自身很喜欢语文，听了吴老师的课更加热爱语文。喜欢与热爱是两个完全不同的概念，相信大家都明白，也更理解有一个喜欢的老师的重要性。吴老师像是有一种神奇的魔力，即使非常平凡的文章，从她嘴里讲出来也有一种诱人的力量；即便她是娓娓道来，在我听来也像是一波三折，波澜起伏……让人忍不住想听，想认真听。她还会唱京剧，活跃气氛。班里氛围很好，会有人积极回答问题，这是我在其他课堂上没有见过的现象。老师 PPT 做得清晰明了，最重要的是她会在每个问题后推荐一本书或是选择一本书里面的主要情节，真的很喜欢这种清晰明了的教学方式。我也是爱读书的，这对于我真是个好事情啊！

与吴老师真正的相识源于一通电话。那天，我和室友们闹矛盾，很伤心，不知道如何去打破冷战的局面，没人倾诉，就发 QQ 给老师。我以为老师会在 QQ 上三言两语说一下，没想到老师打来了电话，亲切地叫了一声我的名字，突然间的感动与委屈，像是听到了母亲的声音，眼泪在眼眶里打转，一股暖流涌入心头……那一刻我放下所有戒备，敞开心扉和您聊了一个多小时，全是老师的开导、安慰、建议、鼓励……从学习、人际聊到家庭生活。

您开导我，作为寝室大姐姐要多多包容，要学会互相理解；

您安慰我，曾经作为留守儿童要学会坚强，理解父母的难处与不易；

您建议我，在学生时代多读书，上课积极回答问题，克服自己的恐惧胆小心理；

您鼓励我，要自信，要大胆尝试……

听了您的话，我第一次尝试去承认自己的不对，去宽容与理解他人，多发现他人的美，寝室矛盾迎刃而解，自己内心也充满阳光。古语言：“师者，传道受业解惑也。”在我的心中您不仅仅是传道受业解惑，更是我心里一盏灯，照亮我前行的路。

第二次我鼓起勇气写了一篇关于樱花的诗歌，但我不知道该发给谁，又有谁能认真给我指导，脑海中第一个想到的是您——吴老师，无私博爱的吴老师。果不其然，不一会儿的时间，您便回我消息，告诉我人称变化、感情的抒发、用词方面的专业知识，您说得很专业，让我这个小试牛刀的人开始有点不自信。您继续鼓励我，夸奖我，您真的是很专业、很关心学生、很细心的一个老师。听了您的建议，我改了很多遍，仔细推敲，反复琢磨，虽然最后没能有个理想的结果，但我已经很努力了，自己还是非常开心！

我知道老师您的学生很多，爱您的学生更是不计其数，我不是优秀的一个，也不是出彩的一个，我没有学姐学长们那么会写，那么会刻画，那么会抒发……但是这每一字每一句都是我的心里话。感动与感恩不是那么容易写出来，一些美好瞬间只能永记心中。本来还有很多话、很多很多关于您的故事好想说，好想写，可写出来的却不是很细腻，而是一些无关痛痒的话。老师的好我无法用优美的文笔，用几个词几句话来概括、来形容、来抒写……因为有时候有些感动、有些语言、有些瞬间很美好，却说不出。

最后想用老师给我们的三句话来表达对老师的感谢与尊重：学知识首先学做人；机会总是留给有准备的人；开开心心过好每一天。

吴老师，很开心在大学认识了像您这样亲切、认真、温暖的老师，遇见您是我最幸运的一件事！

攀宇同学学习态度端正，具备较强的思维能力和专业素养，课堂上，她听课认真，分析问题比较深入、全面，在某些问题上有独特的见解。

感激相遇　难忘恩师

管理学院17级　申艺琳

怀着一份激动又忐忑的心情来到了武汉，来到了汉口学院。我好奇着在这里的生活，也期待着接下来要遇见的人。就是在这样一种心态下，我结识了一位让我终生难忘的老师。

大概在16岁时我爱上了文学，而后的日子里我对语文课也尤为钟爱。就这样，我怀揣着对文学的热情，带着满心的欢喜走进了大学的第一节语文课堂，也认识了那个在课堂上永远精力充沛、激情四射的您。

迎着9月的阳光，行走在校园里，偶尔也有微风吹过，让人欢喜。我此刻的心就像这朝阳般，温暖、炙热。在教室坐下来，一声清脆响亮的“上课”，吸引了我的注意，我站起抬头一看，一位妆容精致、优雅得体的老师走上了讲台。

我的眼睛里此刻只有老师的笑容，那么的明媚，那么的阳光。

我喜欢这个笑容，喜欢这位老师。

听您自我介绍说是华师文学院的，当时心里就想，哇，这个老师好厉害的，我是这么幸运，竟然可以听到华师文学院老师教授的语文课，这更加坚定了我在以后要好好上语文课、好好学习欣赏文学作品的决心。

是的，我喜欢文学，喜欢这位老师，您改变了我之前的一些观点，更给了我很多今后生活、学习上的启迪。虽然相识只有半年，但我从您的身上学习到了太多知识。

一直以来，我心里对文学有一个小小的矛盾与误区。小的时候就爱看一些书籍，但是妈妈却不赞成我看太多的文学作品，尤其是《红楼梦》，妈妈说文学作品看多了容易变得伤感，容易活得累。还有人说千年苦难磨一诗人，绝大多数的文学作品都是人在失意状态下创作出来的。海子、三毛、张纯如等作家的故事真的让我感叹过。我想做一个积极、简单的人，但也深爱着文学。这些都曾困扰过我，也让我对文学犹豫过。自从认识了您之后，我再也不这样认为了。您是那样地有激情，那样地有活力，那样地热爱着生活。您言传身教，告诉了我学文学可以不是多愁善感，而是积极乐观地热爱着生活的。在我的记忆里，您永远面带笑容，激情昂扬，活力四射。

同样的文学作品，您教授给了我们如何去欣赏，走进作品的背景，感受人物丰满的灵魂以及他们身上折射出的年代光辉。我们也在您的指引下，走进了当时的时代，领略着人物之间的对话而迸发出的心灵的碰撞。我想这应该就是文学的魅力和您的魅力。

课堂之外，您同样教给了我们很多东西，您是一个真性情的人，如爱子女般爱着您的学生。我看过以前您的华师优秀的毕业生写给您的信，里面记录了您与她们之间的点点滴滴，那些真情无一不在打动着我。您对学生无微不至的关心，您对学生的谆谆教诲，让我不禁感慨多幸运能够是您的学生。

我越来越爱上您的课，也越来越渴望能够在您的课上发言。您在第一堂课上对我回答问题的表扬，您在第二堂课上对我回答问题的鼓励，似乎在每一次的课堂上只要我有勇气站起来回答，就能从您那里学到更多。记忆最为深刻的是在一次课堂上，您提问谁能来回答一下《警察与赞美诗》的主要情节，当时我心里还想：我刚好读过，还不止一遍。我毫不犹豫地就站了起来，却也只说了个故事的框架，您向我提问其主要故事情节时，我却不能准确地复述出。流浪汉三次荒诞的行为以及先后发生的时间顺序我其实没有用心去记过。课后我也一直在反思自己的阅读习惯，自己平时在阅读小说过程中一般只关注故事发生背景以及小说传达出的主题思想，忽略了小说的故事情节。随后，我也及时更改了自己的阅读习惯。

想对您说的话太多太多了，小到课堂知识学习，大到现实生活感触，都想跟您说，比起老师，我觉得您更像一位慈祥的母亲，亲切的挚友。退休后的您依然活跃在课堂上让我敬佩，您对生活始终充满爱和积极的态度让我景仰，您优雅的谈吐、丰富的学识让我更加努力想要成为一个和您一样的人。认识您我真的很荣幸，很开心。

最后，祝愿老师身体健健康康，家人平平安安，永远快乐、幸福！

艺琳同学是我大学语文课堂上的学生，目标明确的她在认真学习专业课的同时，还重视基础课的学习，使自己全面发展。

附录一　美好祝福

2010 年的学期末，在 2010 级王逸凡同学与裴腾越同学的主持下，大学语文课的全体学生将一个红色礼物盒送到吴老师手中，盒子里是大家对吴老师满满的祝福与感谢（图一）。

王逸凡在文中说："思考良久，如何才能送给吴老师一份有意义的礼物，让老师感受到我们学生的一片赤诚呢？……我们买了一盒印泥和一沓小纸片，再让每位同学在纸上写上自己的祝福并按出心形指印，最后将集齐的全班 122 名同学的'心'放到精美的盒子里，第二天的课堂上我们一起将礼物献给了我们敬爱的吴老师！"

这份礼物一直被吴老师珍藏着，而同样珍藏在心底的还有那段美好的回忆。

2018 年，"满珍班"的同学给老师颁发的荣誉奖章（图二）。

图一　学生送给老师的礼物
——122 颗"心"

图二　学生给老师颁发的荣誉奖章
"华中师范大学最暖老师妈妈"

附录二　新闻报道

校园里过端午：粽子里有妈妈的味道

中新网湖北新闻6月20日电

（通讯员　王魏魏 余杨 王芳）“这粽子里有妈妈的味道。”6月20日，中华民族传统的端午节，在华中师范大学文学院一楼报告厅里，来自西藏的学生玉吉拉姆第一次吃粽子时动情地说。

当天，该校文学院2014级“满珍班”的40余名学生与“老师妈妈”吴满珍一起过端午。吴满珍给每个学生发了三个粽子、两个咸鸭蛋和一盒酸奶，这些都是她一大早精心分装好的。为了保证粽子的质量，她特意亲自订制。

为表达对“老师妈妈”的谢意，学生们现场跳起欢快的舞蹈，媛媛等3名同学为大家呈现了《青春修炼手册》的开场舞，团支书琳月手捧鲜花向“老师妈妈”致谢……

吴满珍是华中师范大学文学院教授，在华师从教四十多年，长期从事大学语文教学。在她的帮助下，很多学生找到了满意的工作，很多学生组建了美满的家庭，她因此被学生称作“老师妈妈”。

今年年初，吴满珍已经退休。应文学院领导邀请，她返校担任师范二班的班主任，同学们以她的名字将此班命名为“满珍班”。

吴满珍称，今天是端午节，通过微信、短信、电话、视频等形式她已经收到了来自全国各地学生们的祝福达上千条。同时，能与学生们一起过节，她感到很幸福。

退休老师带出“最暖”师范班，学生不喊“教授”喊“妈妈”

《武汉晨报》（2015 年 10 月 24 日）

“吴妈妈，过几天去您家里蹭饭哈！”“今天该换我们请吴妈吃饭！”……走在华中师范大学校园里，60 岁的退休老师吴满珍满脸幸福的微笑。从教四十年来，已经记不清带过多少学生的课，最让她欣慰的是，学生们很少喊她“教授”，而称呼她“吴妈妈”。

今年初退休后，她接受学校邀请，担任文学院 14 级中文师范二班的班主任。4 月份，她所带的班级正在备战班歌大赛，有学生提议以班主任的名字给班级命名并获得全票通过。吴满珍还在学生编的情景剧中本色出演了一位老师，“满珍班”一举夺下第一名后，这个充满凝聚力的班集体，逐渐在全校范围内崭露头角：大一学年出了 10 个“校三好生”，被评为“最佳师范生班集体”、校级“优秀团支部”……该院 14 级辅导员汪青说，这是她带的班级中最让人省心的，“特别温暖，充满正能量”。

教学生：学知识，先学做人

退休前，吴满珍在学校给非中文专业的学生教大学语文等公共必修课。还没正式带 14 级中文师范二班前，学生们就听说吴满珍讲课有激情，“上课不需要点名，大家就抢着站起来回答提问”。

进班后不久，吴满珍以题为“孝心不能等待”开讲座，让 14 级中文师范二班的不少学生潸然泪下，连隔壁班的学生都来“蹭”她的课堂。14 级中文师范三班的王玲来自四川省的一个山村，从小由爷爷奶奶带大。听着吴满珍的讲座，她泪流满面，回寝室后在电脑前给吴满珍写了一封长信：“吴老师，暑假回家后我会帮着老人多干些农活。”14 级中文师范二班的小伙余超来武汉求学一年，父母和姐姐们都感到他成熟了不少。听了吴满珍讲座后，记忆最深刻的一句话就是：“人生最大的遗憾，是子欲养而亲不待。”想到年迈的父母和不宽裕的家境，暑假时，余超打工一个月，拿着赚到的 6000 元工资，给家里人买了衣服。

吴满珍说，她对自己的要求是把学生当朋友，跟他们分享生活体会，“教书除了教知识，还得先教学生学做人”。

遇到任何困难先找“吴妈妈”

吴满珍回忆，刚开始被学生喊“妈妈”是在几年前。当时该校体育学院07级师范生宋红琴是她大学语文课堂上的学生。有天晚上下课后，突然下起了大雨，吴满珍正愁没带伞时，宋红琴撑着伞说：“吴老师，我送您吧。”后来，师生俩成了忘年交。毕业季，宋红琴由于种种原因没能回家乡江西工作，而是与广州一所中学签约。按免费师范生条例，这属于违约行为，需缴纳约7万元的违约金。犯了愁的宋红琴第一个就想到了老师吴满珍。吴满珍二话没说就帮她筹钱解了燃眉之急。宋红琴说：“您比我妈妈还亲，是我的‘老师妈妈’。”此后，与吴满珍联系密切的学生都会亲热地喊她一声“妈妈”。一时间，吴满珍有了许多来自不同专业和不同年龄的“孩子”。

为了和“吴妈妈”更好交流，学生们自发组建了好几个QQ和微信群：“华师港湾”“吴老师的骄傲”……看着每天活跃在网络上保持联系的几百个学生，吴满珍特别自豪。

吴满珍和丈夫总邀学生周末到家中打牙祭。澳门学生陈慧瑜说，虽然父母离武汉很远，但“老师让我感到很温暖”。

收集300万字信件记录“我与学生的那些事儿”

该院14级辅导员汪青也是吴满珍的学生。除了感叹与老师的缘分，汪青更多是受到老师的感染，与学生打成一片。而她也感叹，被吴满珍带过的班级特别有凝聚力，很团结。华中师大文学院副书记梁伟说，吴满珍算是全校范围内年龄最大的班主任，“请她回来，也是希望给年轻班主任做一个示范、榜样”。

吴满珍的QQ空间里，放了不少历届学生给她写的信。每每翻看这些信件和照片，吴满珍都有说不完的故事，“这个女学生的老公是我牵线搭桥认识的”，“你看，他们每年带孩子回来看我”……接下来，吴满珍会将多年来收到的近300万字信件整理成册，摘取其中的一部分出版。

内外兼修方能成就优秀教师

华大在线

（通讯员　王雅文 童雨舟）“上课!”“起立!”“老师好!”5 月 16 日下午，我校文学院教授吴满珍做客“城环名师大讲堂”，围绕“教师形象的自我设计”，回顾了自己 41 年的“讲台生涯”，分享了她的教学经验。

课前必须要喊“上课”“起立”是吴满珍多年来一直坚持的原则。上学期，她是城环学院大学语文课的任课教师。这次讲座，是应学生之邀，对她来说就像平常上课一样。“自己充满活力的声音也能使台下的同学感到振奋。”她不认为课前喊“老师好”是走形式，反而觉得这也是师生间的一种重要交流。

吴满珍认为，教师的自我形象应该从内在、外在两种气质来衡量。对于内在气质，她重点强调了德行和感情两方面的修养。

“教育如同种树，既要细心呵护，又要不断修剪，而我就是一个植树的人。”对待学生既要有爱又要严格，是吴满珍的一贯原则。她回忆起自己曾教过的一个学生物的男生，平时很少来上课，按理说期末考试应该不及格。但由于那位学生转专业需要达到一定学分，所以希望老师“手下留情”。吴满珍没有生气，而是满足了他的要求，“正因为如此，那个学生才在下学期依旧选修我的大学语文，并从此认真对待”。

“一个优秀的教师不仅要能用自己的真诚打动学生，也要有广阔的胸怀来引导学生。”在吴满珍看来，教育与情感之间的关系就像池塘与水，应该相互融合。

一节课上，吴满珍曾让学生观看舞蹈表演《小城雨巷》后写文章，可最后上交的作业份数却比课前的点名人数多了四份。事后她才知道，多出来的四个学生因为睡过头，没来上课，作业是她们在寝室观看视频后完成的。

“我当时没有针对迟到这件事责罚她们，只是让她们说实话。”从那以后，其中一个学生将吴满珍的名字贴在寝室墙上，提醒自己不迟到、不说谎。“她还每天早上给我发‘老师早上好’的短信，坚持了很久。”吴满珍笑着说道。

教师除了应当具有良好的德行和深厚的学识外，还要注意自己的外在美。

“我每次在给学生上课前都会洗头、洗面，这是对学生的一种尊重。”由于脚伤，吴满珍这学期以来一直没办法穿高跟鞋。但为了将最好的一面展现给以前的学生，她特意在进门前换了高跟鞋。“我还希望穿旗袍，只是怕有些出格，所以放弃了。”吴满珍一直认为穿旗袍的自己最漂亮。

杨澜的《你必须精致才能得到一切》里有一句话：形象永远走在能力前面。讲座最后，吴满珍全文朗诵了这篇文章，送给在场所有学生。

用爱培育学生心灵，用爱塑造教师形象

——吴满珍做客“城环名师大讲堂”

2014 年 5 月 19 日

（通讯员 郑欣进）5 月 16 日下午 4 点，华中师范大学文学院教授吴满珍受到城环学院团委、学生会的邀请，做客“城环名师大讲堂”，在 9202 教室为同学们带来了一场主题为“教师形象的自我设计”的精彩讲座。

简短的介绍之后讲座开始。吴教授回顾了自己 41 年的教学生涯，从内在和外在两个方面，向同学们展示了如何塑造一个优秀的教师形象。“任何一个教师，形象气质水平都直接关系到教育的可持续发展和高素质人才的培养。”吴老师用她富有激情的特有的语调讲道。

关于塑造一名教师内在的形象，吴满珍老师从德行、学识、能力和情感四个方面逐一介绍。关于德行，老师强调要树立正确的学生观，要有高尚的人格，要把学生当作自己的孩子，要用爱与包容建立良好的师生关系；关于学识，要掌握过硬的专业知识，也要成为一个杂家，多多积累人生阅历，要善于思考，做生活的有心人；关于能力，分别从教学能力、科研能力和学习能力等方面提出要求，作为教师形象重要的内在素质和必备条件；关于情感，要有灵敏的感受力，丰富的想象力和逼真的表现力。

吴教授洋溢着甜蜜的笑容向同学们讲了这样一个故事：2010 级的一个班，在大学语文最后一节课时，送了老师一个神秘的礼品盒。盒子里装的是每一位同学写给老师的祝福以及一年来大学语文课带给他们的体会。故事结束后，吴教授向现场的同学们传递了一种理念：爱是相互的，老师对学生爱护，学生们自然会发自内心地敬爱老师。吴教授说：“要做一名传播正能量的老师，在学生们中间才会受欢迎。”

然后，吴教授以自身为例，讲述了教师的外在形象——服饰、举止、风格、体格的重要性，并就著名节目主持人杨澜写的《你必须精致才能得到一切》的文章为例，告诉了同学们“形象永远走在能力前面”这句话的道理。

最后，同学们与老师展开了讨论，向老师献上了鲜花并合影留念。

城环学院学术部部长郑欣进深有感触地说：“这次讲座让我们认识到了如何成为一名优秀的教师，如何塑造一名优良的教师形象，这将对我们今后的生活起到指导作用，并且将激励着我们勇往直前，做一名好老师。”

吴满珍：教学生先教做人

华大在线

（通讯员　刘思农 刘绮）大学语文老师吴满珍年年的评课结果均为优秀，学生一致认为激情是其最大的特色。生活中，她又是学生的“老师妈妈”，用心关照每个学生。

她来自湖北东南的鱼米之乡嘉鱼县，经历过十年“文革”，70年代初凭借自己的努力考入华中师范大学中文系，1987年开始教授大学语文至今。

大学语文虽是一门公共课，但她年年的评课结果均为优秀，学生一致认为激情是其最大的特色。三十年如一日，她在讲台上从风华正茂站到年近六旬。她爱语文，更爱学生。

她就是我校文学院大学语文教研室吴满珍老师。

育人教书的语文教师

“上课，起立！”

“老师好！”

“同学们好，请坐。”

在大学的课堂里，老师与学生互相问好的景象已经很少见了，可是，这是吴满珍大学语文课上一道独特的风景线。吴满珍的教学宗旨是“学知识首先学做人，教学生首先教做人”，在她的眼里，教书育人，育人是第一位的，是教书之目的。

一次讲《祭十二郎文》，吴满珍在教室里走动着，手拿着已发黄的大学语文课本朗读讲解。当读到“毛血日益衰，志气日益微，几何不从汝而死也。死而有知，其几何离；其无知，悲不几时，而不悲者无穷期矣”时，吴满珍仿佛沉浸在韩愈失去侄子的悲痛中，声音颤抖嘶哑，甚至有呜咽声。

放下书本，吴满珍走上讲台，轻声表示每次读到这里，她总是控制不住自己。“从小父母就特别宠我，当时从家到学校只有两班车，每次回家都要提前写信给父亲，好让他去车站接我。有一次上午没赶上车，只能坐下午一班车回家。冬天隧道边风很大，我父亲就在那儿等了我一天。”

同学们都在老师的讲述中陷入沉思，吴满珍劝告大家一旦拥有就要珍惜，行孝要及时，不要等到失去时追悔莫及。信息技术系的刘文柳说：“吴老师朗读课文身心投入，感情饱满，作为学生很难不被感染。”

吴满珍认为，生活随处是语文。她希望通过自己的课堂，使喜欢语文的同学更喜欢语文，让对语文不感兴趣的同学对语文感兴趣，令厌恶语文的同学对语文产生好感，让学生在学习大学语文的过程中收获成长，学会做人。

苦尽甘来的求学之路

1955年，吴满珍出生在湖北省嘉鱼县一个普通的农民家庭，除父母外还有一个哥哥和一个姐姐，她是年龄最小的一个。

吴满珍自小就对文字很敏感。5岁时，有一次她和小学三年级的姐姐一起去学校。课间，班上的同学说要考考她，于是有人将语文课本上的字指给她看，让她认。谁知个头刚刚和课桌齐高的她竟准确无误地一一念出这些字，让一旁的姐姐和同学很是惊讶。“我也不知道怎么回事，好像一眼见到就认识了一样。”吴满珍回忆说。

“文化大革命”开始后，刚刚念完小学的吴满珍被送到乡下务农，因为读过几年书，在村里也算是知识分子，被人推荐当了赤脚医生。可是，年轻而倔强的吴满珍并不满意眼下的生活：“我的道路还很长，我想走出去，我想读书。”

于是，在亲戚的推荐下，吴满珍担任了地方通讯员，常常向《咸宁日报》《湖北日报》等报刊投稿。1973年工农兵推荐上大学，吴满珍获得了一个名额。高考阅卷时，她曾写过的一篇文章受到了华师中文系老师的认可，点名要她。于是，她幸运地被华师中文系录取了，毕业后留校担任函授班的语文老师。

1983年吴满珍受教育部委派到贵州凯里黔东南民族师专任教一年，此后她留在华师文学院任教，不久被调到大学语文教研室，自1987年起教授大学语文这门课，至今已有三十多年。

学生的“老师妈妈”

吴满珍第一次被学生唤作“妈妈”是在两年前，当时体育学院07级师范生宋红琴由于种种原因没能回家乡江西工作，而是与广州的一所中学签约。按相关规定，这是违约行为，需缴纳一定数量的违约金，但宋红琴家中一时难以筹足钱款，犯了愁的宋红琴想到了一直与她关系很好的吴满珍老师。

吴满珍帮助她筹到了一部分资金，为她解了燃眉之急。为此，宋红琴将吴满珍称为了“老师妈妈”，甚至连她的父母也说：“有困难找‘老师妈妈’！”吴满珍笑称：“真有意思啊，她妈妈真的把红琴当成我的孩子了。”

此后，与吴满珍联系密切的学生都会亲热地喊她一声“妈妈”，一时间吴满珍有了许多来自不同专业和不同年龄的“孩子”。2010年教师节，吴满珍不小心扭伤了腿。在她受伤的时间里，除了结伴去探望她之外，“孩子”们还轮流接送她上下班，给她送饭。

为了让吴满珍和她的学生更好地交流，文学院2010级研究生黄辉创建了名为“华师港湾”的QQ群。“刚开始是为了方便班上和吴老师关系好的同学与吴老师联系交流，后来每届喜欢吴老师语文课的学生都加入进来，这个群也就越来越热闹了。”

吴满珍常常会与学生交流沟通，解开他们在学习和生活中的困惑。除了QQ群，她也记录了许多学生的电话，闲暇时经常主动给学生打电话询问近况。“你不找老师，老师会找你的！”化学学院08级陈俊杰说道。

吴满珍和她的学生经常出来聚餐，有时在学校附近，有时则直接在她的家中。不论在哪里，她都会准备一大桌子菜，让“孩子”们“开开荤”，并在饭桌上为每个人夹菜。历史文化学院的刘思农说：“在大学很少有人为我夹菜了，吴老师让我感觉回到了家中。”

在生活中，吴满珍对学生更是无微不至地关怀。由于女儿出国读书，吴满珍曾让出女儿的房间让一位研究生在家中住了近半年。她偶尔也会关注学生的个人问题：“我曾经促成了好几对情侣，现在都蛮幸福的，孩子都有了，喊我奶奶呢！”

读书是一种需要

华大在线

（通讯员　王雅文）35 年前，华中师范大学图书馆。

一张简单的木桌，一沓厚厚的稿纸，一支普通的钢笔。稿纸旁，钢笔下，躺着一套 1979 年人民文学出版社出版的《红楼梦》。四周很静，静得只有“哗哗”的翻书声。一行行文字就像一个个精灵，跳入吴满珍眼中。

35 年后，华中师范大学一间教室。

“林黛玉两个眼睛肿的桃儿一般，满面泪光。宝玉道，我这是哭给老爷看的。林黛玉抽抽噎噎道：‘你从此可都改了罢!’”三尺讲台，一支粉笔。吴满珍含着笑意娓娓道来，毫不费力地讲述着《红楼梦》中“宝玉挨打”的情节。

她就是大学语文的任课教师吴满珍，1955 年生。5 岁时，她跟着小学三年级的姐姐去学校。旁听了几堂课，有人指着书中某一页中的某些字，让她读，她全部认识。遮住某个地方的前后文，让她背，她倒背如流。那本小学三年级的教材，就是她最初接触的读物。

1970 年，吴满珍担任了《湖北日报》通讯员，给《咸宁日报》《湖北日报》和湖北电台等新闻媒体供稿。“当时没什么专业书籍参考，只能翻翻地方报纸，看看相关材料，尝试着写。”那时读书还存在很多限制，只能“有什么读什么”，还不能达到“需要什么读什么”的境界。

1973 年工农兵推荐上大学，吴满珍进入华师中文系，毕业后留校任教。执教以后，她的读书之路才渐渐宽广。

“‘文革’前，四大名著没得读，也不让读。‘文革’后，一切就不一样了。”

1979 年，吴满珍从县委宣传部的老同志那里得到一套《红楼梦》。“就像久旱逢甘霖一样，那时的我就是三点一线的生活——寝室、食堂和图书馆。”吴满珍回忆说，《红楼梦》是她一气呵成读完的，“笔记也做了不少。摞起来有这么厚吧。”说着，她用手比画着大概两指宽的厚度。一本《红楼梦》，她研读了将近半年。

“但读书不能只靠兴趣。”被调到文艺理论教研室后，吴满珍必须面对抽象、枯燥而又乏味的理论书籍，康德的《判断力批判》、黑格尔的《思辨哲学》等这些形而上学的理论，让她难以招架，她甚至用“痛苦”来形容当时的状态。“经常在一个概念上纠结半天，又没有电脑可以查资料，但还是得硬着头皮读完。”

那时一个月工资 36 元，有一大半都用来买文学理论方面的书籍。“有时一个月书费开销将近 20 元，除去最基本的生活费，就是买书。”她说，这段时光是她生命中最拼命的日子。

1987 年，吴满珍从文艺理论教研室被调到大学语文教研室。由于工作需要，古今中外的名著，她不仅要广泛涉猎，而且要深入研究。在她的记忆里，一流作家的优秀作品，二流作家的一流作品，都要了解；赵树理的农村题材小说，舒婷的现代朦胧诗，也都要看。

“凡是接触到的，需要学的，就赶紧去看去读去了解，不然就没有发言权。”她认为老师应该准备一桶水，讲课只是从其中舀一瓢水。横看成岭侧成峰，一个问题应该从多角度思考。

现在，吴满珍不仅忙于教学和指导学生论文，还编写出版了多本《大学语文》教材和 46 万字的《国学三宝一百讲》，而《中国古代诗词赏析》6 本丛书也即将出版。“现在很少有整块儿时间看书了，只能利用零碎时间上网了解文艺动态和浏览当前热点新闻。”谈及目前的读书状况，吴满珍有些遗憾。

在她看来，读书是一种需要，是工作的需要，也是生活的需要。“很多时候，我们不只是在读书，也是在读生活。”经历过没书读的年代，吴满珍对读书有着他人不一样的感触。在她眼中，社会就是本大书，是一本永远也读不完的百科全书。

共同战“疫” | 网课一线牵，“珍”惜这段缘

——网络课堂的温情故事

永远陪伴你的阿文　华师文学院　2020年4月2日

阳春三月，生机盎然，正是我们汲取知识的大好时光，但疫情的肆虐，阻挡了我们重返校园品读书香的步伐。特殊时期也给我们带来了特殊的学习方式，为贯彻全国大中小学“停学不停课”的指示，我校大部分课程采取线上授课的形式，教师利用云平台、授课App等多种方式进行线上教学、线上互动，让学生在家中也能随时随地收获专业知识，保质保量完成学习任务，把疫情对学生学习的影响降到最低。全新的授课方式，不仅在学生当中引起热议，也给疫情之下“传道受业解惑”的老师们以另一种视角收获了独特的体验。文学院聘请的“桂岳主讲教授”吴满珍老师在进行本学期开设的通识核心课程“文学名篇解读”线上教学的过程中，就遇到了几件让她感动的暖心事。

吴满珍老师正在网络授课

学生也可以成为贴心"小棉袄"

由于突如其来的疫情愈发严重，武汉市于1月23日进行封城管理，原计划在这天回到武汉过年的吴满珍老师决定取消行程，留在位于深圳的女儿家中。接到学校线上授课教学的通知以后，从未接触过网上直播授课的吴老师犯了愁，但她思索再三，还是决定主动学习直播授课的操作，她说："在教学设备、教学资料和教学条件欠缺的状态下，虽说这种方式对老师的行为规范、衣着服饰、说话神态很有约束，但一想到只有这样让学生见到老师真人，才会让他们有当面上课的感觉时，我也就努力以饱满的精神状态认真投入每周4课时的视频直播教学中。"在女婿的帮助下，吴老师学会了使用QQ群直播课堂为学生上课。

上课的问题解决了，下一步要如何联系学生呢？身在校外的吴老师无法与选上课的同学们直接取得联系，令她感动的是，来自教育学院的李嘉明和城环学院的杨佳文同学主动帮助老师建立了班级QQ群，及时联系上了两个班级近200人，为吴满珍老师解决了这一问题，两位同学还主动牵头做课代表，承担了课堂的考勤和收作业、传资料等工作，减轻了老师上课以外的负担。

此外，学生们的理解和支持更给了吴老师莫大的鼓舞。美术学院的胡杨同学每次完成的作业都十分精彩，"几乎是用'美篇'的形式来完成的"，从她对于作业如此认真的态度里，吴老师感受到了学生对自己课堂发自心底的喜爱。在胡杨同学的"课后感悟"中，她这样写道："能够选到这门课是我这学期一件很幸运的事，每次听课，我都会有新的收获与发现。听了您的课之后，我感觉自己能更好地理解部分文学作品了，您讲的一些剖析技巧，十分受用，让我燃起解读文学作品的兴趣的同时，也让我摸索到了一些解读文学作品的方法。"吸引她的，远不止上课的内容，更有吴老师自身的魅力，"不仅是对于您的课堂，对于您本人我也是十分仰慕的。初次见面是在第二周的直播课上，您脸上一直挂着笑容，看起来很年轻，讲课中气十足，富有激情与感染力，一下子就引起了我对这门课的兴趣，让我沉浸其中"。面对学生的认可，吴老师十分感动，她说："我觉得师生之间的相遇是一种缘分，我把他们不仅仅看作自己的学生，更主要的是把他们当成自己的孩子一样对待。同时对于这门课程的学习，我更看重他们的学习过程，真正要做到学有所获。"线上网课里，同学们的表现让她真真切切地感受到了他们乐于求知、敏而好学的积极态度和良好风气，这也正是吴老师理想中的课堂氛围。

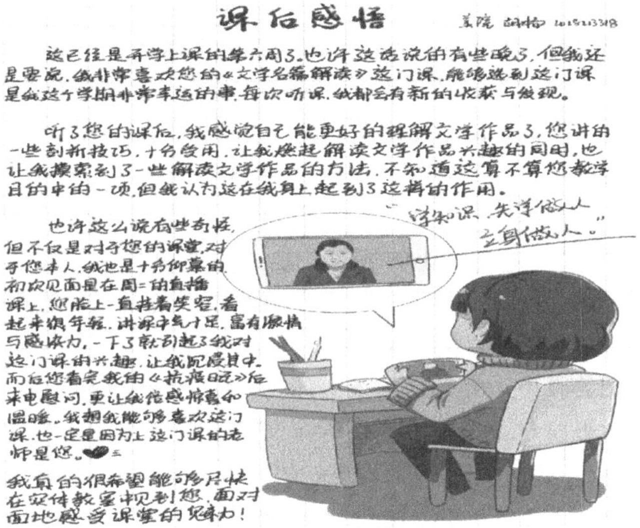

课后感悟　美院 胡杨 1015213318

这已经是开学上课的第六周了。也许这话说的有些晚了，但我还是要说，我非常喜欢您的《文学名篇解读》这门课，能够选到这门课是我这个学期非常幸运的事，每次听课，我都会有新的收获与发现。

听了您的课后，我感觉自己能更好的理解文学作品了，您讲的一些剖析技巧，十分受用，让我燃起解读文学作品兴趣的同时，也让我摸索到了一些解读文学作品的方法，不知道这算不算您教学目的中的一项，但我认为这在我身上起到了这样的作用。

“学知识，先学做人，立身做人。”

也许这么说有些奇怪，但不仅是对于您的课堂，对于您本人，我也是十分仰慕的。初次见面是在周二的直播课上，您脸上一直挂着笑容，看起来很年轻，讲课中气十足，富有激情与感染力，一下子就引起了我对这门课的兴趣，让我沉浸其中。而后您看完我的《抗疫日记》后来电慰问，更让我倍感惊喜和温暖。我想我能够喜欢这门课，也一定是因为上这门课的老师是您。

我真的很希望能够尽快在实体教室中见到您，面对面地感受课堂的魅力！

美术学院胡杨同学的“课后感悟”

教知识首先要教做人

谈及自己人生的理念，吴老师说道：“我的做人理念和教书的理念是一样的，学知识首先学做人，教知识首先教学生怎么做人。”她是这么说的，更是这么做的，课堂中和蔼可亲的笑容与渊博的学识，不仅向同学们展示了文学的独特魅力，更如涓涓细流一般滋润着他们的心灵。作为一门通识核心课程的教学老师，让其他专业的同学们能够喜欢上文学，真正感受到文学的深度和温度，这无疑是最重要的，吴老师用她的实际行动做到了这一点。

数统学院许晨阳一家人齐上课

当她得知数统学院2019级许晨阳同学的父母主动陪同女儿一起听课，甚至还在课堂上抢答问题时，她感受到了线上网课特殊环境下体现的满满温情。许晨阳提交的“课后感悟”中，真诚地表达了对吴老师的感谢：“感谢您的精心备课，感谢您的无私传授，我们收获的不仅是文学知识，更是爱与希望。”没想到线上授课，虽然少了面对面沟通的方便，但也会有意想不到的温情瞬间。吴老师坦言，每当看到同学们以及学生家长对她教学工作的肯定和认真做笔记、完成作业的情景，她的心情只用一个字形容，那就是“爽”！同时心里会产生一种强烈的爱！她的心声就是：“爱讲台！爱学生！爱我课堂的每一位倾情付出的人！”

在学生们的眼中，吴老师的线上课堂总是温情常伴的。数统学院2018级的周爱同学平时学习很认真，还曾主动和老师联系表示愿意为同学们服务。有一次上课的时候家中突然停电，他非常着急，缺席吴老师的一堂课就仿佛失去了一片天地。吴老师得知他的情况后，在两个课堂的群中帮忙询问大家能否把自己的课堂笔记借给周爱同学学习，没想到不到10分钟，便有几十位同学拍下了自己记得密密麻麻的笔记。外语学院2019级的杨思宇同学更是主动添加周爱同学的QQ，怕自己的字迹有些潦草，便用打电话的方式报给周爱同学听。看到同学们纷纷伸出援手，周爱同学感慨万分，既对这些素未谋面的同学们十分感激，更为吴老师对待学生无微不至的关怀感动不已。

针对疫情期间的特殊性，吴老师认为：“疫情下这种共情伤害的心理会在一定程度上影响学生的学习和身心健康。”于是她结合自己所讲的课程，从网上推荐了一些写得较好的歌颂抗疫勇士逆风而行的献身精神和与疫情有关的诗文，让同学们在阅读欣赏作品的同时联系并且关注现实，谈谈文学作品与现实生活的关系，一方面让学生尽快调整心态进入课堂学习，另一方面能让他们明确文学的社会功能。

冬天已经离我们渐渐远去，属于桂子山的春天正向我们走来。线上授课的暖心事让吴满珍老师备受鼓舞，更增强了她对尽快见到同学们的渴望。“我总觉得师生的相遇是一个‘缘’字，我信缘，我惜缘！对学生要有一颗真诚的心去关心他，要有一颗包容的心去温暖他，还要有一种感恩的心去影响他，只要你用真情就会收到感动，只要你能包容就能拉近与学生的距离，只要你有真爱就能收获满满。”老师与学生这两个身份，收获到的感动从来都是双方面的，对于吴满珍老师而言，无私给予知识的过程更是不断收获理解、支持的过程。这样一段满满的师生缘，值得每个人用心珍惜，用爱铭记。

学生一家人都来听课，华中师大六旬教授魅力网课获点赞

《楚天都市报》 记者 国倩 通讯员 邹迅 党波涛

（2020 年 4 月 4 日）

“吸引我的不仅仅是课程内容，还有吴老师的个人魅力。”“能够选到这门课，是我这学期很幸运的事。”……疫情期间，华中师范大学文学院 65 岁的吴满珍教授的线上课程“文学名篇解读”，获得学生们的一致好评。

吴满珍教授

从零开始学习如何上网课

这学期，华中师范大学文学院聘请的“桂岳主讲教授”吴满珍，为学生开设了通识核心课程“文学名篇解读”。但疫情突如其来，武汉于 1 月 23 日实行交通管控，本计划在这天回到武汉的吴满珍决定取消行程，留在深圳的女儿家过年。

接到学校线上授课教学的通知以后，从未接触过网上直播授课的吴满珍，开始主动学习直播课的操作。

她说：“在教学设备、教学资料和教学条件欠缺的状态下，虽说这种方式对老师的行为规范、衣着服饰、说话神态很有约束，但一想到只有这样让学生见到老师真人，才会让他们有当面上课的感觉时，我也就努力以饱满的精神状态，认真投入每周 4 课时的视频直播教学中。”

在女婿的帮助下，吴满珍学会了使用 QQ 群直播课堂为学生上课。该校教育学院的李嘉明和城环学院的杨佳文同学，还主动帮助吴老师建立了班级 QQ 群，及时联系上了两个班级近 200 人。两名同学还承担了课堂考勤和收作业、传资料等工作，减轻了老师的负担。

她的笑容勾起了我对这门课的兴趣

学生们的理解和支持，给了吴老师莫大的鼓舞。该校美术学院的胡杨同学每次完成的作业都十分精彩，“几乎是用‘美篇’的形式来完成的”。她对作业认真的态度，让吴老师感受到了学生对自己课堂发自心底的喜爱。

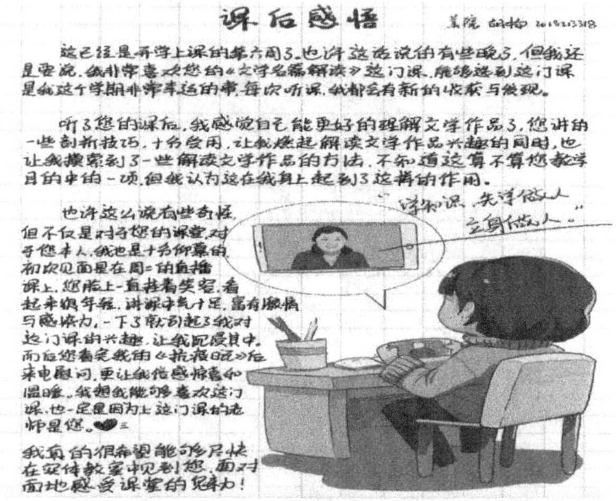

学生写的“课后感悟”

在“课后感悟”中，胡杨同学这样写道：“能够选到这门课是我这学期一件很幸运的事。每次听课，我都会有新的收获与发现。听了您的课之后，我感觉自己能更好地理解部分文学作品了，您讲的一些剖析技巧，十分受用，让我燃起解读文学作品的兴趣的同时，也让我摸索到了一些解读文学作品的方法。”

胡杨说，吸引她的远不止上课的内容，更有吴老师自身的魅力，“吴老师脸上一直挂着笑容，讲课中气十足，富有激情与感染力，一下子就勾起了我对这门课的兴趣，让我沉浸其中”。

面对学生的认可，吴老师十分感动，她说：“我觉得师生之间的相遇是一种缘分。我不仅把他们看作自己的学生，更把他们当成自己的孩子一样。对这门课程的学习，我更看重他们的学习过程，真正要做到学有所获。”

线上网课同学们的表现，还让她真切感受到了乐于求知、敏而好学的积极态度和良好风气，这也正是吴老师理想中的课堂氛围。

教知识首先要教做人

谈及自己教书的理念，吴老师说：“我教书的理念和做人的理念是一样的，学知识首先学做人，教知识首先教学生怎么做人。”吴老师用她的实际行动，让其他专业的同学能够喜欢上文学，真正感受到文学的深度和温度。

学生和家长一起听吴教授的课

当吴满珍得知该校数统学院 2019 级许晨阳同学一家都在听课，还在课堂上抢答问题时，她感受到了线上网课特殊环境下体现的满满温情。“感谢您的精心备课，感谢您的无私传授，我们收获的不仅是文学知识，更是爱与希望。”许晨阳在“课后感悟”中这样写道。

吴老师说：“线上授课虽然少了面对面沟通的方便，但也会有意想不到的温情瞬间。”看到同学们以及学生家长对她教学工作的肯定和认真做笔记、完成作业的情景，她笑着说：“用一个字形容，那就是‘爽’!”

我爱这片土地

——情缘！情源！

吴满珍

为什么/我的眼里/常含泪水？

因为/我对这土地/爱得深沉……

——艾青《我爱这土地》

每当读到这句诗，我的脑海里就会浮现出那片给予我生命和灵魂的土地——东村。一晃，我离开东村已经四十七年了，回想起那时年少的岁月，短暂而美好。那片土地所孕育的品质一直在我的血液里，依着我的生命存活。我从不敢把她忘却，她虽然从未向我索取，我却不能不给予回报。

1954年冬，我出生在湖北省嘉鱼县老官镇的湖南棚子，一片真正的鱼米之乡。那时的生活是艰苦的，家里除了父亲和母亲，还有哥哥和姐姐。那是个吃大锅饭的年代，父母都忙于劳动生产，而我作为家里最小的孩子就整日跟在姐姐的后面。姐姐上小学三年级的时候，我这个“黄毛丫头”就像姐姐的影子，她到哪里我就去哪里。她走进三年级的教室上课我也要跟着去，我这个“编外人员”还领了一套教材，真的是有模有样地学了起来。后来，因为课本不足，自己被发现是混进来的，不够入学年龄，于是我就被“强行赶出”教室。

但是，这并没有打消我学习的热情，我还是会偷偷地看姐姐的课本，把教材中姐姐所学的那些课文背得滚瓜烂熟。大人们起初以为我只是偶然熟悉某一篇课文，于是他们把书拿过去，随意点一篇让我背，我马上背一篇；又用手把前后句隔开挑出其中的某个字考我，我都对答如流；并且还让我现场给他们默生字……我当时虽然年纪小，但是从容不迫，通过了他们“重重考查”，获得了“神童”的荣誉称号。

也许正是这个童年里获取的第一个非官方的“荣誉称号”鼓舞了我，使得我以后的学习成绩愈加突出。我成了整个东村大队的第一个大学生，而且是女大学生。我很庆幸，我这一路走来，是如此的幸运，每每到人生关键处都会有贵人相助，为我掌灯指路。

我初中还没有毕业，“文革”开始了。红卫兵进京，学生运动掀起热潮。我的初中学业无法顺利完成，作为回乡青年，我被安排到县里接受培训，成为一名赤脚医生。当时和我一起参加培训的还有一个我从小学到初中的同学。那时，湖北省农村医疗工作队下到各地市县巡回医疗，办了一系列的培训班。我和那位同学一起在嘉鱼县高铁公社认真接受培训，其中几位临床经验很丰富的老医生确实给了我很多帮助，不仅教给我医学知识，而且教会我怎样做一名医德高尚的好医生。记得那时湖北医学院内科一位名叫陈玉全的女大夫，她对工作一丝不苟的态度真是让我敬佩有加，有些情节记忆犹新：那时练习肌肉注射，都是将注射器的针头扎在萝卜上，但是这位陈大夫却让我们把注射器的针头扎在她的肌肉上，她说这样注意力才能高度地集中，在以后面对真正的病人时也不至于胆怯。我在培训班里认真学习，不耻下问，终于在三个月结课时，学到了不少农村急救的知识和一般操作技巧，而且获得了唯一的一面流动红旗，也算为我们东村争得了一份特殊的荣誉。

像我这种赤脚医生是速成的，是缺乏完整医学理论知识学习的。“头痛发烧，阿司匹林三包，多喝开水，少吃辣椒”是我们治疗头痛脑热这类常见病的顺口溜。不过，在那个物质生活极度贫乏、医疗条件比较落后的时期，赤脚医生还是发挥了极大的作用。我们每天背着医疗箱行走在村头田埂，给很多村民治疗过一些疾病。记得有一次我运用所学的知识将一个瞳孔放大的小男孩从死亡线上拉回来，挽救了他的生命。为此，我受到了小孩的父母、邻里和有关部门的赞扬。

在做了一年的赤脚医生后，我决定选择其他的人生职业。在我的心里，依旧有我的梦想。我的信念告诉我，要最大地发挥自己的价值。当我的同学为了这个赤脚医生的学习名额放弃了原有的恋情和自己的表哥成家时，她也劝说我就在本大队找个合适的青年成家算了。我拒绝了，我愿意在东村需要我时去做赤脚医生，但是我坚信这个职业并不是让我回报家乡的最好方式。于是，在 1970 年，我选择了做一名民办教师，在芦苇秆子搭建的茅草棚里，我和孩子们度过了一年的时光。小同学们质朴、纯洁、可爱，像一棵棵幼苗渴望着阳光一样地渴求知识。每天他们会自己搬着小板凳去上学，在家里困难没有钱交学费时，还会从家中挑来一担猪粪，用猪粪来减免部分学费（猪粪交给生产队可以抵工分，工分是可以参加年终分红的）。这样的生活经历，从某种程度上来说成了后来我帮不少家乡孩子圆了大学梦的缘由。

20世纪70年代初，那是人才缺乏的时期，由于工作需要，我被从乡村民办小学调到大队做通讯员。1971年我被派到余码头负责水利工地的宣传报道工作，在那里我认识了我先生的父亲李德勋老师。李老师很器重我，着力培养我，后来点名要我参加县委宣传部举办的通讯员培训班，并且认真地修改我写的每一份新闻稿。在老人家的精心栽培和亲自指导下，我进步很快，不仅在东村大队写新闻稿，还被《湖北日报》聘为“农村通讯员”。我通过采访写出的新闻、消息、通讯稿经常发表在省地市级报纸上，还在电台、广播站播出，成为县里知名的“土记者”。

时代在考验我，我却在那个时代“如鱼得水”。就是因为自己当时做通讯员小有名气，才被推荐参加了高考。工农兵推荐上大学，我正是这个时代的受益者。还记得当时的高考很简单，正好考我最擅长的通讯文体。因此，我顺利地被华中师范学院中文系录取，成为东村的第一个女大学生。

华中师范学院坐落在美丽的桂子山上，桂子山可谓是我人生的转折点。我在桂子山上生活、学习，如沐春风。但是，不管我的生活有了怎样的改变，我还是始终记得家乡的父老乡亲，那些善良、朴实、勤奋、坚强的东村人！

离开东村，心里最难以割舍的就是我的家人。对于他们，我心里总觉得有深深的亏欠。他们是这个世界上最勤劳善良的人，最爱我的人，也是为我付出了最多的人。在桂子山上学习时，我的脑海里总会浮现出一幅温馨的画面：昏暗的灯光下，一个破旧的方桌旁，我伏在桌上写稿子，父亲在一旁为我出新闻点子，哥哥总是在第一时间帮我改稿子，而我慈祥的母亲手中摇着一把蒲扇在替我赶蚊子。我家姊妹三个里我是最小的，自然我得到了最多的关爱。记得小时候，我经常骑在哥哥或姐姐的肩上，让他们背着我到处跑。哥哥和姐姐就是这样宠着我，让着我，把最好的东西都留给我。我的任性随着年龄增长而渐渐消失，但是那时不懂事的我真的是让父母操了不少的心，我经常上学前来不及吃饭就抓个柴火灶里烤的红薯往学校跑。父亲看到会追着我叫我吃饭，有时我会调皮地一溜烟跑到消失，有时会被父亲抓着只好回家乖乖吃了饭再去上学。

这个调皮的我似乎很晚才长大。在华师上学的时候，每次放假回家前，我都会给家中写一封信告诉我要回家的时间。我的父亲总会在我下车的时候出现在我的面前，我无须等待他的出现。我似乎都渐渐习惯一下车就能看到他的身影。但是有一次，我终于明白，他在等待我的时间里付出了多少爱！那次我还是像往常一样，给家中写了一封信告诉我要回家的时间。在我去汽车站的时候，却没有赶上从武昌傅家坡到红光的第一班车。在那个交通不发达的年代，从武汉到嘉鱼的长途汽车一天只有两班次。我无法及时告诉父亲我不能在那个时间准时到家。下午，我赶上了回家的第二班车，我想父亲上午没有接到我可能回家了，应该不会出现在村头的公路桥下。然而这只是我的臆断，在下车时，我依然看到了父亲的身影，看到了他沧桑的脸和那焦虑的神情，看到他老人家裹着半旧不新的厚棉袄，想象那笨重衣服下逐渐被压弯的脊梁。寒冬腊月，北风呼呼地吹，眼前的这一幕，让我的眼睛潮湿了……

然而，“树欲静而风不止，子欲养而亲不待”，父亲没有享受到小女儿的多少福就走了。他的离开，显示着太多的爱和牵挂……

我在华师毕业后，留校当了一名教师。1984 年 5 月我的女儿出生了，在当时，我的生活充满压力。一方面我要照顾不满一岁的女儿，另一方面还有繁忙的教学工作。我被教研室派去黄陂某部队给干部专修班的学员授课，同时还在准备考武汉大学的研究生，所以当时的生活如一地鸡毛杂乱无章。

在我去黄陂授课期间，我将女儿托付给孩子的爷爷奶奶照顾。待我讲课回校，收到哥哥的来信，哥哥在信里说我的父母亲非常想念我的女儿，就要他从县城爷爷奶奶家里把我女儿接到了东村。女儿活泼可爱，聪明伶俐，特别惹人疼爱，给我的父母和家人带来了很多乐趣，全家人都希望我的女儿可以在东村多住些日子。看完这封信，我可以想象他们祖孙三代在东村的快乐场景，心里不觉感到欣慰。自己的孩子在自己父母身边，自然是再放心不过的了，于是我就安心地工作，接受了批改成人高考试卷的任务。还清楚地记得，批改一份卷子是八毛钱，每天如果批改一百份的话，就可以赚到八十元钱。在那时，这是一笔诱人的收入。我心想，完成这项任务后再回家去看望女儿、父母和家人！第二天上午我开始批改试卷，没有想到才打开第一份试卷，我的姐夫就来到我的办公室找我。他神情凝重，让我回家，没有多说什么，只是说父亲病了。我赶忙叫上我的先生（那时他也在华中工学院学习新闻）一起赶回东村。我下长途汽车后在村口见到的第一个人便是我的哥哥，只见他拿着一把铁锹，刚从黄土包掘好父亲的墓穴在路边等着我，我看到了他手臂上戴的孝布，我知道我来晚了，父亲已经离我而去了……我不知道老天爷如何这般地惩罚我，让这个最疼我爱我的父亲没和心爱的女儿道声别就这样匆匆地走了……

哥哥告诉我父亲去世的原因：原来公公婆婆家负责带我女儿的小保姆要

从东村接走我的女儿，我的父亲舍不得外孙女走，他一人默默地站在屋檐下目送着我女儿被小保姆抱走。父亲什么时候独自一人倒在床上无人知晓，只知道我母亲送走我女儿从外面回到家中后，发现父亲躺在床上怎么推也推不醒，怎么叫也叫不应。哥哥急忙叫来赤脚医生，医生诊断说是脑出血并心肌梗塞。我无法理解所发生的事情，我只觉得所有的一切都是我的错！是我忙于工作对父亲的关心不够，是我没有尽到做女儿的孝心未能及时带父亲去看医生！我的父亲就这样离开了我，让我抱憾终身。

忘不了在那计划经济时代，城市户口每人每月只有一斤肉票供应，记得父亲住在我家时，我曾经对他老人家说，等下月发了肉票就给他做些红烧肉吃，但是直到父亲离去，也没有吃到她的女儿为他做的红烧肉。至今，每当回想起我的父亲，想起这件事，我的鼻子酸酸的，我的眼眶潮潮的，我的心里仍然只有深深的自责和无比的悔恨。所以，在我以后的教学生涯里，我总是教育我的学生，一定要孝敬父母，孝心不能等待。每次在课堂上讲到韩愈的《祭十二郎文》这篇课文时，我就会想到我的父亲，一读到其中的某些句子和段落，我就会潸然泪下、情不能已。

在家乡搞通讯报道的那些日子里，我的足迹踏遍了东村的每一条田间小路，是东村这片土地所孕育的品质一直影响着我，除了我的至亲亲人，还有那些朴实的父老乡亲，尤其是我们的老支书欧辉娥书记。长工出身的欧书记，没有文化，大字不识一个。但是他经常鼓励我，教育我，希望我成为一个用知识改变命运的人。我不是她的女儿，他却把我当成东村的女儿，他会因为我是一名东村的女大学生而感到骄傲。1974年老支书到省里参加全省地市县四级干部会议，住在汉口某饭店，在华师读书的我知道后，便从武昌赶到汉口会议住地看望他。那时公交车的票面价值是五分钱、八分钱，最多一角二分钱。欧书记关心地问我去一趟汉口要花多少钱的车费，我说来回四角钱就够了。没想到等我回校的时候，老支书却硬塞给了我五角钱。我一直记得这五角钱，不只是因为那时的五角钱是多么的值钱，更重要的是这五角钱影响了我的整个人生，以至在我以后和学生相处时，我也慷慨、热情地帮助我的学生。每当我知道自己的学生在生活上有困难时，便会做一些我力所能及的事情，尽可能地去帮助他们，所以学生送给我一个美好的称呼“老师妈妈”。

我身为一名教师，更加关注孩子们的教育问题。我从东村走出来，是东村培养了我，我也希望可以用自己的实际行动去感恩东村，不仅为东村的教育事业找上级有关部门支持经费，解决学校教学办公设施维修问题，而且帮助不少孩子圆了大学梦。在我女儿高考的那一年，和我同一个生产队的几个老邻居的孩子也参加高考。在填报高考志愿的时候，他们分别都咨询了我。记得有个孩子报考了新疆石河子那里的一个学校，她父母都是朴实的农民，根本不知道石河子在哪里，只觉得有一所学校读书就行了。我知道后，建议她改志愿，毕竟一个小姑娘，去那么遥远的边疆，生活习惯的差异太大。孩子的父母也觉得我说的有道理，可是志愿已经填了，他们没有门路，只能表示无助。我很理解他们的心情，作为父母，都希望自己的儿女离家近一点并且有美好的未来。于是我便拜托了一个在湖北医科大学工作的校友，和她联系好接收学校后，要那个孩子将改写志愿的表送到了嘉鱼县教育局，最后她顺利地被湖北药剂专科学校录取。这个孩子大学毕业后在浙江找了一份如意的工作，生活也很顺心。她的家人很是感谢我，总会从乡下拿一些土特产，比如土鸡和鸡蛋、野鱼和猪肉什么的给我送到武汉。乡亲们就是这样的可爱，他们的唯一报答方式就是把农村最好的、平时自己舍不得吃的东西送来给我。东村人就是这样的善良、质朴。

我还曾经帮助过几个高考落榜的学生联系了一所自修学校，让他们重新获得机会掌握学习技能。还有一个丢了高考录取通知书的孩子，我通过多方面努力终于让他正常入学。他们毕业后，都找到了理想的工作，都没有忘记我这个恩人。有个孩子结婚时，一定要我在场，她父母说如果我不在场就不发嫁。几十年来，我都忘记了自己到底帮助了多少孩子！每每到教师节、母亲节会收到一些来自“儿女”辈和“孙子”辈的祝福，我真切地感受到并甜蜜地享受着这种付出所收获的无限乐趣。我希望改善孩子们接受教育的环境，我曾经向有关教育部门为东村申请了几万元的教育经费用来改善他们的教学设施。我也会经常给孩子们买一些新书，让他们学习到更多的知识。我希望他们有一天会和我一样，体会到知识的力量。

我知道我所取得的每一份成绩，都是东村这片土地给予我的。我希望村里的人可以看见外面更加美好的世界。记得 2012 年，哥哥说村里退休多年的老支书希望可以去宜昌看看三峡大坝。我很快就联系好我在宜昌工作的同学，并且安排好车辆利用假日亲自陪同他们一起去游览三峡。当我看到村支书、哥哥如此开心，便在回汉的路上，又安排他们参观了荆州博物馆，还特意为他们申请举行了一场编钟乐舞的表演。

如今我已年过六旬有五，退休之后，无论是接受班主任工作、本科生院和研究生院的教学督导、校友办基础教育合作办学的评估专家等任务，还是受聘“桂岳主讲教授”的教学工作，我始终激情满怀、爱岗敬业、爱生如子。人们问我为何精力如此充沛，我想可以从这篇文章中找到答案。

回忆起东村的往事，有些已经模糊，有些却又历历在目。这片土地给了我受益终身的品质：忠诚、坚强、善良、朴实、热情、感恩……我一直在努力，希望可以用自己的力量回报家乡，感恩父老乡亲，用自己所学的知识为党的教育事业做出更大的贡献。因为我想：无论我走多远，心都在这里，情都系这块土地。

2015 年完成稿　2019 年 12 月修改稿

后　　记

吴运思　许雅倩

桂子山四载，和吴老师相处的日子是心中的桂香灵动。2018 年元旦前夕听说吴老师计划将从卷帙浩繁的学生信件中选 60 多万字编辑成书，记录四十多年从教生涯中师生交往的故事。作为“满珍班”的学生，平日里便得到吴老师许多关爱，这次我和雅倩荣幸地加入这项神圣的事业中。在为期七个月的编辑工作中，我们花的心血少，得到耳濡目染的教诲多；我们做的事情少，收获得多。

在整理编辑过程中有许多有趣味、有意义的事。我们在一大堆信件里找到现任辅导员十一年前的信件时惊呼感叹缘分之妙；我们沉醉于文章本身的情感，有时莞尔一笑，有时又湿了眼眶，心生无限感慨。我们的工作主要是收集稿件、修改润色、设计板块。改稿件的大部分工作是我们三人在吴老师的书房完成的，我和雅倩一人一台电脑，吴老师在旁兢兢业业指导。在这期间吴老师付出了非常多心血，每一篇文章她都会亲自过目，认真审视字句细节，追求表达的最佳效果，夏日炎炎一坐就是一天，从不怠慢。可以说最后的这 60 多万字凝聚了吴老师的浓浓深情。一次我们读得入了迷，我连续改完研究生和贵州生的十几万稿件还舍不得停下，直到凌晨一点多才暂停。我不仅为师生间的趣事着迷，更为人情冷暖中的超越师生、超越舐犊的真情而感动，震撼于年岁流转间人生变化背后情谊的恒久。“斯人若彩虹，遇上方知有。”若不是能这样亲密地接触，我不敢相信师生间竟有这般特殊的情感。

借着一些力所能及的编书工作，我们有机会能和吴老师亲密地相处，建立更深厚的友谊，有幸从吴老师为人处世的儒雅风度中景仰老师道德品质的至高光辉，我想这是我们一生的财富。整理稿件初期，我们常被邀在吴老师家住，一住就是四五天，与吴老师、海叔共起居，吴老师真是一个你越了解就会越敬爱的人。她是满心真意爱学生和备受学生爱戴的温暖“妈妈”，是学识渊博的教授、认真负责的老师，是乐观向上的生活智者；她是人生的标杆，也是生活中亲近的友人。陶行知先生说过："爱是一把钥匙，开启学生智慧。"吴老师正是用对学生的极度热爱这把钥匙，打开了无数学生的心灵，因此老师也成了最受爱戴的老师妈妈。叔叔说："关于学生的，她什么都珍藏着，舍不得扔。"在整理了近70万字的电子版信件后，吴老师从柜子里搬出了一大摞珍宝——可追溯到几十年前的学生原始信件、作业，甚至小纸条。大多是学生手写的，部分是学生打印的，部分是老师自己打印的（学生的留言、QQ消息等零散的学生信息）。从泛黄的却保存完好的纸张上看，几十年前的学生谈着对语文的认识，对吴老师学识渊博、幽默风格的喜爱，对逃课的愧疚，等等，很是有趣。在读这些感情真挚的文字时，我常常会被一些细节触动，也更能体会老师的拳拳之心。吴老师总会主动去关心学生，对几百个学生的籍贯、工作、过去与现在的生活如数家珍；不管是生活在美国的已经为人父母的学生，还是身患重病的学生，她都主动发视频，像妈妈牵挂女儿一样关心她们的生活；一听到学生有什么困难，不管是不是自己的学生，她都会尽力去帮他解决；她会真心地张开双臂拥抱、温暖每一个想接近她的学生。吴老师就是这样一位热心的大学教授，她付出的真情也得到了无数学生的爱，她如阳光般温暖学子的心，又如星辰般为万千学子提供指引，师恩浩瀚，我相信每一个受到触动的学生都在世界的某个角落以他的形式回应和回报老师，一代一代将真情传承。

满心真意是吴老师的至善至美，让无数学生亲近她；但若你见识到吴老师的渊博学识和扎实的专业本领，你会在这爱戴上立即增加许多敬佩之情。运思和雅倩没上过吴老师的语文课，在数百学生的文章里有所认识，但有更多切身体会的要数那晚九点到凌晨一点的夜谈演讲了！大学语文教材上是密密麻麻的笔记，一大本一大本的是至少补充修改过三次的手写教案。吴老师对文章深入解读，对经典文章倒背如流、旁征博引，用十分巧妙有趣的角度来鉴赏，充分发挥自己文学理论出身的文本解读优势；把故事讲得生龙活虎的功底，出口惊人的朗诵功力；和学生良好的互动，调动活跃轻松的学习氛围；四十年前便开始实践的翻转课堂，用教考结合的先进教学方法……语文在这儿真是活了！吴老师的学生是幸运的，领会到文学之美的人是幸运的。"学生是学习者，老师有责任把最好的东西给他们。"吴老师这样说。爱，是我们在吴老师身上很容易看到的；而这认真、真挚也是我们每个人都应该学习的！吴老师在细致入微的事情和无数的光阴中践行着"德高为师，行为世范"。

吴老师还有一个绝佳本领，就是和叔叔一起将平凡的生活过得妙趣横生，这令我们年轻人也艳羡不已。他们有甜蜜的爱情，甜言蜜语秀恩爱让我们招架不住，只有祈祷以后有他们一半的幸福就已心满意足；他们都热心肠、真性情，所以生活中吴老师家常常是高朋满座；他们保持着好奇心去探索和欣赏世界，会兴高采烈地进行一些饶有兴趣的尝试，比如从世界各地买特产，建空中花园、菜园，亲身试验出晚上喝啤酒养胃的妙招，等等。一次我们和吴老师正在家围炉夜谈，接近零点，喝得微醺的叔叔打电话说专门带了两大包野生鱼回来，我们赶紧下楼迎接，家里的氛围瞬间从温馨的炉边谈心到了兴致极高的赏鱼。叔叔将鱼养在浴缸，还执意捉了几条要立马为我们做油炸小鱼让我们尝尝鲜，熟练地解剖、油炸、装盘，倒上红酒，四个人围坐，谈天玩笑，趣味颇多。其实哪里会没有烦忧呢，只是他们用乐观向上将生活变成一种审美体验，用人性光辉将世界点亮，吴老师说的“快乐是健康之本”一点不错。吴老师和海叔间颇多玩笑和爱意，又都是性情中人，他们的生活中充满无穷的智慧、趣味、幸福感。

现在编书工作进入尾声，非常感谢吴老师对我们的信任和包容。大四的我们恰逢论文和毕业事宜，对手头任务多有拖延，为此我们颇感歉意。即便如此，吴老师从来没有怨言，对我们的关爱从不改变，邀请我们去家里住，请我们吃饭，送我们礼物。现在想起吴老师做饭的背影，想起冬天为我们抱来厚厚被子的样子，想起夜谈那暖黄的光，想起夏天为我们摘来栀子花的笑脸，想起为我们夹菜劝我们不要减肥的宠爱，想起围坐在床上听我们讲烦心事的温馨，这哪里是老师对学生的情感啊，完全就是妈妈对女儿的爱，是知己的交谈！亲其师，信其道。我想在吴老师那里，每个学生都学到了真善美。正如吴老师说的：“我很高兴我拥有一大批热爱教育的学生，他们会将我的那份教学激情不断地传递下去。相信终有一天，我的学生们也会桃李满天下。”在以后漫长的岁月里，从吴老师那儿耳濡目染得到的人类优秀的文化之魂，会如空气一般弥漫在我们的文化素养里，流淌在我们从事的文化工作中，给我们判断事物以独立的审美，为我们从事的工作竖起衡量标准。我们也相信师生情缘历久弥坚。

编后记

吴满珍

有一种职业最美丽，那就是教师。有一种情感最动人，那就是师生情。我是一个很幸运的人，15 岁时我当上民办教师，21 岁时就成为大学老师，这本《师生情缘录》是我大学从教近 40 年来与学生之间情缘的记录，也是我教学生涯的缩影。

在本书付梓之际，我怀着一颗感恩之心，向所有为此书的出版做了大量工作和支持、帮助的人致以诚挚的谢意！

说起这本书出版的缘由和经过，要讲到我 60 岁退休时和亲朋好友师生联欢的那个午宴。午宴上，中国国际出版集团湖北分公司老总雷雪峰先生，见到我有很多学生从全国各地赶来，发自内心之情上台朗诵和表演关于我们师生情的诗歌节目时深为感动，便约稿要将我们师生之间的书信整理并出版，这成了本书最初的出版动因。在挑选整理书稿时，当时任华师文学院党委书记的何小红和梁伟副书记认为，此书在华中师范大学出版社出版的意义会更大，于是他们帮忙多方联系，前期做了不少工作；后经文学院刘云院长和王洪涌副院长的推荐，得到了华中师大出版社综合编辑部张忠主任的大力支持，并争取将本书列入华中师范大学出版基金资助出版图书计划。在出版基金资助出版图书选题会上，经有关领导力荐，本书获得所有评委通过。此后，苏睿、张红梅、张华等编辑认真筛选、编审、核改，对每篇文章都提出了具体的修改意见，还有美术编辑胡灿老师、负责校对的童雯老师等人，他们认真负责、不厌其烦、精益求精、尽职尽责的态度令人感佩不已！

最令人感动的是几位写序的作者。华中师范大学副校长、享受国务院政府专家津贴的博士生导师彭南生教授，在万忙工作之中，在不到一周时间内通读了 60 多万字的原书稿清样，欣然为本书作序。曾任湖北省作家协会主席、湖北省出版工作者协会副主席，华中师范大学文学院著名博士生导师王先霈教授，是我人生路上不可多得的一位恩师。从本书书稿初选开始，他就给予鼎力支持和热情鼓励，82 岁高龄的王老师几年前就早早为本书作序，哪怕是在眼睛刚做完手术后不久，恩师也顾不上休息，及时对本书提出修改意见并不断更新其序的内容。文学院原党委书记、现任离退休工作处的何小红处长，是一位才华横溢、温柔可嘉的女领导，她乐意也欣然为此书写序，她的文笔与她的人品一样：朴实无华。她待人真诚、为人低调，工作能力超强，办事效率极高。

感恩领导、恩师、同事给了我力量和信心，他们的支持有如正午明媚的阳光，让我在华中师大的温暖的怀抱里幸福地工作和生活着。

感恩学生，他们有如清新宁静的空气滋润着我，让我的教学生活丰富多彩。本书由我从教 40 多年来学生的书信编辑成册，是学子们与我真实交往、交流的记录，也是师生情谊的真挚的表露。学子们的求学、成才让我的教学获得了成就感！我在工作中不断修正自己并改进教学的同时，也与学子们一起成长，是他们给了我前进的巨大动力！书稿整理的过程中，“满珍班”的吴运思、许雅倩两位同学自告奋勇承担起对 100 多万字的书信进行筛选的任务，他们牺牲寒暑假的休息时间，为本书内容的最终选定、内容的编排等做了大量艰辛的工作。

感恩亲人精细的呵护，感恩朋友真情的关爱，让我如沐春风，让我精力充沛。他们有如夜晚灿烂的星空，为我指引方向，让我产生美好遐想，让我快乐地教学，幸福地生活。

尤其是我的先生，他有如我的师长，我前进的每一步都离不开他的鼓励和帮助。从知识的交流到生活上的指点，他用心中全部的爱染成了我青春的色彩！是他的海纳百川成就了我的满心真意！是他 41 年的默默奉献让我无畏无忧前行。还有我的宝贝女儿，从小到大的学习、异国留学、博士毕业直到成家，很少让我操心。最让我感动的是，女儿、女婿自己承担教育孩子的责任，给了我们晚年生活极大自由的空间。

我觉得我们的人生就是一场美丽的遇见，你们在我生活的银河中犹如一颗颗明亮的星星。感谢上天给了我认识你们的缘分！感谢你们留给我无限美好的回忆！你们用大爱辅助我成长，你们用大爱组成了我生活的点点滴滴。我要把最真诚的祝福化作一缕缕春风吹送到你们的身边；我要把最真挚的感谢化作万语千言为你们祈祷：春华秋实，与你们同在！幸福永远！让我们一起将生命中的缘分静静地珍藏。感恩生命中有你——每一位在我的世界里曾来过的你！